Benjamin Jacobs

Zahnarzt in Auschwitz

Häftling 141129 berichtet

DWV-Schriften
zur Geschichte des Nationalsozialismus

Band 4

Deutscher Wissenschafts-Verlag (D W V)
Baden-Baden

Benjamin Jacobs

Zahnarzt in Auschwitz

Häftling 141129 berichtet

Mit einer Einführung und einem Nachwort
von
Wilhelm Schulz

Deutscher Wissenschafts-Verlag (D W V)
Baden-Baden

Der Verlag bedankt sich bei Wolfgang Gerabek, Wollbach,
für die Originalzeichnungen.

Die Deutsche Bibliothek – CIP-Einheitsaufnahme

Jacobs, Benjamin:
Zahnarzt in Auschwitz : Häftling 141129 berichtet / Benjamin Jacobs. Übers.: Birgitta Karle. Ill.: Wolfgang Gerabek. - Baden-Baden: Dt. Wiss.-Verl., 2001
(DWV-Schriften zur Geschichte des Nationalsozialismus ; Bd. 4)
Einheitssacht.: The dentist of Auschwitz <dt.>
ISBN 3-935176-20-1

2. unveränderte Auflage 2004
Gedruckt auf alterungsbeständigem, chlorfrei gebleichtem Papier

Deutscher Wissenschafts-Verlag (DWV)®
Postfach 110135
D–76487 Baden-Baden
www.dwv-net.de

ISBN: 3-935176-20-1

Inhalt

Einführung

Dieses Buch ist einzigartig unter den Holocaust-Memoiren. Es ist die Geschichte von Berek Jakubowicz (heute: Benjamin Jacobs), einem angehenden jüdischen Dentisten, der 1941 aus seinem polnischen Heimatort in ein Arbeitslager der Nazis deportiert wurde und bis in die letzten Kriegstage Gefangener des Deutschen Reiches blieb.

Per Viehwaggon oder Zwangsmarsch zwischen Arbeits- und Konzentrationslagern hin- und hergeschoben, war Jakubowicz unter anderem in Buchenwald und Dora-Mittelbau interniert, wo er und seine Mithäftlinge unter der Leitung von Wernher von Braun V1- und V2-Raketen montierten. Außerdem verbrachte er eineinhalb Jahre in Auschwitz, wo er dem berüchtigten Josef Mengele begegnete. Im Mai 1945 gehörte Jakubowicz zu jenen 15.000 Lagerinsassen, die auf einem Fußmarsch zur Lübecker Bucht getrieben und auf drei dort vor Anker liegende deutsche Ozeandampfer verfrachtet wurden. Bei einer der erschütterndsten und am wenigsten bekannten Tragödien des Zweiten Weltkriegs wurden diese „schwimmenden Konzentrationslager“ durch die britische Luftwaffe bombardiert und versenkt; nur 1.600 Gefangene überlebten.

Jacobs ist davon überzeugt, daß er sein Überleben in jenen vier von Greueln und Hunger geprägten Jahren dem Besitz einiger Dentalgeräte sowie rudimentärer Kenntnisse der Zahnmedizin verdankt. Die Nazis bedienten sich seiner Fähigkeiten, indem sie ihn zunächst die Zähne der Lagerinsassen, später die der SS-Offiziere behandeln ließen. In Auschwitz zwang man ihn sogar dazu, Leichen den Kiefer aufzubrechen, um Goldzähne und -füllungen zu entfernen.

Die Geschichte von Berek Jakubowicz ist mit Schlichtheit und großer Menschlichkeit geschildert. Die fesselnde Erzählweise, der Detailreichtum und der breite Erfahrungsschatz des Autors machen dieses Buch zu einer unverzichtbaren Quelle für das Studium des Holocaust.

Benjamin Jacobs lebt mit seiner Frau – einer Holocaust-Überlebenden, mit der er seit nunmehr fünfzig Jahren verheiratet ist – in Boston (USA), wo er schreibt und Vorträge hält.

Dr. Wilhelm Schulz

Nachtrag der Übersetzerin 2004: Benjamin Jacobs verstarb am 30. Januar 2004 in Boston im Alter von 84 Jahren.

Vorwort

zur amerikanischen Originalausgabe

Im Juli 1985 befand ich mich mit zwölf jüdischen Männern und Frauen aus den Vereinigten Staaten auf einer Informationsreise hinter dem Eisernen Vorhang. In den Hauptstädten von Polen, Rumänien, Ungarn und der Tschechoslowakei besuchten wir einige wenige Juden, die zu alt waren, um anderswo einen Neubeginn zu wagen. Die meisten lebten in Altersheimen, die von jüdischer Seite unterstützt wurden. Das jüdische Leben, das diese alten Menschen einst gekannt hatten, gab es nicht mehr, und der Antisemitismus war noch weit verbreitet. Was die Juden betrifft, so hatte Hitler den Zweiten Weltkrieg gewonnen.

Als ich dann nach Boston zurückkehrte, machte ich eine Bestandsaufnahme: Ich mußte mich endlich meiner Verpflichtung stellen und öffentlich darüber sprechen, wie und warum ein ganzes Volk nahezu völlig ausgerottet worden war. Während ich diesen Prozeß durchlief, breiteten sich die Erinnerungsfetzen, die wie Bilder in meinem Kopf hafteten, aus, und all meine früheren Erlebnisse überfluteten mich mit intensiven Einzelheiten.

Aber das Leben ist nicht immer eine gerade Straße, das hatte ich bereits in meiner Jugend lernen müssen. Eines Tages ging ich zu einer ärztlichen Routineuntersuchung in der Erwartung, daß mir völlige Gesundheit bestätigt würde, aber das Gegenteil war der Fall. „Sie haben Kehlkopfkrebs!", wurde mir gesagt. Mein guter Freund, Dr. Goroll, war ebenso erschüttert wie ich, und er bestand darauf, daß die Operation bereits am nächsten Tag stattfinden sollte.

Ich fürchtete das Schlimmste. Meine Vorträge waren immer wichtiger geworden, denn nun kannte ich ihre Wirkung auf die Jugend. Ich konnte ihnen helfen zu verstehen, wie gefährlich Vorurteile sein können. „Werde ich noch sprechen können?", fragte ich mich. Die Vorstellung, stumm zu sein, bedrückte mich zutiefst. Ich bat den Arzt um eine Prognose, aber Ärzte sind vorsichtig und stellen keine Spekulationen an.

Glücklicherweise war es nur ein kleiner Tumor, und durch den schnellen Eingriff und die anschließende Bestrahlung änderte sich meine Stimme nur wenig. Aber mir war auch bewußt, daß die Ärzte keine Voraussagen für die Zukunft machen konnten. Eine innerliche Stimme rüttelte mich immer wieder auf: „Schreib – wer weiß, wie lange du noch sprechen kannst!"

Ich mußte meine Erfahrungen zu Papier bringen, und die Arbeit daran wurde immer intensiver. Auch andere Menschen drängten mich zum Schreiben. Und dies ist nun meine Geschichte.

Dieses Buch ist das Ergebnis meiner Erinnerungen. Vielleicht gibt es noch andere Erinnerungen, die so tief in meinem Unterbewußtsein eingeschlossen sind, daß ich sie nicht mehr ans Licht bringen kann. Dieses Buch hätte nicht geschrieben werden können ohne die wertvolle Unterstützung, die ich von vielen erfahren habe. Stellvertretend für alle sei hier einigen ausdrücklich gedankt:

Bei der Darstellung von Auschwitz III, Fürstengrube, fand ich große Unterstützung bei Tadeusz Iwaszko, dem Archivar des Staatlichen Museums Auschwitz. Bedanken möchte ich mich auch bei Dr. Dirk Jachomowski vom Landesarchiv Schleswig-Holstein und bei Dr. Marienhöfer vom Bundes- und Militärarchiv in Freiburg für die Bereitstellung von Dokumenten über die Katastrophe der Cap Arcona in der Ostsee. Meinen besonderen Dank möchte ich Edith Pfeiffer von der Hamburg-Südamerika-Dampfschiffahrts-Gesellschaft und der Hamburg-Amerika-Linie (Hepag) aussprechen. Sie hat dafür Sorge getragen, daß ich auch als „geheim" eingestufte Dokumente über die Bombardierung und den Untergang des Schiffes einsehen durfte. Ich danke Barbara Helfgot-Hyatt, Professorin an der Universität Boston und hervorragende Schriftstellerin, die mich vom ersten Tag an dazu ermutigt hat, dieses Buch zu schreiben. In gleicher Weise bedanke ich mich bei Ina Friedmann, eine produktive Autorin zum Thema „Holocaust", die nach der Lektüre der ersten hundert Seiten des Manuskriptes zu mir sagte: „Schreib!"

Ein ganz besonderer Dank gebührt Arthur Edelstein und Marge Garfield für die gelungene Durchsicht des Manuskripts. Danke auch an Mark Dane für seine wertvolle Zeit und seine Computeranlage – ohne ihn würde ich noch heute an der Schreibmaschine sitzen.

Ein ausdrücklicher Dank geht an Dr. Karen E. Smith, die mir im weiteren Verlauf des Projektes wertvolle Hinweise gegeben hat.

Schließlich möchte ich meiner Frau Else danken. Während unserer mehr als 44 Jahre dauernden Ehe hat sie es immer wieder verstanden, mich in schwierigen Zeiten aufzumuntern. Allen anderen Familienmitgliedern, Freunden und Nachbarn gebührt ein Dankeschön für ihr Verständnis, daß ich mich wie ein Eremit zurückgezogen habe, als ich dieses Buch schrieb.

Ich habe in diesem Buch absichtlich auf allzu viele Fußnoten und Verweise verzichtet, um den Lesefluß nicht zu stören.

Die hier erwähnten Personen, die – jede auf ihre Weise – so großzügig zum Gelingen dieses Buch beigetragen haben, sind nicht verantwortlich für Fehler, Irrtümer und falsche Beurteilungen, die sich vielleicht eingeschlichen haben.

Benjamin Jacobs

1 Deportation

Am Morgen des 5. Mai 1941 rumpelten drei ausgediente Lastkraftwagen mühsam auf einer polnischen Landstraße; sie beförderten 167 Juden aus Dobra, einem Dorf in der Warthegau-Region Polens, zu einem Bestimmungsort, den nur ihre Häscher kannten. Es war Frühling. Die Felder waren übersät von bunten Blütenknospen, und doch wirkten sie an diesem düsteren Morgen leblos. Selbst die Vögel, deren Melodien gewöhnlich die Mailuft erfüllten, schienen seltsam still zu sein.

Es war ein schwarzer Tag für unseren Ort. Der Judenrat hatte auf Anordnung von Herrn Schweikert, dem Naziführer dieser Region, alle jüdischen Männer zwischen 16 und 60 Jahren zur Deportation in ein Arbeitslager ausgeliefert, ausgenommen war lediglich ein Mann pro Familie. Mein Vater beschloß zu gehen, und ich begleitete ihn freiwillig, da mein älterer Bruder leicht kränkelte. So blieben mein Bruder, meine Schwester und meine Mutter im Getto. Jeder von uns durfte zwei Bündel mitnehmen. Meine Mutter bestand darauf, daß ich zusammen mit den notwendigsten Dingen auch die wenigen Instrumente mitnahm, die ich von meinem ersten zahnärztlichen Ausbildungsjahr her hatte. Damals konnte ich noch nicht ahnen, daß diese Instrumente mir später das Leben retten würden.

Das Gesicht meiner Mutter war vom Kummer gezeichnet. Pola, meine ältere Schwester, hielt tapfer ihre Tränen zurück, und mein Bruder Josek versprach, seiner neuen Rolle als Familienoberhaupt gerecht zu werden. Die erzwungene Trennung fiel uns allen unerträglich schwer. Ich mußte mich abwenden, um mich wieder zu fassen.

Meine Eltern hatten ihre Zuneigung füreinander selten in der Öffentlichkeit gezeigt und nie vor uns Kindern. Aber an diesem Tag umarmten sie sich beim Abschied vor uns. Als wir gingen, erinnerte Mama uns alle daran, unser Versprechen nicht zu vergessen. Mit Tränen in den Augen sagte sie: „Wenn dieser Alptraum vorüber ist, werden wir uns alle hier wieder treffen!"

Auf dem Weg zur Schule, unserem Sammelplatz, sahen wir ähnliche Szenen: An jeder Türe spielte sich ein Drama ab. Ein junges Mädchen schluchzte laut und wollte ihren Vater nicht gehen lassen. Sie schien zu spüren, daß sie ihn nie wiedersehen würde.

Als wir am Schulhof ankamen, waren bereits überall SS-Männer. Angefangen von den schwarzen Uniformen und den glänzenden Stiefeln bis hin zu dem Totenkopf-Abzeichen an ihren Mützen verkörperten sie für uns das Böse. Ihre Gürtelschließen trugen die ironische Aufschrift „Gott mit uns". In der Mitte des Hofes stand der gefürchtete Herr Schweikert zusammen mit Morris Francus, dem Vorsitzenden des Judenrates. Zwei der jüdischen Gettopolizisten begleiteten uns:

Chaim Trzan war früher Metzger gewesen und hervorragend für diese Aufgabe geeignet. Der zweite Mann jedoch, Markowicz, steckte offensichtlich nicht mit ihm unter einer Decke, denn er war ein schlichter Mann, der zwar kläffte, aber nicht zubiß. Neben den großgewachsenen SS-Männern wie ein Zwerg aussehend, stand da noch Dr. Neumann, der Zuständige für jüdische Angelegenheiten im Warthegau. Er war mittleren Alters, kräftig, hatte schneeweißes Haar und leuchtend blaue Augen. Sein Haltung sagte alles: er führte offensichtlich die Aufsicht.

Die Nazis wußten sehr wohl, wie man die Juden untereinander ausspielen konnte; genau zu diesem Zweck hatten sie den Judenrat gegründet. In Dobra waren die Mitglieder dieses Rates selbsternannte Gemeindeführer und ziemlich gewissenlos. Sie ernannten z. B. Polizisten, mit deren Hilfe sie willkürlich Macht über uns ausüben konnten. Sicher war es schwierig für sie, eine derartige Auswahl zu treffen – niemand sollte je zu so etwas gezwungen sein –, doch die Mitglieder des Judenrates schützten vor allem sich selbst, ihre Familien und Freunde vor Not und Diskriminierung. Wir anderen waren all dem hilflos ausgeliefert. Sie ahnten ja nicht, daß sie selbst – nachdem sie ihre Leute in den Tod geschickt hatten – letztendlich das gleiche Schicksal ereilen würde.

Als Francus unsere Namen laut vorlas, antworteten wir mit „Jawohl". Um 9 Uhr morgens öffneten sich die Tore des Schulhofes; wir bildeten drei Gruppen von je circa 56 Personen und jede Gruppe kletterte auf einen Lastkraftwagen. Die SS-Aufseher sprangen zu einer letzten Kontrolle auf die Ladeklappe. Wir waren gefangen, und von nun an zogen sie das Netz um uns immer fester.

Als die Wagen auf dem Kopfsteinpflaster anfuhren, sahen wir auf einmal in einem Hauseingang zwei Frauen, die unsere Lastwagen beobachteten. Wir kamen näher, und Papa und ich erkannten Mama und Pola. Sie hatten den gelben Judenstern ängstlich zugedeckt und winkten uns zu, als wir vorbeifuhren. Unsere Herzen waren mindestens ebenso schwer wie die dunklen Wolken über uns, und wir starrten zurück, bis beide nicht mehr zu sehen waren. Von diesem Moment an war unsere Familie für immer auseinandergerissen.

Da waren wir nun: 167 jüdische Männer, alle zwischen 16 und 60 Jahre alt; ein, zwei, manchmal drei Männer aus einer Familie. Alle hatten unterschiedliche Fähigkeiten, Lebensstile und einen anderen Hintergrund. Von nun an verband uns das gleiche Schicksal, denn wir traten gemeinsam eine Reise an, die uns ebenso fremd war wie die Zeit, in der wir lebten. Ich warf einen Blick auf meinen Vater, und ich sah das einst stolze Oberhaupt unserer Familie entsetzlich hilflos.

Ich lehnte mich gegen die Wand des Lastkraftwagens, starrte auf die dunkle Wolke von Auspuffgasen und glaubte darin meine eigene schwarze Zukunft zu sehen. Um ein wenig Trost zu finden, dachte ich an meine Kindertage zurück.

2 Ein kleines Schtetl in Polen

Ich kam in Dobra, einem kleinen Ort in Westpolen, an einem kalten Novembertag 1919 zur Welt. Traditionsgemäß wurde ich nach meiner verstorbenen Großmutter mütterlicherseits, deren Name Baila war, nun Berek genannt. Wenn ich zurückblicke, so glaube ich, daß ich zur falschen Zeit am falschen Ort mit der falschen Religion geboren wurde, um meine Jugendträume auch nur im entferntesten erfüllt zu sehen.

Mit meinem Bruder Josek und meiner Schwester Pola verlebte ich meine Kindheit und Jugend in Dobra, wo meine Vorfahren – soweit ich es beurteilen kann – lebten, seit sich überhaupt Juden in Polen niedergelassen hatten. Unsere Familie besaß ein Haus und 2,5 Hektar Land, das meine Eltern nach ihrer Heirat gekauft hatten. Es war ein bescheidenes Haus, wie es eben in der damaligen Zeit üblich war. Wir hatten zwei Schlafzimmer, ein Speise- und ein Wohnzimmer sowie eine Küche. Ein zwei Meter großer brauner Kachelofen, der mit Kohlen zu heizen war, sorgte während des Winters für Wärme in Wohn- und Speisezimmer; unser Küchenherd war aus schwarzem Eisen. Hinter dem Haus barg der Hof eine strohgedeckte Scheune, zwei Ställe und einen kleinen Hühnerstall, dahinter standen einige Obstbäume. Ein winzig kleiner Baum trug die süßesten gelben Kirschen, aber die Spatzen waren beim Naschen immer schneller als wir. Hier gab es auch Pflaumen-, Birnen- und Apfelbäume, und einer der Birnbäume trug immer als letzter von allen Früchte. Vom restlichen Ackerland ernteten wir genug Roggen, Weizen und Kartoffeln, daß es den Winter über für uns reichte. Wir bearbeiteten unsere Äcker und standen jeden Tag bei Morgendämmerung auf, um unsere tägliche Arbeit des Pflügens, Säens und Erntens zu beginnen. Wir waren nicht reich; in unserer nicht materialistischen Welt hatten wir nicht viel und wir wollten auch nicht viel. Aber wir waren zufrieden und glücklich.

Der einzige Luxus in unserem Haus, an den ich mich erinnern kann, bestand aus einem farbenfrohen orientalischen Teppich unter dem Eßtisch, der mit einem Schloß und Königen bestickt war. Als Kind lag ich oft stundenlang auf diesem Teppich und las Abenteuergeschichten oder hörte Musik. An den Wänden in unserem Speise- und Wohnzimmer hingen Familienportraits, Bilder von Männern mit langen grauen Bärten und Frauen in den traditionellen Kleidern – unsere Vorfahren.

Papa betrieb ein bescheidenes Getreidegeschäft, in dem wir alle mithalfen. Im Alter von zehn Jahren trug ich 100-Kilo-Säcke mit Getreide auf dem Rücken von unserem Lagerhaus zum Schuppen. Mein Vater war ein einfacher, hart arbeitender Mann, gutmütig und ganz seiner Familie ergeben. Er war klein – kleiner als meine Mutter – und fast vollkommen glatzköpfig. Mit seinem runden Gesicht und den rosigen Wangen hatte er etwas Kindliches an sich, wenn er lächelte. Ich erinnere mich, daß Papa übergewichtig war, aber eines Tages diagnostizierte der Arzt bei ihm ein vergrößertes Herz, und er mußte abnehmen. Mein Vater und seine acht Geschwister wurden früh Vollwaisen, Papa war damals erst elf Jahre alt. Er kam dann in das Haus meines Großvaters mütterlicherseits, wo er meine Mutter kennenlernte. Obwohl beide den gleichen Nachnamen trugen, Jakubowicz, waren sie nicht verwandt. Da Papa schon als Kind bei der Arbeit mit anpacken mußte, hatte er nie die Schule besucht und konnte weder lesen noch schreiben; seine Unterschrift bestand aus drei Kreuzen, aber sie war überall in der Stadt gültig. 1912 heirateten meine Eltern; mein Vater war damals 18 und meine Mutter 16 Jahre alt. Meine Eltern hatten selten Streit, eine Mißstimmung entstand meistens durch die Sparsamkeit meines Vaters, die nicht mit der Großzügigkeit meiner Mutter zusammenpaßte. Aber von einer wirklichen Auseinandersetzung waren sie meist weit entfernt.

Mama war die fortschrittlichste jüdische Frau in unserem Ort, die erste, die damit aufhörte, die traditionelle Perücke zu tragen. Durch eine leichte Form von Diabetes blieb sie schlank. Sie hatte dunkles, gewelltes Haar und war von der Arbeit im Freien gebräunt. Die Armen wußten, an wessen Tür sie klopfen mußten, denn meine Mutter war mit einem goldenen Herzen gesegnet. Ein Blinder, Izchak, besuchte uns mindestens einmal in der Woche, und er konnte sicher sein, daß er unser Haus nicht hungrig verlassen würde. Ausgerüstet mit einer Drahtrolle, einem Stock und einem Bogen als Musikinstrumente spielte er Lieder, um die ihn ausgebildete Musiker beneidet hätten. Er imitierte alle Orchesterpartien mit diesen Ersatzinstrumenten. Mutter gab sogar den wandernden Zigeunern etwas, wenn sie bettelten.

Wir Kinder wurden nie geschlagen. Nichts zu essen und Stubenarrest waren Strafe genug. Mama war eine Mutter, die sich jedes Kind wünscht. Sie trug die volle Verantwortung für den Haushalt, wenngleich die Küche unter der Leitung von Toba, meiner Cousine väterlicherseits, stand. Wir liebten unsere Eltern nicht aus Furcht, sondern wegen der Liebe und Zuneigung, die sie uns schenkten. Wir wurden in der Verehrung der jüdischen Tradition und in einem festen Glauben an Gott erzogen.

Meine Schwester Pola war zwei Jahre älter als ich. Sie war lebhaft, intelligent und so groß wie Mama. Sie trug ihr braunes Haar in einem Knoten über ihrem leicht länglichen Gesicht. Außer Lippenstift benutzte sie kaum Make-up, denn ihre nußbraunen Augen mit den dichten Wimpern und den schön geschwungenen Augenbrauen unterstrichen genügend ihr gutes Aussehen. Mein Bruder Josek war sechs Jahre älter als ich. Nach seiner Bar-Mizwa[1] begann er das Talmud-Studium, aber es stellte sich heraus, daß er den beträchtlichen Anforderungen der Yeshiva[2] nicht gewachsen war; er verließ deshalb diese Schule und wurde Zahntechniker.

Die schönste Zeit in unserer Kindheit waren die Sommer, wenn wir zu unserem kleinen Ferienhäuschen aufbrachen, das mein Vater in Linne gemietet hatte. Es lag inmitten eines Waldes, in dem es wilde Beeren und Pilze gab. Morgens zogen wir los, um das kleine Flüßchen zu erkunden, in dem es jede Menge *Kielbiki* gab: kleine Fische, die wir mit Netzen fingen.

In einem Frühjahr, als ich kaum sieben Jahre alt war, schenkte mir Mama ein kleines Stück Land von der Größe einer Scheune. „Das wird von nun an dir gehören", sagte sie. Dieses Stück Land war nun mein alleiniges Eigentum, und es zu bekommen, war ein sehr stolzer Moment in meinem jungen Leben. Da schon eine ganze Menge von Wildblumen in der Nähe wuchsen, pflanzte ich Gemüse in meinem Garten an.

Meine Großmutter mütterlicherseits war bereits vor meiner Geburt gestorben, und so lebte mein Großvater bei uns. Er war groß, schlank und trug einen gepflegten Spitzbart. Sein Gang war aufrecht und von harmonischen Bewegungen geprägt, wozu er einen Stock mit silbernem Knauf benutzte, nicht weil er ihn nötig gehabt hätte, sondern um seinen guten Geschmack zu beweisen. Er liebte uns alle drei, aber ich fühlte immer, daß er eine besondere Zuneigung zu mir, seinem jüngsten Enkel, hatte. In meinem jungen Leben spielte er für meine Entwicklung eine entscheidende Rolle. Opa war überdies ein ausgezeichneter Fischer; an warmen Tagen nahm er mich zum Fluß mit, und im Laufe der Zeit lernte ich viel von ihm.

Wenn ich an Sommertagen nach Hause kam, fand ich Opa oft auf einer Bank sitzend vor, sein Seidenkäppchen auf dem Kopf und über die Heilige Schrift gebeugt. Manchmal fielen seine Augen unwillkürlich zu und er nickte in der warmen Sonne ein. Wenn er mich dann hörte, wachte er auf, und sein Schnurrbart ging nach oben in einem glücklichen Lächeln. Zur damaligen Zeit galten Menschen über 60 Jahre als alt, gewöhnlich hatten sie Falten im Gesicht und keine Zähne mehr. Unser Opa jedoch hatte noch all seine Zähne und brauchte nicht einmal eine Brille zum Lesen.

Manchmal wartete er auch bereits auf mich, wohl vorbereitet mit zwei Angelruten, einem Netz und einem Bündel unter dem Arm, um mich zu einem kleinen

---

1 Jüdischer Ritus, bei dem die Knaben in die Erwachsenenwelt aufgenommen werden (Anm. d. Übers.).

2 Talmudschule (Anm. d. Übers.).

Zufluß der Warthe mitzunehmen, der ungefähr 15 Gehminuten von unserem Haus entfernt war. Dieses Flüßchen war so klein, daß es nicht einmal einen Namen hatte. Wenn mein Großvater seine Hosenbeine über die Lederschuhe zog und in das Wasser watete, sah sein Körper viel dünner aus. Ich folgte ihm, und er beobachtete mich, wie ich die Köder festmachte. Seine Arme gingen in die Höhe, wenn er die Leine in weiten Kreisen schwang, bis der Köder genau dahin fiel, wo er ihn haben wollte. „Langsam, Berele“, sagte er, „langsam“, wenn er mich mit meiner Leine kämpfen sah. Er wußte, daß ich es konnte und wollte sich mit einem schlechten Auswerfen der Angel nicht zufriedengeben. Ich folgte ihm dicht, während sich die Kieselsteine in meine Fußsohlen eingruben. Wenn wir mit dem Handnetz fischten, das einem Schmetterlingsnetz ähnelte, gingen wir hintereinander und zogen das Netz ruhig mit. „Tauch' es tief ein, beweg' dich langsam, geh' im Rhythmus“, sagte er. Kein Fang wurde weggeworfen. Aus Barschen wurde ein leckeres Essen zubereitet, und den Hecht verarbeitete Mama zu „Gefilte Fisch“.

Großvater brachte mir auch das Schachspielen bei. „Schach schärft den Verstand“, sagte er. Ich wußte, daß er im Ersten Weltkrieg eine Auszeichnung für Tapferkeit vom polnischen Marschall Jozef Piłsudzki bekommen hatte, aber Großvater wollte nie darüber sprechen.

Antisemitismus war in Polen bereits in der Zeit vor Hitler eine Krankheit der Gesellschaft. Andere Minderheiten wurden fair behandelt, nicht jedoch die Juden. In den späten 1930er Jahren, schlossen sich in Polen auch diejenigen, die sich vorher abwartend verhalten hatten, Hitler und der nationalsozialistischen Rassenpolitik an. Obwohl wir dort geboren waren, wurden wir als Fremde angesehen. Ein Jude, der in Polen gleichberechtigt behandelt werden wollte, mußte zu allererst zum Christentum überwechseln. Der polnische Klerus verteidigte zwar nicht die Gewalt gegen uns, aber er befürwortete auch keine brüderliche Liebe. Die Generation meiner Eltern war noch bereit, solch eine unterdrückte Rolle in der polnischen Gesellschaft zu akzeptieren, doch meine Generation fand es schwierig, damit zu leben. Wir waren nicht an erster Stelle Juden, sondern Polen. Wir dachten, wenn wir einen neuen Lebensstil übernehmen und uns an polnische Sitten, Kleidung, Kultur und Sprache halten, dann würden die Nicht-Juden uns eher akzeptieren, aber weit gefehlt. Die Behauptung, daß die Juden in Polen im Luxus lebten, ist eine erstaunlich freche Lüge.

Juden wurden beschimpft und oft an hellichtem Tag geschlagen. Solange eine Person nicht sichtbar verletzt war, behauptete die Polizei, daß sie nichts unternehmen könne. Die Bezeichnung für jüdische Geschäftsleute war 'handlarz', ein Wort, das Schiebergeschäfte suggerierte, und so wollten weder mein Bruder noch ich das Geschäft meines Vaters weiterführen. Wir wollten einen Beruf erlernen. Wir konnten nicht ahnen, daß das tiefverwurzelte Vorurteil Bestand haben würde – ganz gleich, welchen Beruf wir ergreifen würden.

Die Schulbücher schwiegen sich über unsere Geschichte, unsere Kultur und sogar über unsere Existenz aus, die Schule in Dobra beschäftigte keinen einzigen jüdischen Lehrer. Meinen Namen Berek änderten die Nicht-Juden gehässig in 'Belis', nach der Belis-Affäre im Zaristischen Rußland, wo ein Jude dieses Namens wegen ritueller Kindestötungen angeklagt worden war. Das war so verletzend für mich, daß ich meinen Namen in das polnische Äquivalent – Bronek – änderte.

Mitte der 1930er Jahre etablierte die Bauernvereinigung in Polen Genossenschaften. Ihr Ziel war offensichtlich: den Handel der Juden mit landwirtschaftlichen Produkten zu stoppen. Das Motto der Genossenschaften war: „Wir, zu uns, für uns". Dieser wirtschaftliche Druck lastete auf jeglichem jüdischen Handel und betraf somit natürlich die gesamte jüdische Bevölkerung in Polen.

Es gab Versuche, für Juden an den Bildungseinrichtungen Quoten zu etablieren. Shechita, die koschere Tierschlachtung, zu unterbinden, war ein weiterer offener Akt von Antisemitismus. Obwohl Polen kurz vor dem Krieg mit Deutschland stand, waren die Juden der große Feind, und selbst die Gemäßigten versuchten Wege und Mittel zu finden, uns loszuwerden. Es bedurfte nur noch eines Stichwortes der Nazis, und schon forderten die Faschisten die Vertreibung aller Juden aus Polen.

Sehr hohe Steuern waren ein weiteres Problem. Obwohl wir eine Art Kirchensteuer bezahlten, erhielten jüdische Schulen und Synagogen davon keinen Pfennig. Ich erinnere mich noch gut an einen Tag, als ein Steuereinnehmer mit einem Lkw kam, um unser Möbel mitzunehmen. Meine Mutter bat ihn flehentlich zu warten, bis mein Vater wieder da wäre, doch er ignorierte sie vollkommen und rief zwei Helfer, um unsere Möbel wegzubringen. Sie warfen unsere saubere, frisch gebügelte Kleidung auf den Fußboden und trampelten darauf herum. Vergeblich bat Mama sie zu warten. Plötzlich flammte ein Blitz auf, und der Donner zeigte, daß es in der Nähe eingeschlagen hatte. Meine Mutter verlor die Nerven, sie zitterte und rief gequält: „Der Blitz, der vielleicht einen Unschuldigen getroffen hat, hätte Sie treffen sollen!" Dann rannte sie hinaus.

Innerhalb weniger Wochen begann ein Gerichtsverfahren gegen meine Mutter, die Anklage lautete auf Verleumdung des Staates. Der Steuereinnehmer verdrehte ihre Worte und behauptete, Mama hätte gesagt, daß „der Blitz Polen treffen" solle. Seine Helfer unterstützten diese abgefeimte Lüge; der Richter erklärte Mama für schuldig und verurteilte sie zu einem Jahr Gefängnis. Diese Verurteilung aufgrund einer Falschaussage verursachte große Besorgnis unter den Juden,

nicht wegen der billigen persönlichen Rache eines Steuereinnehmers, sondern weil der Staat damit einen Akt von offenem Antisemitismus begangen hatte.
Gefängnis war für meine Mutter undenkbar, weil sie sicher von einem patriotischen Fanatiker getötet worden wäre. Da dies gerade ein Wahljahr war, hofften wir, daß vielleicht eine neue Regierung diejenigen begnadigen würde, die für minderschwere politische Vergehen verurteilt worden waren. Deshalb versteckte sich meine Mutter, indem sie regelmäßig ihre Unterkunft wechselte.
Ab und zu wagte sie es, nach Hause zu kommen. In einer solchen Nacht hörten wir ein wütendes Klopfen an der Haustüre. „Aufmachen! Polizei!“, verlangte eine Stimme.
„Einen Moment, bitte“, antwortete mein Großvater und ließ einige Zeit verstreichen.
Als er schließlich die Tür öffnete, drängten sich zwei Polizisten herein. „Wo ist Ester?“ fragten sie Großvater.
„Ich weiß es nicht“, antwortete Großvater ruhig. Offensichtlich unbeeindruckt ging er zum Bett zurück, drehte sich um und schien weiterzuschlafen. Wir wußten, es würde nicht lange dauern, bis sie Mutter finden würden. Jedes Mal, wenn sie von einer Zimmerdurchsuchung zurückkamen, schloß ich meine Augen vor Angst, daß sie Mama gefunden und in Handschellen hergebracht hätten. Zu unserer Überraschung jedoch fanden sie Mama nicht. Dann fragten sie mich, wo meine Mutter wäre. Ich biß mir auf die Lippen, sagte: „Sie ist nicht hier“, und war selbst erstaunt, wie gut ich lügen konnte. Dennoch behaupteten sie zu wissen, daß Mama im Haus war.
Ein Polizist sagte zu Papa: „Schau, Wigdor, wir wissen doch, daß Ester hier ist. Also: Wo ist sie?“
Papa sagte ihnen, daß sie falsch unterrichtet wären. „Sie ist nicht hier“, erklärte er ganz sachlich und definitiv.
Schließlich gingen sie und schüttelten ungläubig die Köpfe. Wir fragten uns ebenfalls, wo Mama war; sie konnte sich schließlich nicht in Luft aufgelöst haben. Dann bat uns Großvater nachzusehen, ob die Polizisten wirklich gegangen waren. Als dies sichergestellt war, stieg er aus dem Bett, und wir sahen, wo Mama versteckt war – im Bett hinter ihrem Vater! Kurz darauf füllte Papa einen Wagen mit Heu, und Mama versteckte sich darin. Dann fuhr er sie zu einem neuen Versteck.
Nach den Wahlen kam dann wirklich rechtzeitig die erhoffte Begnadigung. Obgleich Mama dem Gefängnis entkommen war, hatte sie dennoch eine persönliche Strafe getroffen, denn sie mußte sich länger als acht Monate verstecken.
Die weltweite wirtschaftliche Depression warf auch einen langen Schatten über Polen, und es wurde schwierig, das Lebensnotwendige zu bekommen. Ver-

schlimmert wurde dies noch dadurch, daß Papa für einen deutschen Junker, Herrn Heller, die Bürgschaft für einen Bankkredit übernommen hatte. Dieser ging Bankrott und Papa mußte die Schulden tilgen. Herr Heller nötigte Papa dazu, die Bürgschaft für einen weiteren Kredit zu übernehmen und versicherte ihm, er würde ihm alles nach der nächsten Ernte zurückzahlen. Papa war damit einverstanden, denn er hoffte, seinen Verlust dadurch wieder gutmachen zu können. Dies wurde eine schwere Enttäuschung, denn Herr Heller zahlte nie etwas zurück und ruinierte uns fast. Wir waren hoch verschuldet, und das Gemüse aus meinem Garten bestritt an vielen Tagen unser Essen. So hart diese Jahre auch für uns waren, so waren andere in unserem Dorf noch schwerer getroffen; doch wenn eine Familie in großer Bedrängnis war, so halfen diejenigen, denen es etwas besser ging. Ich erinnere mich, daß meine Mutter mich als Kind oft vor dem Sabbat mit einem Päckchen für die Armen losschickte.

So sehr sich die Situation auch zuspitzte, wir konnten nirgendwo anders hingehen, denn das britische Mandat über Palästina stellte ein großes Hindernis für unsere Einwanderung dar. Der Völkerbund plante, Juden in Birobidzhan in der Sowjetunion oder in Madagaskar anzusiedeln. Auch wenn die Unterstützung für Juden in Polen immer weniger wurde, war doch der Glaube an den Nationalsozialismus nicht allgegenwärtig. Die Christen glaubten nicht an eine Welt, die auf Haß und Betrug aufgebaut war, und viele halfen uns. Mein eigenes Überleben, das werden die folgenden Seiten zeigen, verdanke ich auch der Hilfe von vielen gutherzigen Christen.

1938 verlangte Hitler von Polen einen Korridor, einen schmalen Landstreifen zwischen Ostpreußen und dem Deutschen Reich. Marschall Edward Rydz-Smigły, der 1935 die Nachfolge von Piłzudski antrat, sagte: „Nicht das kleinste Stück Land werden wir abtreten!“

3 Der Blitzkrieg

Im Sommer 1939 wuchs die Furcht, daß die Deutschen in Polen einmarschieren würden. Da Dobra nur 160 km östlich der deutschen Grenze lag, hatten wir allen Grund dazu, besorgt zu sein. Meine Eltern, die sich noch gut an den Ersten Weltkrieg erinnerten, fürchteten den Krieg an sich mehr als die Bedrohung durch die Deutschen. Ihre Kriegserfahrungen waren für sie ein Alptraum. Ich war knapp zwanzig Jahre alt und vom Krieg eher fasziniert, als daß ich Angst gehabt hätte.

Josek hatte zwei Jahre in der Gelben Kavallerie in der polnischen Armee gedient. Natürlich wurde er, als die Kriegshysterie begann, wieder einberufen und zog mit seiner Einheit an die polnische Grenze. Der 1.9.1939 kam, und das angespannte

Warten hatte ein Ende, denn Hitlers Armee marschierte in Polen ein, und der Zweite Weltkrieg begann. Viele meldeten sich freiwillig, und obwohl es gegen den Wunsch meiner Mutter war, versuchte auch ich, mich ihnen anzuschließen. Das geforderte Mindestalter in Polen betrug damals aber 21 Jahre, und so wurde ich vom Musterungsoffizier wieder nach Hause geschickt. „Wir werden dich rufen, wenn wir dich brauchen", sagte er. Vielleicht war ihm damals schon klar, daß es sinnlos war, gegen die gut ausgerüstete deutsche Wehrmacht zu kämpfen.
Am Tag darauf entließ die nahegelegene Psychiatrie alle Patienten, und Hunderte von Geisteskranken liefen durch den Ort; es gab unglaubliche Szenen. Ein Mann ahmte Napoleon Bonaparte nach und behauptete, seine Armee würde kommen, um die Deutschen zu schlagen. Ein anderer führte sich auf wie bei einer Parade und grüßte alles, was ihm vor die Augen kam. Ein hübsches junges Mädchen, das auf den ersten Blick völlig normal wirkte, brach plötzlich in wirres Geschwätz aus. Es war mitleiderregend und grotesk, all diese Menschen durch die Straßen gehen und in die Ferne starren zu sehen. Als die Deutschen kamen, wurden sie an eine Mauer gestellt und erschossen.
Am 3.9. war die Wehrmacht gerade noch 30 km entfernt, und bald würde sie durch den Ort marschieren. Unsere zurückweichenden Soldaten versprachen hoch und heilig, an der Warthe in Stellung zu gehen und zu kämpfen. Dies war der strategisch günstigste Punkt, um dem deutschen Vormarsch Einhalt zu gebieten. Unsere Eltern erinnerten sich an eine ähnliche Situation im Ersten Weltkrieg, als unser Dorf mehrere Male den Besitzer wechselte. Wir bereiteten die Flucht vor, und kurz bevor wir gingen erschien Josek. „Unser Bataillon", sagte er, „hat nichts als Büchsen und Lanzen. Wir wurden zu einem chaotischen Rückzug gezwungen."
Am Montag, dem 4.9., beschlossen wir, Dobra zu verlassen. Unser Wagen, ein alter Peugeot, schien nur dann zu laufen, wenn wir ihn nicht brauchten. Deshalb schien es sicherer, wenn Papa zwei Pferde vor einen Wagen spannte und ein drittes als Reserve hinten an den Wagen band. Nachdem wir die wichtigsten Dinge wie Kleidung und Wertgegenstände, Decken und Bettzeug gepackt hatten, waren wir fertig für die Abreise.
Großvater weigerte sich mitzukommen, er fürchtete die deutschen Soldaten nicht. „Wir kämpften im letzten Krieg gegen sie. Soldaten sind Soldaten. Sie werden einem alten Mann nichts tun", sagte er ruhig. Und so ließen wir ihn zurück und schlossen uns einem Zug von Kriegsflüchtlingen an.
Die Straße war voller Pferdegespanne. Manche Familien nahmen sogar ihre Kühe mit, um Milch für die Kinder zu haben. Es gab nur wenige Autos, da die Armee die meisten konfisziert hatte. Unsere Pferde waren nicht mehr die jüngsten, so

daß wir bei jedem Hügel zu Fuß hinter dem Wagen hergingen. Nach einer Stunde langsamer Reise hörten wir herannahende Flugzeuge. Zunächst dachten wir, es seien polnische, als sie jedoch in Sichtweite kamen, bemerkten wir unseren Irrtum. Das ungewöhnlich laute Dröhnen und das schwarze Hakenkreuz genügten, um zu wissen, daß wir den Feind vor uns hatten. Wir waren in großer Angst, doch wir wußten immerhin, daß sie sehen konnten, daß nur Zivilisten auf der Straße waren.

Sie gingen tiefer, und wir nahmen an, sie wollten sich vergewissern, ob wir wirklich unschuldige Zivilisten waren; dann würden sie uns bestimmt in Ruhe lassen. Doch zu unserer Überraschung feuerten sie auf uns, was eine Massenpanik auslöste. Rechts von uns war die Warthe, links ein Feld, am Straßenrand standen vereinzelt Bäume. Wir waren in der Falle. Da die Gespanne dicht an dicht hintereinander fuhren, forderte jede Kugelsalve ihre Opfer. Unsere drei Pferde bäumten sich auf, wieherten vor Angst und versuchten, sich vom Wagen zu befreien. Nach dem Angriff drehten die Stukas ab und flogen weg, hinter sich Tod und Verwüstung lassend. Überall lagen tote oder verletzte Menschen und Tiere sowie kaputte Gespanne. Das war mein erster Vorgeschmack vom Krieg. Was folgte, überzeugte mich von der berechtigten Sorge meiner Eltern.

Einige Kilometer weiter wurden wir von zwei anderen deutschen Flugzeugen ausgemacht. Da keine polnischen Flugzeuge zu unserer Verteidigung da waren, wußten wir, was wir zu erwarten hatten. Unsere Angst war berechtigt. Rechts der Straße ging ein Damm zum Fluß. Plötzlich kam eine deutsche Fliegereinheit von links, und wir warfen uns auf den glitschigen, grasbedeckten Damm. Papa sprang hinunter und hielt die Pferde kurz am Zügel, um sie zu beruhigen. „Aus dem Weg“, riefen einige Leute und rangelten um Platz. Zu diesem Zeitpunkt gingen Mama, Pola, Josek und ich hinter dem Wagen. Plötzlich schrie Papa: „Mach das Pferd hinten los!“ Genau in dem Augenblick, in dem mein Bruder dieser Aufforderung nachkam, fiel eine Bombe in den Fluß, und das Wasser überflutete die Straße. Unser Wagen wurde noch mehr an die Seite gedrückt, die Pferde und der Wagen verloren den Halt und wurden in den Fluß geschleudert. Die Warthe teilte sich. Nach dieser gigantischen Explosion war das Wasser aufgewühlt, es schäumte und schickte unser Hab und Gut auf den Grund des Flusses. Große Wellen rollten kreisförmig und verschwanden dann. Eine Kräuselung auf dem Wasser zeigte an, daß sich hier unser Besitz und das Grab von zwei Pferden befanden. Wir hatten nichts mehr, nur das, was wir auf dem Leib trugen, und dazu noch das Pferd, das Josek hielt. Die Bomber drehten ab, und wir waren wie gelähmt und entsetzt. Einige Leute, die alles beobachtet hatten, kamen herbei. Sie waren erschreckt und wollten uns loswerden.

Papa schlug vor, wir sollten zu seinem Bruder nach Uniejów gehen. „Wir bleiben dort, bis der Krieg zu Ende ist", sagte er.
Onkel Chaim, Papas älterer Bruder, war ein sehr orthodoxer und äußerst frommer Jude, der seine Familie oft vernachlässigte. Er, seine Frau und ihre neun Kinder lebten am Rande der Armut in einer kleinen Wohnung. Toba, seine älteste Tochter, hatte jahrelang bei uns gewohnt und war erst einige Monate vor Kriegsausbruch nach Hause zurückgekehrt.
Als wir bei Onkel Chaim ankamen, war die Wohnung leer. Wie die meisten Leute in Uniejów, hatte auch er erkannt, daß unsere Armee die Deutschen nicht stoppen konnte, und sehr wahrscheinlich waren auch er und seine Familie ostwärts geflohen. Wir konnten nicht zurück; wir mußten weiter. Es hatte keinen Sinn, unser einziges Pferd mitzunehmen, deshalb ließen wir es grasend auf einem Feld zurück. Durchnäßt, verzagt und hungrig verließen wir Uniejów.
Außerhalb der Stadt hörten wir, wie Papas Name gerufen wurde. Es war Herr Chmielinski. Einige Jahre zuvor hatte er Herrn Hellers Konkursmasse aufgekauft und mein Vater hatte seitdem einige Geschäfte mit ihm abgewickelt. Es war wie ein Wunder. „Wigdor! Was machst du hier?" schrie er. „Sind das deine Frau und deine Kinder? Kommt her, wir nehmen euch mit", rief er, da er in diesem Zug von Gespannen nicht anhalten konnte.
Sein großer, geräumiger Wagen, gezogen von robusten belgischen Pferden, war ein starker Kontrast zu unserem dürftigen Fuhrwerk. Wir liefen seitlich zu seinem Gespann, so daß er und sein Sohn Karol uns hinaufhelfen konnten. Dann berichtete Papa von unserem Unglück. Chmielinski und seine Frau saßen vorne, Mama und Papa saßen auf dem gleichen Sitz und schauten nach hinten. Wir anderen saßen zusammen mit Karol auf der Rückbank. Ich dachte, daß es jetzt behaglicher würde.
Als der Verkehr weniger wurde, dirigierte Chmielinski den Wagen weg von der Straße, so daß die Pferde fressen konnten. Er hängte mit Hafer gefüllte Beutel um ihren Hals und streute Heu auf den Boden. Dann teilte die Familie alles, was sie hatte, mit uns – selbstgebackenes Brot, Butter und Milch. Ihre Gastfreundschaft kam so von Herzen, daß wir sie ohne schlechtes Gewissen annehmen konnten.
Die polnischen Soldaten, die wir entlang der Straße trafen, hatten keinerlei Ähnlichkeit mehr mit einer Armee. „Wo sind die Deutschen?" fragten wir.
„Fahrt um Himmels willen bloß weiter", antworteten sie. Obwohl es dunkel wurde, befolgten wir ihren Rat, und Chmielinski ließ die Pferde in einen flotten Trab fallen. Es waren jetzt weniger Armeefahrzeuge auf der Straße, so daß wir schneller vorankamen.
Karol war ein humorvoller junger Mann von 27 Jahren, studierte an der Jagiellonen-Universität in Krakau und liebte Diskussionen über Marxismus, Pazifismus

und Hitler. Doch die hereinbrechende Dunkelheit und das gleichmäßige Rollen des Wagens lullten mich ein, und bald schlief ich.
Ich hatte nicht lange geschlafen, als mich ein bekanntes Geräusch aufweckte. Ich schaute nach Westen und sah zwei Punkte am Horizont. Das Dröhnen wurde lauter und die Punkte wurden größer, bis ich die meistgefürchteten Messerschmitts erkennen konnte. Chmielinski lenkte den Wagen in ein bereits abgeerntetes Feld und wir kletterten heraus. Menschen rannten wild herum, rutschten aus, taumelten und waren verzweifelt, denn es gab keinen Ort, wo man sich verstecken konnte. Das Dröhnen war so ohrenbetäubend, als ob es von zwei Bombern käme, die Seite an Seite über uns kreisten. Plötzlich hörte ich die Bomben pfeifen und warf mich zu Boden. Die Explosion ließ Erde auffliegen und der Einschlag hinterließ tiefe Krater. Die Pferde erschraken über den Lärm, wieherten und bäumten sich auf. Obwohl wir Zivilisten waren und nichts Militärisches in Sicht war, nahmen uns die Deutschen mit ihren Maschinengewehren weiterhin unter Beschuß.
Schließlich drehten sie ab, der Grund war wohl die ausgegangene Munition. Ich stand schwankend auf, mein Herz klopfte. Über einem kaputten Wagen und einem toten Pferd hing an einem Telefonmasten eine blutverschmierte Jacke, in der noch Teile eines Armes steckten. Wir waren alle verängstigt und dankten Gott, daß wir überlebt hatten. Es hatte schon vorher Kriege gegeben, aber noch keinen wie diesen. „Das ist kein Krieg“, sagten die Leute, „das ist kaltblütiger Mord“. „Das ist das Ergebnis der neuen schrecklichen Waffen“, murmelte Karol kopfschüttelnd.
Wir zogen weiter ostwärts. Die Sonne stieg hoch, und die Hitze war ungewöhnlich für September. Wir sahen Dutzende toter Tiere und liegengebliebener Fahrzeuge. Der Geruch von Verwesung war allgegenwärtig. Ich konnte die Erinnerung an den Arm, der vom Telefonmasten herabbaumelte, nicht loswerden. Nach einigen Kilometern machten wir Halt. Als Papa versuchte, für Zlotys etwas zu kaufen, entdeckte er, daß fast alles, was es noch einige Tage vorher im Übermaß gab, nun verschwunden war. Auch die Essensvorräte unserer Freunde gingen jetzt zur Neige, und doch teilten sie nach wie vor mit uns das Wenige, was sie noch hatten.
Einige Stunden lang hatten wir Ruhe vor den Bomben, aber bald erinnerte uns ein vertrautes Dröhnen daran, daß die Deutschen den Himmel beherrschten. Wir wußten nun, was uns erwartete, und als der Wagen die Straße verließ, rannten wir schnell in Deckung. Ich folgte meinem Bruder in ein paar trockene, stachlige Salbeibüsche. Wir drückten uns flach auf den Boden, um möglichst unsichtbar zu sein. Die Flugzeuge kamen wie beim letzten Mal auch: Sie stießen herab, überzogen das Gelände mit ihren Maschinengewehrsalven und warfen Bomben. Aber

ihre Maschinengewehre richteten den größten Schaden an. Nach jeder Salve prüfte ich, ob ich getroffen war und blutete.
Nicht weit von uns war ein Mann zusammengesackt. Wir liefen hin und konnten sehen, wie Blut aus seiner rechten Schläfe sickerte; eine Kugel hatte seinem Leben ein Ende gesetzt. Eine Frau von ungefähr 45 Jahren kam schreiend gelaufen: „Es ist Stasiek, mein Gott, es ist Stasiek!“ Zwei Männer trösteten sie. Man erlebte Trauer und Sorge und viel Mitgefühl, aber jeder fürchtete sich. Jeder wußte, er konnte der nächste sein und versuchte, wegzukommen. Die Schreie „Stasiek!“ klangen mir noch lange in den Ohren.
Nun verstand ich, weshalb meine Eltern den Krieg so gefürchtet hatten. Genau an diesem Tag, mitten auf einem polnischen Feld und unter einem Himmel, der nur noch aus dem Schnellfeuer der Maschinengewehre bestand, verlor ich die Illusion, daß der Krieg ein Abenteuer sei. Als wir unseren Weg fortsetzten, kamen wir nach Lodz und zogen dann ostwärts in Richtung Warschau. Wir hatten beschlossen, erst bei Tagesanbruch Halt zu machen, denn wir wußten nun, daß die Reise bei Tageslicht gefährlich war, und von da an reisten wir nur noch nachts. Es wurde uns immer unangenehmer, auf Kosten unserer Wohltäter zu leben, noch dazu waren ihre Essensvorräte fast gänzlich aufgebraucht. Wir kamen überein, daß wir im nächsten Dorf anhalten und erneut versuchen würden, einige Lebensmittel zu kaufen.
Dunkle Wolken bedeckten den Himmel und drohten mit Regen, aber als die Sonne heraus kam, verschwanden sie, und ein sonniger Morgen brach an. Wir wußten, es würde nicht lange dauern, bis die Flugzeuge zurückkämen. Wir fürchteten die nächste Bombardierung und hatten Angst, daß wir schließlich auch zu den Opfern gehören würden. Aber wir mußten weiter. Wir waren nun nahe am Ödland von Kampinoska, der eigentliche Ort Kampinos war schon seit längerer Zeit verlassen. Wir hielten beim ersten Bauernhof an. Kein Zweifel, ein Landbaron zählte einiges, und Herr Chmielinskis Status war der Grund für die freundliche Begrüßung, die wir erfuhren. Der überaus gastfreundliche Bauer erlaubte uns nicht nur den Zutritt zu seinem Hof, sondern auch in seine Scheune. Er redete unablässig in einem Dialekt, der für uns nur schwer zu verstehen war. Als er merkte, daß wir ihm kaum folgen konnten, begann er zu gestikulieren.
Seine Frau hatte bereits die Kühe gemolken. Sie kam aus dem Kuhstall mit ihren beiden Kindern – ein Mädchen von ungefähr 8 Jahren und ein Junge, nicht älter als 14. Beide schauten uns schüchtern an. Das Plätschern der warmen Milch im Kübel der Frau vermehrte noch unseren Hunger. Brot, Butter, Eier und Milch – dies alles konnten wir von der Familie kaufen, und so hatten wir damals unser erstes warmes Essen, seit wir von zu Hause aufgebrochen waren.

Nach der langen Nacht auf dem Wagen tat es gut, abzusteigen und die Beine zu strecken. Aber es dauerte nicht lange, und die Stukas waren wieder da. „Mein Gott, hört das denn nie auf?“, dachte ich. Dieses Mal jedoch flogen die Flugzeuge – zweifellos auf dem Weg nach Warschau – einfach über uns hinweg.
Am nächsten Morgen hörten wir, daß die deutschen Truppen sehr schnell vorangekommen waren. Die Polen konnten ihnen nicht länger Widerstand leisten, denn das, was von unserer Armee übriggeblieben war, konnte den Vormarsch nicht aufhalten. Rydz-Smigłys trotzige Behauptung: „Nicht das kleinste Stück Land werden wir abtreten“ klang immer unglaubwürdiger. Für uns hatte es nun keinen Sinn mehr, noch weiter nach Osten zu ziehen. Da wir uns der Gastfreundschaft des Bauern sicher waren, beschlossen wir zu bleiben. Die deutschen Flugzeuge auf dem Weg nach Warschau feuerten nicht weiter auf uns, man hätte glauben können, daß sie ganz normale Fluglinien einhalten.
In den nächsten 48 Stunden ging das Gerücht um, daß die Sowjets Deutschland den Krieg erklärt hätten. Großbritannien und Frankreich waren bereits im Krieg mit Deutschland, aber wir fragten uns, wo sie blieben. War eine Kriegserklärung nichts weiter als ein politischer Trick? Wir stellten uns nicht länger die Frage, *ob* wir den Deutschen in die Hände fallen würden, sondern *wann*.

4 Deutsche Besatzung

Wir hatten Heimweh und genug vom Weglaufen. Wir freuten uns auf den Tag, an dem unsere Flucht endlich zu Ende sein würde. Kaziek, der Sohn des Bauern, wurde mein täglicher Begleiter, der mir eifrig das Dorf zeigte. Am 10.9., kurz vor Mittag, waren wir wieder zusammen unterwegs. Wir waren kaum einen Kilometer gegangen, als wir das Jaulen eines Motorrades hörten. Es wurde bald auf einer Anhöhe sichtbar, und wir konnten einen merkwürdig aussehenden Fahrer erkennen, der genau auf uns zuhielt. Der Seitenwagen war leer, und das Motorrad zog eine schwere Rauch- und Staubfahne hinter sich her. Wir waren die einzigen Menschen auf der Straße. Wir hatten Angst, aber es war zu spät, um wegzurennen.
Das Motorrad hielt an, der Soldat stellte die Maschine ab und machte eine kurze Pause. Dann nahm er seinen Helm ab und fragte, ob wir Deutsch sprechen würden.
„Ja“, antwortete ich und senkte ängstlich den Blick.
„Hast du Angst?“
„Nein“, sagte ich deutlich.
„Gibt es hier viele polnische Soldaten?“ fragte er mich.
„Nein“, antwortete ich.

„Ist heute einer hier vorbeigekommen?“
„Nein“, erwiderte ich.
Er hatte niemanden auf der Straße gesehen und fragte uns, wo die Menschen alle seien. „Haben die Leute Angst vor uns? Sag ihnen, daß das nicht nötig ist“, sagte er. Dann langte dieser Soldat in seine Tasche und zog Pakete mit Schokolade und deutschen Zigaretten heraus. Er gab sie uns mit den Worten: „Das ist für euch“, und schaute uns beide an. Ich war nicht auf eine solche Freundlichkeit und Großzügigkeit eines deutschen Besatzers gefaßt und zögerte. Er nickte aufmunternd und forderte uns nochmals auf, die Pakete doch anzunehmen, was wir dann auch taten. In der Zwischenzeit waren noch einige weitere Motorräder dazugekommen. Ohne diese merkwürdigen Uniformen hätten die Soldaten wie die hiesigen ausgesehen. Viele gepanzerte Autos und Lkws kamen an. Es war beeindruckend, als die Soldaten auf ihren Motorrädern wegfuhren. Es wurde uns nun klar, weshalb die Deutschen einen so leichten Sieg über uns gewonnen hatten: Im Gegensatz zu unserer Armee, die sich zu Fuß oder zu Pferd fortbewegte, waren sie voll motorisiert.
Wir rannten zurück zum Bauernhof mit all den Neuigkeiten und erzählten jedem, wie anständig die deutschen Soldaten doch waren. Jeder wußte, daß die Deutschen inzwischen einmarschiert waren. Wenn alle so sind, sagten wir, so müßten wir uns keine großen Sorgen machen. Auf der Straße passierten unablässig deutsche Truppen, die Lobgesänge zu Ehren ihres Führers anstimmten.
Wir konnten nun nicht weiter, uns blieb nur die möglichst schnelle Rückkehr nach Hause. Der ständige Strom von deutschen Lkws und Autos in Richtung Osten machte dies jedoch unmöglich. Außerdem hörten wir, daß die Deutschen für den Rest des Tages jeglichen zivilen Verkehr untersagt hatten.
Am nächsten Morgen brachen wir früh auf, und unsere Reise ging ohne Zwischenfall vonstatten. Am zweiten Tag jedoch standen einige deutsche Offiziere auf einem Hügel und beobachteten die Flüchtlingsströme. Frauen und Kinder konnten still vorbeigehen, während die Männer respektvoll die Hand an ihre Mützen legen mußten. Als wir an dieser Stelle angelangt waren, schrie ein Offizier streitsüchtig: „Schaut euch die Juden an! Sie wollten abhauen. Verdammte Juden, jetzt kriegen wir euch!“ Chmielinski sah, wie unsere Gesichter weiß wurden. Er kannte die Wirkung, die das auf uns ausübte.
„Ihr Bastards!“, sagte er voll Wut. „Eines Tages kriegen wir euch auch.“ Chmielinski ahnte noch nicht, daß er zwei Wochen später inhaftiert und kurz darauf als eine Handvoll Asche zu seiner Familie zurückkehren würde.
Schweren Herzens erinnerte ich mich daran, was Onkel Shlomo vorausgesagt hatte, wenn er über die Deutschen sprach. Er schüttelte dann nämlich seinen Kopf und sagte: „Gott steh uns bei.“

Es war staubig und heiß, als wir von der Straße abbogen, um unter einigen Bäumen unser Nachtlager aufzuschlagen. Das zog auch andere an, und bald waren viele um uns versammelt. Bei den nächtlichen Gesprächen hörten wir, daß die Sowjets Ostpolen besetzt hatten, was sich schließlich als wahr herausstellte. Jene, die versucht hatten, zu den Russen zu fliehen, waren aufgehalten worden. „Geht heim", wurde ihnen gesagt. „Es wird nicht lange dauern, dann sind wir bei euch." Die Inhalte der geheimnisvollen Übereinkunft von 1939 zwischen Ribbentrop und Molotow waren jetzt jedem klar, aber niemand glaubte, daß diese beiden langjährigen Feinde lange Zeit gut miteinander auskommen würden. Die ganze Nacht hindurch hielten mich Gedanken über den Spott und die Drohungen der Nazis wach. Ich fragte mich immer und immer wieder dasselbe: „Ist unser Gott weniger mächtig?"

Dank der Freundlichkeit und Großzügigkeit der Chmielinskis kamen wir sicher zu Hause an. In unserem Haus hatte sich zwar nichts verändert, doch die Nazis hatten ihre Macht im Dorf fühlbar demonstriert: Bereits am zweiten Tag ihrer Besatzung hängten die Deutschen zehn zufällig ausgewählte Männer an den Galgen, während die übrigen dabeistehen und zusehen mußten. Ihr Ziel war es, jeden Widerstand zu brechen. Einer der Exekutierten war mein bester Freund, Szymon Trzaskala.

Am 27.9. fiel Warschau. Einerseits waren wir glücklich, daß der Krieg – wie wir dachten – nun vorbei war. Die Annexion des Korridors und des Warthegaus war eine der ersten territorialen Schachzüge der Nazis in Polen. Andererseits änderte sich zu Beginn wenig – nur wurden die Lebensmittel knapp. Um die polnische Bevölkerung zur Mitarbeit bei der Unterdrückung der Juden anzustacheln, fütterte Radio Warschau sie mit haarsträubenden Lügen. Jemand sagte einmal „Offenkundige Lügen – doch wenn sie nur oft genug wiederholt werden, erscheinen sie manchmal als Wahrheit." Und so war es.

Kurz darauf wurden polnische ebenso wie jüdische Veröffentlichungen verboten. Das achtseitige Blatt, das nun erschien, enthielt nichts außer offiziellen Bekanntmachungen und Berichten über die Verfolgung von Deutschen in Polen vor dem Krieg. Es war der Versuch der Deutschen, ihre Besetzung zu rechtfertigen. Nachdem alle Radios konfisziert worden waren, erfuhren wir nur noch das, was die Deutschen uns sagten. Der Rest der Welt war weit entfernt.

Hans Frank wurde Generalgouverneur in Polen, und Herr Schweikert stand dem Verwaltungsbezirk Warthegau vor. Sehr schnell erließen sie eine Reihe von Anordnungen, die die Freiheit der Juden einschränkten. Diese Anordnungen waren teilweise so unklar, daß wir annehmen mußten, daß alles verboten war, was nicht ausdrücklich erlaubt war.

Im Dezember 1939 war unsere Familie zum letzten Mal bei einer Feier zusammen. Es war während Chanukka, dem Lichterfest. Plötzlich färbte sich der Himmel rot, und die ganze Stadt schien zu brennen. Erschreckt erfuhren wir, daß die Deutschen die jüdische Synagoge und die beiden danebenstehenden Gebetshäuser angezündet und die Torahrollen zerstört hatten. Alle jüdischen Einrichtungen waren vernichtet. Die orthodoxen Juden zerrissen ihre Kleider und hielten Trauer. Jeden folgenden Dezember erinnerte ich mich daran, es war unsere letzte und zugleich traurigste Feier, die wir zusammen erlebten.

Die Einschränkungen durch den Gauleiter wurden von Tag zu Tag größer. Nur sechs Personen wurde es erlaubt, an einer Beerdigung teilzunehmen, obwohl zehn für das Gebet gebraucht wurden. Ein neues Ausgehverbot verbannte uns zwischen 19.00 und 8.00 Uhr von den Straßen, und dieses Verbot wurde so streng durchgesetzt, daß einige Juden erschossen wurden. Es gab Beschränkungen

bei den Sachen, die wir kaufen durften und auch wo wir sie kaufen durften. Da uns die Straßen zu den Bauern verboten waren, konnten selbst diejenigen von uns, die Geld hatten, wenig damit anfangen. Unsere wenigen nichtjüdischen Freunde, jene, die uns immer noch helfen wollten, wurden daran gehindert. Bald mußten alle jüdischen Häuser den Judenstern anbringen, und alle Juden über sechs Jahre mußten ihn tragen. Um uns keine Beleidigung zu ersparen, mußte noch dazu das Wort „Jude" in hebräischem Schriftstil innerhalb des Sterns stehen.
Unser eigenes Symbol wurde das Kennzeichen unserer Scham. Dann wurde uns die Benutzung des Gehsteigs verboten, was uns dazu zwang, im Rinnstein zu laufen. Die Deutschen machten sich einen Spaß daraus, mit ihren Autos auf uns zuzufahren. Bärtige Juden wurden ihr wichtigstes Ziel: Sie schnitten die Bärte ab, zerrten an ihnen oder setzten sie unter Feuer. All unser Gold und Silber wurde konfisziert, und jeglicher Besitz stand unter Todesstrafe. Körperliche Gewalt wurde nun alltäglich.

In einer Dezembernacht erwachten wir von einem mächtigen Klopfen an der Tür und dem Befehl zu öffnen. Zuerst antworteten wir nicht in der Hoffnung, daß die Eindringlinge wieder gehen würden, doch sie drohten damit, die Tür aufzubrechen. Da Männer am meisten gefährdet waren, ging Mama zur Tür. „Wer sind Sie? Was wollen Sie von uns?"

„Aufmachen!" wiederholten sie klopfend. „Waffenkontrolle." Wir wußten, daß diese Kontrolle nur ein Vorwand war, aber die Weigerung, die Tür zu öffnen, hätte ihre Wut nur vergrößert. Mama schloß die Tür auf und ließ die vier Männer herein, die wie deutsche Postangestellte aussahen. Mama schien erleichtert. „Juden?" fragte einer. Mama antwortete nicht.

Während drei von ihnen um das Haus herumstreiften, fragte der vierte Mama, wo unsere Waffen seien. Sie schüttelte den Kopf. „Es sind keine Waffen im Haus", antwortete sie.

Im Zimmer nebenan, wo Opa schlief, fragte ihn einer das gleiche. „Wo sind eure Waffen?" Der Mann warf einen Blick unter das Bett und fand meine zahnärztlichen Instrumente in einer kleinen Büchse. Ein triumphierendes Lächeln ging über sein Gesicht, als er es hervorzog und schrie: „Was ist da drin?"

„Das sind die zahnärztlichen Instrumente meines Enkels", antwortete Opa.

„Zahnärztliche Instrumente?" platzte er voll Abscheu heraus und warf die Büchse Opa in das Gesicht. Meine Instrumente flogen durch das Zimmer und mein Großvater schrie auf.

In der Zwischenzeit hatte ein anderer von ihnen meinen Vater beschimpft: „Ihr Juden seid die Ursache von allem Übel. Ihr wolltet diesen Krieg, und ihr werdet dafür bezahlen."

Mein Vater, ganz weiß im Gesicht, widersprach ruhig. „Sehen Sie doch selbst. Wir haben keine Waffen." Aber diese Worte stießen auf taube Ohren. Selbst ein Geständnis seinerseits würde ihre Meinung nicht geändert haben. Sie waren aus einem einzigen Grund hier, nämlich Juden zu züchtigen und zu prügeln.

Dann schlug der Mann Papa mit seinem Gewehr auf den Kopf. Als ich Blut über das Gesicht meines Vaters fließen sah, dachte ich, daß er tot sei. Ein anderer Deutscher schoß laufend in unsere Möbel und Spiegel. Der dritte schlug meinem Bruder ins Gesicht. Dann wandte er sich mir zu. „Auch Jude?" brüllte er, als ob er mir damit klarmachen wollte, daß ich auch eine Tracht Prügel herbeisehnen würde. Erschreckt verkroch ich mich in eine Ecke, ließ mich zu Boden fallen und zog die Knie an die Brust. Ich bedeckte meinen Kopf und hoffte, so dem Schlimmsten zu entkommen.

„Laß ihn in Ruhe. Siehst du nicht, daß er nicht ganz da ist?" hörte ich einen anderen zu ihm sagen. Ich entkam nicht völlig ungeschoren. Ich bekam seinen Stiefel zu spüren, er trat ein paar Mal in mein Gesäß, dann ließ er mich allein.

Endlich gingen sie. Der Alptraum war vorbei. Joseks Nase war gebrochen, Papas Stirn mußte genäht werden, und Opa lag blutend nebenan. Pola ging zu Opa. Mama drückte laufend nasse Handtücher auf Papas Kopf und murmelte: „Sie waren einfach nur schlichte Postangestellte." Sie seufzte. Das war einfach unvorstellbar und zu grausam. Trotz meiner zwanzig Jahre war ich noch zu naiv, um zu verstehen, daß Menschen einen solchen Haß für andere empfinden könnten. Dann dachte ich an die Golem-Geschichte, die auf die Bibel und den Talmud zurückgeht und jahrhundertelang immer wieder erzählt wurde: Durch ein magisches Ritual erweckte ein weiser Mann einen menschlichen Körper aus Lehm oder Holz zum Leben, indem er einen göttlichen Namen aussprach. Diesem seelenlosen Körper wurde dann befohlen, blindlings Aufgaben zu erledigen. Der Golem war eine hervorragende Metapher und bot eine Antwort auf meine Fragen. „Wer sind wir? Was haben wir getan? Weshalb werden wir so verachtet?" fragte ich mich. In dieser Nacht änderte sich meine Auffassung von Menschlichkeit für immer. Ich erkannte, daß sich unser Leben unwiderruflich verändert hatte.

Eine Frau im Dorf gab zu, daß sie gehört hatte, wie Deutsche danach fragten, wo Juden leben. „Irgend jemand muß sie auf euch hingewiesen haben", sagte sie.

In Polen schienen die Volksdeutschen – Menschen deutscher Abstammung, die aber außerhalb Deutschlands lebten – ihre Seelen dem Führer verkauft zu haben. Das beste Beispiel waren unsere langjährigen Nachbarn und Freunde, die Marx'. Frau Marx verteidigte nun die Nazis, was immer sie auch taten. Nicht einmal nach dieser Nacht besuchte sie uns. Von da an lebten wir in Angst. Jedes Mal, wenn wir nachts draußen etwas hörten, fragten wir uns, ob jetzt die Deutschen erneut kommen würden, um uns zu terrorisieren. Dies war nicht das erste und auch nicht das letzte Mal, daß nachts in jüdische Wohnungen eingedrungen wurde und die Menschen geschlagen wurden. Die Angst vor diesem nächtlichen Terror wurde unser stetiger Begleiter. Juden zu töten war nun erlaubt und wurde sogar begünstigt.

Die Razzias folgten. Juden wurden zusammengetrieben, und es wurde ihnen befohlen, erniedrigende Arbeit zu leisten. Eines Tages wurde auch Pola festgenommen und zu den deutschen Militärkasernen gebracht, wo sie die Toiletten reinigen mußte. „Es ist ein Jammer, daß so ein hübsches Mädchen wie du Jüdin ist", witzelte ein Soldat, während die anderen lachten. Pola kam zitternd nach Hause. „Lieber will ich sterben", sagte sie, „als so etwas nochmals zu erleben".

Pola und ich beschlossen, in den sowjetisch besetzten Teil Polens zu fliehen. Obwohl unsere Eltern nicht davon begeistert waren, respektierten sie, daß unter solchen Umständen jeder seine persönliche Entscheidung treffen mußte. Es war Ende Dezember, fast schon Neujahr, als wir aufbrachen. Es war kalt genug für jede Menge Schnee, aber an diesem Morgen war kein Schnee gefallen. Wir entfernten die gelben Abzeichen von unseren Kleidern und hofften, als Nicht-Juden durchzugehen. Um weniger verdächtig zu sein, nahmen wir nur das Notwendigste mit. Nach dem Abschied von den anderen Familienmitgliedern gingen wir. Reif bedeckte die Felder, und die Flüsse waren zugefroren. Wir wanderten durch die Wälder auf unserer schicksalhaften Odyssee.

Vier Stunden später kamen wir am Bahnhof an, und hier endete die erste Etappe unserer Reise, doch wir hatten noch einige hundert Kilometer vor uns. Pola, eine helle Brünette ohne jeglichen jüdischen Gesichtszug, hatte keine Schwierigkeiten, die Fahrkarten für eine kleine Stadt nahe der russischen Grenze zu kaufen. Wir entdeckten noch weitere Juden im Wartesaal, die die gleiche Absicht hatten, doch wir sprachen mit niemandem aus Angst, erkannt zu werden. Als der Zug endlich kam und wir schon glaubten, es geschafft zu haben, hörten wir zu unserem Erstaunen eine Ankündigung: Juden war es nicht erlaubt, den Zug zu benutzen, alle anderen konnten einsteigen. Irgendwoher mußten die SS-Männer erfahren haben, daß sich Juden unter den Reisenden befanden.

Ein Dutzend von uns blieb am Bahnsteig zurück und schaute dem Zug nach, der nun abfuhr und langsam verschwand. Dann sammelten zwei SS-Männer unsere Papiere ein und stempelten ein „J" hinein. Bevor wir sie zurückerhielten, erteilten sie uns noch die ärgerliche Warnung: „Wer immer es noch einmal versuchen sollte, einen Zug zu benutzen, wird erschossen." Unsere Pläne waren zunichte und wir fühlten uns zerschlagen. Uns blieb nur, nach Hause zurückzukehren.

Obwohl unsere Familie unsere Enttäuschung nur zu gut verstand, war sie doch auch glücklich, uns zurückzuhaben. Wie immer fand Papa auch jetzt einen Lichtblick: „Was immer uns auch zustoßen wird, wir sind wenigstens zusammen“, sagte er. Dann fügte er noch einen Satz hinzu, den er oft gebrauchte: „Die Dinge werden nie so heiß gegessen, wie sie gekocht werden!“

Einige Wochen später kehrte ein Freund meiner Schwester enttäuscht vom sowjetisch besetzten Teil Polens zurück und warnte uns, dorthin zu gehen. „Die Russen haben die ankommenden Juden zusammengetrieben und in Arbeitslager nach Sibirien verschleppt“, sagte er. Wir konnten uns nicht vorstellen, weshalb nun auch noch die Russen unsere Feinde waren. Dies zerschlug unsere Hoffnung, daß unter kommunistischem Regime die Juden als gleichberechtigt angesehen würden.

Da mein Großvater auf der Straße ständig wegen seines Bartes schikaniert wurde, ging er nicht mehr aus dem Haus. Er war dadurch von seinen Freunden getrennt und verfiel zusehends. Erschrocken fanden wir ihn eines Morgens in einem tiefen Schlaf, aus dem er nicht mehr erwachen sollte. Mein Vorbild war tot. Mein Opa war gestorben, weil er seinen Lebenswillen verloren hatte, und mir wurde klar, daß sich mit seinem Tod auch mein Leben von Grund auf verändert hatte. Die Trauergemeinde auf dem Friedhof bestand nur aus Familienmitgliedern, allen anderen war es verboten dabeizusein. Die Spiegel in unserem Haus wurden verhängt, und wir hielten eine Woche lang Trauer. Freunde nahmen das Risiko auf sich, zu uns zu kommen, um die Gebete zu sprechen, für die zehn Personen nötig waren. Ich überhörte geflissentlich ihre Bemerkung, daß sie meinen Großvater um seinen friedvollen Tod beneideten.

Einige Tage später ging ich mit meiner Mutter auf einer Nebenstraße durch das Dorf. Als wir die Hälfte des Weges zurückgelegt hatten, kam uns ein früherer Klassenkamerad von mir entgegen, der sich – wie viele andere Deutschstämmige auch – den Nazis angeschlossen hatte. Er trug ein braunes Hemd mit einem Hakenkreuz auf der roten Armbinde. Er fühlte sich nun als echter Deutscher und wollte seine Treue zum Führer beweisen; als er nämlich auf gleicher Höhe mit uns war, stieß er meine Mutter, so daß sie zu Boden fiel.

Ich war entsetzt. Ich suchte seinen Blick. „Otto, warum tust du das?“ fragte ich wütend. In seinen Augen sah ich finstere Grausamkeit und Erbarmungslosigkeit. Der Schulkamerad von gestern war heute ein Feind. Dann begann er, die üblichen Nazi-Haßtiraden loszulassen: „Ihr Judenschweine, ihr seid die Pest, ihr Kriegsverbrecher!“

Ich konnte sehen, daß er wußte, wer wir waren, aber er zeigte keine Reue. Er verließ uns und murmelte weiter Haßtiraden vor sich hin. Das Blut klopfte mir in den Schläfen. Ich dachte, daß ich ihm das Hakenkreuz vom Arm hätte reißen sollen, aber ich war wie gelähmt, so als ob ich keine Gewalt mehr über meine Lippen gehabt hätte. Blaß und gedemütigt zitterte Mama unaufhörlich, aber glücklicherweise war sie nicht verletzt. Ich konnte sie nicht trösten. Ich hatte sie nicht verteidigt und fühlte mich deshalb schuldig. Der Zwischenfall bewies deutlich, wie schnell das Bewußtsein von Menschen vergiftet werden konnte. Das war ein schlimmes Jahr, aber das nächste wurde noch schrecklicher.

5 Das Getto in Dobra

Die Gier nach jüdischem Eigentum lockte viele Anhänger Hitlers. Nach und nach, ohne Verstellung oder Zwang, hatten uns die Nazis unsere Wohnungen, unseren Besitz, unsere Hoffnung und unseren Stolz genommen. Und obwohl jede Drehung dieser nach unten führenden Spirale uns auf den tiefsten Punkt zu bringen schien, mußten wir doch lernen, daß dieser Abgrund endlos war.

Im Frühjahr 1940 wurden wir aus unserem Haus ausgewiesen. Wir waren die einzige jüdische Familie in der Nachbarschaft. Alles, was uns gehörte – das Geschäft, das Haus und unser Grundbesitz –, wurde Anders gegeben, einem Volksdeutschen, der früher bei uns gearbeitet hatte. Seine einzige Empfehlung war also seine Abstammung. Der Judenrat wies uns dann auf der gegenüberliegenden Straßenseite das Dachgeschoß eines Hauses zu, das früher als Schule gedient hatte. Es wurde uns erlaubt, einen Armvoll unseres Besitzes mitzunehmen. Pola schlich später noch einmal durch unser Haus und rettete einige ihrer Lieblingsbücher. Anders jedoch erwies sich als unfähig, ein Geschäft zu betreiben, und kurz darauf mußte er es schließen. Nichts verursachte meiner Mutter mehr Qualen, als zu ihrem früheren Zuhause hinüberzuschauen, das nun verwaist war.

Das Dachgeschoß im dritten Stock, ursprünglich als Lager benutzt, wurde nun unser Lebensraum. Pola, Josek und ich schliefen auf Strohsäcken auf dem Fußboden, während Mama und Papa je ein Feldbett hatten. Wir hängten Decken auf, um etwas Privatleben zu haben.

Den Sabbat feierten wir weiterhin. Jeden Freitag entzündete Mama abends die Kerzen und sprach das Gebet. Papa, der so tat, als hätte sich nichts geändert, sagte oft: „Nichts ist verloren. Alles geht vorüber. Wenn der Krieg erst einmal vorbei ist, werden wir in unser Haus zurückkehren, und alles wird so sein wie früher."

Ende März 1940 kamen die Vögel zurück. Die Natur erwachte in diesem Jahr früh. An einem sonnigen Tag stand ich im ehemaligen Schulhof, als fünf Deutsche in Armeeuniform um die Ecke der Schule bogen. „Das ist übel", dachte ich. „Was können sie wollen?" Niemand außer dem früheren Hausmeister und uns lebte jetzt noch im Schulhaus. Als die Deutschen auf mich zukamen, fragte mich ihr Anführer, ein Unteroffizier, ob ich Bronek Jakubowicz sei.

„Ja“, sagte ich.
„Sie sind verhaftet.“
Ich war mir sicher, daß das ein Fehler sein mußte. „Sind Sie sicher, daß Sie mich meinen?“ fragte ich. „Warum? Was habe ich getan?“
„Das werden Sie später erfahren. Kommen Sie jetzt mit.“
Obwohl dies unmißverständlich war, konnte ich immer noch nicht verstehen, warum sie mich verhafteten und weshalb sie dazu fünf Soldaten brauchten. Mama und Pola hatten den Lärm gehört. Sie kamen in den Schulhof herunter. Vor Aufregung waren sie ganz kurzatmig.
„Weshalb verhaften Sie meinen Sohn? Was wollen Sie von ihm?“ fragte Mama.
„Er kommt mit uns“, brüllte ein Soldat und befahl mir weiterzugehen.
„Warten Sie, lassen Sie mich wenigstens seine Jacke holen“, bat meine Mutter.
„Er wird sie nicht brauchen. Er wird sowieso erschossen“, schimpfte der Unteroffizier hinter ihr her. Mama fiel fast in Ohnmacht. Sie bedeckte ihr Gesicht und stützte sich auf meine Schwester.
Ich folgte ihnen hinaus aus dem Hof, auf jeder Seite einen Soldaten, zwei hinter mir und der Unteroffizier vor uns. Das bekamen die Nachbarn mit, sie kamen heraus und gafften. Seit meiner Geburt lebte ich in diesem Dorf, und fast jeder kannte mich. Sie konnten nicht verstehen, weshalb ich verhaftet und von fünf Polizisten abgeführt wurde. Trotz meiner Angst hielt ich den Kopf hoch wie eine Figur in einem Theaterstück von Shakespeare. Es wurde ein langer Weg. Ich wurde ans andere Ende des Dorfes geführt, in das Hauptquartier, das gleichzeitig Schweikerts Sitz war. Im Hof, in der Nähe der Kasernenmauern, bewachten Soldaten mit Gewehren in der Hand vier andere Gefangene. Der Unteroffizier winkte mir, mich dazu zu stellen.
Da erkannte ich zu meiner rechten Seite Wigdor Celnik, einen Freund meiner Schwester. Neben ihm stand Jan Kozlowski, ein Pole aus Dobra mit fragwürdigem Charakter; er war schon einige Male im Gefängnis gewesen. „Man tut gut daran, nichts mit ihm zu tun zu haben“, hatte ich Leute sagen hören. Den dritten, Pavel, kannte ich nur vom Namen her. Der vierte war ein Fremder. Ich dachte, daß Celnik vielleicht deshalb hier war, weil er früher ein Repräsentant des „Bundes“, einer jüdischen sozialistischen Arbeiterorganisation, war. Wurde ich verhaftet aufgrund meiner Mitgliedschaft in der zionistischen Jugendbewegung Hashomer Haklal Hazoni[3]. Ich hatte noch nie gehört, daß jemand deswegen bestraft worden wäre.

---

3 In der Zeit zwischen den beiden Weltkriegen fühlten sich die in Polen lebenden Juden – vor allem meine Generation – von der zionistischen Ideologie angezogen, nämlich von Herzels

Ich fragte Wigdor, weshalb er verhaftet wurde. „Was haben sie zu dir gesagt?" wisperte er zurück.
„Ich hörte sie sagen, daß ich erschossen werden soll."
„Ich auch", sagte er.
Plötzlich brüllte uns einer der Aufseher an: „Schnauze!", und spannte den Gewehrhahn.
Ich war nicht bereit zu sterben. Weshalb war ich hier? War es Gottes Wille, wie die Leute manchmal sagten? Wenn dies mein Schicksal ist, dachte ich, was kann ich tun, um die Todesangst leichter zu ertragen? Ich versuchte, mich selbst davon zu überzeugen, daß ich mein Leben gelebt hatte. Niemand lebt ewig. Ich versuchte mit allen Mitteln, mir das einzureden, aber es machte nicht viel Sinn, und ich war nicht sehr getröstet, aber es war alles, was ich tun konnte. Wir alle waren verwirrt. Ohne zu wissen, weshalb wir eigentlich hier waren, tauschten wir besorgte Blicke. Selbst vorbeikommende Soldaten fragten ihre Kameraden, wer wir seien und weshalb wir unter Arrest stünden. Nicht einmal unsere Aufseher wußten es.
Nach zwei Stunden kam ein Feldwebel vorbei und forderte uns auf, ihm zu folgen. Wir gingen einige hundert Meter die Straße hinab und kamen zu einer seltsam aussehenden Vorrichtung: drei flache Karren mit hohen Rädern, vor die sechs belgische Pferde gespannt waren. Uns wurde befohlen aufzusteigen. Der Feldwebel und die Aufseher folgten uns. Als wir das Lager verließen und aus dem Dorf hinausfuhren, nahm ich all meinen Mut zusammen und fragte den Feldwebel, wohin er uns bringen würde. Er antwortete nicht und schien überrascht, daß ich ihn überhaupt etwas gefragt hatte. Wigdor Celnik, der im gleichen Fuhrwerk saß, schaute mich an, als ob er sagen wollte: „Hast du wirklich erwartet, daß er mit dir spricht?" Entmutigt fragte ich nicht weiter.
Kurz darauf ging es von der Straße weg in eine Kiesgrube. „Warum bringen sie uns hierher?", fragte ich mich. Eine Kiesgrube, in der ständig Kies abgebaut wurde, würde kaum eine geeignete Grabstätte sein. Der Feldwebel stieg herab und befahl uns, die Karren mit Kies zu füllen, was auch keinen Sinn ergab. Nach ein paar Minuten schaute der Feldwebel sich vorsichtig um und flüsterte mir dann zu: „Ihr werdet nicht erschossen." Dann nannte er noch den Namen eines Zahnarztes in Dobra, Krusche.
Ich kannte Krusche nur dem Namen nach. Ich wußte, daß er vor einigen Jahren nach Dobra gekommen und nun der einzige Zahnarzt dort war. Die Leute sprachen nicht schlecht von ihm. „Er ist eine Mischung aus einem anständigen Polen

---

„Judenstaat". Das bedeutet, daß man nicht warten sollte, bis der Schöpfer den Messias sendet, um sein Volk heimzuführen, sondern daß man mit dieser Überzeugung für eine eigene Heimstätte in Palästina arbeitet.

und einem dekadenten Deutschen", hatte ich gehört. Als die Deutschen nach Dobra kamen, war er auf der Karriereleiter der Nazis rasch emporgestiegen.
Ich war überwältigt von dem Gefühl, noch einmal das Leben geschenkt bekommen zu haben. Sofort gab ich die gute Nachricht an Celnik weiter, und er informierte die anderen. Wir begannen wie wild, die Karren zu füllen, als ob wir unseren Richtern unsere Nützlichkeit beweisen und ihnen gleichzeitig dafür danken wollten, daß sie unser Leben gerettet hatten.
Bei der erstbesten Gelegenheit fragte ich den Feldwebel, was Krusche mit meiner Inhaftierung zu tun hatte. „Ich kann es dir hier nicht sagen", sagte er nervös. „Gib mir eine Adresse, wo ich dich finden kann. Ich werde bei dir vorbeikommen." Ich nannte ihm die Schule, und er versprach zu kommen.
In Rekordzeit waren die Karren mit Kies gefüllt. Um fünf Uhr, nach zehn Lieferungen, hatte sich der Kies im Militärlager angehäuft. Ohne irgend jemandem von uns zu sagen, weshalb wir festgenommen worden waren, entließen sie uns.
Ich dankte Gott immer und immer wieder und verschwand schleunigst aus ihrem Sichtkreis. Als ich die Straße erreicht hatte, rannte ich so schnell ich nur konnte. Völlig außer Atem kam ich zu Hause an. Mamas Gesicht erhellte sich, als sie mich sah. Ihre Qual wich der Freude. Sie erzählte mir, daß sie bereits zum Judenrat gegangen war und dort darum gebeten hatte, sie möchten doch herausfinden, weshalb ich festgenommen worden war. Sie hatte ihn angefleht einzuschreiten. Im Gegensatz zu ihr glaubte Papa die ganze Zeit, daß ein Irrtum vorliegen müsse.
Einige Tage später hörte ich, daß Kozlowski erneut festgenommen worden war. Er wurde nie wieder gesehen, noch wurde etwas von ihm gehört. Das Gerücht lief um, daß er in einem Lager umgekommen sei.
Gegen Abend war ich gespannt, ob der Feldwebel sein Wort halten würde. Kurz darauf sah ich, wie jemand, der so ähnlich aussah wie er, unsere Straße herabkam und immer wieder auf die Hausnummern schaute. Als er mich sah, kam er herbei und flüsterte: „Ich muß sehr vorsichtig sein". Schnell ging er mit mir in das Schulgebäude. Ich stellte ihn meiner Familie vor, und nun nannte er seinen Namen: Feldwebel Sprengle. Er bat uns, niemandem zu erzählen, daß er unsere Wohnung betreten hatte. Dann erzählte er, daß Schweikert meine Festnahme aufgrund von Krusches Klage angeordnet hatte. Krusche hatte nämlich behauptet, ich hätte hier als Zahnarzt gearbeitet und ihm so seine Einnahmen geschmälert. Das war natürlich eine Lüge. Nur wenige Polen waren sich der Zahnpflege bewußt, und die meisten waren zu arm, um dafür Geld auszugeben. Auch wenn sie alle ihre Zähne verloren hatten, sahen sie keine Notwendigkeit für falsche Zähne.
Zwischen Feldwebel Sprengle und uns entwickelte sich ein freundschaftliches Verhältnis, und bald kam er fast jeden Tag zu uns. Zunächst waren wir vorsich-

tig, doch mit der Zeit faßten wir Vertrauen zu ihm, denn er schien das antisemitische Gift, das die anderen Nazis auszeichnete, nicht zu besitzen. Wenn man bedachte, daß er der „überlegenen Rasse“ angehörte, konnte man sich über ihn nur wundern. Sprengle war ein merkwürdiger junger Mann. Obgleich von mittlerer Größe, hatte er fast schon anormal kurze Beine. Sein typisch deutsches blondes Haar hatte einen Militärschnitt, der so kurz war, daß er an einen Igel erinnerte. Die sonnengegerbte Haut und das quadratische Kinn ließen sein Gesicht aussehen, als ob es aus rötlichem Holz geschnitzt sei. Wenn man ihn anschaute, konnte man sich des Gedankens nicht erwehren, daß er eine Rolle spielte, die nicht zu ihm paßte.

Ab und zu brachte er uns deutsche Zeitungen mit. Natürlich waren sie voll der üblichen antisemitischen Propaganda, die uns als teufelsgesichtige Luzifers und als krankheitsverbreitende asoziale Schurken der Gesellschaft darstellten. Über zwei Dinge allerdings wurde nie gesprochen, nämlich über den Nationalsozialismus und die Politik. Der Feldwebel mahnte uns häufig auszuwandern. „Wir werden euch keinen großen Ärger bereiten, aber diejenigen, die nach uns kommen, werden euch das Leben sehr schwer machen“, murmelte er.

Als die Deutschen im Mai 1940 in Frankreich einmarschierten, überwanden sie problemlos die Maginotlinie und nannten sie einen Holzzaun. Einige Tage später lasen wir, daß sich Frankreich ergeben hatte und Hitler in Paris den Sieg feierte. Kurz darauf wurde Sprengles Einheit nach Westen verlegt. Zu diesem Zeitpunkt waren wir schon so vertraut mit ihm, daß wir ihn aufrichtig vermißten. Obwohl er versprochen hatte zu schreiben, hörten wir nie wieder etwas von ihm. Die abgezogenen ersten deutschen Truppen wurden bald durch neue ersetzt, und wir bekamen weitere diskriminierende Gesetze: Juden durften sich nun nicht mehr mit Angehörigen anderer Rassen einlassen, da den Ariern die Unreinheit des jüdischen Blutes erspart bleiben sollte. So lauteten die Gesetze.

Im Sommer 1940 wurden die Grausamkeiten um uns herum immer erschreckender. Die Nazis beschlossen, die Elendsviertel von Dobra zu säubern und dort ein Getto einzurichten. Manchen armen Juden, die hier seit Jahren gelebt hatten, blieb jetzt nur noch ein einziges Zimmer, die anderen wurden an weitere Familien verteilt. Wir mußten aus der Schule ausziehen und erhielten nun ein Zimmer mit einem gestampften Fußboden. Jetzt wurde uns klar, daß selbst unser vorheriges beengtes Quartier noch seine Vorteile hatte, und nun verblaßte unser ehemaliges Zuhause zu einer vagen Erinnerung.

Die Rationen im Getto waren unsere einzige Nahrungsquelle, und der Hunger wurde bald unser schlimmster Feind. Butter, Milch, Zucker und Mehl waren fast nie zu bekommen. Wir waren bereit, uns von allem zu trennen, nur um einen weiteren Tag am Leben zu bleiben, doch diejenigen, die unter der Maske von Wohltätern noch mit uns handelten, dachten in der Regel nur an ihren persönlichen Gewinn. Da unsere Habseligkeiten, die wir verkaufen konnten, immer weniger wurden, kamen selbst diese Händler bald nicht wieder.

Jeden Morgen mußten sich die jüdischen Männer und manchmal auch die Frauen zu anstrengenden und erniedrigenden Arbeiten melden. Ich werde nie die Strapaze vergessen, als wir am Straßenrand knieten, um mit einem schweren Hammer große Steine für den Straßenbau herauszubrechen.

Während dieser Zeit überrollten die Nazis Europa mit beispielloser Leichtigkeit. Im Westen hatten sie Frankreich, Belgien und die Niederlande, im Norden Norwegen und im Südosten Italien, Jugoslawien, Griechenland, Rumänien, Ungarn und Bulgarien unter ihrer Kontrolle. In Nordafrika befand sich General Rommel in der Nähe von El-Alamein. Die Nazis schienen ihren Einfluß auf die ganze Welt auszudehnen. Kaum einer glaubte noch daran, daß Großbritannien und die Sowjetunion große Gegner für Hitlers Armee wären. In den Reden von Hitler, Himmler und Goebbels wurde die antijüdische Propaganda immer schärfer und giftiger. Für die Deutschen schien eine Niederlage völlig undenkbar.

Jeglicher Hoffnung beraubt und seelisch gebrochen, hofften wir auf ein Wunder, von dem wir wußten, daß es nicht eintreten würde. Unsere größte Schwierigkeit war, daß unser Volk nicht glauben konnte, was gerade geschah. Wir setzten uns über jeden gesunden Menschenverstand hinweg. Bei jeder neuen antijüdischen Aktion der Nazis dachte unser ganzes Volk: Weiter werden sie nicht mehr gehen. Was können sie uns denn noch antun? Aber wir lebten in einer Welt ohne Sinn und Verstand. Genau das, was wir für unvorstellbar hielten, trat ein. Eine Flucht aus dem Getto im Warthegau barg höchste Risiken, denn selbst wenn die Flucht gelingen sollte, wohin sollten wir dann gehen? Wir mußten hinnehmen, was unser Schicksal für uns bereithielt.

Plötzlich quietschten die Reifen und der Lkw wich einer Kuh aus, die über die Straße lief. Ich öffnete meine Augen. Ich war auf dem Lkw; mein Vater schaute mich an und erriet meine Gefühle.

Eine Weile später verließ der Lkw die Straße und hielt an einem grasbewachsenen Damm. Der Aufseher schrie: „Runter mit euch, erleichtert euch im Gehölz, aber seid in fünf Minuten wieder da.“ Die Posten bildeten nun einen Kreis um uns. „Wenn jemand versucht zu fliehen, werden alle dafür bezahlen.“ Wir wußten, daß es keine leere Drohung war.

Auf der Seite, wo der Lkw gehalten hatte, war dichter Wald und eine grüne Wiese mit roten Mohnblumen zog sich entlang der Straße. Als ich in den Wald

ging, standen die Bäume so nah beieinander, daß sie fast kein Licht mehr durchließen, und der Geruch von Fichten war in der Dunkelheit überwältigend. Zweige knackten unter meinen Füßen. Als ich mich erleichtert hatte, ging ich zum Lkw zurück. Dr. Neumann hielt seinen Blick auf mich gerichtet.
„Du dort, komm her", schnauzte er mich an. Da ich mir nicht vorstellen konnte, daß er ausgerechnet mich in der Menge meinte, reagierte ich nicht. Aber als ich sein Kommando noch einmal hörte, drehte ich mich um. „Dich meine ich", sagte er. Obwohl ich wußte, daß es oft nichts Gutes bedeutete, wenn man von einem Nazi aus der Menge herausgeholt wurde, blieb mir nichts anderes übrig als zu gehorchen. Ich lief zu ihm und hielt zwei Meter vor ihm an, wie es die Vorschrift der Nazis verlangte. „Zeig ihm nicht, daß du Angst hast", dachte ich. „Jawohl", sagte ich laut und klar. Er fragte mich nach meinem Namen und meinem Alter. Als ich dies beantwortet hatte, fragte er weiter, was ich vor dem Krieg gemacht hätte. „Ich war in einer zahnärztlichen Ausbildung", antwortete ich entgegenkommend.
„Melde dich bei mir, wenn wir ins Lager kommen", befahl er.
Ich antwortete ein zweites Mal mit „Jawohl" und kehrte zum Lkw zurück. Mein Vater hatte alles gehört und merkte, daß ich beunruhigt war. Papa, der unentwegte Optimist, drängte mich, nicht mehr daran zu denken. „Bis wir dort ankommen, wird er alles von dir vergessen haben", sagte er.
Wir fuhren an einer frommen Frau vorbei, die vor einer Statue der Schwarzen Madonna kniete und das Kopftuch über ihr Gesicht gezogen hatte. Diese Statuen entlang der Straßen waren ziemlich häufig in Polen. Eine Weile später kamen wir in die Kreishauptstadt Turek. Weitere Lkws, die wie unserer aussahen, warteten an einem Platz. Sie beförderten Juden aus Kłodawa, Kutno, Golina und Turek selbst. Eine halbe Stunde später fuhr der ganze Konvoi in nördliche Richtung weiter. „Das bedeutet, daß wir nach Posen fahren", sagte Papa. Er war hier viel herumgekommen und kannte die Straßen gut.
Außerhalb Tureks verbreiterte sich die Straße, und die Lkws fuhren nun schneller. Die Sonne stand hoch am Himmel und tauchte die Felder und die Menschen, die sich dort abmühten, in ein warmes Licht. Die meisten Bauern richteten sich auf und starrten die Konvois mit den zusammengepferchten Fremden an. Die beiden Aufseher der Waffen-SS standen mit versteinertem Gesicht auf unserem Lkw und sprachen kaum ein Wort. Nach einer dreistündigen Reise bogen wir auf eine geschotterte Straße. Durch das Schütteln des Lkws wurde es unbequem, sich an die Seitenwände anzulehnen. Schwere Staubwolken, ausgelöst durch die Räder, hüllten unsere Kleider und Gesichter ein. Kies schlug andauernd gegen die Kotflügel.
Die Sonne war bereits wieder langsam am Untergehen, als sich die Wagen einem Gebäude näherten, das an ein typisches zweigeschossiges Schulhaus erinnerte. In

der Nähe standen noch zwei Holzbaracken. All dies war umgeben von einem drei Meter hohen Maschendrahtzaun, nach oben abgeschlossen mit Stacheldraht, der auf eine rohrförmige Stange aufgerollt war. Außer diesen Bauten gab es nichts als Felder. Das muß unser neues Heim sein, dachte ich.

6 Steineck

Das erste Fahrzeug hielt am Eingang, wo uns einige SS-Männer mit Deutschen Schäferhunden an ihrer Seite erwarteten. Dr. Neumann gab einem von ihnen die Liste mit unseren Namen. Sie besprachen sich kurz, und einer der SS-Männer schnappte sich einen Schalltrichter: „Ihr seid ins Arbeitslager von Steineck gebracht worden, wo ihr endlich lernen werdet, wie man richtig arbeitet." Dann ließ er seinen Trichter sinken und schaute prüfend in unsere Gesichter auf dem Lkw, als ob er sagen wollte: „Gibt es noch irgendwelche Fragen?" Selbst wenn es noch Fragen gegeben hätte, niemand hätte es gewagt, sie zu stellen. Er ging weiter und hielt bei jedem Lkw an, wiederholte seine Anordnung und stellte so sicher, daß sie niemand überhörte.

Dann öffneten unsere Aufseher die Ladeklappen und stießen die menschliche Fracht mit ihren Gewehrschäften herunter. „Runter, schnell, alle runter", schrien sie dabei.

Wir schnappten unsere Taschen und sprangen in Panik vom Lkw. Die beiden SS-Männer am Tor schleusten uns hinein wie Vieh, das gebrandmarkt werden sollte. Chaos brach aus, als die erste Gruppe das Tor erreichte. Zwei SS-Männer auf jeder Seite schlugen wahllos in die Menge, die vorbeiging. Die Hunde nahmen eine lockere Leine als Aufforderung und schnappten nach unseren Armen und Beinen. Jene von uns, die stolperten, waren ihre besondere Zielscheibe. Ich sah, was da vor sich ging, und fror. Wenn Papa und ich verhindern wollten, geschlagen zu werden, dachte ich, mußten wir in dem Augenblick vorbeischlüpfen, wenn die Männer ihre Peitschen hoben. In der einen Hand hielt ich den Koffer, meine Instrumentenbüchse hing über meiner Schulter, mit der anderen Hand faßte ich meinen Vater. Ich zögerte etwas und wartete gerade lange genug, bis die Peitschen nach oben gingen. Dann spurteten wir vorbei. Ich entkam unverletzt, aber mein Vater hatte nicht so viel Glück; für ihn endete es mit einer Rißwunde in der Kopfhaut.

Als wir endlich im Lager waren, rannten wir einige Stufen hinauf, durch Schwingtüren, und dann den Korridor des Schulhauses hinunter. Rechterhand waren Fenster, die auf den Hof gingen; die Räume lagen links. „Alle in Raum vier", schrie Chaim, der Polizist, der uns begleitete.

An drei Wänden des Zimmers waren Reihen von Schlafstellen, die aus übereinander angebrachten, rohen Brettern bestanden. Auf diesen Brettern lagen Strohsäcke mit grauen Decken und Kopfkissen. Die meisten dieser Kojen waren bereits belegt. Diese Art von Begrüßung verstärkte noch unsere Angst. Chaos brach aus, als die meisten von uns keine Bettstelle mehr fanden. Schließlich ergatterten Papa und ich zwei leere Betten ganz unten. Zu diesem Zeitpunkt wußten wir noch nicht, daß dies die am wenigsten erstrebenswerten waren. Der Raum für die Schlafstellen war so knapp bemessen, daß wir uns auf den Fußboden knien mußten, um dann hineinzuschlüpfen. Unser Gepäck stapelten wir an der Wand bei den Fenstern. Mit der Instrumentenbüchse unter meinem Kopfkissen fühlte ich mich nicht so, als ob ich in einem Arbeitslager angekommen wäre, sondern vielmehr wie in einer anderen Welt. Ich verstand nun, daß ich das Leben hier ganz neu lernen mußte.

Immer mehr Menschen kamen an. Sie liefen zwischen den Räumen hin und her, es war einfach kein Platz mehr zu finden. Inmitten des Tumultes schrie jemand „Achtung!". Einer der SS-Männer, die uns am Tor so prägnant eingewiesen hatten, betrat Raum 4, gefolgt von Chaim.

„Hier werden alle von euch arbeiten. Ihr habt zu grüßen, wenn Ihr jemanden in Uniform seht. Werdet Ihr angesprochen, so müßt Ihr Haltung annehmen, Brust raus, Kopf hoch, Schultern zurück, Hände an die Hosennaht. Der erste von euch, der einen von uns eintreten sieht, ruft für alle verständlich 'Achtung!'. Alle Insassen müssen um 20 Uhr ihre Schlafstellen aufgesucht haben, eine halbe Stunde später wird das Licht gelöscht. Wecken ist um 4 Uhr. Ihr habt eine Stunde, um euch für die Arbeit fertigzumachen. Samstag und Sonntag sind frei. Morgen wird eure Kleidung entlaust und euer Haar geschoren. Ihr bekommt eure Arbeitsanweisung am Montag!" Er drehte sich um und wollte gehen. Plötzlich blieb er nochmals stehen, als ob er die wichtigste Ankündigung vergessen hätte. „Falls jemand die Flucht beabsichtigt, so sollte er das lieber nicht ausprobieren!" Dann drehte er sich endgültig um und ging hinaus, gefolgt von dem Polizisten. Er hinterließ ein Gefühl von Bedrohung, und wir grübelten darüber, welche Konsequenzen Ungehorsam nach sich ziehen konnte.

Eine Viertelstunde später ertönte eine Pfeife. „Schnell! Schnell! Alles raus in den Hof zum Appell!" Jetzt lernten wir eine weitere Lektion. Niemand ging langsam in Steineck. Mit Papa an meiner Seite eilte ich durch denselben Korridor in Richtung Ausgang zurück. Ein SS-Mann, den Hund an seiner Seite, erwartete uns. Indem ich die gleiche Taktik wie beim letzten Mal anwandte, entkam ich einem Peitschenhieb. Aber diesmal bohrte der Deutsche Schäferhund seine Zähne in meinen Schenkel und warf die Schnauze von einer Seite auf die andere. Als ich mich von ihm befreit hatte, waren meine Hosen zerrissen, und Blut lief mir den Schenkel hinab. Mein Bein tat so weh, als ob ein Dutzend Nägel hineingeschlagen worden wären. Eigentlich hätte ich mir die Verletzung gerne etwas genauer angesehen, doch war mir klar, daß der Appell vorging. Also folgte ich allen anderen in den Hof.

Anfang 1941, lange bevor die Nazis bei der Wannseekonferenz die Tötung der Juden zur offiziellen Politik erklärten, schlug Alfred Rosenberg, der Reichsminister für die besetzten Ostgebiete, Arbeitslager für die örtlich ansässigen Juden vor. In einer vielbeachteten Rede an der Universität von Posen sagte er: „Die Juden werden mit ihrem Blut für die 25 Jahre Leid bezahlen, die sie den Deutschen und Polen hier gebracht haben." Dieser Vorschlag Rosenbergs erfuhr wie seine anderen Vorschläge auch uneingeschränkte Akzeptanz. Im Mai 1941 wurde das erste Judenarbeitslager im Sportstadion von Posen eingerichtet und 1000 jüdische Männer wurden aus dem Getto von Lodz dorthin gebracht. Das zweite Arbeitslager war Steineck.

Der Kommandant des Stadionlagers war zur Eröffnung von Steineck gekommen und beaufsichtigte nun unseren Appell. Wir mußten uns in Fünferreihen aufstellen und dann durchzählen, einer nach dem anderen, bis die Aufseher endlich davon überzeugt waren, daß alle von uns anwesend waren. Nachdem der Appell beendet war, konnte ich endlich zum Waschraum gehen. Hier tropfte von einer 13 Meter langen Leitung Wasser in eine Wanne.

Der Waschraum war auf den ersten Blick bestürzend, eine Beleidigung der Menschenwürde. Ein langes halbzylindrisches Objekt aus Zement lief an den beiden Wänden entlang, darüber eine Rohrleitung. Einige abschließbare Kammern waren zu sehen. Die Toilette war ein rohes Holzbrett über einer 20 Meter langen Grube. Wenn jemand Durchfall hatte, würde er mit beschmutzten Kleidern aufstehen. Ich säuberte meine Wunde, wusch das Blut um die beiden Reihen von Zahneindrücken an meinem Oberschenkel ab, säuberte meine Unterwäsche sowie die Hose und ging.

Papa hatte auf mich gewartet, sein Kopf tat immer noch weh. Die Sirene ertönte und kündete damit an, daß es Zeit für unsere erste Essensration war. Die Warteschlange erstreckte sich zweimal durch den Korridor. Nachdem wir 20 Minuten gewartet hatten, bekam jeder von uns ein „Pika", ein Stück Brot, das weniger als 200 Gramm wog, und etwas, das wohl an Kaffee erinnern sollte. Das einzige, was die dunkle Flüssigkeit mit echtem Kaffee gemeinsam hatte, war die Farbe. Sie war so bitter, daß man sie nicht ohne Süßstoff trinken konnte. Das Brot war auch nicht besser, es war alt und verdorben und schmeckte nach Hafer. „Wenn das beispielhaft für unser Essen hier ist, werden wir verhungern", bemerkte jemand.

Zunächst drehte sich einem der Magen um bei dem Gedanken, dies zu essen. Diese Lebensmittel waren nicht einmal gut genug für Tiere, noch viel weniger für Menschen. Aber dann aßen wir doch alle, um nicht zu verhungern.
Der Koch war ein rundgesichtiger Insasse mit dem Namen Rachmiel. „Morgen", so versprach er, „werden wir auch Margarine und Marmelade bekommen".
Als die Sirene am nächsten Morgen heulte, mußte Papa mich anstoßen, bis ich aufwachte. An diesem Morgen bekamen wir die versprochene Margarine. Der Koch nahm rasch einen Kaffeelöffel voll Marmelade und klatschte sie auf das „Pika" Brot. Noch bevor wir uns umgedreht hatten, war sie heruntergetropft. Dann kam ein Ruf: „Antreten!" Erneut zählten wir ab: „Eins, zwei, drei, vier." Schließlich bekamen wir den Befehl, uns auszuziehen und unsere Kleider auf einen Stapel zu werfen, damit sie entlaust werden konnten. Friseure, von denen die meisten noch nie zuvor Haare geschnitten hatten, schoren uns die Haare vom Kopf bis zu den Zehen. Wir wurden unansehnliche Schaustücke für alle, die am Lager vorbeikamen.
Gegen Mittag, nachdem wir lange in den Stapeln gesucht hatten, fanden wir unsere Kleider, die jetzt streng nach Petroleum rochen. Danach erhielten wir eine trübselige Mischung aus Rüben und Kartoffeln als Mittagsration. Obwohl sich davon zuerst wieder der Magen umdrehte, gewann schließlich der Hunger die Oberhand, und wir aßen es. Am Nachmittag gab es einen weiteren Appell, diesmal war Kontrolle der Grund. Die SS-Männer schienen eine besondere Vorliebe für vollständig zugeknöpfte Hemden und Jacken zu haben. Fünf Peitschenhiebe bekamen diejenigen, deren Kleider nicht vollständig zugeknöpft waren. Die gleiche Bestrafung traf jene, bei denen ein Schnürsenkel offen war.
Dann kam eine Vorführung unseres Marschierens, womit sie sehr unzufrieden waren, und so folgte die erste Lektion in Marschieren gemäß dem „Nazistil". Die jüngeren von uns konnten sich dem anpassen, aber für meinen Vater und Gleichaltrige war dieser Stechschritt äußerst fremd. Und wie konnten die Nazis erwarten, daß Rabbi Yankev, ein Gelehrter, der gemäß den Geboten Gottes gelebt hatte, jetzt die Beine hochriß und auf den Boden stampfte, wie es der Stechschritt erforderte? Es war schon seltsam genug für ihn, in Reih und Glied zu marschieren, und so wurde er nun am meisten mißhandelt. Die Soldaten zwangen ihn, sich auf den Boden zu legen und sich mit den Ellenbogen vorwärts zu bewegen. Dann wurde ihm befohlen aufzustehen und zurückzurobben. Daraufhin befahlen sie ihm zu rennen, bis er hinfiel und zusammenbrach. Als sie schließlich sahen, daß er völlig erschöpft war und nunmehr unfähig, ihre Kommandos zu verstehen, peitschten sie ihn erbarmungslos aus.

„Du Scheiß Jude“, war immer der Beginn ihrer Verwünschungen, und Anschuldigungen für alles, was schlecht in der Welt war, folgten. Glaubten sie das wirklich? Oder geschah dies zu ihrer eigenen Rechtfertigung? Jedenfalls genossen sie ihre Rollen. Inzwischen kannten wir ihre Züchtigungen, aber es war dadurch nicht einfacher geworden, sie zu ertragen. Ich verstand nie, was wir getan hatten, das eine solche Behandlung rechtfertigen könnte. Manchmal saßen wir nach dem Appell in Gruppen im Gras nahe dem Zaun. In der Sonne auszuruhen bot ein klein wenig physische und psychische Erholung. Aber für die Intellektuellen, ohne Respektierung und Ziel, war es schwer, dem Schicksal die Stirn zu bieten.
Heute, so wurden wir erinnert, war Sabbat. Auch wenn es im Getto kein Gotteshaus gab, so waren wir doch zum Gebet zusammengekommen. Hier war der Sabbat ein Tag wie jeder andere auch. „Es scheint, daß alle Götter durch einen einzigen ersetzt wurden, nämlich Adolf Hitler, und indem wir unseren Gott verloren, haben wir das Wertvollste verloren“, bemerkte einer in der Gruppe.
Dazu konnte Rabbi Yankev nicht schweigen. „Gott wird uns nicht leiden lassen“, prophezeite er, „Du allein wirst verherrlicht und Du allein wirst in Eintracht regieren“, so predigte er weiter.
Eine seltsame Stille folgte. Es schien, als ob die Gedanken eines jeden diese Weisheit abwogen. Einige Minuten verstrichen, und mein Vater machte eine optimistische Bemerkung, so, als ob ihm das im Nachhinein noch eingefallen wäre: „Es ist nur eine Sache von Monaten“, sagte er. Ich dachte daran, wie sehr Mama ihn vermissen mußte, denn sie hingen sehr aneinander, vor allem in Krisenzeiten.
Ich schaute zu David Kot, einem guten Freund von mir. Zu Hause hatten unsere Familien sehr engen Kontakt gehalten. Ich hatte viele Tage bei ihm zu Hause verbracht und er bei uns. Sein früher üppiges Haar und der tapfere und kluge Ausdruck in seinen schwarzen Augen waren verschwunden. Was wichtiger war, unsere sorglose und glückliche Jugend war plötzlich beendet worden. Die Nähe, die wir einst genossen hatten, gab es nicht mehr. Plötzlich ertönte die Sirene wieder und kündigte an, daß es Zeit für die Abendration war.
Am Sonntag wachte ich erstaunlich früh auf. Alles – die Pfeifen, die Peitschen und das Bellen der Hunde – schien bereits Routine. Nach dem Appell befahl der Kommandant Ärzten, Köchen und Schneidern, nach vorne zu kommen. Es waren keine Ärzte unter uns, aber mehr als genug Köche und Schneider. Als Ausweg suchte sich der Kommandant Goldstein heraus, einen Friseur aus Dobra, und trug ihm die Betreuung des Sanitätsraums auf. Dort gab es lediglich einige Binden, etwas Jod und Aspirin.
Rachmiel bekam vier andere Männer als Küchenhilfe zugeteilt. So viele wünschten sich diese Arbeit, daß sie sich darum schlugen. In der Küche gab es zusätzlich

etwas zu essen, es war immer warm dort, und die Arbeit war nicht so kräftezehrend. Ein Lagerschneider wurde noch ausgewählt, und vier Häftlinge wurden zu Hilfspolizisten ernannt. Den restlichen Sonntag hatten wir frei. Als der Befehl zum Lichtlöschen kam, war noch helles Tageslicht, doch in unseren Schlafstellen war sowieso nur rohes Holz zu sehen. Die Nächte waren kühl, aber die Körperwärme von achtzig oder mehr Gefangenen in unserem Raum ließ einem den Schweiß ausbrechen. Ich beobachtete, wie mein Vater sich auf sein Bett legte, wobei er vorsichtig darauf achtete, jeden Splitter zu vermeiden.

Zu Beginn war unser Lager die große Neuigkeit in der Gegend. Sonntags bummelten die Bauern vorbei, um herauszufinden, wer wir waren und weshalb wir hier waren. Obwohl die Region für ihren Judenhaß bekannt war, zeigte die hiesige Bevölkerung echte Wut, als sie erfuhr, daß unser Glaube unser einziges Verbrechen war. Sobald ein SS-Mann ein paar Bauern am Zaun stehen sah, ermahnte er sie, sofort zu gehen und nie mehr wiederzukommen.

Für Mitte Mai war es ungewöhnlich warm. Am Montag, unserem ersten Arbeitstag, heulten die Sirenen um 4.00 Uhr. Es war noch dunkel, als wir uns im Hof versammelten. Der Kommandant des Stadionlagers und Dr. Neumann standen in der Mitte, umgeben von einigen SS-Männern und ein paar unserer Polizisten. Ich hoffte, daß – wie Papa vorausgesagt hatte – Neumann mich jetzt vergessen hatte. Aber das war nicht der Fall. Nachdem 400 Häftlinge, zu denen auch mein Vater und ich gehörten, von den anderen getrennt worden waren, hörte ich plötzlich die Worte: „Zahnarzt, Meldung bei Dr. Neumann."

Es fuhr mir wie ein elektrischer Schlag durch die Glieder, und ich wußte nicht, was ich tun sollte. Ich fürchtete mich zu antworten, und gleichzeitig fürchtete ich mich davor, es nicht zu tun. Jede Sekunde schien sich zu einer Stunde auszudehnen. Selbst als ich nochmals gerufen wurde, zögerte ich noch. „Du hast keine andere Wahl", sagte Papa. „Du mußt gehen."

Ich nahm meinen Weg durch die Reihen, dann rannte ich vorwärts und schlug die Haken zwei Meter vor ihm zusammen. „Zu Befehl, Dr. Neumann, Bronek Jakubowicz meldet sich zu Ihren Diensten", sagte ich mit klarer Stimme.

Er musterte mich von Kopf bis Fuß und winkte mich an seine Seite. „Warte hier", sagte er.

Ich drehte mich um und fand mich selbst in einer Linie mit den SS-Männern und all den anderen Nazigrößen. Als ich die Augen wandern ließ, sah ich, daß meine tausend Mithäftlinge mich anschauten, völlig perplex darüber, weshalb ich hierher gerufen worden war. Ich wünschte mir, bei ihnen zu sein. Dies war nicht mein Platz. Ich hatte es mir nicht ausgesucht, hier zu stehen. Die übrigen Männer waren rasch in Gruppen aufgeteilt. Dann zeigte Neumann auf die erste Gruppe von

400 Männern und sagte zu mir: „Zahnarzt, du wirst ihr Kolonnenführer sein." Daraufhin wählte er für jede Gruppe einen Kolonnenführer.
Als wir hinausgeführt wurden, sah ich am Zaun viele Männer in schwarzer Uniform auf uns warten, der Farbe der Gestapo. Dr. Neumann übergab einem von ihnen eine Liste mit unseren Namen, sie nahmen uns in Empfang und befahlen uns, hinauszumarschieren. Auf der Straße nötigten sie uns, im militärischen Gleichschritt zu gehen. „Eins, zwei, drei, vier", wiederholten sie unaufhörlich.

Ich verließ das Gelände als letzter und ging so in der hintersten Reihe, ohne zu ahnen, was sie von mir erwarteten. Es war kurz vor der Morgendämmerung, und ich konnte sehen, daß unsere Führer trotz der Farbe ihrer Uniformen weder der Gestapo noch der SS angehörten. Auf ihren Jacken hatten sie keine Gestapo-Abzeichen und keine Aufschläge. Unsere Aufseher sahen bescheiden und anspruchslos aus. Ich wurde neugierig, wer sie wohl waren.
Der Mann in schwarzer Uniform, der hinter mir ging, trug eine Aktentasche. Ich ließ mich ein wenig zurückfallen und ging neben ihm. Ich wollte etwas sagen, ein Gespräch mit ihm anfangen, aber die Worte blieben mir im Halse stecken, denn er schaute mich kaum an. Auf einem verwitterten Schild stand zu lesen, daß die Straße nach Posen führte. Schließlich wagte ich es, ihn zu fragen, warum wir nach Posen gingen. Einige quälende Augenblicke vergingen, während er nicht antwortete. Schon wollte ich die Frage wiederholen, als er endlich sprach: „Wir wurden angewiesen, uns nicht mit den Häftlingen zu verbünden." Nach einer Weile fügte er hinzu: „Wir gehen zur Hoch- und Tiefbaugesellschaft in Brodzice." Obwohl er Deutsch sprach, war ich mir sicher, daß er kein Deutscher war. Ich vermutete, daß er entweder ein Volksdeutscher oder ein Pole war.
„Was bedeutet Hoch- und Tiefbaugesellschaft?" fragte ich ihn, um die Unterhaltung in Gang zu halten.

„Sie bauen hier eine Eisenbahnstrecke“, antwortete er. Jetzt verlief unsere Unterhaltung etwas normaler. Wir müßten noch eine Stunde marschieren, sagte er, was bedeutete, daß wir einen Weg von vier Stunden zur Arbeit und wieder zurück hatten. Als wir die Hauptstraße verließen, kam langsam die Sonne durch den Morgennebel. Wir kamen an einem halbkreisförmigen See vorbei und unsere Schuhe wirbelten eine Menge Staub auf. Bald wurden Baracken sichtbar. „Da ist es“, sagte der Mann und deutete darauf.

Das erste Gebäude war offensichtlich für Offiziere bestimmt. Das zweite sah wie eine Küche mit Speisesaal aus, und im dritten standen im Eingangsbereich Pickel, Schaufeln und Schubkarren. Das war offensichtlich der Geräteschuppen. Ein Aufseher bestand darauf, daß wir uns der Arbeitsstelle korrekt nähern. „Eins, zwei, drei, vier, links“, trieb er uns an. Aber es klang nur nach tra-tra und ta-ta.

Der Aufseher, mit dem ich gesprochen hatte, schien den Oberbefehl zu haben. Er übergab der Wache am Zaun einige Papiere; der Posten überflog sie kurz und fragte ihn dann auf Polnisch, wie viele wir wären. „407“, quetschte er heraus.

Dann drehte sich der zweite Posten um und fragte die Leute um ihn herum, diesmal aber auf Deutsch, wie viele Häftlinge jeder brauchen würde. „50“, „40“, „35“, lauteten die verschiedenen Antworten.

Er wies ihnen so viele von uns zu, wie sie verlangt hatten, und jeder führte eine Gruppe aus dem Hof. Zwanzig von uns, darunter ich, blieben übrig. Links von uns sah ich einige Kessel auf dem Herd stehen. Eine ca. 30 Jahre alte Frau stand in der Küchentür. „Herr Witczak, bitte vergessen Sie nicht, daß ich drei Männer brauche“, rief sie.

Er deutete auf drei Männer, die in der Nähe standen und sagte ihr, daß sie jene nehmen solle. Dann erinnerte sie ihn daran, daß sie noch zwei weitere bräuchte, um Wasser für sie zu holen. Er deutete auf mich und den Mann neben mir und brummte: „Ihr beide arbeitet für Stasia.“ Mit diesen Worten drehte er sich um und führte die übriggebliebenen Häftlinge weg.

Die Frau namens Stasia rüstete ihre drei Küchenhelfer mit Messern und Kübeln voller Kartoffeln aus. Dann gab sie uns beiden vier Eimer. „Nehmt diese“, sagte sie mit freundlicher Stimme. Sie deutete in Richtung Wald und fuhr fort: „Ihr werdet dort im Wald eine Quelle finden. Folgt dieser Straße, und ihr werdet auf einen schmalen Pfad kommen.“ Sie wußte nicht, wie sie den Weg weiter beschreiben sollte, also winkte sie unseren Aufseher heran. „Wie heißen Sie?“

„Tadeusz, aber jeder nennt mich Tadek“, sagte er.

„Tadek, können Sie ihnen die Quelle zeigen?“ Er kannte sich auch nicht besonders gut aus. Stasia gab ihm noch einige Hinweise, aber er schüttelte zweifelnd

den Kopf. Stasia gab uns in guter Absicht zwei Schulterträger. „Hier, das wird es etwas einfacher machen.“
Inzwischen kämpften die drei Kartoffelschäler hart mit ihrer Arbeit. Ich sah, wie unbeholfen David Moszkowicz, ein bedeutender Jude aus Dobra und ein Vertrauter von Major Muszynskis, mit den Kartoffeln umging. Er verrichtete diese Arbeit zweifellos zum ersten Mal, und das Messer glitt ihm laufend aus der Hand. Das entging auch Stasia nicht. Sie nahm eine Kartoffel und zeigte ihm, wie man sie schält.
Mit unseren Eimern an der Kette folgten wir unserem Wächter, Tadek. Der Mann, der außer mir noch ausgewählt worden war, war größer als ich, und wenn er zwei Schritte machte, brauchte ich drei, um mit ihm Schritt zuhalten. Gleichgültig, kaum aufblickend, ging er vor mir her. Ich fragte ihn nach seinem Namen. „Marek“, antwortete er. Ich schätzte Marek auf ungefähr 35 Jahre. Er hatte den intelligenten Blick eines Rechtsanwalts aus der Stadt. Wenn man ihn sich in einer gut geschnittenen grauen Hose, in einer Jacke mit Fischgrätenmuster, dazu noch mit einer roten Krawatte und natürlich ohne Wasserkübel vorstellte, dann könnte man denken, er sei auf dem Weg ins Gericht. Sein freundliches Gesicht zog mich zu ihm hin und ich mochte ihn vom ersten Moment an.
Die Eimer schlugen gegen unsere Knie, und so folgten wir still Tadeks Anweisungen. Der Geruch von frisch geschnittenem Gras kitzelte mich in der Nase. In Polen wurde in vielen Wohnungen auf dem Land das Wasser auf diesem Weg geholt, allerdings durch professionelle Wasserträger. Ihre Tragegeräte waren aus Holz und so geformt, daß sie sich der Schulter anpaßten. Die Länge der Ketten war variabel, da man sie in der Mitte verknoten konnte. Unser Tragegerät jedoch war so unbequem, daß wir nach einem ersten Versuch beschlossen, die Eimer in der Hand zu tragen. Das Trauma der letzten drei Tage hatte eine tief demütigende Wirkung auf uns, und ich fühlte mich mehr denn je in der Falle.
Das Unterholz im Wald wurde bald immer dichter, so daß wir langsamer gehen mußten. Der Pfad war uneben und mit glitschigem Moos bewachsen. Bei jedem Schritt traten wir auf abgestorbene Bäume und Wurzeln. Schließlich mußten wir über einen kleinen Bach springen, und dann fanden wir die Quelle. Das Wasser war klar und kalt und schien direkt aus der Erde zu sprudeln. Stechmücken und andere kleine Insekten tummelten sich im Dunst, der über dem Wasser lag. Der Anblick des Wassers lud uns ein, davon zu kosten, und es war sauber und herrlich erfrischend. Da die Quelle sehr flach war, brauchte es einige Zeit, bis wir die Eimer gefüllt hatten. Ich fragte den Aufseher auf Polnisch, ob er schon einmal hier gewesen war. „Nein“, sagte er.
Ich forschte weiter. „Wie lange arbeiten Sie schon hier?“

„Ich habe gerade letzten Mittwoch angefangen."
„Was für eine Arbeit ist das denn?" wagte Marek zu fragen.
„Ich wurde kürzlich von den Deutschen aufgefordert, jede Art von Einrichtungen zu sichern."
„Einschließlich Lager?" fragte Marek weiter.
„Ja. Meist jüdische", verriet er uns. Jetzt wußten wir, daß unsere Aufseher Polen waren. Die Eimer waren so voll wie nur möglich, und wir gingen zurück ins Lager . Stasia wartete in der Küche auf uns. Die geschälten Kartoffeln wurden gut gewaschen, und wir sollten neues Wasser holen. Tadek wollte lieber bei seinen Kameraden bleiben und fragte, ob wir den Weg auch ohne ihn finden könnten. „Ja", antworteten wir im Chor, erleichtert, endlich alleine zu sein. Als wir in den Wald gingen, wurde uns klar, daß wir zum ersten Mal ohne Aufsicht waren.
Auf diesem Weg erfuhr ich, daß Marek Lewinski ein Elektroingenieur aus Koło war, einer Stadt, die knapp 50 km entfernt von Dobra liegt. Er war gutaussehend, fast zwei Meter groß und schlank. Er hatte einen dunklen Teint, eine gerade Stirn und eine leicht verlängerte Nase. Bei einer Razzia war er aufgegriffen worden, und die Nazis scherten sich nicht darum, daß er der einzige Mann in der Familie war. Er und ein anderer Mann aus Koło wurden auf Lkws geladen und dann zu unserem Transport gebracht. Er konnte sich nicht einmal mehr von seiner Frau und den beiden Kindern verabschieden, und die Verbitterung über diese Pein stand deutlich in seinem Gesicht. Wenn er sprach, klebten seine Augen am Boden. Haß auf den Judenrat in Koło stieg in mir auf, und ich verdammte ihn.
Bald hatten wir die Lichtung erreicht. Wir stellten die Eimer auf den schlammigen Boden, der die Quelle umgab, und setzten uns auf einen großen Stein. Unser Alleinsein verschaffte uns Frieden und Ruhe, und endlich konnten wir unsere Gefühlen freien Lauf lassen. Wir waren glücklich über diese Gelegenheit, all unsere Wut loszuwerden, die sich in den letzten paar Tagen angesammelt hatte. Hilflosigkeit und Verzweiflung, die wir in der letzten Woche in unseren Herzen begraben und verdrängt hatten, forderten nun ihr Recht, und wir saßen beide da und weinten.
Eine Viertelstunde später, um etwa 7.45, erklangen Stimmen in der Ferne. Als sie lauter wurden, hörten wir, daß junge Mädchen ein nettes, in Polen beliebtes Schulabschlußlied sangen. Das Singen trocknete uns die Tränen, aber plötzlich brach es ab, und der Trost und die Geborgenheit, die wir daraus geschöpft hatten, waren nicht mehr zu spüren. Die Stille dauerte an, und diese Minute voll Zartheit schien nur ein Traum gewesen zu sein. Ich schloß die Augen. Es war schwer für mich, dies hinzunehmen. Plötzlich hörte ich eine Bewegung in den Büschen, und als ich die Augen öffnete, sah ich direkt in ein anderes Augenpaar, das mich anstarrte. Die Büsche teilten sich daraufhin, und vor uns, im hellen Sonnenschein,

tauchten fünf junge Mädchen auf. Wir trauten kaum unseren Augen, aber es war Wirklichkeit.

„Dzień dobry" (Guten Morgen), grüßte ich schnell, damit sie sich nicht vor uns fürchteten.

„Dzień dobry", antworteten sie einstimmig. Die fünf adrett angezogenen jungen Mädchen mit Paketen unter den Armen strahlten Zufriedenheit aus. „Wer seid Ihr?", fragten sie.

„Wir sind Juden. Mein Name ist Bronek Jakubowicz, und ich stamme aus Dobra. Mein Freund Marek kommt aus Koło."

„Was macht Ihr hier?"

„Wir sind in einem Lager, Steineck genannt. Heute ist unser erster Arbeitstag bei der Hoch- und Tiefbaugesellschaft."

„In Brodzice?" fragte eine von ihnen.

„Ja."

Sie hießen Jadzia, Halina, Kazia, Anka und Zosia. Sie kamen alle aus Posen und waren vor dem Krieg Schulmädchen. Jetzt arbeiteten sie in einer nahegelegenen Pflanzschule. In Posen, einer von den Deutschen besetzten Stadt, lebten nur wenige Juden. Kaum waren die Nazis einmarschiert, war die Stadt auch schon judenfrei. Als wir den Mädchen über die Lebensbedingungen im Getto erzählten, wurden sie wütend. Sie waren auch außer sich, als sie von den Bedingungen im Lager hörten. „Und all das, nur weil Ihr Juden seid?" fragten sie. „Aber warum? Warum?" Das war die Frage, die wir uns selbst ununterbrochen stellten. Die Wißbegier der Mädchen fand kein Ende. Sie wollten z. B. auch wissen, weshalb wir kahlgeschoren waren. Eine ließ mich nicht aus den Augen, streckte mir die Hand entgegen und sagte: „Ich bin Zosia Zasina. Ich kann nicht glauben, daß die Deutschen solche Scheusale sind." Was für ein schöner Name, dachte ich. „Ihr müßt hungrig sein. Hier, nehmt das", sagte sie und gab uns ihr Frühstückspaket.

Damit brachte sie uns in Verlegenheit. Ich weigerte mich, das Paket anzunehmen. Sie brachte mich so durcheinander, daß ich fast die übliche höfliche Antwort vergessen hätte. „Ich kann es nicht annehmen, Zosia", antwortete ich, und ihr Name ging mir sanft über die Lippen.

„Bitte, nimm es. Teile es mit deinem Vater", stieß sie hervor. Als sie meinen Vater erwähnte, wußte ich, daß ich das Paket annehmen sollte.

Als ob sie es Zosia gleichtun wollten, zogen nun auch die anderen ihre Essensvorräte heraus. „Bitte, bitte", drangen sie in uns, „gebt es den anderen". Wir dankten ihnen warm. „Wir werden morgen um die gleiche Zeit wieder hier sein", sagten sie beim Gehen. Mit Tränen in den Augen schauten wir ihnen nach, als sie im dichten Wald verschwanden.

Wir konnten die Eßpakete nicht mitnehmen, da sonst unser Geheimnis verraten gewesen wäre; also versteckten wir sie. Aus Angst, daß unser Aufseher nach uns suchen würden, füllten wir schnell die Eimer und machten uns auf den Rückweg zum Lager. Ich ging auf dem schmalen Pfad voraus. Ich war aufgeregt und konnte den nächsten Tag kaum erwarten. Tadek kam uns bereits entgegen. Ich war mir nicht sicher, wie er auf unsere Begegnung mit den fünf Mädchen reagiert hätte. „Wir haben uns eine Weile verirrt“, sagte ich. Er nahm das hin, und wir kehrten zu einer ungeduldigen Stasia zurück.

„Wo habt Ihr denn so lange gesteckt?“ forschte sie.

„Oh, wir hatten uns ein wenig verlaufen, aber jetzt kennen wir den Weg“, sagte ich in der Hoffnung, daß wir ihr Vertrauen nicht verlieren würden und sie uns weiterhin zum Wasserholen schicken würde.

Die Aufseher, die lieber im Schatten saßen und sich unterhielten, Zigaretten rauchten oder Karten spielten, waren nicht begierig darauf, uns zu begleiten. Stasia ließ sich kurz darüber aus, wie armselig die Kartoffelschäler ihre Arbeit verrichteten. Sie mußte jede Kartoffel prüfen, um das herauszuschneiden, was sie „Augen“ nannte. Ich verspürte den Wunsch, ihr zu erklären, daß diese bis zum heutigen Tag nichts von der Kunst des Kartoffelschälens gewußt hatten, aber ich sagte stattdessen: „Sie werden sehen, mit der Zeit wird es besser werden.“ Einen Moment lang hatte es wie die bekannte Behauptung der Nazis geklungen, daß die Juden faul seien.

Als wir wieder an der Quelle waren, war ich immer noch in Gedanken bei dem, was vorhin geschehen war. Zosias wunderschönes Gesicht stellte alle anderen in den Schatten. Ich war gerührt von ihrer Großzügigkeit, von ihrer Freundlichkeit und ihrem aufrichtigen Interesse. Das Essen, das sie uns dagelassen hatten, war unwiderstehlich: verführerisch frisches Brot, Schinken, kleine Kuchen und Obst. Wir aßen mehr als unseren Anteil. Die Reste versteckten wir in den Taschen, um sie den anderen mitzubringen. Stasia brauchte kein weiteres Wasser mehr, so daß wir auf die Mittagspause warteten.

Um 12 Uhr wurde die Arbeit eingestellt. Als die Aufseher die Häftlinge zur Küche brachten, wurden die ganzen Töpfe nach draußen gebrach. Nur die Aufseher, Vorarbeiter, Techniker und Ingenieure aßen im Speisesaal und wurden beim Essen von Stasia mit besonderer Achtung bedient. Sie selbst aß später mit Herrn Witczak, wenn alle gegangen waren. Ich bemerkte, daß mein Vater bereits nach einem halben Tag Arbeit erschöpft aussah. Als ich ihn fragte, ob ihm die Arbeit zu schwer würde, sagte er: „Nein, ich bin kräftig. Ich schaffe das schon.“

Schmerele, ein österreichischer Aufseher, in dessen Gruppe Papa arbeitete, hatte sehr schnell den Ruf, ein terrorisierender Tyrann zu sein. Er verlangte, daß jede

Schaufel bis oben hin voll sein mußte, wenn sie gehoben wurde. Mit seinen 47 Jahren und Herzproblemen war mein Vater bestimmt nicht der Mann dafür, jeden Tag Schaufeln mit 14 kg Dreck zu heben. Ich gab Papa einen Teil der Dinge, die Marek und ich aus dem Wald mitgebracht hatten. Woher das Essen kam, sagte ich nicht, und er fragte auch nicht danach.

Die Suppe in Brodzice schmeckte nicht ganz so abscheulich wie das Spülwasser im Lager. Natürlich waren die Hauptzutaten Kartoffeln und Rüben, aber sie enthielt dennoch kleine Stückchen Pferdefleisch. Wir kratzten die Teller aus. Nach dem Essen gingen Marek und ich wieder Wasser holen, und unsere Kameraden steuerten ebenfalls wieder auf ihre Arbeit zu. Später am Tag befahl mir Witczak herauszufinden, wie viele Häftlinge jeder Vorarbeiter an jeder Arbeitsstelle hatte, so daß Marek alleine loszog, um Stasia mit Abwaschwasser zu versorgen.

Damals wurden vor allem in Polen nahezu alle Erdbewegungsarbeiten mit Pickel und Schaufel ausgeführt. Als ich an der Arbeitsstelle vorbeiging, sah ich, wie hart die Häftlinge arbeiten mußten: den lehmigen Erdboden aufgraben, Erde auf die Schubkarren schaufeln und sie Hunderte von Metern schieben, um ein neues Fundament für die Eisenbahn zu legen. Die meisten Aufseher waren menschlicher als Schmerele, doch als die Kräfte der Gefangenen nachzulassen begannen, änderte sich auch ihre Haltung. Nachdem ich die Häftlinge gezählt hatte, wollte ich Witczak Bericht erstatten. Die Vorhänge in seinem Büro waren zugezogen, also klopfte ich an die Tür. Er öffnete und hörte meinen Bericht an, ohne ein Wort zu sagen. Ich lernte schnell, daß er nicht der Mann war, der viele Worte verlor.

Obwohl die Hoch- und Tiefbaugesellschaft ein rein deutscher Konzern war, hielten die drei Polen – Witczak, Kmiec und Basiak – diesen Teil des Projekts am Laufen. Kmiec und Basiak gehörten zur polnischen Intelligenz, während Witczak nicht zur Oberschicht gehörte. Kmiec und Basiak zeigten oft ihren Abscheu vor der Behandlung, die uns Deutschland zuteil werden ließ; aber Witczaks Meinung habe ich nie erfahren.

Um 16 Uhr war das Tagwerk beendet. Auf dem Rückweg nach Steineck versuchten unsere Aufseher erneut, uns das Marschieren im Rhythmus beizubringen. Sie schrien: „Eins, zwei, drei vier! Was sollen denn die Leute sagen, wenn sie sehen, wie ihr wie watschelnde Enten daherkommt?“ Uns erschöpfte, müde Sklaven, die wir waren, kümmerte es wenig, was die Leute sagen würden. Wie konnte man es von Kantor Pinkus oder anderen Gelehrten, die so lange in einer Welt ohne Stechschritt gelebt hatten, erwarten, daß sie jetzt marschieren? Den größten Teil ihres Lebens hatten sie mit dem Talmudstudium und dem Unterrichten in spirituellen Dingen zugebracht. Mit der Zeit sahen selbst die Aufseher ein, daß wir zu müde zum Marschieren waren und ließen uns gehen, wie wir wollten.

Als wir schließlich im Lager ankamen, ging es im Hof zu wie in einem Taubenschlag. Alle Häftlinge versuchten gleichzeitig, sich um ihre persönlichen Belange zu kümmern. Viele Brüder, Väter und Söhne waren zu verschiedenen Gruppen beordert worden, und ein Wechsel war nahezu ausgeschlossen. Als wir zurückkamen umringten uns diejenigen, die schon vor uns angekommen waren, und erzählten von ihrer Arbeit. Wir verrichteten übrigens alle die gleiche Arbeit: Schienen verlegen.

In dieser Nacht lag ich noch lange wach und dachte an Zosia. In der Dunkelheit sah ich ihr Gesicht. Um 4 Uhr morgens war ich dann so tief eingeschlafen, daß mich nicht einmal die lauten Schulglocken aufwecken konnten. Erst ein Zerren meines Vaters brachte mich auf die Füße.

Die Kräfte der Häftlinge schwanden schnell, und wir mußten Wege finden, um die kargen Lagerrationen an Kaffee-Ersatz, steinhartem Brot und nachgemachter Marmelade zu verbessern. Wir alle kannten den Spruch: „Not macht erfinderisch." Wir flachten die Enden der Löffelgriffe mit Hilfe von Steinen ab, um so eine Messer-Löffel-Kombination zu bekommen.

Nach dem Frühstück versammelte sich unsere Gruppe, und wir gingen zum Tor, wo Tadek, der Oberaufseher, uns in Empfang nahm. Dies war erst unser zweiter Arbeitstag, und schon war dieses Leben zur Routine geworden. Am Himmel waren bedrohlich aussehende Wolken, aber es fiel kein Regen. Der Gedanke an Papa, der wieder unter Schmerele arbeiten mußte, setzte mir zu. Ich mußte versuchen, ihn da möglichst bald herauszuholen.

Wir erreichten die Baracken kurz vor 7 Uhr. Stasia, Witczak und seine Vorarbeiter warteten schon auf uns, und die Schaufeln, Pickel und Schubkarren befanden sich bereits außerhalb des Schuppens. Nach Tadeks Berichterstattung wurde den Häftlingen befohlen, ihren Vorarbeitern zu folgen. „Falls der Vorarbeiter nicht da ist", sagte Witczak, „dann geht an Euren Platz und macht da weiter, wo Ihr gestern aufgehört habt."

Stasia verließ Marek und mich bei den Baracken und begleitete ihre drei Helfer zu den Kartoffeln und Schälmessern. Marek und ich gingen ohne Aufseher zur Quelle. Es war erst einige Minuten nach 7 Uhr, zu früh, um die Mädchen zu erwarten. Kurz vor 9 Uhr, wir hatten gerade unsere Eimer zum zweiten Mal gefüllt, hörten wir sie kommen.

„Guten Tag", sagten sie freundlich, als sie die Quelle erreichten.

„Guten Tag", antworteten wir.

Dem heutigen Tag fehlte die Neugier und Spontaneität des gestrigen, also sprachen wir über das Wetter. Nur Zosia schien sich weiterhin zu uns hingezogen zu fühlen. Ich hatte den Eindruck, daß sie etwas sagen wollte, doch dann war es Jad-

zia, die das Eis brach. „Wir hatten einige jüdische Mitschüler", sagte sie. Kazia und Halina stimmten zu.
„Ich hatte einen Musiklehrer, Herrn Kaplan, der mir privat Klavierunterricht gab. Ich denke, er war Halbjude. Ich mochte ihn sehr", sagte Zosia. „Er und seine Frau waren schon alt, als der Krieg begann. Ich weiß nicht, was aus ihnen geworden ist."
„Du hast gesagt, daß du verheiratet bist und zwei Kinder hast", fragte Kazia Marek aus.
„Ja, mein Sohn ist neun, und meine Tochter ist drei Jahre alt. Nächste Woche hat sie Geburtstag", antwortete er. Aus seiner Brusttasche zog er eine braune lederne Geldscheintasche mit seinen Initialen in Gold und zeigte ihnen ein Bild von seiner Frau und seinen Kindern. Wie jeder andere stolze Vater auch, beobachtete er ihre Gesichter, als die postkartengroßen Fotos die Runde machten.
„Was für eine attraktive Frau du hast, und was für hübsche Kinder", sagten sie. „Kannst du Ihnen wenigstens schreiben?" fragte eine.
„Es ist ihnen noch erlaubt, aus dem Getto zu schreiben, aber wir werden die Briefe nicht bekommen", antwortete Marek.
Die Mädchen schauten einander erstaunt an. „Was sollte denn da für ein Schaden entstehen, wenn du Kontakt zu deiner Familie hast?", fragte Kazia. „Wenn du ihnen schreiben möchtest", sagte sie, „einen Brief oder eine Karte, können wir sie natürlich gerne abschicken."
„Wie freundlich von dir", antwortete Marek in tadellosem Polnisch. Seine guten Manieren waren nicht die eines Wasserträgers. Er bedankte sich nochmals und nahm ihr Angebot an.
Ich ergriff die Gelegenheit beim Schopf und fragte, ob auch ich meinen Verwandten schreiben könnte. Halina stimmte sofort zu und Zosia schloß sich ihr an. „Aber gerne", sagte sie.
Ungern erinnerten wir uns daran, daß unsere verspätete Rückkehr jemanden dazu bringen könnte, nach uns zu suchen, denn Stasia wartete sicher schon auf das Wasser. Da es schon weit nach 9 Uhr war, wurden auch die Mädchen bei der Arbeit erwartet. Zosia hielt eine große Schachtel an ihrer Seite, ich vermutete eine Sammelaktion. Diskret, aus Furcht, uns in Verlegenheit zu bringen, deutete sie auf die Schachtel. „Das haben wir euch mitgebracht." Da wir wußten, daß sie ein solches Geschenk entbehren konnten, nahmen wir an. Als sie gingen, drehte sich Zosia zu mir um: „Bronek, kannst du um die Mittagszeit herkommen? Wir haben von 12 bis 13 Uhr frei. Kannst du da kommen?"
„Ich denke schon", antwortete ich. Ein warmes Gefühl stieg in mir auf. Interessierte sie sich für mich? Dann gingen sie, und mit ihnen ihre Lebendigkeit, die Lebendigkeit der Freiheit.

Wir versteckten die Essensvorräte, nahmen die Eimer auf und gingen. Als wir zurückkamen, lief Witczak ungeduldig herum. Ich merkte bald, daß dies eine Gewohnheit von ihm war, er konnte einfach nicht still stehen. Er schien es immer eilig zu haben und lief weiter, während er mit Leuten hinter sich sprach. Als wir näherkamen, gab er mir ein Zeichen, ihm zu folgen.

„Jawohl, Herr Obermeister", sagte ich und folgte ihm dicht. Er antwortete nicht.

Wir durchquerten den Geräteschuppen und den Speisesaal des Verwaltungspersonals und betraten ein Büro. Niemand war dort. Witczak deutete auf einen Tisch an einem Fenster, das auf den Hof hinausging. Darauf lagen Schriften und Bücher der Landvermesser gegen die Wand gestapelt. Er nahm ein noch unbeschriebenes großes Buch. „Von jetzt an wirst du täglich über jeden, der hierher kommt, schriftlich Bericht erstatten", sagte er. „Du mußt auch die Ankunftszeit und die tägliche Arbeitszeit eines jeden eintragen. Wie du wahrscheinlich weißt, bezahlen wir die Lagerleitung für eure Arbeit." Das war mir neu. Aus einer offenen Schublade zog er eine Liste, offensichtlich diejenige, die Tadek ihm gegeben hatte.

„Du kannst dich an diesen Schreibtisch setzen", sagte er eilig beim Hinausgehen.

„Jawohl, Herr Witczak", sagte ich, aber er konnte es schon nicht mehr hören. Er war auf dem Weg zu den Arbeitsstellen.

Die Luft war stickig. Außer drei Schreibtischen, Stühlen und einem Zeichentisch, die absolut sauber waren, war das Büro leer. Ich öffnete die Tür und stieß auf Marek, der draußen auf mich gewartet hatte. In den beiden Tagen, an denen wir zusammen gearbeitet hatten, hatte ich es genossen, mit ihm zusammen zu sein. Ich hatte eine Menge aus seinen Erfahrungen gelernt. Manchmal setzten wir uns hin, lauschten dem Wasser, das aus der Quelle sprudelte und dachten an den magischen Augenblick, als die Mädchen so völlig unerwartet zu uns gekommen waren. „Werde ich es schaffen, Zosia wiederzusehen?", fragte ich mich insgeheim.

„Herr Witczak will, daß ich im Büro arbeite", teilte ich Marek mit.

Er war enttäuscht, daß wir nun nicht mehr zusammen Wasser holten. Als ich meine neue Arbeit begann, klang mir noch immer Witczaks Bemerkung „Wir bezahlen für eure Arbeit" in den Ohren. Ich hatte nie gedacht, daß die Nazis das Leid anderer Menschen verkaufen würden. Jetzt zu erfahren, daß sie unsere harte Arbeit verkauften, war schockierend. Ich öffnete das Buch und begann, die Namen der Vorarbeiter alphabetisch einzutragen, zusammen mit den Häftlingen, die ihnen zugeordnet waren, und die täglichen Arbeitsstunden. Einige Namen auf der Liste gehörten zu Leuten aus Dobra, und ich dachte an unsere gemeinsame Vergangenheit.

Kurz darauf kam Stasia mit strahlendem Gesicht herein. Sie deutete ihren Einfluß im Lager an. „Weißt du, als Herr Witczak sagte, er bräuchte jemanden, der ihm im Büro hilft, habe ich dich vorgeschlagen", sagte sie. „Herr Witczak ist ein guter Mann", fuhr sie fort und stellte sicher, daß ich die Absicht ihres Kommentars bemerkte. „Ich finde dich nett, Bronek, und auch wenn er es nicht zeigt, er mag dich ebenfalls. In seiner Position muß man vorsichtig sein."

Ich sagte, ich würde verstehen und dankte ihr höflich. Tadek kam herbei, steckte seinen Kopf zur Türe herein und fragte, was ich hier machen würde. Als ich ihm erzählte, daß ich für Witczak arbeitete, bekam Tadeks Blick ein neues Ausmaß an Respekt. „Ich verstehe", sagte er beifällig. Gefolgt von Kmiec kam Basiak ebenfalls in das Büro, und sie schienen überrascht, mich hier zu finden. Mit diesen beiden zusammenzuarbeiten gab mir die Gelegenheit, sie näher kennenzulernen. Der Haß auf Deutschland, wenn auch aus verschiedenen Gründen, war etwas, das uns verband. Daß die Polen Deutschland haßten, war eine langandauernde, historisch bedingte Wirklichkeit, und die jüngste deutsche Besetzung schuf erneut Antipathie. Beide Männer schienen sympathisch zu sein.

Mittags wartete Marek auf mich. „Ich werde von jetzt an mit Witczak arbeiten", sagte ich. Als ich ihm vorschlug, daß er sich einen Ersatz für mich suchen sollte, sagte er, daß er das alleine schaffen würde. Die Schachtel, die die Mädchen mitgebracht hatten, war immer noch da, wo wir sie gelassen hatten. Wenn ich mich mit Zosia treffen wollte, war es nun Zeit für mich zu gehen; also bewegte ich mich unauffällig zur Rückseite der Baracken. Hier sprang ich über einen kleinen Hügel und konnte dann vom Hof aus nicht mehr gesehen werden. Den restlichen Weg ging ich mit langen Schritten. Zosia saß auf einem Baumstumpf. Sie stand auf, und unsere Hände berührten sich, als wir uns begrüßten.

„Du bist ja wirklich gekommen", sagte sie warm.

„Wieso hast du daran gezweifelt?", antwortete ich.

Keiner von uns wußte, wie er beginnen sollte. Sie sah mich mit einem Blick an, den ich früher von anderen Mädchen her kannte; war sie vielleicht wirklich in mich verliebt? Ich saß da und versuchte darüber nachzudenken, was ich sagen könnte. Ich hätte sagen können, daß ich froh war, sie zu sehen. „Es ist mutig von dir, daß du hergekommen bist", sagte ich dann schließlich.

Sie begann, mir von ihrem Leben zu erzählen. Sie lebte in Posen; ihr Vater war Buchhalter und ihre Mutter Hausfrau. Sie war ein Einzelkind. Wenn die Schulen wieder öffnen, so sagte sie, möchte sie gerne das Abitur machen. Zu ihren Lieblingsbeschäftigungen gehörten Klavierspielen, Gartenarbeit, Lesen und amerikanische Filme, die zu dieser Zeit von den polnischen Bildschirmen verschwunden waren. Als ich in Kalisch zur Schule ging, besaß die Familie eines meiner Freunde das Apollo-Kino. Wir holten oft zusammen Filmrollen vom Bahnhof ab und durften dann diese Filme so oft sehen, wie wir wollten. Zosia und ich verglichen die Filme, die wir noch in Erinnerung hatten, und sprachen über unsere Lieblingsschauspieler und -spielerinnen. Dann war es Zeit, unser Treffen zu beenden. Zosia wußte, daß ich sie am Morgen nicht mehr treffen konnte, also verabredeten wir uns für den nächsten Tag zur Mittagszeit.

Als ich wieder in das Lager zurückkam, waren die meisten Häftlinge noch dort, und niemand außer Marek wußte, wo ich gewesen war. Seiner Meinung nach war es gefährlich für mich, zu dieser Zeit zu fehlen.

„Wo warst du?", fragte Stasia, die mir etwas zu essen aufgehoben hatte. Das hatte ich nicht erwartet. Angesichts meiner Mithäftlinge, die aus den Kesseln aßen, wie konnte ich da in ihrer Gegenwart besseres Essen bekommen? Ich bedankte mich bei ihr, sagte aber: „Ich werde mit meinen Kameraden essen!". Mit der Zeit jedoch gewann der Hunger die Oberhand und gelegentlich nahm ich ihre Reste des guten Essens an.

Papa sorgte sich ebenfalls, als er mich mittags nicht im Hof gesehen hatte. Ich sah, daß die Kräfte meines Vaters sich schnell erschöpften, und der Grund dafür wir sicher sein Aufseher, Schmerele. Papas Situation und Haltung machten mir zu schaffen. Ich hatte immer gewußt, daß wir mit der Zeit die Rollen tauschen würden, aber es war mir nicht klar geworden, daß es schon so bald sein würde.

„Wie ist Schmerele?", fragte ich Papa.

„Gut", sagte er. „Er brüllt viel, aber er behandelt mich nicht schlechter als die anderen."

„Was bedeutet das, Papa?"

„Manchmal wird er ärgerlich, weil er den Eindruck hat, daß wir nicht genug arbeiten. Aber er ist nicht so schlecht, wie es manchmal scheint."

Mein Vater beklagte sich nie, vor allem bei mir nicht. Es war erst sein zweiter Tag hier, aber seine für gewöhnlich rosa Wangen waren purpurrot geworden, seine Augen waren eingesunken und hatten dunkle Ringe, und er ging viel schwächer als zuvor. Ich war besorgt und beschloß, etwas zu unternehmen; schließlich hatte mir meine neue Aufgabe einigen Einfluß gebracht. Kmiec und Basiak betrachteten mich als Teil ihres Teams, aber am vertrautesten war ich mit Stasia. Ich beschloß, sie zu fragen, ob sie Vaters Hilfe in der Küche brauchen konnte.

Die Vorarbeiter ließen ihre Stimmen hören: „Zurück an die Arbeit!" schrien sie im Chor. Marek ging zur Quelle und ich in das Büro, wo ich Basiak am Zeichentisch vorfand. Obwohl er über 40 Jahre alt war, ließen ihn seine helle Gesichtsfarbe und sein dichtes blondes Haar viel jünger aussehen. Er hatte eine kleine, wohlgeformte Nase und feine slawische Gesichtszüge, denen er sein gutes Aussehen verdankte. Sein ausgeglichenes Wesen machten es einfach, sich mit ihm zu unterhalten. Ein kleines Hochzeitsbild von ihm und seiner Frau Cesia stand auf seinem Schreibtisch und schaute ihn an, wenn er arbeitete. Er war frisch verheiratet, hatte keine Kinder und versprach, mich eines Tages mit zu sich nach Hause zu nehmen, was aber nie geschah. Ich beneidete ihn. Ich unterschied mich nicht so sehr von ihm, weshalb also war ich all diesen Diskriminierungen unterworfen? Machte mich mein dunkles Haar zu einem Untermenschen? Um 16 Uhr verkündeten die Pfeifen pflichtgemäß das Ende unseres Arbeitstages. Was von dem Essenspaket noch übrig war – etwas Brot und ein Stückchen Käse – übergab mir Marek, und noch bevor sich der Zug gebildet hatte, war alles weg.

Es war offensichtlich, daß niemand bei diesen Rationen überleben konnte. Was die Mädchen uns gebracht hatten, konnte nur wenigen von uns helfen. Mir wurde nun auch klar, daß meine Position, die mir einige Vorteile eintrug, auch die Verachtung anderer Häftlinge einbrachte. Obwohl ich das kleine zurückgesetzte Haus mit dem Schild „Piekarnia" (Bäckerei) schon früher gesehen hatte, zog es an diesem Tag, als wir vom Arbeitslager zurückkehrten, meine Aufmerksamkeit in besonderem Maße an. „Würde der Bäcker uns möglicherweise Brot verkaufen?", fragte ich mich. Das konnten wir herausfinden. Ich erinnerte mich daran, was Tadek angedeutet hatte, als er sagte: „Es muß viele reiche Leute bei euch geben." Ich faßte einen Plan und wollte ihn mit Marek besprechen. Als ich ihn bat, später zu mir zu kommen, merkte er, daß es sich wohl um etwas Wichtiges handelte, und so mußte ich nicht lange auf ihn warten. „Hast du die Bäckerei auf unserem Weg bemerkt?" sagte ich. Er schaute mich neugierig an.

„Wenn Tadek uns auf unserem Weg zur Arbeit hineingehen läßt, könnte einer von uns herausbekommen, ob uns der Bäcker Brot verkauft."

„Und wer wird das bezahlen?" fragte Marek.

„Wir alle, entsprechend unseren Mitteln."

„Wenn das klappt", sagte er, „wäre es eine gute Sache."

„Gut. Ich werde Tadek fragen, sobald wir morgen das Lager verlassen."

„Was ist mit den anderen Posten?"

„Wenn Tadek es erlaubt, dann glaube ich nicht, daß die anderen Nein sagen werden", überlegte ich. „Gehst du dann rein und sprichst mit dem Bäcker?" Wir beschlossen zu handeln, aber unseren Plan niemandem, auch nicht meinem Vater, zu verraten. Im Getto hatten wir auch nicht viel mehr zu essen, aber hier mußten wir die harte Arbeit verrichten, die Steineck erforderte. Kalorien waren die Voraussetzung für das Durchhalten.

Nach unserer Abendsuppe, die ich immer noch nicht leicht herunterbrachte, schlüpfte ich in meine Schlafstelle, deckte mich zu und schlief ein. Die pflichtbewußten Glocken kündigten viel zu früh die Zeit zum Aufstehen an. Sofort begann die wilde Hetze. Innerhalb der nächsten Stunde mußten wir uns waschen, anziehen, rechtzeitig in der Küche für die Essensausgabe sein, essen und dann zum Appell, bevor wir zur Arbeit gingen. Auf der Straße beschloß ich, mein Glück zu versuchen. Wenn ich daran dachte, wie oft Tadek es Marek erlaubt hatte, alleine zur Quelle zu gehen, so mußte er allen Grund haben, uns zu vertrauen.

„Könnte Marek vielleicht für einige Minuten in die Bäckerei gehen?" fragte ich und machte mich an ihn heran.

Widerwillig stimmte Tadek zu. „Aber sieh zu, daß er schnell zurückkommt", sagte er.

Es war ein spannender Moment, bis Marek mit zwei runden Brotlaiben unter dem Arm zurückkam. Jeder Laib hatte die Größe eines Wagenrades und der Duft von frischgebackenem Brot folgte ihm. „Er verkauft uns so viel Brot wie wir wollen", sagte Marek triumphierend. „Mit Beginn der nächsten Woche wird er 20 Laibe extra für uns täglich backen."

Außer der Geldfrage waren nun alle Teile unseres Unternehmens geregelt. Das Brot, das Marek brachte, wurde schnell in Stücke gebrochen. Natürlich war es nicht genug, und einige Häftlinge begannen zu murren. Einer sagte: „Morgen gehe ich auch hinein."

Ich fürchtete, daß dies zu einem Durcheinander führen und unser Vorhaben scheitern lassen könnte. Ich bat den Mann, nicht zu gehen, und erklärte ihm, daß wir vorhatten, für jeden etwas zu organisieren. Allerdings bräuchten wir einige Tage, um dies auszuarbeiten. Wir wußten, es war notwendig, alles aufs Spiel zu setzen, um überhaupt überleben zu können. Was gefahrlos war, und wie weit wir gehen konnten, war eine offene Frage. Um die Mittagszeit desselben Tages ging ich, um mich mit Zosia zu treffen. Unsere Unterhaltung war unbeschwert, wir erwähnten weder die Lager, noch die Nazis oder die Politik. Wir hatten jetzt eine normale Mädchen-Jungen-Beziehung. Zosia war meine Göttin, und ich war erregt. Als ich sie fragte, ob sie einen Freund hätte, verneinte sie.

Zosia nahm den Brief entgegen, den ich an meine Familie geschrieben hatte, und versprach, ihn bei der ersten Gelegenheit abzuschicken. In diesem Brief erwähnte ich die harten Bedingungen von Steineck nicht. Ich versicherte meiner Mutter, daß sie Zosia als Übermittlerin vertrauen könne.

Als wir uns trennten, küßte ich Zosias Stirn und Wangen. Ein warmes Gefühl überflutete mich, und ich freute mich darauf, sie möglichst oft zu sehen. Als ich ins Lager zurückkam, waren die anderen Häftlinge bereits wieder an der Arbeit. Unbemerkt ging ich durch den Speisesaal, im Büro war keine Menschenseele, nur Stasia war meine Abwesenheit aufgefallen. Kaum war ich zurück, als sie auch schon mit einer Platte voll Essen hereinkam. Die guten Reste erinnerten mich

wieder an meine neue Stellung in dieser bizarren sozialen Unordnung, aber es war schwierig, hungrig und gleichzeitig stolz zu sein.
„Laß es die Deutschen nicht sehen, wenn du dich von der Baustelle entfernst. Einige von ihnen hassen die Juden, wie du weißt“, sagte sie beschützerisch. Stasia liebte diese Rolle. Mir wurde klar, daß man Dinge nicht allzu lange vor ihr verstecken konnte; also war es weitaus sinnvoller, Stasia auf seiner Seite zu haben, und ich beschloß, sie ins Vertrauen zu ziehen.
„Stasia, ich habe mich mit einem Mädchen von der Pflanzschule getroffen, das ich sehr mag“, sagte ich. Ihre Augen wurden schmal, als sie mich angrinste. Sie schaute mir ins Gesicht mit ihrer bunten Kupka (Kopftuch), die über die Stirn hochgerutscht war, und schenkte mir ein triumphierendes Lächeln, als ob sie bestätigen wollte, daß ihre Vermutungen richtig waren.
„Ich wußte, daß da so etwas war. Sei vorsichtig. Du weißt, es ist uns nicht erlaubt, daß wir uns mit euch verbrüdern. Ich meine jetzt nicht nur dich, sondern euch alle.“ Sie hielt inne und dachte kurz nach. „Einige unserer Leute mögen die Juden nicht, weil sie sich dem Christentum widersetzt haben. Ich weiß, Bronek, daß alle frühen Christen Juden waren, und unsere Religion wurde von einem gegründet, der von den Juden abstammte. Für mich, Bronek, sind sie einfach Menschen, auch wenn sie keine Christen sind“, philosophierte sie.
Stasia schaute mich nun mit anderen Augen an, da sie ihrem Haß auf die deutsche Besatzung Ausdruck geben konnte. Sie wußte, daß ich nicht nur durch das Geheimnis allein gebunden war, sondern auch dadurch, daß ein Häftling es sich nicht erlauben konnte, alles zu sagen, was er wußte. So wurde ich zu ihrem Vertrauten und erfuhr eine Menge Klatsch. Sie selbst hatte auch ihre Geheimnisse, denn sie hatte eine Affäre mit Witczak.
Von Tag zu Tag wurde Papas Gesicht dünner und blasser, und ich wußte, ich mußte ihn so schnell wie möglich irgendwo anders unterbringen. Am nächsten Tag um die Mittagszeit wartete Papa vor dem Büro auf mich. Obwohl jeder dachte, ich würde meiner Mutter ähnlich sehen, fiel Stasia sofort die Ähnlichkeit zwischen mir und meinem Vater auf. Später fragte ich sie, ob sie nicht noch jemand für die Küchenarbeiten brauchen könnte. „Es ist dein Vater, den du im Sinn hast?“
„Ja“, sagte ich.
„Wer ist sein Vorarbeiter?“
„Er arbeitet für Schmerele“.
„Für Schmerele?“, wiederholte sie erstaunt. „Er ist ein unberechenbarer Hurensohn. Das sind sie alle“, fügte sie hinzu. Bei dieser Gelegenheit gab sie mir zu verstehen, daß sie immer noch unglücklich über die Kartoffelschäler war, und ich

versprach, nochmals mit unseren Leuten zu reden. Am Ende dieses Tages hatte sie es dann durchgesetzt, daß Papa am Montag in der Küche anfangen konnte.
„Was Herrn Witczak angeht, so mach dir keine Sorgen. Ich werde mich darum kümmern", sagte sie. Mein Vater nahm die Neuigkeiten mit großer Freude auf, obwohl ihn zu dieser Zeit weder gute noch schlechte Nachrichten sehr berührten. Er hatte eine seltsame Art von spiritueller Würde. Als Jüngster der Familie war ich der Mittelpunkt seines Lebens. Selbst nahezu ungebildet, war er stolz auf die schulischen Fortschritte seines Sohnes. An diesem Tag hatte ich zum ersten Mal das Gefühl, daß ich etwas unternommen hatte, um meinem Vater zu helfen.
Es war Donnerstag. Ich mußte Tadek nun erklären, daß wir uns täglich etwas aus der Bäckerei holen wollten. Zu dieser Zeit hörte ich ab und zu, daß er und die anderen Aufseher den Schulring bewunderten, den ich trug. „Der Bäcker hat versprochen, einige Brote zusätzlich für uns zu backen. Erlaubst du uns, sie zu holen?", fragte ich Tadek.
„Hmm", brummte er. Das war weder ein Ja noch ein Nein.
Ich nahm den Ring vom Finger. „Tadek, ich kann ihn hier nicht brauchen. Ich möchte ihn dir gerne schenken."
Er warf einen raschen Blick auf mich und den Ring. „Das dürft ihr nicht tun". Er zögerte und war schließlich einverstanden. „Aber wenn jemand erwischt wird – ich weiß von nichts."
„Um diese Zeit ist es noch dunkel, uns wird niemand erwischen. Und wenn doch, so garantiere ich dir, daß du nicht mit hineingezogen wirst", sagte ich. Eine solche Garantie konnte ich eigentlich gar nicht geben, aber wir konnten mit unseren Plänen fortfahren. Bis jetzt hatten wir immer Glück gehabt, doch ich hatte das Gefühl, daß eines Tages etwas schiefgehen würde, und schließlich war es auch so. Aber das war viel später, und bis dahin hatten wir eine Quelle für dringend nötige, zusätzliche Lebensmittel aufgetan.
Marek sammelte genug Zlotys für die Woche. Der Rest, so dachte ich, müßte relativ einfach aufzutreiben sein.
In einer einzigen Woche in Steineck war so viel geschehen.

7 Zosia

Zosia und ich trafen uns nun täglich. Sie wurde mehr als eine Bekanntschaft für mich. Wir waren wirklich voneinander angezogen, und dessen waren wir uns auch bewußt. Eines Tages rochen sie und ihre Arbeitskleidung nach exotischen Pflanzen. In ihrer bescheidenen Art rückte sie nahe an mich heran, ein lauer Wind spielte mit ihrem dichten braunen Haar, und ihre seidenweiche Haut glänzte im Licht. Ihr feines Lächeln hatte einen sinnlichen Ausdruck. Ich zog sie zu mir, und sie legte ihre Hände um meine Taille. Ich schloß sie in die Arme und liebkoste zart ihr Gesicht. Unsere Lippen berührten sich. Der Geschmack ihrer Haut und die Weichheit ihrer Lippen brachten mein Herz zum Rasen. Plötzlich fühlte ich meine erloschene Sexualität zurückkehren. Wir küßten uns immer wieder. Ich begehrte sie, und sie begehrte mich. Wir saßen auf einem moosbewachsenen Baumstumpf und schauten uns an, wohl wissend, daß unsere Beziehung ihren Höhepunkt erreichen würde, aber nicht hier und nicht jetzt. Es war sehr schwer, sie an diesem Tag zu verlassen. Beim Auseinandergehen gab mir Zosia verstohlen zu verstehen, daß wir uns am Montag vielleicht näher an der Pflanzschule treffen konnten. Wir küßten uns hemmungslos in einer leidenschaftlichen Umarmung. Für einen jungen Juden, einen Lagerhäftling, war es ein unbezahlbares Gefühl, an einem Frühlingstag geliebt zu werden und zu lieben.

Mir kam wieder in den Sinn, wie mein Cousin Josek, der zehn Jahre älter war als ich, mich in das Sexualleben einführen wollte, als ich noch auf dem jüdischen Gymnasium in Kalisch war. Die Prostituierte war ein sehr attraktives junges Mädchen. Ich erinnere mich noch daran, wie fasziniert ich von ihrer Geschicklichkeit war und wie sehr ich es bedauerte, daß sie ihren Körper für Geld verkaufte. Die ganze Zeit über versuchte ich, sie zu bekehren. Schließlich ging ich, ohne sie berührt zu haben.

Als ich ins Büro zurückkam, zwinkerte mir Stasia zu. Sie war neugierig, und es dauerte nicht lange, bis ich zugab, daß ich mich mit Zosia getroffen hatte. „Sei vorsichtig, Bronek", mahnte sie mich in ihrer mütterlichen Art.
Nach unserer ersten Arbeitswoche wurde uns bei der Rückkehr in das Lager gesagt, daß unser Lagerkommandant angekommen war. Als ich den Korridor betrat, sah ich ihn aus dem Sanitätsraum kommen, zusammen mit einem Polizisten, der hinter ihm hertrottete. Der Kommandant war ungefähr 2m groß, ca. 45 Jahre alt und übergewichtig. Sein quadratischer Kiefer verlieh ihm ein rohes Aussehen. Über seinem fetten Bauch, der in einer gut geschnittenen schwarzen SS-Uniform steckte, hing eine kurzläufige Pistole, die von einem dünnen Lederriemen und einem Halfter an ihrem Platz gehalten wurde. Reiterhosen und glänzende Stiefel vervollständigten seine Uniform. An seiner SS-Mütze war zu erkennen, daß sein Rang bei den Nazis der eines Schar- oder Gruppenführers war. Ironischerweise hieß er mit Nachnamen Krusche, genauso wie der niederträchtige Zahnarzt in Dobra. Er hatte einen kalten und distanzierten Blick. In den ersten Tagen gab es neue Bestimmungen. Für jeden Raum ernannte er einen Stubenältesten. Mit arroganter Überheblichkeit – typisch für die SS – erwartete er strikten Gehorsam.
Er ließ keinen Zweifel offen, wer hier im Lager das Sagen hatte. Von nun an bekamen wir einmal in der Woche graue Unterwäsche mit blauen Streifen, die einen strengen Geruch nach Desinfektionsmittel hatten. Samstags kam Krusche am Nachmittag, gefolgt von unserem Polizisten, um die Herde zu kontrollieren. Dieses Jahr war der Frühling wärmer als gewöhnlich, Flecken von grünem Gras kamen in der Nähe der Zäune heraus, und einmal flog ein Vogel in den Draht, flatterte mit den Flügeln und fiel dann zu Boden. Der Vogel wollte wieder hoch, aber er schaffte es nicht. Ich fragte mich, ob dies wohl ein Vorzeichen war?
Eine Diskussion brach aus. Jemand fragte: „Warum sind wir immer die Sündenböcke?"
„Wie früher schon so oft, werden wir auch das überleben, Amulek (Teufel)", sagte Rabbi Moses, der neben ihm saß. „Schließlich müssen alle Menschen nach Gottes Gesetz leben."
„Glaubt Gott wirklich, daß die Menschen nach seinem Gesetz leben?", fragte ein anderer.
„Ja", erwiderte er. Dann rezitierte er: „Ich werde euch zu einem großen Volke machen, euch segnen und den verfluchen, der euch verflucht."
Dann warf ein anderer Gefangener ein: „Warum wurde unser Volk vertrieben und über die ganze Welt zerstreut? Warum wurden wir zu verächtlichen Sklaven gemacht? Warum haßt man uns so?"
Rabbi Moses antwortete mit ruhiger Würde. „Das Vertrauen zu Gott und den

Glauben an ihn zu verlieren, verstößt gegen unsere Prinzipien, verstößt gegen unsere Halakah[4]." Er hatte einen so tiefen Glauben an das, was er sagte, daß es schwer für ihn war, den anderen zuzuhören. Er beendete die Unterhaltung mit den Worten: „Unser Glaube an Gott und die Hoffnung sind unsere einzige Rettung." Mein Glaube war nicht so rein wie der seinige.

„Kriege dauern nicht ewig", bemerkte Papa. „Wenn dieser erst einmal vorbei ist, werden wir den Sieg über diesen Teufel feiern". Niemand erwiderte etwas. Wir schienen uns alle dem zu beugen, was das Schicksal noch mit uns vorhatte.

'Organisieren', das war der Begriff für die kleinen Diebstähle, die uns am Leben erhielten. Für unser Überleben mußten wir Wege finden, um unsere kargen Rationen zu ergänzen, aber das war gefährlich. Es bedeutete auszuprobieren, wieviel wir riskieren konnten. An den Werktagen freute sich meine Gruppe auf das frische Brot, das wir von der Bäckerei bekamen. Die Sonntage brachten häufig Neugierige an den Zaun; die meisten der draußen Stehenden hatten Mitleid mit uns, aber als die Anzahl der Lager wuchs, verblaßte der Reiz des Neuen.

Aufgrund von Neuigkeiten, die im Lager durchsickerten, schien ein schnelles Ende des Krieges ausgeschlossen. Man mußte das Wahrscheinliche vom Wünschenswerten trennen. Manche Lügen waren sofort auszumachen, bei anderen war es schwieriger. Immer wieder hörten wir von Deutschlands Siegen. Europa war auf Hitlers Gnade angewiesen, die bloße Erwähnung seines Namens ließ die Nationen erzittern. Seine jüngsten Erfolge hatte er in Nordafrika und nun wurde allgemein angenommen, daß die Nazis auch in Rußland einmarschieren würden. Es gab fast keine Hoffnung, daß die anderen europäischen Länder sie stoppen würden. Einzig die Vereinigten Staaten, so dachten wir, könnten den Nazis den entscheidenden Schlag versetzen, aber wir glaubten nicht daran. Die Freiheit schien in weiter Ferne.

In dieser Nacht träumte ich, ich sei mit Zosia in einem seltsamen Park. Alles war lebendig, als wir eng umschlungen spazierengingen. Sie hatte ihren Arm um meine Taille gelegt, und ihr Kopf ruhte an meiner Schulter.

Montag, nach einem trübseligen Start, klarte der Himmel auf, und wir standen vor einem neuen, warmen Tag. Anders als das vergangene Wochenende, war dieses ohne weitere Vorkommnisse vorbeigegangen. Marek sagte mir, er hätte genug Geld bekommen, um für eine Woche Brot zu kaufen. Als wir uns der Bäckerei näherten, rannten er und drei andere Häftlinge voraus. „Seid vorsichtig. Wenn Ihr jemanden in Uniform seht, dann werft eure Beutel ins Feld", warnte ich sie. Wir beobachteten mit Spannung, wie sie in der Bäckerei verschwanden.

[4] Verbindliche Auslegung der Thora, Gesetz (Anm. d. Übers.).

Es ging alles reibungslos. Der Geruch von frischgebackenem Brot machte den Gedanken unwiderstehlich, es auch zu essen. Es war ein reines Schauspiel an diesem Morgen, als das ofenfrische Brot durch die Reihen ging. Einige schnitten das Brot mit ihren improvisierten Messern, andere rissen einfach ein Stück ab. Ich hatte schon immer eine Schwäche für frisches Brot. Das erinnerte mich an die Sonntagvormittage zu Hause, wenn Mama zum Frühstück Kuchen oder Challah[5] gereicht hatte. Ich hatte es seelenruhig mit Kindern aus der Nachbarschaft gegen einfaches Brot getauscht.

Am Mittag fand ich sehr schnell den neuen Treffpunkt, den Zosia und ich vereinbart hatten. Für mich war die Entfernung nicht weiter, und dieser Platz schützte besser vor der Entdeckung als die Quelle. Es war eine abgeschiedene Fläche; auf der einen Seite waren wir von hohen Fichten umgeben, auf der anderen Seite wiegte sich der Weizen im Wind. Wir unterhielten uns eine Zeitlang über mein Leben in Dobra.

Am nächsten Tag war ich sehr früh dort. Ich beobachtete, wie Zosia anmutig in mein Blickfeld kam, bekleidet mit einer Krakowianka, einem selbstgenähten Kleid mit Streifen in den Regenbogenfarben, das typisch für Krakau war. Der weite Rock betonte ihre schmale Taille. Ihre weiße Bluse war mit farbenfrohem Seidenfaden bestickt, und der viereckige Ausschnitt betonte ihre pfirsichfarbenen kleinen Brüste. Die Sonne schien auf ihr Gesicht, und ihre funkelnden Augen strahlten polnische Schönheit aus. Ich war voller Sehnsucht, und als ich ihre Hand umfaßte, merkte ich, wie sie zitterte. Wir gingen in das Weizenfeld, und endlich konnten wir unseren romantischen Wünschen nachgeben. Ich legte meine Hände um ihre Taille, und sie lehnte sich leicht an mich. Als ich sie langsam zu Boden gleiten ließ, sah ich die Vorfreude in ihren Augen. Die Vorstellung, jetzt mit ihr zu schlafen, erregte mich. Das Blut klopfte in meinen Schläfen und mein Herz raste. Wenn wir beim Küssen eine Pause einlegten, dann konnten unsere Lippen die Trennung nicht ertragen. Wenn es so etwas geben sollte, wie „aus Leidenschaft sterben“, dann war ich nahe daran. Ihr Busen hob und senkte sich schnell. „Oh Bronek“, wiederholte sie, als ich in sie eindrang. Ihren Körper so zu spüren, verstärkte noch meine Erregung, und ich fühlte mich wie im Paradies. Solche Gefühle hatte ich nie vorher gekannt. Der Höhepunkt trieb mir die Tränen in die Augen, gefolgt von einem angenehmen Gefühl der Erschöpfung. Ich schaute in den weiten Himmel und erkannte, welchen Wert sie meinem ungewissen Leben gegeben hatte. „Ich liebe dich, Zosia“, sagte ich zum ersten Mal. Sie schaute mir in die Augen und küßte mich zärtlich. Ich wußte, daß sie mich auch

5 Eier-Hefezopf (Anm. d. Übers.).

liebte. Aber wir mußten beide an unsere Arbeit zurück, sie in die Pflanzschule und ich in das Büro.

Auf dem Rückweg wurde mir klar, wie risikoreich diese Beziehung geworden war, und welche Gefahr sie darstellte. Gemäß der nationalsozialistischen Theorie war Geschlechtsverkehr zwischen den Rassen die schlimmste Sünde. Wenn wir erwischt wurden, konnte es uns beiden das Leben kosten. Trotzdem wußte ich, daß wir von nun an nicht mehr nur Freunde sein konnten. Wir wollten mehr, und so war unser beider Leben in einer höchst gefährlichen Liebesbeziehung verflochten. Das war etwas, was ich am besten als Geheimnis wahren sollte.

Zosia, die jetzt unsere Post-Übermittlerin war, erhielt ein Päckchen von meiner Mutter, das sie mir sofort brachte. Papa und ich wußten, daß, was immer auch Mama und Pola uns geschickt hatten, sie selbst eigentlich nicht entbehren konnten. Wir baten sie in unserem nächsten Brief, uns ihre kleinen Rationen nicht zukommen zu lassen und sich keine Sorgen um uns zu machen. Durch unser Brot aus der Bäckerei, die Geschenke von Zosia und durch gelegentliche Reste von Stasia hatten weder Papa noch ich Hunger zu leiden. Die Arbeit in der Küche war auch eher für Papas Kräfte geeignet, und ich konnte besser ein Auge auf ihn haben.

Auf unserem Weg zur Arbeit und zurück bemerkten wir, daß viele deutsche Panzerfahrzeuge und Tanks in Richtung Osten rollten. Kurz darauf erfuhren wir vom Einmarsch der Nazis in der Sowjetunion. Eine Zeitlang hob das unsere Stimmung, da wir hofften, daß die Sowjets den Deutschen den Appetit auf die Weltherrschaft verderben würden. Um die deutsche Kriegsmaschinerie am Laufen zu halten und ihren Blitzkrieg gegen den früheren Freund und Verbündeten in Gang zu halten, wurden wir angetrieben, noch härter zu arbeiten, um die Eisenbahnstrecke in Richtung Osten fertigzustellen. In der Zwischenzeit erzielten die Nazis einen Sieg nach dem anderen. Die meisten von uns glaubten zwar nach wie vor, daß die Sowjets schließlich siegreich sein würden, aber bereits bei ihrem ersten Angriff schnappten sich die Nazis einen guten Teil von Rußland.

Die Roggen- und Weizenfelder, an denen wir auf unseren täglichen Märschen vorbeikamen, schwankten, da sich ihre Stengel unter dem Gewicht der schweren Körner bogen. Ein Kartoffelfeld sah aus wie ein üppiger grüner Schatten. Nahe den Flüssen und Sümpfen blühten Tausende von Schwertlilien und Ringelblumen, und Frösche quakten in den grünen Algen. Unser sechster Sonntag in Steineck war angebrochen. Kurz vor Mittag kam ein Junge völlig außer Atem auf mich zu gerannt. Er schaute sich um, um sich zu vergewissern, daß niemand zuhörte, und flüsterte mir dann zu: „Jemand am Zaun hat nach dir gefragt." Ich folgte ihm, und als wir nahe am Zaun waren, vergaß er alle Vorsicht. „Genau da", zeigte er mir. „Das Mädchen und der Mann fragten nach dir."

Als ich näher hinging, sah ich Zosia neben einem älteren Mann stehen. Ihre Haut schimmerte durch ihre Spitzenbluse. Sie trug einen rosafarbenen Rock. Meine Mithäftlinge waren neugierig, wer sie wohl waren. Zosia hatte offensichtlich nicht gewußt, daß es verboten war, einen Häftling in Steineck zu besuchen.
„Mein Vater wollte dich kennenlernen", sagte sie, und er nickte.
„Zosia hat mir soviel über dich erzählt", sagte er und schaute mich durch den Maschendraht an. Seine Stimme klang freundlich, und er war sichtlich bewegt.
„Zosia", sagte ich entschuldigend und fast unhöflich, „ich vergaß, dir zu sagen, daß wir keine Besuche bekommen dürfen. Wenn uns ein Posten sieht, können wir in große Schwierigkeiten kommen."
Ich war mir nicht sicher, was ihr Vater von uns wußte. Aber durch sein Kommen bewies er, daß ihre Hilfe für mich seine Zustimmung fand. Doch selbst auf das Risiko hin, undankbar zu erscheinen, sagte ich nichts weiter. Während sie mich anschauten, erinnerte ich mich an Zoobesuche: Jetzt war ich derjenige, der im Käfig saß.
„Ich habe einen Brief für dich", sagte Zosia. Sie hatte sowohl einen Brief als auch ein Päckchen unter dem Arm.
Bis jetzt hatten uns die Wachen noch nicht bemerkt. Wir tauschten nur noch einige wenige Worte, und dann sagte Herr Zasina, der wohl spürte, daß etwas nicht in Ordnung war: „Wir sollten jetzt gehen."
Unter dem Zaun war genug Platz, um ein Päckchen und einen Brief durchzuschieben. Zosia übergab mir beides. Leise sagten sie und ihr Vater mir „Auf Wiedersehen", und dann verließen sie das Lager. Als sie gegangen waren, begann ich mir Sorgen zu machen, was die frommen Glaubensbrüder zu meiner Freundschaft mit einer Schikse, einem nichtjüdischen Mädchen, sagen würde. Mit dem Brief und dem Päckchen, beides sorgfältig versteckt, kehrte ich in unseren Raum zu Papa zurück.
Papa las Mamas Brief ein paar Mal. Es gab schlechte Neuigkeiten. Selbst er, der ewige Optimist, war nun besorgt über die Schikanen und die Brutalität, die im Getto immer mehr zugenommen hatten. Aber dennoch, Post von zu Hause zu erhalten, erinnerte uns daran, daß wir immer noch eine Familie waren, auch wenn wir getrennt wurden.
Jeden Tag ging nun die Sonne früher auf, und bald war der längste Tag im Jahr gekommen. Nach dem Aufstehen stampften Schuhe auf den Boden und mehr als tausend Häftlinge begannen, sich zu rasieren, zu waschen und auf die Arbeit vorzubereiten. Dann folgten die endlosen Stunden, in denen man für seine Essensration anstand und schließlich der Zählappell, der am allerwichtigsten war, und bei dem es niemand wagen durfte zu fehlen.

Auf dem Weg zur Arbeit sahen wir, daß der heftige Regen in der Nacht die jungen Weidenzweige geknickt hatte. Sie schaukelten im leichten Wind wie Betrunkene. Die mächtigen Akazienbäume trugen volle Blüten. Erfrischt durch den Regen und die sonnengewärmte Luft, verströmten sie den Duft von Parfum. Bauernhunde, obwohl sie uns schon seit Wochen beim Kommen und Gehen gesehen hatten, bellten, als wir vorübergingen.

Es wurde immer schwieriger, Brot zu kaufen. Der Bäcker hatte seine Preise laufend erhöht, und es war fast unmöglich geworden, genug Geld dafür zu sammeln. Darüber hinaus mußten jetzt auch die Aufseher bestochen werden. Aber was auch immer geschehen würde, wir mußten weiterhin einander helfen.

Als ich Zosia das nächste Mal traf, erklärte ich ihr mein befremdliches Verhalten am Sonntag. Plötzlich merkte ich, daß etwas über meinen Ärmel krabbelte: Es war eine Laus. Ich hoffte, daß sie es nicht gesehen hatte, entschuldigte mich und untersuchte meine Kleidung. Da gab es noch mehr von diesen Tierchen. Ich erinnerte mich daran, daß mein Großvater mir einmal von einer ähnlich mißlichen Lage in einem Schützengraben während des Ersten Weltkriegs erzählt hatte. Sie vergruben ihre Kleidung im Boden und ließen nur ein kleines Stück herausschauen. Da die Läuse so keinen Sauerstoff bekamen, krabbelten sie heraus und blieben auf eben jenem Stück sitzen, von wo man sie leicht abschütteln konnte. Ich versuchte es, aber es klappte nicht. Im Bewußtsein dieser garstigen Plage fühlte ich sie schon überall auf mir herumkrabbeln. Ich fürchtete, daß ich nicht mehr im Büro würde arbeiten dürfen, wenn Witczak, Basiak oder Kmiec etwas bemerken würden. Dieses entsetzliche Bewußtsein verdarb mir an diesem Abend vollends den Appetit. Die Rübensuppe schmeckte so faulig, daß ich mir schwor, wenn ich überleben würde, würde ich nie wieder Rüben essen. Diese Schulräume waren nicht dafür gemacht, 80 Leute zu beherbergen, und so waren in warmen Nächten die Ausdünstungen der Körper überwältigend. Wie sehr ich auch versuchte, mich zum Schlafen zu zwingen, die Wanzen ließen mich nicht in Ruhe. Dies schien eine neue Form der Grausamkeit der Nazis zu sein, so als ob sie ihre Behauptung bestätigen wollten, daß die Juden „Volksschädlinge“ seien. Ab und zu schien dies alles nur ein schlechter Traum zu sein, und ich hoffte, ich würde eines Tages aufwachen, und alles würde so sein wie früher.

Am nächsten Abend sah ich, wie mein Vater das Ungeziefer von unseren Bettdecken aufsammelte. Seiner Meinung nach war Petroleum das beste Mittel, um sie loszuwerden, und so ging ich in den Sanitätsraum, um danach zu fragen.

Es war das erste Mal, daß ich den Sanitätsraum betrat. Das geräumige Zimmer war mit einer Vitrine, zwei Stühlen, einem Tisch, einer Bank und einem Hocker möbliert. In der Glasvitrine standen Aspirin, Verbandszeug und einige Flaschen mit Jod und dergleichen. Goldstein, der Diensthabende im Sanitätsraum, hatte für alle Leiden die gleichen Heilmittel: Aspirin und bitter schmeckende Baldrian-Tabletten. Als ich ihn fragte, ob er etwas Petroleum habe, damit wir unsere Läuse und Flöhe loswürden, lachte er: „Wir haben kein Petroleum, und selbst wenn wir welches hätten, du wirst sie nicht los. Jeder Raum ist damit verseucht."

Goldstein wußte, daß ich mich vor dem Krieg in der Ausbildung zum Zahnarzt befand. Einige Tage später – es war an einem Samstag – suchte er mich nachmittags. Er fragte, ob ich einem Häftling helfen könnte, der Zahnweh hatte. Ich folgte ihm in den Sanitätsraum. Dort saß ein ungefähr 35jähriger Mann, der ein Taschentuch um seine geschwollene rechte Backe gebunden hatte. In Goldsteins Vitrine fand ich nichts, womit ich ihm hätte helfen können, und mir fiel die Büchse unter meinem Kopfkissen ein. Als ich mit meinen Instrumenten zurückkam, schaute ich in seinen Mund und entdeckte eine Fistel neben dem zweiten oberen Backenzahn. Ich desinfizierte mein Skalpell über einer Flamme und schnitt in die Fistel, um den Eiter abfließen zu lassen. Meine erste Operation war ein voller Erfolg. Von diesem Zeitpunkt an rief Goldstein mich regelmäßig, und so verbrachte ich nach der Arbeit viele Stunden damit, meine Mithäftlinge im Sanitätsraum zu versorgen. Inzwischen litten die meisten Gefangenen infolge des Vitaminmangels – vor allem Vitamin C fehlte – an Zahnfleischbluten. Das kranke Zahnfleisch mit Jod zu bestreichen, war alles, was ich tun konnte, um wenigstens zeitweise etwas Erleichterung zu verschaffen. Bald wurde ich nur noch Zahnarzt genannt.

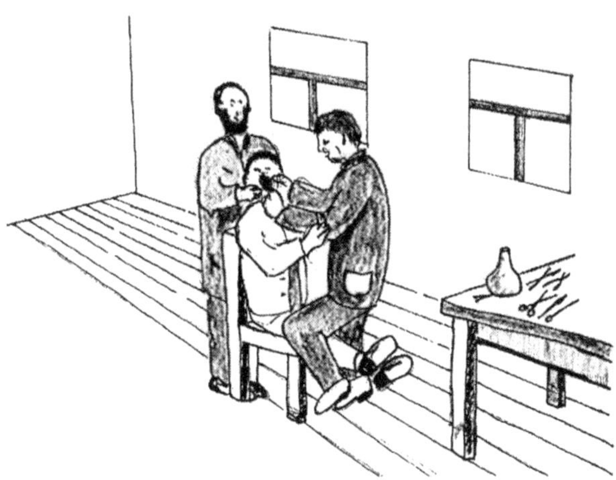

Schließlich kam der Tag, an dem ich versuchen mußte, einen Zahn zu ziehen. Ich zuckte zusammen, als ich es sah, aber es gab kein Entkommen. Wir hatten kein Novokain und ich hatte keine andere Wahl. Ich zitterte, meine Hände bebten, der Schweiß stand mir auf der Stirn und lief mir in die Augen. Ich mußte ihn ständig abwischen. Als ich den Zahn mit einer Zange ergriff, packte Goldstein den Kopf des Häftlings, um ihn ruhig zu halten. Aber der Backenzahn zerbröselte, brach ab, und alle drei Zahnwurzeln blieben im Kiefer stecken. Zitternd langte ich mit der Zange in das Loch und versuchte nun, jede Wurzel durch Hebelkraft einzeln herauszuziehen. Der arme Mann krümmte sich vor Schmerzen und schrie, aber er hielt durch und ließ mich weitermachen. Nach einer halbstündigen Qual hatte ich erfolgreich zwei der drei Wurzeln herausgezogen. Mittlerweile hatten wir alle beide genug. Glücklicherweise heilte das Zahnfleisch, und die dort verbliebene Wurzel machte ihm keine Schwierigkeiten. Einen kariösen Zahn ohne Novokain zu ziehen, machte mir Mut für die Zukunft. Ich wußte, daß ich es wieder schaffen würde, selbst mit meinen Anfängerkenntnissen und ohne Betäubung.

Die Flöhe und Läuse vermehrten sich nun schneller, als wir sie töten konnten. Meine größte Sorge war, daß die Leute, mit denen ich im Büro zusammenarbeitete, sie auf mir herumlaufen sehen könnten. Wenn sie mich bissen, fuhr ich diskret durch meine Kleidung, aber das führte zu noch mehr Juckreiz und Schmerzen. Manchmal konnte ich es nicht mehr aushalten und mußte das Büro verlassen. Eines Tages sah ich sie auf meinem Ärmel krabbeln, als Kmiec neben mir saß. Ich hielt den Atem an aus Angst, er könnte etwas bemerkt haben. Ich stand auf, ging draußen zu einem etwas abgelegenen Ort und versuchte die Technik, von der mein Großvater mir erzählt hatte. Nach seiner Anleitung zog ich mich aus, vergrub meine Kleider und wartete. Meine Haut sah aus, also ob sie von tausend Nadeln zerstochen worden wäre. Eine Handvoll von Läusen war in der Achselhöhle und im Schritt. Ich wartete, aber die Methode funktionierte genauso wenig wie beim ersten Mal auch. Das waren nicht die gleichen Läuse. Die Läuse aus dem Ersten Weltkrieg waren offensichtlich anders gewesen. Die jetzigen waren nahezu unempfindlich gegen alles, sie konnten lediglich mit einem harten Fingernagel getötet werden. Ich zerquetschte so viele, wie es mir meine Zeit erlaubte, und ging dann zurück zur Arbeit. Es war nutzlos, weitere zu töten, denn ich wußte genau, daß sie mich im Lager wieder überfallen würden.

Um mir einige Ungelegenheiten zu ersparen, traf ich Zosia jetzt nicht mehr so regelmäßig. Eines Tages, als sie darauf bestand, den Grund dafür zu erfahren, erzählte ich ihr alles und fügte hinzu, sie solle nun selbst entscheiden, ob sie mich noch sehen wolle. „Bronek“, unterbrach sie mich, „das wird unsere Beziehung bestimmt nicht ändern.“ Genau wie zuvor, kam sie weiterhin, um mich zu sehen.

Das Ungeziefer beherrschte alles. Je mehr Läuse wir töteten, desto schneller schienen sie sich zu vermehren und konnten noch dazu auch ihre Farbe verändern. Auf den Decken waren sie grau, und auf unseren Körper nahmen sie genau die Fleischfarbe ihres Gastgebers an. Das Abschütteln von den Kleidern diente lediglich dazu, freie Flächen für neue Kolonien zu schaffen. Schließlich verbrannten wir eines Tages all das Stroh aus unseren Strohsäcken und Kopfkissen und schliefen auf den nackten Holzbrettern. Das Volk von Heine, Kant und Goethe erniedrigte uns so weit, daß wir in einer Läusegrube leben mußten, und selbst jetzt, nach so vielen Jahren, läuft es mir bei der Erinnerung daran noch kalt den Rücken hinunter.

In einer unerträglich heißen Vollmondnacht bemerkte ich, daß mein Vater seine Bettstatt verlassen hatte. Ich wartete, und als er nach einer Weile nicht zurückkam, machte ich mich auf die Suche nach ihm. Er war jedoch weder im Waschraum noch im Hof. Ich ging also zu unserem Raum zurück in der Hoffnung, daß er inzwischen wieder da war, und war bestürzt, als ich ihn nicht antraf. Das war ungewöhnlich für Papa. Ich ging zurück zu den Toilettenräumen und sah ihn ganz hinten sitzen und zum Zaun schauen. Es war extrem gefährlich, sich hier in der Nacht aufzuhalten. Ich ging im Schatten des Gebäudes, um nicht von einem Aufseher bemerkt zu werden und flüsterte: „Papa, bist du es?“ Als er meine Stimme hörte, stand er auf. „Papa, was machst du hier? Das ist um diese Zeit ein sehr gefährlicher Platz. Ist irgend etwas los?“, fragte ich.

Auf unserem Rückweg zu den Baracken sagte er, „Oh, ich konnte einfach nicht schlafen.“ Als wir angekommen waren sah ich seine geröteten Augen, und da wußte ich, daß er geweint hatte. Plötzlich wurde mir bewußt, wie falsch das alles war. So viele Dinge waren falsch. Es war falsch, daß wir hier waren. Es war falsch von ihnen, uns zu Sklaven zu machen. Dies und noch viel mehr war falsch! Ich habe nie erfahren, weshalb mein Vater sich ins Mondlicht setzte und weinte. Die Juden der Generation meines Vaters glaubten, daß sie alle ihrem Schicksal ausgeliefert waren ohne Rechte und ohne die Möglichkeit, etwas zu ändern. Es machte mich traurig zu sehen, wie dieser einst so stolze Mann nun Fußböden schrubbte, Kartoffeln schälte und Geschirr spülte.

Nicht nur wir Juden haßten die Nazis. Als ich eines Tages in das Büro kam, stand Basiak am Fenster. „Diese Schweine“, stieß er hervor. „Sie haben meine Schwester mitgenommen, damit sie in Deutschland für sie arbeitet.“

Inzwischen besaß Tadek meinen Ring, und die anderen Aufseher waren auch bezahlt worden, damit unser Brotkauf-Projekt weitergehen konnte. Die meisten von uns hatten Wege gefunden, um mit ihren Familien in Kontakt zu treten. Die Neuigkeiten aus dem Getto waren für niemanden ermutigend, in jedem Brief wurden neue Opfer erwähnt. Mit Zosias Hilfe und Stasias Essensresten war Steineck aber immer noch erträglich für mich und meinen Vater, bis plötzlich ein Verrat unser Leben veränderte.

8 Krusche

In der zweiten Augusthälfte ging das warme Wetter allmählich zu Ende. Als wir eines Tages in das Lager zurückkehrten, schaute Chaim mich unbehaglich an und sagte: „Krusche will dich sehen. Geh in den Sanitätsraum."

„Warum?", fragte ich. „Wofür braucht er mich?"

„Er will dich nur sehen", wiederholte er. Chaim sah besorgt aus, und ich war sicher, daß er mir etwas verheimlichte, denn niemand wurde grundlos zu Krusche gerufen. Ich dachte mir, daß Chaim sicher mehr wußte.

„Was will er denn von mir?" fragte ich ängstlich noch einmal. Er schaute sich um und flüsterte mir dann zu, daß Krusche über unser Bäckerei-Unternehmen informiert sei. Ich verstand sofort die mißliche Lage, und die Angst fuhr mir in alle Glieder. „Wer hat es ihm gesagt? Wie hat er es nur herausgefunden?" Dies waren die wichtigsten Fragen, die mich quälten.

„Ich nehme an, einer aus deiner Gruppe hat es ihm gesagt." Ich konnte es einfach nicht glauben. Einer von uns? Warum? „Ich vermute, es war Baran", murmelte er. Ich war wie vor den Kopf gestoßen. Feivel Baran, ein geachteter Mann aus einer der vornehmsten Familien in Dobra? Der bei dem hochangesehenen Rabbi Yeshiva studierte? Ich konnte nicht glauben, daß der seine Mitgefangenen verpfiff. Da Krusche wartete, drängte Chaim mich, endlich mitzugehen, und ich folgte ihm.

Als wir den Sanitätsraum betraten, stand da breitbeinig der ordinäre Deutsche mit der Peitsche in der Hand, an seiner Seite Cheetah, der scharfe Deutsche Schäferhund. Krusches Gesicht, das mit dem verkniffenen Mund immer unfreundlich wirkte, sah nun gewalttätig aus. „Herr Lagerführer, Bronek Jakubowicz meldet sich gehorsamst wie befohlen", kündigte ich mich selbst an und erwartete das Schlimmste. Seine herzlosen Augen durchbohrten mich, und ich hatte das Gefühl, vor Gericht zu stehen. Meine Angst war offensichtlich nicht grundlos.

Den Blick fest auf mich gerichtet, band er Cheetah an einen Stuhl, dann blieb er ein paar Zentimeter von mir entfernt stehen. Ich konnte seinen stinkenden Atem riechen, fühlte seinen glühenden Zorn, und plötzlich schrie er in seinem kehligen Deutsch: „Du Schweinehund, welcher Posten hat dich in die Bäckerei gehen und Brot kaufen lassen? Welcher?"

Ich zuckte zurück. Jetzt mußte ich allen Mut zusammennehmen und lügen. Tadeks Name durfte mir auf keinen Fall über die Lippen kommen. „Herr Lagerführer, wir haben kein Brot gekauft. Leute haben es für uns an die Straße gelegt", murmelte ich.

Er war überzeugt, daß ich log, und seine Stimme schwoll an und wurde laut und furchterregend. Ich merkte, daß ihn am meisten der Aufseher interessierte, der uns erlaubt hatte, die Gruppe zu verlassen. „Ihr verdammten Juden, ihr lügt doch alle. Ich weiß genau, daß ihr Brot gekauft hat. Wer hat euch erlaubt, in die Bäckerei zu gehen?“ Bei diesen Worten schlug er mir seinen Handschuh ins Gesicht. „Sag mir sofort, wer euch gehen ließ!“ Er war außer sich vor Wut, aber für mich war es zu spät um zuzugeben, daß wir Brot gekauft hatten.

Mein Herz hämmerte. Kalter Schweiß stand mir auf der Stirne. Ich hatte Tadek mein Wort gegeben, ihn nicht zu verraten, und dazu mußte ich nun stehen. Und außerdem, dachte ich mir, war es jetzt schon egal, was ich sagen würde, Krusche würde mich in jedem Fall bestrafen. Ich biß mir auf die Lippen, grub die Fingernägel tief in die Handflächen bis es wehtat und wiederholte die Lüge. „Herr Lagerführer, das einzige Brot, das wir draußen hatten, war solches, das die Leute für uns an die Straße gelegt hatten.“

Aber nichts konnte ihn überzeugen und gewalttätig näherte er sich mir wieder. Ich war mir sicher, daß er mich diesmal umbringen würde. Er schlug mir die Handschuhe mit solcher Wucht in das Gesicht, daß mein Kopf hin- und herflog wie ein Tennisball. Cheetah bellte mit Schaum vor dem Maul und versuchte näherzukommen, um mich zu packen. Mein Glück war, daß Chaim den Hund zurückhielt, sonst hätte er mich zerrissen. Der Mut fiel langsam in sich zusammen, und ich sagte mir immer wieder: „Gib nicht auf“. Meine beharrliche Lüge machte Krusche rasend, und nun war ihm meine Bestrafung wichtiger als der Versuch, die Wahrheit zu erfahren. Blut spritzte mir aus Mund und Nase auf meine Kleidung und den Fußboden. Mein Magen krampfte sich zusammen. „Wird das denn nie aufhören?“, fragte ich mich.

Krusche hob seine lederüberzogene Drahtpeitsche auf und gab sie Chaim. Jetzt erst würde die eigentliche Qual beginnen. Krusche befahl mir, mich über einen Stuhl zu legen und meine Hosen herunterzuziehen. Dann befahl er Chaim, mir 25 Hiebe auf den nackten Rücken zu geben. Ich wußte, daß Chaim verzweifelt wünschte, das nicht tun zu müssen. Die Peitsche schlug fest zu, aber nicht fest genug für Krusches Geschmack. Krusche nahm die Peitsche und landete drei sehr langsame und überlegte Schläge auf mein Hinterteil. „So mußt du das machen“, sagte er, und ließ Chaim nochmals von vorne beginnen. Diesmal wurde mir befohlen, die Schläge zu zählen.

Eins, zwei, drei ... Ich fühlte, wenn die Peitsche nach oben ging und biß die Zähne zusammen, bis sie wieder aufschlug. „Jeden Schlag zu seiner Zeit“, sagte Krusche. „Langsam. Laß ihn doch leiden.“ Die Wartezeit zwischen den Schlägen verdoppelte meine Schmerzen. Ich biß mir auf die Lippen, bis sie bluteten. Und so ging es weiter und schien nie aufzuhören. Die letzte Nummer, die ich mitzählte und an die ich mich erinnern kann, war 15. Ich hörte Krusche knurren: „Langsamer. Härter.“ An diesem Punkt dachte ich, daß mich das Leben verlassen hätte, und ich erinnere mich an nichts weiter.

Mit der Zeit merkte ich, daß ich noch am Leben war und auf dem Fußboden im Korridor lag. Ich war immer noch halb bewußtlos, krümmte mich vor Schmerzen und hielt die Hände auf den Unterleib gepreßt. Ich sah Papa und einige andere Häftlinge, die sich über mich beugten und mich anstarrten. Ich war wie betäubt. Langsam kehrte mein Bewußtsein zurück, und ich erinnerte mich daran, was geschehen war. Papa und einige andere versuchten, mir auf die Füße zu helfen. Taumelnd kam ich in die Höhe, Blut tropfte mir von Mund und Nase. Papa wies mich an, den Kopf in den Nacken zu legen, bis die Blutung aufhörte. Er teilte meine Qual. Als sie mich in den Waschraum brachten, sah ich Krusches Fingerabdrücke in meinem Gesicht. Wegen meines niedergeknüppelten Rückens lief ich so breitbeinig wie nur möglich, damit meine Kleidung nicht über das Fleisch streifte. Aber die hartnäckigsten und qualvollsten Schmerzen bereitete mir mein Magen.

Dann kehrte ich in unsere Baracke zurück und schlüpfte in meine Schlafstelle. Ich grübelte und fragte mich, ob es wirklich einen Gott gab, wie mir beigebracht worden war. Ich wälzte mich auf meinem Bett hin und her. Ich dachte an Feivel. Irgend etwas mußte mit seinem Verstand nicht stimmen. Wie konnte er, der hier ebenfalls Häftling war, sich gegen seine Brüder wenden? Vielleicht wollte er sich bei Krusche einschmeicheln? Diese und andere Fragen rasten mir durch den Kopf.

Krusche hatte zum ersten Mal einen von uns so brutal bestraft. Später in der Nacht, als die Schmerzen in meinem Magen nicht nachließen, fragte ich mich: Werde ich von nun an mit diesen Schmerzen leben müssen? Der Schmerz hat damals nicht aufgehört und hat es auch bis heute nicht getan.

Die Morgendämmerung fand ihren Weg durch unsere schmutzigen Fenster und malte Farben auf den Fußboden. Als die Glocken ertönten, war ich bereits im Waschraum, wusch mein Gesicht und kühlte meinen Rücken mit kaltem Wasser. Als sich meine Gruppe versammelt hatte, sah ich Krusche mit Chaim sprechen. Chaim war der Polizist, dem Krusche am meisten traute, und so gingen die meisten uns betreffenden Befehle über ihn. Dann sah ich Chaim zum Tor gehen und den Oberaufseher, Tadek, rufen. Sie kamen zurück und hielten vor Krusche an. Tadek grüßte mit „Heil Hitler“.

„Das ist ein Judenschwein!“ brüllte Krusche zu Tadek und zeigte auf mich. „Hast du gewußt, daß er die Gruppe verlassen hat, um Brot zu kaufen?“

Ich fragte mich, was Tadek antworten würde. „Ich weiß davon nichts, Herr Hauptscharführer“, erwiderte er.

Krusche fragte ihn nichts weiter. Meine Missetat wog jetzt für ihn viel schwerer; er zeigte wieder auf mich und sagte: „Er wird sofort als Gruppenführer ausgetauscht."
„Jawohl", sagte Tadek unterwürfig.
„An einem der nächsten Tage werde ich ihn hängen", sagte Krusche. Dies brachte alle zum Schweigen. „Spricht jemand in dieser Gruppe Deutsch?", fragte er. Zuerst meldete sich niemand, aber als Chaim die Frage wiederholte, hob sein Neffe, Chaskel, die Hand und ging nach vorne. Ich kannte Chaskel gut. Er konnte kaum Polnisch, und sein Deutsch war ein gebrochenes Jiddisch. Da nun Chaskel meinen Platz einnahm, ging ich in die Reihe meines Vaters und stellte mich neben ihn. Krusche befahl Tadek, Witczak zu sagen, daß ich die schwerste Arbeit bekommen sollte, damit ich umkäme. Ein gehorsames „Jawohl" folgte vom Aufseher.
Natürlich wußte Krusche, daß ich im Büro arbeitete. Als wir schließlich gingen, knirschte er mit den Zähnen. Vierhundert Fußpaare stapften durch das Tor, und ein Zug von Männern bewegte sich nach draußen. Es war schwierig für mich, mich aufrecht zu halten und breitbeinig diesen Marsch mitzumachen. Brot aus der Bäckerei zu bekommen, das war nun illusorisch geworden.
Krusches Drohung erfüllte mich mit Angst und Schrecken. Ich wußte, daß er mich jederzeit hängen konnte, wenn er das wollte. Es war bei den Nazis Brauch, mit Hinrichtungen ein Exempel zu statuieren, um andere abzuschrecken; sie hatten auch meinen Freund Szymon aus Dobra gehängt. Ich verließ das Lager niedergeschlagen, voller Schmach und Angst.
Später kam Chaskel zu mir und entschuldigte sich. Er sagte, es würde ihm „leid tun". Jemand hatte schließlich meinen Platz einnehmen müssen. Er hoffe aber, daß ich es ihm nicht nachtragen würde. Ich wußte, daß mein relativ leichtes Leben in Steineck nun vorbei war. Was würde die Zukunft bringen? Was erwartete mich nun in Brodzice?
Als wir an der Arbeitsstelle ankamen, unterrichtete Tadek Witczak über die Vorkommnisse. Stasia merkte, daß eine ungewöhnliche Unterhaltung stattfand; sie öffnete die Küchentür und lauschte. Tadek sagte dann pflichtbewußt zu Witczak, daß er mir die härteste Arbeit auf dem Gelände geben müßte. Ich litt Höllenqualen, als ich das hörte, aber Witczak drehte sich zum Aufseher um. Er zuckte mit den Schultern und sagte: „Alles klar, nimm deine Männer, und laßt uns mit der Arbeit anfangen." Mir war nicht klar, wohin ich jetzt gehen sollte. Ich dachte, daß ich unter diesen Umständen nicht das Recht hatte, in das Büro zurückzukehren und ging deshalb zum Schuppen. Doch Witczak rief mich zurück und befahl mir, in das Büro zu gehen und das zu machen, was ich bisher auch gemacht hatte. Tadek erinnerte ihn noch einmal an den Befehl des Kommandanten. „Ja, ja", gab

Witczak zurück. „Ich weiß schon." Bevor Tadek noch weiter mit ihm diskutieren konnte, war er gegangen.
Ich wußte, daß Witczak es nicht leiden konnte, wenn ihm Vorschriften gemacht wurden, was er zu tun habe; aber sich dem Befehl eines SS-Mannes zu widersetzen, war meiner Meinung nach eine andere Sache. Ich fürchtete, daß Witczaks Weigerung, dem Befehl Krusches nachzukommen, Krusche noch mehr gegen mich aufbringen würde. Häufig bekommt ja der Zuschauer die Schuld, wenn zwei sich streiten. Obwohl sie die Deutschen haßten, trieben die drei Polen das Projekt voran, als wenn es ihr eigenes gewesen wäre. Sie mußten doch gewußt haben, daß ihr Fleiß den Nazis half! Aber vielleicht wußten wir das ja alle.
Als ich Stasia erzählte, wie sich alles ereignet hatte, sagte sie: „Es war blöd von dir, solch ein Risiko einzugehen. Du kennst doch die Deutschen." Dann fügte sie mit mütterlichem Blick hinzu: „Herr Witczak sagt, daß der Kommandant bei dieser Gesellschaft nichts zu sagen hat. Wir entscheiden, wo die Leute hier arbeiten." Damit ging sie hocherhobenen Hauptes hinaus. Ich war einfach dankbar, denn es gab sicherlich andere, die diese Arbeit genauso gut hätten machen können wie ich.
Als ich Feivel fragte, weshalb er mich verraten hätte, wandte er sich ab, murmelte etwas Unverständliches und ließ mich einfach stehen. Ich wurde aus ihm immer noch nicht schlau. War er wahnsinnig geworden? Vielleicht hatten Hunger, harte Arbeit, Einsamkeit und Angst seinen Verstand getrübt. Es war kaum zu glauben, wie er, einst ein anständiger Mensch, sich so verändern konnte. Die Begünstigungen, die er sich vielleicht von Krusche als Gegenleistung erhofft hatte, wurden nie Wirklichkeit. Als Kmiec und Basiak erfuhren, was geschehen war, waren auch sie entschlossen, mich im Büro zu behalten. Zu diesem Zeitpunkt lag mein Schicksal in ihrer Hand.
Am Mittag ging ich weg, um Zosia zu treffen. Auf dem Weg hielt ich im Weizenfeld an, um Jod auf meine Wunden zu tupfen. Im Sonnenlicht konnte ich sehen, wie zerbissen mein nackter Körper vom Ungeziefer war. Ich zog mich wieder an und ging zum Waldrand. Als sie mein zerschlagenes Gesicht sah, wollte Zosia wissen, was geschehen war, und ich erzählte ihr die ganze Geschichte. Ich fühlte mich so gedemütigt und verletzt, daß unser Treffen an diesem Tag nicht sehr lange dauerte. Romantische Gefühle waren das letzte, wonach mir der Sinn stand.
Tadek hatte sich den ganzen Tag eher von mir ferngehalten. Aber als wir am Nachmittag in das Lager zurückkehrten, sprachen wir miteinander. Er wußte, daß ich mein Wort gehalten hatte und Krusche nichts von seiner Beteiligung an der Brotbeschaffung erzählt hatte. Er war noch immer mein Freund, wie er mir später auch beweisen würde. An diesem Abend sagte mir Chaim, daß ihn die Schläge,

die er mir verabreichen mußte, auch geschmerzt hätten – aber er hatte keine andere Wahl. Ich wußte, daß wir unter den neuen Bedingungen damit leben mußten; wenn er Krusche nicht gehorcht hätte, wäre auch er auf dem Stuhl gelandet.

Als ich in dieser Nacht einschlief, hatte ich einen merkwürdigen Traum: Ich sah mich selbst am Galgen hängen und wachte schweißgebadet auf. Verzweifelt sträubte ich mich gegen Krusches Drohung. Das Leben war zu kostbar, um es hier an diesem gottverlassenen Ort zu verlieren. Am nächsten Tag sagte mir Zosia, ihrer Meinung nach sollte ich fliehen. Die Frage war: Wohin sollte ich denn gehen? Die Rückkehr in das Getto war ausgeschlossen, und außerdem konnte ich meinen Vater nicht verlassen.

Mein grün und blau geschlagenes Gesicht verfärbte sich. Ein Auge war lila und halb zugeschwollen. Mein Magen schmerzte, als würde sich ein Schraubenzieher hineindrehen. Wenn ich etwas aß, hörte der Schmerz kurzzeitig auf, um dann umso schlimmer wieder aufzuflammen. Die zwei Jahre Biologieunterricht an der Schule halfen mir bei einer Eigendiagnose auch nicht weiter. Ich hatte jeden Tag das Gefühl, zu einem Alptraum zurückzukehren, wenn ich nach Steineck zurückkam.

Ich fürchtete, von Krusche im Sanitätsraum geschnappt zu werden, aber wenn Goldstein mich rief, mußte ich gehen. Dort fühlte ich mich wie in einer Folterkammer und verließ diesen Raum immer so schnell wie möglich. Beim Appell versteckte ich mich hinter meinem Vater, um Krusches Blick zu entgehen. Unsere Aufseher waren nun besonders vorsichtig, wenn wir morgens an der verbotenen Bäckerei vorbeigingen, und ich fragte mich, ob die Bäcker wußten, weshalb wir bei ihnen kein Brot mehr kauften.

Tadek ließ mich wissen, daß Krusche von der Nichtbefolgung seiner Befehle erfahren und daraufhin die Aufseher aufgefordert hatte, seine mich betreffenden Anordnungen unbedingt auszuführen. Als wir nach Brodzice kamen, war Witczak über diesen Befehl verärgert. „Wir nehmen keine Befehle vom Lagerführer an“, sagte er abschließend. Ich ging zurück in das Büro und machte mir Sorgen, was die Zukunft mir wohl bringen würde. Ich haßte meine Rolle in diesem Machtspiel, und mir kam der alte Ausspruch in den Sinn: „Wenn zwei sich einen Machtkampf liefern, werden oft die Unschuldigen verletzt.“

Kurz vor Mittag lief ich über den Hügel an der Rückseite der Baracken und zog mich aus. Meine Unterwäsche war blutig und überall krabbelte Ungeziefer. Noch einmal versuchte ich den Trick, bedeckte meine Kleidung mit Erde und wartete auf das Erscheinen des Ungeziefers. Aber wie immer klappte es auch diesmal nicht. Ich ging dazu über, so viele wie möglich abzusammeln und eine nach der anderen zu töten.

Am nächsten Tag bekamen wir einen Brief von Pola:

„Wir freuen uns sehr, daß Ihr diese nette Zosia gefunden habt. Unsere Lebensbedingungen haben sich wieder verschlechtert. Wir bekommen nur noch ein Kilo Brot jeden Tag und Suppe. Josek muß sich nun nicht mehr täglich beim Arbeitsamt melden. Er hat nun regelmäßige Arbeit und reinigt die Armeebaracken. Durch die Hilfe von Freunden, unseren früheren Nachbarn, kommen wir so durch. Aber die meisten hier im Getto schaffen es nicht, täglich verhungern Junge und Alte. Ich wünschte, ich hätte bessere Nachrichten für euch.
Wir geht es dir und Papa? Bitte schreib uns."

Seit Tagen hatte es geregnet. Unsere inzwischen schäbige Kleidung war völlig durchnäßt und roch faulig. Immer noch fürchtete ich die Rückkehr in das Lager und Krusche. Was, wenn er mich fragte, wo ich nun arbeiten würde? Was, wenn er herausfand, daß seine Befehle ignoriert wurden? Einen Nazioffizier an der Nase herumzuführen, war für einen Polen unerhört. Zu diesem Zeitpunkt dachte ich, daß Witczak zuviel gewagt hatte.

Jedesmal, wenn die Glocke früh am Morgen ertönte, öffnete ich meine Augen. Dann schloß ich sie wieder, um mir die Wirklichkeit eines weiteren schrecklichen Tages vom Leib zu halten. Doch Papa zog an meinem Bettlaken, und da wußte ich, daß ich aufstehen mußte.

Wenn Krusche beim Appell anwesend war, wuchs die Anspannung. Wir mußten zählen und unsere Namen wieder und wieder laut rufen. Wer seinen Namen nicht hinausschrie, mußte mit ein oder zwei Schlägen rechnen. Eines Morgens fragte Krusche Tadek, wo ich arbeiten würde. Tadek sagte, daß ich weiterhin im Büro arbeiten würde, obwohl er selbst Witczak an den Befehl erinnert hatte. Krusche war wütend. Er knirschte mit den Zähnen, deutete mit dem Zeigefinger auf Tadek und brüllte: „Ich komme hinaus. Sag ihm, ich werde hinauskommen. Verstanden?"

„Jawohl, Herr Lagerführer", antwortete Tadek pflichtbewußt. Jetzt stand ich im Mittelpunkt eines Konflikts zwischen Krusche und Witczak, und ich hatte den Eindruck, daß ich schließlich der Verlierer sein würde. Doch als ich Witczak über Krusches Absicht informierte, schien er unbesorgt. Ich sagte auch zu Basiak, daß ich wo auch immer arbeiten würde, um Streit zu vermeiden, aber auch er war dagegen. Kmiec war genauso verärgert. „Dieser Hurensohn", sagte er. „Wir reden ihm auch nicht in seine Angelegenheiten hinein. Er hat ein für allemal zu lernen, nicht in unsere hineinzureden."

Stasia, die zugehört hatte, hatte einen hilfreichen Satz für mich. „Siehst du, Bronek, alle mögen dich. Du bist etwas Besonderes."

„Stasia, das meinst du, weil du eben nur mich kennst", sagte ich. „Alle Häftlinge sind so wie ich." Trotzdem war ich Witczak dankbar, daß er einem Nazi trotzte, um mich, einen Juden, zu verteidigen.

Am Vormittag hörte ich ein Auto zum Büro fahren und dort anhalten. Krusche stieg aus mit zwei SS-Unterscharführern im Schlepptau. Kmiec ging hinaus, um sie zu begrüßen, und kurz darauf kam auch Witczak. Zunächst wurden zwanglos Worte gewechselt und die Arbeitsstellen kontrolliert. Eine halbe Stunde später kamen sie zurück. Krusche und seine beiden Begleiter stiegen in ihren Mercedes und fuhren ab. Witczak und Kmiec machten sich wieder an ihre Arbeit, ohne ein Wort zu mir zu sagen. Später sah ich Witczak mit Stasia zusammen und wußte, Stasia würde nun erfahren, was geschehen war. Als sie in das Büro kam, leuchtete ihr Gesicht; sie schien gute Neuigkeiten mitzubringen. „Hast du gehört", flüsterte sie mir zu, „was Witczak deinem Kommandanten gesagt hat?"

„Nein, Stasia. Was hat er ihm denn gesagt?"

„Das hättest du hören sollen, Bronek." Ihre Bewunderung für Witczak war mit den Händen zu greifen. „Euer Kommandant haßt dich", murmelte sie. Darin waren wir einer Meinung, wer wußte das schließlich besser als ich? „Aber wie du weißt, fürchtet sich Witczak nicht vor ihm!" Ihr Gesicht nahm einen strengen Ausdruck an.

„Was ist denn nun geschehen?", drängte ich.

„Krusche bestand darauf, daß wir dich zu harter Arbeit einteilen sollen, aber uns, ich meine Herrn Witczak, war es egal, was er wollte. Witczak hat Krusche erklärt, daß wir am besten wüßten, was für die Baugesellschaft gut ist, und er wird dich genau hier im Büro weiterarbeiten lassen." Obwohl mir nicht recht klar war, was am Ende dabei noch herauskommen konnte, bewunderte ich Witczak für das, was er getan hatte. Ich arbeitete weiter mit all den Vergünstigungen, die diese Arbeit mit sich brachte. Natürlich war das Wichtigste, daß ich so weiterhin Zosia sehen konnte.

Mein Leben war zweigeteilt – während ich mich sehr davor fürchtete, im Lager zu sein, war es eine Erleichterung, jeden Tag nach Brodzice zu gehen. Mittlerweile wurde mein Gesicht, das teilweise lila von Krusches Schlägen war, grün und gelb. Die Wunden in meinem Mund waren verheilt, aber die Magenschmerzen wurden immer schlimmer.

Zosia besaß für mich eine unerklärliche magische Anziehungskraft. Ihre Liebe gab mir viel von dem zurück, was mir so abrupt genommen worden war, und ich traf sie nun so oft wie nur möglich. Es war ein kühler Tag, an dem wir uns das nächste Mal sahen. Sie trug ein dünnes Kleid, und als wir uns setzten, begann sie zu zittern. Dann kam die Sonne heraus und wärmte unser kleines Versteck. Ich schaute sie an. Sie war genau das Mädchen, von dem ich immer gehofft hatte, daß ich es eines Tages finden würde. In dem Augenblick, in dem ich mich nicht mehr als menschliches Wesen fühlte, machte sie mein Leben wieder lebenswert.

Wir saßen da und beobachteten die Schwalben, die sich mühelos herabstürzten, um Insekten in der Luft zu fangen. Wir hätten stundenlang zusammenbleiben können.
Witczak brach mit seiner Gewohnheit, nie allzu freundlich zu mir zu sein. Er setzte sich zu mir und fragte mich, woher ich käme, weshalb ich im Lager sei und noch andere solche Fragen. Aber er sagte kein Wort über die Unterhaltung, die er mit Krusche über mich geführt hatte, und ich fragte ihn auch nicht danach. Am Ende unserer Unterhaltung trug er mir auf, mit jedem Vorarbeiter zu kontrollieren, ob alle gemeldeten Häftlinge unseres Lagers bei der Arbeit seien.

Es war herzzerbrechend zu sehen, wie einige unserer Leute knöcheltief im Schlamm standen und mit jeder Schaufelladung 14 Kilogramm Dreck auf einen Schubkarren hievten. Die Haut an ihren Händen war schwielig und aufgeplatzt, manche hatten sogar offene Wunden. Als ich Basiak davon erzählte, sagte er trotz seines Mitgefühls, daß es für sie besser sei zu arbeiten, solange das Lager sie schickte. Auf unserem Heimweg zogen sich die Wolken zusammen, und es begann heftig zu regnen.

Bei der Essensausgabe liefen die Häftlinge herum und versuchten, am Küchenfenster Zigaretten gegen etwas Eßbares einzutauschen. Die Zigaretten bestanden aus weggeworfenen Stummeln, die in gewöhnliches Papier eingewickelt waren. In der Regel waren die Polizisten und Köche ihre besten Kunden. Einmal sah ich, wie ein Häftling ein weggeworfenes Zigarettenende aufhob. Ein Aufseher, der das mitbekommen hatte, trat sofort darauf und zerquetschte es. Vor mir in der Reihe stand David Kot, ein Freund von mir. „Bitte, von ganz unten schöpfen“, sagte er. Enttäuscht murmelnd ging er an mir vorbei. Nicht eine einzige Kartoffel war in seiner Suppe. Wir waren ein trauriger Haufen und sahen wie die asozialen Kreaturen in der Nazipropaganda aus. Manchmal erfüllte mich mein Körper mit Ekel. Es machte mich krank zu sehen, was das Ungeziefer mir angetan hatte, und manchmal spürte ich es sogar in meinem Körper krabbeln.

Es war Oktober 1941, einen Monat nach dem zweiten Jahrestag des Blitzkrieges, von dem Hitler behauptete, er würde das Dritte Reich in ein Tausendjähriges Reich verwandeln. Wir fügten uns Churchills Vorhersage: „Das wird ein langer Krieg.“ Die Hoffnung auf ein schnelles Ende unseres Elends schwand. Wir waren beunruhigt über ein neues Gerücht, das besagte, daß Spezialeinheiten der Nazis ganze jüdische Gemeinden töten würden. Mein Vater wollte das nicht glauben. Das schien so ungeheuerlich, daß diejenigen, die fürchteten, es könnte wahr sein, sich weigerten, es zu glauben. Eines Tages hörte ich Papas ruhigen Gesang. Es war der heiligste Tag im Jahr, Jom Kippur. Es war unvorstellbar, am Versöhnungstag nicht zu fasten oder das Gebet zu versäumen. Aber hier ging dieser höchste Feiertag vorüber wie jeder andere Tag auch.

Als wir an jenem Versöhnungstag zur Arbeit gingen, erinnerte ich mich an einen besonderen Zwischenfall: Mein Bruder und zwei seiner Freunde waren einst an diesem Tag in einem Restaurant gesehen worden. Beim nächsten Tempeldienst bestand unser übermäßig frommer Rabbi darauf, daß in den Augen Gottes dieses Verbrechen die ganze Gemeinde in Ungnade fallen ließ. Wir alle, so sagte er, müßten zum Allmächtigen um Vergebung bitten.

Wenn Gott wirklich an unserer Seite ist, warum läßt er dann all das geschehen? Hatte er beschlossen, daß wir es nicht besser verdient hatten? Ich war mir vieler Dinge, die man mich einst gelehrt hatte, nicht mehr sicher. Ich befragte Gott und meinen Glauben an ihn. Gab es ihn wirklich? Ich wußte, daß mein Vater mit meinen Gedanken nie einverstanden gewesen wäre. Er würde nie in seinem Glauben schwankend werden.

Täglich wurden meine Magenschmerzen schlimmer; dies entging Zosias Aufmerksamkeit nicht. Sie riet mir, mich an unseren Lagerarzt zu wenden. „Wir haben keinen Arzt im Lager", antwortete ich. Nach einer Minute des Schweigens sagte sie, sie hätte eine Idee: Sie würde zu einem Arzt gehen und meine Symptome als die ihren angeben. Was immer er ihr an Medikamenten verschreiben würde, würde sie mir dann bringen.

Eines Morgens wollte Marek, daß ich mit ihm zur Quelle komme. Ich wußte, daß er irgend etwas im Schilde führte, und kaum hatten wir den halben Weg zurückgelegt, blieb er stehen. „Sag es niemandem weiter", bat er mich. „Ich werde von hier fliehen." Dies überraschte mich nicht; ich wußte, daß er zutiefst bedrückt war. Jene, die zu Hause nicht so wohlhabend waren, paßten sich besser an das Lagerleben an als er und seinesgleichen. Für sie war die Erniedrigung unerträglich hart. Obwohl ich mir des Risikos bewußt war, das er auf sich nahm, konnte und wollte ich ihn nicht umstimmen.

„Marek, paß auf dich auf. Laß dich nicht erwischen", warnte ich.

Er schaute mir in die Augen, und ich sah seine Entschlossenheit. Er erklärte mir, daß er abhauen würde, sobald er Stasia für diesen Tag genug Wasser gebracht hätte. Ungefähr um 14 Uhr spähte er durch das Bürofenster und winkte mir zum Abschied zu. Ich ging nach draußen, wir drückten uns zum letzten Mal die Hände, und ich wünschte ihm viel Glück. Dann sah ich ihn über die Hügel rennen. Da es das erste Mal war, daß jemand aus Steineck floh, hatte ich keine Ahnung von den Konsequenzen, die eine Flucht für uns alle nach sich ziehen konnte.

Niemand bemerkte, daß er tagsüber gegangen war, und als wir dann Brodzice verließen, konnten die Aufseher nur sein Fehlen im Lager melden. Am Morgen darauf fragte Krusche, wer von Mareks Flucht im voraus gewußt hätte. Schweigen antwortete ihm. Dann drohte er uns allen: „Wenn irgend jemand noch einmal flieht, werdet Ihr alle dafür zur Verantwortung gezogen. Für jeden Geflohenen, werde ich zehn von euch hängen." Ein paar Tage später behauptete er, Marek sei gefaßt und hingerichtet worden, obwohl das nie bestätigt wurde. Ich hoffte, daß er es durch irgendein Wunder zurück zu seiner Familie geschafft hatte und Krusches Behauptung nichts als eine Lüge war.

Das Wetter wurde schlechter, und am frühen Morgen war es regelmäßig neblig. Alles, was noch an die einst üppigen Weizen- und Roggenfelder erinnerte, waren kurze, trockene Stoppeln. Der Kreis schloß sich, auch sie verdorrten und starben. Ich erinnerte mich daran, daß nach der Einlagerung der Kartoffeln im Keller wir Kinder immer noch einige unter dem Kraut fanden. Wir sammelten dann trockene Zweige, entzündeten ein Feuer und brieten sie. Selbst Mamas in der Küche gekochten Kartoffeln konnten mit diesen nicht konkurrieren.

Naßkaltes Wetter folgte. Das meiste unserer Kleidung bestand nur noch aus einer Schicht Lumpen, und unsere Schuhe waren schon lange auseinandergefallen. Allein der Weg zur Arbeit war ein Kampf. Einige Häftlinge standen den Tag aus purer Willenskraft durch. Eines Tages brach ein Mithäftling kraftlos zusammen. Mir wurde erzählt, daß der Aufseher ihn einfach dort liegenließ, weil er die Arbeit der anderen nicht unterbrechen wollte. Als wir ihn schließlich in das Lager brachten, hätte ihn nur noch ein Wunder retten können. Auf seiner Haut mästete sich das Ungeziefer. Paradoxerweise dachte ich, daß ihr Festmahl bald beendet sein würde. Er starb noch bevor die Nacht hereinbrach. Szenen wie diese wurden bald alltäglich. Viele starben bald darauf, aber sein Tod, der erste Tod, war der erschreckendste.

Zosia sagte mir, daß der Arzt ein Zwölffingerdarmgeschwür diagnostizierte, als sie ihm „ihre" Symptome schilderte. Sie brachte mir Belladonna, ein pudriges Antazidum, Papaverin-Tabletten und Tropfen zur Neutralisierung der Magensäure. Das würde die Krankheit nicht heilen, hatte der Arzt ihr gesagt, aber es würde die Beschwerden erträglicher machen. Das Antazidum half meinem Sodbrennen, aber das Papaverin schien meinen Mund auszutrocknen.

Die Landschaft veränderte sich gemäß den Jahreszeiten. Die Bäume waren nun kahl, und der Wind blies kräftig. Unterernährung und harte Arbeit hatten bereits ihren Tribut gefordert, doch der Winterkälte fielen jetzt noch mehr Menschen zum Opfer. Am 2.11., an Polens Unabhängigkeitstag, brachen zwei Häftlinge zusammen. Niemand konnte ihnen helfen, und niemand durfte es auch nur versuchen. Ihr Leben endete einfach. Das geschah so oft, daß wir von nun an Tragen mit zur Arbeit nahmen, und ein neuer Begriff, Muselmann, wurde geprägt, wahrscheinlich auf Grund der grauen Gesichtsfarbe der Häftlinge, die am „Hinausgehen" waren. Ihre tief eingesunkenen Augen erinnerten an Wüstenbewohner.

Während niemand sagen konnte, wer überleben würde, konnte doch oft genug das nächste Opfer vorausgesagt werden. Trotzdem wurde jeder jeden Tag zur Arbeit geschickt. Die Kranken schwankten und taumelten, um die Arbeit durchzustehen, und manche kamen nicht mehr lebend zurück.

Es zeichnete sich immer deutlicher ab, daß nichts unseren Weg in die Katastrophe aufhalten würde, und wir wurden stumpf und gleichgültig. Unser Überlebenswille stieß sich an unserer entsetzlichen Hilflosigkeit. Keiner fühlte mehr große Trauer, wenn Mithäftlinge starben. Mayer Siskind, gerade 27 Jahre alt, war der nächste. Was ich einst glaubte – daß sie uns am Leben erhalten würden, da sie unsere Arbeitskraft brauchten –, war offensichtlich nicht ihr Plan. Innerhalb von sechs Monaten waren von 167 Häftlingen, die aus unserem Dorf kamen, mehr als zwanzig tot. Die Nazis fanden es bald notwendig, die Lücken in unserem Lager durch neue Häftlinge aufzufüllen. Ein Transport von 200 Juden aus Konin, einer nahegelegenen Stadt, kam an. Obwohl Konin nur 8 Kilometer von Steineck entfernt war, hatten die Ankömmlinge nicht gewußt, daß es Steineck überhaupt gab. In der ersten Zeit unterschieden sie sich durch ihr frisches Aussehen und ihre anständige Kleidung von uns, aber nach ein paar Wochen war davon nichts mehr zu merken.

Der Winter brachte seine ersten Schneeladungen, aber nichts konnte Kommandant Krusche davon abhalten, jeden zur Arbeit zu schicken. Kurz nach Jahreswechsel kamen neue Juden an, diesmal aus Lodz. Sie erzählten uns eine schreckliche Geschichte über eine Stadt namens Chełmno. Die Nazis dort, so sagten sie, hatten eine bessere Methode, die Juden umzubringen. Sie hatten neue Wagen, bei denen die Auspuffgase in das Innere geleitet würden. Unter dem Vorwand der Umsiedlung wurden die Menschen abgeholt und unterwegs auf der Straße ermordet. Die Leichen wurden nach Chełmno transportiert, das damit prahlte, das größte Krematorium in der Gegend zu haben, in dem täglich 500 Leichen verbrannt werden könnten. Da diese Vorgehensweise so ungeheuerlich und teuflisch war, fragte Rumkowski, ein hochangesehener Mann aus Lodz, ob dies von höheren Chargen oder von den dortigen fanatischen Nazis angeordnet wurde. Da dieser Befehl aus Berlin kam, war es offizielle Politik, und weitere derartige Einrichtungen sollten in Kürze folgen. Da Chełmno nur etwa 65 Kilometer von Dobra entfernt lag, ließen diese Neuigkeiten unsere schlimmsten Befürchtungen in bezug auf das Getto und das Wohlergehen von meiner Mutter, von Josek und Pola wieder aufleben.

Als wir an einem grauen, unwirtlichen Tag von der Arbeit zurückkamen, sah ich eine Vorrichtung in Form eines umgedrehten U mit großen Haken auf dem Appellplatz stehen. Es war zweifellos ein Galgen. Ich wurde blaß. Da ich es versäumt hatte, bei der Arbeit zu sterben, so dachte ich, war Krusche nun entschlossen, seine Drohung wahrzumachen. Er wollte mich hängen. Als wir nach dem Zählappell wegtreten durften, fragte ich Chaim, was der Galgen zu bedeuten hatte. Er sei auch überrascht gewesen, sagte er, als er ihn aufgebaut sah. An diesem Abend wurde ich die Vorstellung nicht los, daß ich sterben würde. Als ich endlich einschlief, sah ich mich selbst, die Hände auf den Rücken gebunden, zum Galgen geführt werden. Ich versuchte davonzulaufen, aber wohin ich mich auch wendete, überall waren SS-Männer, die mich aufhielten. Schließlich hörte der Alptraum auf, als ich durch mein Würgen aufwachte. Dies mußte auch meinen Vater geweckt haben, denn er sah erschreckt aus. Jedesmal, wenn ich die gräßliche Vorrichtung sah, liefen mir kalte Schauer den Rücken hinunter.

Einmal kam ich mit Moniek zusammen, den ich von Dobra her kannte. Obwohl wir gleichaltrig waren, sah er aus wie ein alter Mann. Sein Körper wies zahlreiche Flohbisse auf, und seine Venen sahen aus, als ob sie mit Wasser gefüllt wären. Als er sein Hemd zuknöpfte, konnte er kaum die Finger bewegen. Er war ein Muselmann. Ich nahm ihn mit in den Sanitätsraum, wo Goldstein ihn fragte, ob er krank sei. Niemand gab jemals zu, krank zu sein, da man dann das Schlimmste befürchten mußte. Arbeit war das beste Mittel, um am Leben zu bleiben. Da Moniek weder eine Verletzung noch ein sichtbares Leiden hatte, konnte Goldstein ihn nicht dabehalten. Das sind die Regeln, sagte er. So ging Moniek ohne krank zu sein an die Arbeit und wurde später auf der Trage zurückgebracht. Er starb am folgenden Tag. Es gab niemanden, der um ihn trauerte, niemanden, der ein Gebet für seine Seele gesprochen hätte. Der Hungertod ereilte so viele, daß er bald zur häufigsten Todesursache wurde.

Wenn ich die Gangart eines Mannes beobachtete und die Farbe von Haut und Lippen sah, konnte ich die ersten Anzeichen eines Muselmannes erkennen. Wie ich später sah, hatten andere Arbeitslager, auch wenn sie verderblicher und vernichtender waren, bessere sanitäre Einrichtungen als Steineck. Manche boten den Häftlingen sogar regelmäßigen Kleiderwechsel und Schuhe, und die meisten hatten Ärzte und sogar kleine Krankenstationen.

Der Winter 1942 war bitterkalt. Abgesehen von den Fichten und Kiefern waren alle Bäume kahl. Die Straßen waren schneebedeckt; Flüsse und Bäche lagen unter einer dicken Eisdecke. An unserer Arbeitsstelle mußte die Erde erst in Stücke gehauen werden, bevor sie auf die Schubkarren geladen wurde. Wir hörten nun zum ersten Mal von einem Lager namens Auschwitz. Dort, so hörten wir, wurden alte Männer, Frauen und Kinder ermordet, sobald sie in das Lager gebracht worden waren. Das überstieg jedes Vorstellungsvermögen, und viele von uns wollten es nicht hören. Wir bestanden darauf, daß diese Geschichte nicht wahr sein konnte.

Mitte März ging das Gerücht im Lager, daß hundert Häftlinge von Steineck verlegt werden sollten, aber keiner wußte, wohin. Das sollte unsere Gelegenheit sein, um hier rauszukommen, dachte ich, und mein Vater war damit einverstanden. Chaim, sonst in der Regel gut informiert über solche Dinge, wußte diesmal auch nicht mehr als das, was gemunkelt wurde. Ich fragte ihn, ob er – falls sich diese Geschichte als wahr herausstellen sollte – es einrichten könnte, daß mein Vater und ich mit auf der Liste stünden. Er war sich nicht sicher, was Krusche sagen würde, aber als er sich an die Drohung des Kommandanten erinnerte, versprach er mir, es zu versuchen. Einige Tage später wurde es offiziell bekanntgegeben: Am Samstag sollten hundert Männer Steineck verlassen. Ich wollte nur noch weg hier, wohin auch immer es ging.

Stasia war nicht damit einverstanden. „Bronek", warnte sie mich, „solange du hier bist, kann ich dir helfen."

Witczak, Basiak und Kmiec waren sehrwahrscheinlich der Grund, weshalb Krusche mich nicht am Galgen aufgehängt hatte. Der Gedanke, Zosia zu verlassen, wog schwer gegen meine Entscheidung zu gehen. Ich wußte, daß ich sie verlieren würde, wenn ich Steineck verließ. Als wir uns das nächste Mal sahen, trug Zosia ein geblümtes Tuch locker um den Hals geschlungen. Es wehte im Frühlingswind. Ihre Augen hatten die rauchige Farbe des Winterhimmels. Wir setzten uns auf einen moosbedeckten Stein. Ich schaute sie an, und mir brach das Herz bei dem Gedanken, sie zu verlassen. Sie bedeutete mir so viel. Und jetzt würde das alles zu Ende gehen, und ich würde sie nie wiedersehen.

Als sie von unseren Plänen hörte, wurde sie traurig. „Wo wirst du sein? Wie werde ich dich finden?", fragte sie. Wir redeten noch lange miteinander und versprachen uns gegenseitig, daß wir für immer zusammenbleiben würden, wenn dies alles erst einmal zu Ende wäre. Wir umarmten und küßten uns, bis wir gehen mußten. Dann hielt sie meine Hand, als wir zum letzten Mal nebeneinander gingen.

„Denk dran, Zosia, wenn du mich am Montag nicht siehst, haben wir es geschafft, Steineck zu verlassen. Ich werde dich nie vergessen", sagte ich. „Ich werde dich immer lieben, Zosia."

„Schick mir eine Nachricht und laß mich wissen, wo du bist", bat sie. Ich versprach es. Traurig ging ich den Hügel hinauf zum Büro und wußte, daß ein Teil von mir immer bei ihr bleiben würde, auch wenn wir Steineck verließen.

An diesem Abend bedankte ich mich bei Stasia, Witczak und den anderen hilfsbereiten Menschen im Büro. „Kann sein, daß ich Montag wieder da bin", bemerkte ich ungezwungen. „Aber ich werde euch immer dankbar sein."

Wir hatten nur wenig mitzunehmen. Ich ging in den Sanitätsraum, packte meine zahnärztlichen Instrumente in eine Büchse, sagte Goldstein auf Wiedersehen und

ging zu Papa zurück. Ich lag die ganze Nacht wach aus Angst vor Krusches Reaktion, wenn er mich weggehen sah. Diese Gelegenheit durfte ich auf keinen Fall ungenutzt verstreichen lassen, aber ich fürchtete, daß Krusche noch lange nicht fertig war mit Witczak. Meine Zukunft in Steineck war nicht vorherzusehen.
Am Samstag wurden wir eine halbe Stunde früher als gewöhnlich geweckt. Chaim erzählte mir, daß Papas und mein Name auf der Liste standen. Da es noch dunkel war, standen die Chancen gut, daß Krusche mich nicht entdecken würde, dachte ich. Als wir in den Hof kamen, war Krusche bereits da und mit ihm sein Hund, seine Peitsche und seine Helfer. Papa und ich stellten uns nach hinten in die Reihe. Ich fror bei jedem Blick Krusches, der in unsere Richtung ging, und hatte nach wie vor Angst, daß er mich nicht gehen lassen würde, wenn er mich erst entdeckt hätte. Was würde dann aus Papa werden? Konnte er ohne mich überleben? Als ich mir die anderen Häftlinge in unserer Reihe ansah, bemerkte ich, daß sie alle Muselmänner waren. Zweifellos hatte Krusche Chaim befohlen, diejenigen, die am wenigsten produktiv waren, loszuwerden. Wir fragten uns, ob wir wirklich zu einem anderen Lager gehen würden. Trotzdem wartete ich ängstlich auf den Marschbefehl. Doch zuerst ordnete Chaim einen weiteren Zählappell an. Er machte das oft, weil er wußte, daß dies dem Kommandanten gefiel.
Schließlich hörten wir „Vorwärts Marsch!“ Wir waren außerhalb von Krusches Machtbereich.

9 Gutenbrunn

Mein Herz klopfte, als wir am Tor an Krusche vorbeigehen mußten. Ich hoffte, ihn nie wieder sehen zu müssen, und mein Wunsch wurde erfüllt. Trotzdem bedauerte ich es auch, all die Leute aus Dobra zu verlassen, unter denen wir unser ganzes Leben verbracht hatten. Ich wußte, daß ein Kapitel meines Lebens für immer abgeschlossen war.
Als es langsam heller wurde, konnte ich David Kot, Rabbi Moses, Hershel Stein, Josef Glicenstein und einige andere sehen, die auch auf den Abmarsch warteten. Zwei der SS-Männer und einige Aufseher – unter ihnen, wie ich wußte, auch Tadek – begleiteten uns. Tadek erzählte mir, daß wir nach Gutenbrunn gehen würden; es war ein Lager wie Steineck, aber größer. Dies war eine Erleichterung. „Ich werde dort mit euch bleiben“, fügte Tadek noch hinzu. Tadek war ein anständiger Aufseher, und seit ich ihm Wort gehalten hatte, vertraute er mir. „Gutenbrunn ist 25 km entfernt und Teil desselben Eisenbahnprojektes“, sagte er. Diese guten Neuigkeiten sprachen sich schnell herum.

Schließlich wurde es Tag. Das Krähen eines Hahnes und das Bellen eines Hundes waren das einzige, was wir auf der Straße hörten, als wir an einem einsamen Bauernhof vorbeikamen. Vor uns in der Reihe sah ich Rachmiel, den Koch, und Leibel, einen freundlichen Mann, der in Dobra oft Getreide für uns geschleppt hat. Ich holte damals unser Viehfutter in der Nähe seines Hauses. Als ich fünf Jahre alt war, packte er mich eines Tages im Spaß, und um sicherzugehen, daß ich nicht entkommen könnte, nahm er mir die Kleider weg. Obwohl ich wußte, daß es ein Scherz war, konnte ich es nicht ausstehen, so gehänselt zu werden. Ich bat ihn, mir meine Kleider zurückzugeben, und schließlich ließ er mich gehen.

Wir kamen auf eine gepflasterte Straße, und das Marschieren wurde nun einfacher. Am Straßenrand standen viele Statuen der Schwarzen Madonna. Die Sonne kam heraus, und nun konnten wir an ihrem Stand erkennen, daß wir in nördliche Richtung gingen. Nachdem eine sandige Ebene und eine kahle Klippe hinter uns lagen, sahen wir eine Gruppe von Backsteinhäusern. Eines dieser Häuser war ein kleines Lebensmittelgeschäft. Einige hungrige Hühner folgten einem Bauern, der die Überreste des Winters zusammenharkte. Frauen mit halbnackten Kindern auf dem Arm kamen heraus und starrten uns schweigend an. Die Dörfer in dieser Region waren alle gleich, nichtssagende Orte, nicht mehr zu lesende Schilder entlang der Straße. Aber einer der Bauern grüßte uns mit „Heil Hitler!".

„Heil Hitler!" erwiderten die SS-Männer und einige der Aufseher den Gruß. „Heil Hitler!", fiel ein vorbeikommender Radfahrer ein. Diese vielen „Heil Hitler"-Grüße klangen bitter in unseren Ohren.

Außerhalb der Ortschaft standen Windmühlen. Später kamen wir an einen Damm, und dahinter befanden sich mehrere Baracken, die von polnischen Frauen bewohnt waren. Die Baracken hatten keinen Zaun, diese Menschen mußten nicht wie Ausgestoßene leben.

Einige Kilometer weiter führten uns die SS-Männer von der Straße weg, damit wir eine Pause machen konnten. Später ging es dann an der nächsten Abzweigung rechts. Gerade vor uns standen einige schwere Gebäude aus Mörtel mit einem festungsartigen Turm in der Mitte. Als wir näher kamen, sahen wir vier große Gebäude im Viereck angeordnet, mit Tor und Turm davor, typisch für die traditionellen deutschen und polnischen Gutshöfe. Diese Leute hielten die landwirtschaftliche Industrie in Polen in Gang, und die Kleinbauern hatten Respekt vor ihnen.

Wir blieben am Eingang vor zwei bewaffneten Wachposten stehen. Im Gegensatz zu dem dürftigen Drahttor in Steineck, war dieses Tor aus solidem Holz und verband zwei 20 Meter lange Gebäude aus Beton. Jedes Gebäude hatte einige kleine Fenster, die mit Eisenstäben gesichert waren. Auf einem verrosteten Schild über dem Tor stand zu lesen: „Gutenbrunn".

Die SS-Männer ließen uns hinein. Der Hof war dunkel, da er von den 4 massiven Gebäuden umgeben war. Wir waren auf einem Gutshof, und diese Gebäude hatten früher als Stallungen gedient. Am anderen Ende des Hofes sah ich den Galgen. Er sah dem sehr ähnlich, dem ich einst glücklicherweise entkommen war. Hier schienen wir vom Rest der Welt abgetrennt zu sein. In der Mitte des Hofes standen zwei SS-Männer, umgeben von der Lagerpolizei; offensichtlich wurden wir bereits erwartet.
Einer der beiden Männer ließ alle anderen als Zwerge erscheinen. Er war sehr groß und hatte strenge Katzenaugen. Voll Ekel schaute er uns an. „Was haben wir denn da bekommen?“, fragte er. „Eine Gruppe Muselmänner?“ Da er Zivilkleidung trug und kein Häftlingsabzeichen zu sehen war, wußten wir nicht, wer oder was er war. Wir waren überzeugt, daß er ein Deutscher war. Er war über zwei Meter groß, hatte ein eckiges Kinn, rosige Wangen und große aufgeworfene Lippen. Er trug schwarze Reiterhosen, die in den glänzenden Stiefeln eines Offiziers steckten, dazu ein braunes Hemd, einen beigen Pullover, und um den Hals hatte er einen wollenen Schal gelegt. Sein seltsam aussehender Hut hätte aus der französischen Fremdenlegion stammen können. Er schritt die Reihen ab, musterte uns dabei verächtlich und klopfte mit dem Knüppel an seine Stiefel. Der laute Ton hallte von den Gebäuden zurück. Er rief die Lagerpolizei herbei und verhöhnte uns weiterhin als eine unorganisierte Horde. Wir waren von diesem grausamen Riesen eingeschüchtert und starrten erst ihn und dann uns an. Er war uns wirklich ein Rätsel. „Das ist Gutenbrunn, Ihr faulen Ostjuden!“ Das war sein Name für die Juden, die östlich von Deutschland geboren waren. „Ihr Scheißkerle! Ihr werdet euch euer Hiersein noch verdienen!“
Die anderen SS-Männer standen dabei. Sie hatten es nicht nötig, uns einzuschüchtern, denn dieser Riese machte die Arbeit für sie mit. Dann teilte uns unser neuer Chef in drei Gruppen ein und befahl den Polizisten, uns in drei verschiedene Blocks zu führen. Als wir gingen, teilte er wahllos Schläge aus und stieß Verwünschungen hervor. Als er meine Büchse sah, die ich immer bei mir trug, schlug er mit seinem Stock darauf und fragte mich, was ich darin aufbewahre.
Ich schaute in sein finsteres Gesicht. „Das sind meine zahnärztlichen Instrumente.“
„Was!“, sagte er, als ob er mich nicht verstanden hätte. „Zahnärztliche Instrumente?“ wiederholte er. „Wer hat dir erlaubt, sie mit hierher zu bringen?“
„Ich habe sie mitgebracht, weil sie in Steineck gute Dienste geleistet haben“, gab ich zurück. Er schaute mich scharf an, sagte aber nichts weiter. Ein junger Polizist, Menashe, übernahm die Leitung meiner Gruppe. Als wir in sicherer Entfernung waren, fragte ich ihn, wer dieser Mann war.
„Er ist ein Häftling aus Hamburg und hier der Lagerälteste“, sagte er. Dann

merkte er, daß er den wichtigsten Punkt vergessen hatte, und fügte hinzu: „Er ist ein Jude wie wir alle."

Das war rätselhaft. Ich hatte den Begriff „Lagerältester" nie gehört, und ich hatte vor allem noch nie von einem Juden gehört, der eine derartige Machstellung in einem Arbeitslager eingenommen hätte. Es war schwer zu verstehen, wie er diese Autorität bekommen hatte. Und noch wichtiger war, weshalb er seine jüdischen Kameraden in solch kalter und gefühlloser Art und Weise behandelte. „Wie heißt er?", fragte ich.

„Kurt Goldberg", antwortete Menashe.

Jedes Lagergebäude schien 30 Meter lang und ungefähr 12 Meter breit zu sein. Im Inneren eines jeden Gebäudes waren 8 Reihen mit vierstöckigen Schlafstellen, genug Platz, um 800 Häftlinge unterzubringen. In die dicken Zementwände waren Ringe eingelassen, die früher die Kühe beim Melken an ihrem Platz gehalten hatten. Unser neues Zuhause war ein Stall, der nun menschliche Lasttiere beherbergte. Die Fußböden waren aus hartem Lehm, der die Kälte speicherte. „Selbst an warmen Tagen", so wurde uns gesagt, „steigen die Temperaturen nie über 13 Grad Celsius".

Das spärliche Licht, das den Raum etwas erhellte, kam durch die eisenbewehrten Fenster und gelegentlich durch eine Glühbirne, die von der hohen Decke matt herabbaumelte. Es war gerade so hell, daß wir unsere Schlafstätten sehen konnten. Diesmal waren Papa und ich entschlossen, Kojen zu finden, die nicht so nahe am Fußboden waren. Jemand half uns, zwei Bettstellen ganz oben zu belegen. Die Häftlinge waren bereits von der Arbeit zurück. Die meisten von ihnen kamen aus Lodz, das jetzt von den Deutschen Litzmannstadt genannt wurde, es waren aber auch Juden aus Deutschland, Holland und Österreich hier. Während die meisten derjenigen, die aus Steineck kamen, Handwerker und Geschäftsleute aus kleinen Orten waren, waren die anderen Häftlinge hier weltoffener. Ich traf Intellektuelle, Schriftsteller und Anwälte. Aber wie in der Welt draußen auch, gab es unter ihnen eine Anzahl von gemeinen Verbrechern. Es war ein vielsprachiges Lager; wenn einer von uns Jiddisch sprach, konnte man sich auf eine Antwort in einem deutschen Dialekt gefaßt machen.

Kurt Goldberg war 24 Jahre alt, er war das Produkt einer Mischehe und fühlte sich eher als Deutscher denn als Jude. 1933 hatte er sich der Hitlerjugend angeschlossen, aber später stuften ihn die Nürnberger Rassegesetze wieder als Juden ein, und er flog aus der „arischen" Organisation. Trotzdem war er überzeugt davon, daß er etwas Besseres verdient hatte, und er ließ seine Wut und Enttäuschung über sein Unglück an seinen jüdischen Kameraden aus, indem er sie einschüchterte. Seine Kälte und seine Beherrschung der deutschen Sprache machten aus ihm ein perfektes Werkzeug für das übelwollende Nazisystem. Er hatte einst zugegeben, daß er froh gewesen wäre, wenn seine Mutter gelogen und behauptet hätte, daß er von einem Arier gezeugt worden ist, denn so wäre er das Stigma des Juden losgeworden. Seine besondere Verachtung jedoch war für die polnischen Juden reserviert, denn seiner Meinung nach waren die „Ostjuden“ für sein Unglück verantwortlich. Unter all den vielen teuflischen Charakteren, die ich in dieser Zeit kennengelernt habe, wird er immer als der rätselhafteste in meiner Erinnerung bleiben. Letzten Endes verlor er die Gunst der Nazis und starb.

Gutenbrunn hatte vier Monate vor unserer Ankunft als Lager zu arbeiten begonnen. In schneller Folge tauchten andere Lager auf, alle in der Nähe von Posen: Eichenwalde, Lenzingen, Antoniek, Fort Radziwill. Als wir nach Gutenbrunn kamen, waren schon 800 Häftlinge, alle Juden, hinter den Mauern. Die Aufseher waren Polen, so wie in Steineck auch. Unsere Essensrationen waren identisch: ein „Pika“ Brot morgens und abends, und zweimal täglich Suppe. Dennoch war Gutenbrunn in vieler Hinsicht anders: Es hatte bessere sanitäre Einrichtungen mit Brausen und eine Krankenstation. Der Lagerarzt war ein Herr Seidel, ein Österreicher. Er leitete die Krankenstation mit zwölf Betten. Die Schlafstellen waren geräumiger, mit frischem Stroh, und jede hatte Kopfkissen und Decke. Aber nicht einmal das bereitete dem Ungeziefer ein Ende; dennoch brachte das regelmäßige Duschen und Entlausen einige Erleichterung.

Oberflächlich betrachtet schien das Leben hier einfacher zu sein, doch dies war nicht der Fall. In unserem Block zog ein kaum zwölfjähriger Junge meine Aufmerksamkeit auf sich. Er war der Jüngste, den ich bislang in einem Lager gesehen hatte. Sein Name war Mendel, aber jeder nannte ihn mit der Koseform Mendele. Er war in Lodz festgenommen worden, weil er Essen in das Getto geschmuggelt hatte. Sein Alter hatte er mit 16 Jahren angegeben, und es war ihm geglaubt worden. Das brachte ihn nach Gutenbrunn. Er war hübsch anzusehen mit seinem runden Gesicht und den strahlenden, lächelnden Augen. Er sprach Jiddisch mit dem typischen Lodzer Akzent und war ein zwanghafter Schwätzer. Er wußte, wie man in Gutenbrunn am Leben blieb, und tat all das, was zum Überleben notwendig war. Weder ein harter Arbeiter noch faul, war Mendele gewitzt. Obwohl er ein Drückeberger und Schwindler war, mochten ihn die Aufseher in der Regel. Er ließ sie glauben, daß er hart arbeitete, indem er sich die Stirn trocknete, wenn sie ihn beobachteten, sobald sie jedoch weitergingen, hörte er auf zu arbeiten. Da er genau wußte, wie er jeden hereinlegen konnte, trickste er mühelos Häftlinge aus, die doppelt so alt waren wie er. Während andere für ein Vergehen bestraft wurden, kam Mendele, der das gleiche Vergehen begangen hatte, mit einer Verwarnung davon. Er war gut bekannt mit all denjenigen, von denen er dachte, daß sie ihm Vorteile bringen könnten. Das Leben im Getto hatte ihn mit einem strengen Überlebensinstinkt ausgestattet, er war das Produkt des neuen Systems. Man konnte einfach nicht anders, als ihn zu mögen.

Wir konnten nicht zum Lager hinaussehen, denn Gutenbrunns vier hohe Gebäude und die Mauer schlossen die Welt aus. Manchmal schien es so, als ob dies alles sei, was vom Universum übriggeblieben war.

Wir waren noch keine Stunde in den Blocks, als wir wieder auf den Appellplatz gerufen wurden. Die SS-Männer waren gegangen und überließen uns Goldberg und seinen Polizisten. Goldberg bellte gewalttätig seine Befehle und demütigte uns mit Beleidigungen. Die Polizisten halfen ihm dabei mit ihren eigenen Beschimpfungen. Uns wurde gesagt, daß wir am Montag alle im Herdecke-Kommando, in einer neu zusammengestellten Gruppe, arbeiten würden. Wir wußten zwar, daß die alltägliche Arbeit darin bestand, Eisenbahnschienen zu verlegen, doch wir hatten nicht die blasseste Ahnung, was das Herdecke-Kommando bedeuten sollte. Unsere Erfahrungen mit dem Streckenbau mußten uns jedoch auch in Gutenbrunn nützen, dachten wir. Im Gegensatz zu den Häftlingen, die bereits da waren, hatten die hundert Neuankömmlinge aus Steineck fast seit einem Jahr an dieser Strecke gearbeitet. Vielleicht war das der Grund, weshalb wir hierher gebracht worden waren.

Die Eintönigkeit des Essens ging weiter. Unsere Mahlzeiten bestanden aus einem Stückchen Margarine und einem Kaffeelöffel Marmelade, mittags und abends gab es jeweils einen Schöpflöffel Rübensuppe. Das wichtigste Gemüse hier waren Rüben. Das Essenfassen dauerte hier zweimal so lange wie in Steineck, sie brauchten dringend Küchenhilfen. Wie in Steineck, so herrschte auch hier bei den Polizisten kein Mangel an Essen, deutschen Zigaretten oder Alkohol. Als wir in unsere Baracke zurückgingen, erfuhr ich, daß Goldberg gefragt hatte, wo der Zahnarzt sei, und kurz darauf konnte ich ihn vom anderen Ende des Hofes her schreien hören. Als er mich sah, kam er herbei und fragte mich, welches meine Schlafstelle sei. Ich wußte nicht, was ich sagen sollte, aber diesmal wirkte er vernünftiger, und seine Stimme war viel ruhiger. Bald erfuhr ich, weshalb: Er wollte die Schlafstelle neben mir haben. Ich war überrascht, daß ein so mächtiger Mann wie er keinen besseren Platz zum Schlafen hatte, und ich war völlig verdutzt und verwirrt darüber, weshalb er eine Koje neben mir haben wollte. Hatte er mich als Zielscheibe auserkoren? In Steineck hatte ich von keinen homosexuellen Übergriffen erfahren, aber dies hier war Gutenbrunn, ein anderes Lager. Jetzt, da ich wußte, daß Goldberg ein Gefangener war, beschloß ich, seine Machtposition nicht zu beachten und ihn wie jeden anderen auch zu behandeln. Aber mir war natürlich klar, daß ich in dieser Situation vorsichtig sein mußte. Ich konnte ihn nicht daran hindern, seine persönlichen Sachen zu bringen und sie auf die Schlafstelle neben meiner zu legen. An diesem Abend kam er spät, lang nach dem Sirenenton. Weder mein Vater noch ich konnten schlafen. Er bemerkte unsere Unruhe, gab ein paar Worte von sich, drehte sich um und schlief ein. Obwohl mir nie ganz wohl war, wenn er neben mir lag, so hatte ich zumindest keine Angst mehr vor ihm. Ein paar Wochen später entschloß er sich für eine andere Schlafstelle. In der Zwischenzeit entwickelten wir eine ruhigere Beziehung, und auf seine Art und Weise half er mir sogar.

Am Montag kamen um 6 Uhr Polizisten in den Block und begannen, mit ihren Stöcken auf die Schlafstellen zu schlagen, wobei sie laut „Aufstehen!“ riefen. Die übliche Hetze begann. Als ich in der Essensreihe anstand, begann ich die stille Diskussion. Sollte ich mein Pika auf einmal aufessen oder einen Teil für später aufheben? In der Verwirrung des ersten Morgens fiel einem jungen Häftling die Suppenschale zu Boden. Tränen rannen ihm über die Wangen, denn er wußte, daß er den Tag über hungrig bleiben würde.

„Antreten! Gleichschritt Marsch!“, schrien die Polizisten und trieben uns in Fünferreihen zusammen. Bald erfuhren wir, wie das Herdecke-Kommando zu seinem Namen kan. Herdecke war der Ingenieur, der über diesen Streckenabschnitt die Oberaufsicht führte. Er war ein Deutscher, wie die anderen Aufseher hier auch. Mein Vater und ich wurden angewiesen, Steine im Schubkarren zu den Schienen zu ziehen. Diese Schubkarren auf dem sandigen Grund nach unten zu bringen, war schwer genug, aber sie hinaufzuziehen, überstieg die Kräfte meines Vaters. Er konnte aber auch nicht „so tun als ob“, denn das würde ihn als Drückeberger brandmarken, und dieser Ruf war gefährlich im Lager. Glücklicherweise bemerkte es Herdecke auf einem seiner Inspektionsgänge, und Papa wurde zum Harken versetzt, wo er ab und zu eine kurze Pause machen konnte. Mittags durften wir zum Essen in das Lager zurück. Seit wir nicht länger Zosias Essenspakete und Stasias Reste hatten, waren wir ausschließlich auf das angewiesen, was wir im Lager bekamen.

Obwohl es mir unmöglich war, mit Zosia Kontakt aufzunehmen, kam sie eines Tages. Mir wurde gesagt, sie stünde am Küchentor und hätte dort nach mir gefragt. Dieses Tor war den ganzen Tag für die Lkws geöffnet, die Essen brachten. Ich fragte mich, wie sie mich hatte finden können. „Ich erfuhr von den Leuten in Brodzice, wo du bist. Es war kein Problem, das Lager zu finden“, sagte sie. Jetzt wußten alle Häftlinge, daß ich eine Beziehung zu einer Nichtjüdin hatte; es war uns beiden unbehaglich bei der Aufmerksamkeit, die wir auf uns zogen. Als die Wachposten am Tor gegangen waren, gingen wir ungestört nach draußen. Ich entdeckte, daß wir hier ein bißchen Privatheit haben konnten. Ich umarmte sie, und wir küßten uns. Ich war selig, sie wiederzusehen.

Zunächst war sie besorgt, ob ich noch genug Medikamente hätte. Dann sprachen wir eine Weile über Gutenbrunn und unsere Arbeit. Wie immer, hatte sie auch diesmal einige Lebensmittel für uns dabei. Nachdem wir uns verabschiedet hatten, schaute ich ihr noch lange nach und fragte mich, ob wir hier jemals die Freiheit wie in Steineck hätten. Ich kehrte mit Zosias Päckchen zurück, und zum ersten Mal hatten Papa und ich in Gutenbrunn richtiges Brot. Mein Vater mußte über Zosia Bescheid gewußt haben, obwohl er sie nie getroffen und ich auch nie mit ihm über sie gesprochen hatte.

Die Häftlinge in Gutenbrunn kannten keine zahnärztliche Versorgung. Da Goldberg von meinen Instrumenten und meiner Arbeit in Steineck wußte, beschloß ich, ihn zu fragen, ob ich bei Bedarf helfen könnte. Er hörte mir aufmerksam zu und schickte mich dann zu Dr. Seidel, den ich noch nicht getroffen hatte. Nach der Arbeit ging ich zu ihm. Der Sanitätsraum war voller Häftlinge, die an den verschiedensten Beschwerden litten. Viele von ihnen hatten geschwollene Beine mit riesigen Knöcheln, und ich konnte nicht verstehen, weshalb. Dr. Seidel erklärte mir, dies seien Ödeme. Er erzählte mir, daß manche Häftlinge, um ihren Hunger zu stillen, mehr Wasser tranken, als ihr Körper verarbeiten konnte, und das Wasser lagerte sich in den Beinen ab. „Der leichteste Kratzer oder eine Abschürfung heilen nicht. Die Wunden werden infiziert, und das hat scheußliche Konsequenzen für sie", sagte er. „Was sie bräuchten, ist Ruhe und gute Ernährung." Diese Luxusgüter waren für uns aber nicht zu bekommen. Manche der Kranken baten den Arzt um ein oder zwei Tage Pause in der Hoffnung, sich dann zu erholen, aber er konnte diese Wünsche nicht erfüllen.

Dr. Seidel war Anfang vierzig, von kleiner Statur mit schmalen Schultern und einem leicht eingesunkenen Brustkorb. Er war ein ruhiger, gesitteter Mann und sprach mit piepsender Stimme. Als er mich sah, schienen mich seine Augen durchdringen zu wollen. Er war direkt und selbstsicher. Außerdem schien er ununterbrochen auf etwas herumzukauen. Seine übliche Anweisung war: „Laß die Wunden austrocknen, dann heilen sie von selbst." Zunächst dachte ich, seine Heilmittel seien das Ergebnis der mageren Medikamentenbestände. Später lernte ich, daß er wirklich glaubte, daß dies eine gute Therapie sei, und oft war es auch so.

Da viele Häftlinge warteten, wollte ich gehen und ein anderes Mal wiederkommen. Aber als er hörte, daß Kurt Goldberg mich zu ihm geschickt hatte, winkte er mich in den nächsten Raum. Ich erklärte ihm, wer ich war und weshalb ich hier war. Er hörte aufmerksam zu. Ich sagte ihm, daß ich nach der Arbeit kommen und helfen könnte, falls ein Zahnarzt gebraucht würde. Er war sofort einverstan-

den. „Du kannst deine Sachen in eine dieser beiden Kisten legen", sagte er und deutete darauf.
Ich hatte nur wenige Instrumente und Medikamente: drei Extraktionszangen, ein paar Skalpelle, einige Instrumente zur Untersuchung und Entfernung kariösen Zahnbeins, einen Meißel, zwei Instrumente, um Zahnstein zu entfernen, und ein Dutzend Bohrer. Einige dieser Bohrer waren ohne Bohrmaschine nicht zu gebrauchen. Ich ließ alles in der Krankenstation. Meist klagten die Häftlinge über schmerzendes und blutendes Zahnfleisch. Da ich keine geeignete Ausrüstung zur Sterilisation hatte, mußte ich die Instrumente über einer Flamme desinfizieren.
Beim nächsten Appell verkündete Goldberg, daß den Häftlingen ein Zahnarzt in der Krankenstation jeweils nach der Arbeit und an den Wochenenden zur Verfügung stünde. Jetzt hatte ich auch Erfahrung beim Zahnziehen. Gutenbrunn hatte fast doppelt so viele Häftlinge wie Steineck, und an manchen Tagen zog ich ein halbes Dutzend Zähne. Als Goldberg eines Tages mit dem Kommandanten in den Sanitätsraum kam, zeigte er stolz auf mich, so als ob ich seine persönliche Entdeckung sei, und sagte: „Herr Lagerführer, wir haben jetzt einen Zahnarzt. Er ist einer von denen, die aus Steineck gekommen sind. Er hat Instrumente und kommt nach seiner regulären Arbeit auf der Baustelle hierher." Diese Vorstellung gefiel dem Nazi.
Am Sonntagnachmittag, als es ruhig im Stall war, sah ich Rabbi Moses seinen Oberkörper im Gebet hin- und herwiegen. „Er ist vollkommen und steht wahrhaft denen zur Seite, die reinen Herzens sind. Und alle glauben, daß Sein Werk vollkommen ist." Noch an diesem Abgrund der Existenz glaubte er unbeirrt an das Göttliche. Von draußen konnte ich die Kirchenglocken hören. Vogelschwärme flogen mit Leichtigkeit zu unserer „Festung" herein und wieder hinaus. Ich wünschte, ich könnte ihre Freiheit teilen.
Pünktlich und wie am Schnürchen bildeten sich die Häftlingsreihen Hunderte von Metern zurück in den Hof, sobald das Küchenfenster geöffnet wurde. Rachmiel hatte den Hut eines Chefs auf, eine Schürze hing über seinen Bauch; er betrachtete uns, wie wir dort vor ihm standen und um seine eklig schmeckende Suppe flehten, die in einer normalen Welt von den Hunden verschmäht worden wäre. Um zu verstehen, was der Hunger im Menschen bewirken kann, muß man den Hunger lange Zeit aushalten. Hunger nagt im Inneren wie ein Wurm. Das Verlangen, etwas zu essen, ist so groß, daß man alles dafür tun würde. Gerüchte, daß Häftlinge in Gutenbrunn Gras gegessen haben, um zu überleben, sind wahr. Es war sehr schwierig, angesichts eines solchen Hungers einen letzten Rest an Stolz zu bewahren. Das traf vor allem auch auf meinen Freund, David Kot zu, der zu Hause mit Kuchen und Milch gepäppelt worden war. Früher war er ein kräftiger

Junge gewesen, und nun nahmen seine Kräfte ab, und er wurde von Tag zu Tag dünner.

Der letzte Brief von zu Hause war in höchstem Maße beunruhigend. Wir konnten uns nicht länger selbst belügen und mußten nun das Schlimmste befürchten. „Abgesehen von einigen älteren Männern und einigen Leuten, die vom Judenrat protegiert wurden, sind nun die meisten aus dem Getto deportiert worden. Die Aussichten, hier noch länger zu überleben, sind schlecht. Wir wissen, daß unser Leben bald zu Ende sein wird", schrieb Pola. Sie bekräftigte damit die Neuigkeiten, die wir von jüngst angekommenen Häftlingen gehört hatten. „Alle Gettos im Warthegau werden bald leer sein ... Den Leuten erzählt man, daß sie umgesiedelt werden, aber in Wahrheit bringt man sie auf die neueste und barbarischste Art und Weise um: durch Auspuffgase des Fahrzeugs, in dem sie transportiert werden."

Eines Morgens, wir wollten gerade zur Arbeit gehen, kam Herdecke in das Lager und bat Goldberg um zusätzliche Arbeiter und fragte gleichzeitig nach jemandem, der Büroarbeit leisten konnte. Goldberg mußte sich daran erinnert haben, daß ich ihm von meiner Büroarbeit in Steineck erzählt hatte, denn er befahl mir, mich bei Herdecke zu melden. Meine Glückssträhne hielt an.

Nicht jeder Deutsche im Lager war ein skrupelloser, gewalttätiger Antisemit. Obwohl Herdecke der NSDAP angehörte, glaubte er nicht völlig an ihre Rassenpolitik. Während ich für ihn arbeitete, hatte ich mehr als einmal Gelegenheit zu hören, wie er seinem Mißfallen über Hitlers sinnlosen Krieg Ausdruck gab. Nie mißhandelte er einen von uns und hatte dies auch den ihm untergebenen Deutschen verboten. Das war eine Eigenschaft, die man nur selten unter den Nazis in einem Lager fand.

Herdeckes Feldbüro, in das er mich steckte, war eine winzige Hütte, die kaum genug Platz für Zeichentisch, Schreibtisch, Stuhl und Aktenschrank bot. Sobald er eintrat, war der Raum überfüllt, aber er kam nur, um sich mit einem Tauchsieder Kaffee aufzubrühen. Meine Arbeit bestand überwiegend darin, technische Entwürfe abzuzeichnen und Konstruktionsdaten von den Vorarbeitern zu sammeln.

Als ich eines Tages im Lager meine Suppe umrührte und hoffnungslos nach ein paar Kartoffelstückchen suchte, brach plötzlich ein Tumult aus. Ich sah, wie ein Häftling von einem Aufseher herbeigezerrt wurde. Er schrie und flehte, man solle ihn doch gehen lassen. Offensichtlich hatte der Häftling beim Abladen eines Lkws geholfen und war geschnappt worden, als er sich einige Kartoffeln in die Taschen steckte. Dieses „Verbrechen" wurde früher durch Hiebe unserer Polizisten geahndet, aber diesmal schleppte ein Posten den Häftling zum Wachhaus und ließ ihn nicht los. Den ganzen Tag über sahen wir ihn nicht mehr. Ich kannte ihn, auch wenn ich mich heute nicht mehr an seinen Namen erinnere. Wenn wir die Möglichkeit gehabt hätten, hätten viele von uns genau das getan, was er getan hatte; das war mit ein Grund, weshalb wir so ängstlich auf die Auskunft warteten, was sein Schicksal sein würde.

Als wir zwei Tage später von der Arbeit zurückkamen, wurden wir zum Galgen geführt. Unsere Herzen wurden schwer, wir wußten, irgend etwas lief schief. Konnte es denn möglich sein, daß sie einen Mann aufhängen, nur weil er ein paar Kartoffeln gestohlen hatte? Bald bestätigten sich unsere Befürchtungen: Umgeben von drei Gestapo-Männern in schwarzen Uniformen wurde der Gefangene mit auf den Rücken gefesselten Händen zum Galgen geführt. Dort hängte man ihm ein Schild vor die Brust, auf dem sein Verbrechen stand. Seine Jacke baumelte an ihm, als ob er in den letzten beiden Tagen geschrumpft wäre. Er war blaß, seine Augen traten aus den Höhlen. „Was haben sie mit ihm gemacht?", flüsterten wir. Ein Mann von der Gestapo befahl ihm, sich auf einen Stuhl unter die herabhängende Schlinge zu stellen. Dann wurden seine Füße gefesselt und die Schlinge wurde um seinen Hals gelegt. Der Gestapo-Mann las sein Urteil laut vor: „Für den Sabotageakt verurteilt dich Reichsführer Himmler zum Tod am Galgen durch den Strang." Ein Mann der grün uniformierten Waffen-SS stieß den Stuhl unter den Füßen des Häftlings weg. Sein Körper hing in der Schlinge, und seine Füße schwangen vor und zurück. Dann brach sein Genick und sein Kopf fiel auf die Seite. Wir schauten uns entsetzt an. Wieder waren wir an einem neuen Tiefpunkt angelangt. Ich kochte vor Wut. Ich dachte, unser aller Schicksal würde schließlich an diesem Strang enden. Am liebsten hätte ich „Mörder!" geschrien. Der Boden unter meinen Füßen schien zu beben. Es kam mir so vor, als sei ich Zeuge eines mittelalterlichen Horrors. Eine seltsame Stille breitete sich aus. Dann untersuchte Dr. Seidel den Häftling und erklärte ihn für tot. Zwei Sanitäter hoben seinen Körper auf und legten ihn an die Seite des Gebäudes.

Ich sah zum ersten Mal einen Gehängten. An seinem Hals waren tiefe, durch den Strang verursachte Einschnitte zu sehen. Eine vergrößerte blaue Zunge hing ihm aus dem Mund, Urin und Fäkalien verschmutzten seinen toten Körper. Ich fragte Gott, ob er selbst denn jemals hungrig gewesen sei. Als wir später in der Warteschlange für unsere Abendration standen, kam mir der flüchtige Gedanke: Wie können wir nur so weitermachen, als ob nichts gewesen wäre?

Die Bestrafungen für geringfügigste Vergehen verschärften sich. Fast alles, was nicht ausdrücklich erlaubt war, wurde zum Verbrechen. Häufig genügte die einfache Behauptung einer geplanten Flucht als Grund für eine Hinrichtung, und dem Opfer wurde dann vorgeworfen, daß es sich hatte erwischen lassen. Von nun ab riskierten wir auf Schritt und Tritt die Hinrichtung, aber die Gefangenen nahmen das Risiko weiterhin auf sich, denn die Alternative war der Hungertod. Mit der Zeit wurden wir häufiger Zeuge dieses Horrors, und der Donnerstag wurde der reguläre Hinrichtungstag in Gutenbrunn. Wenn mehr als acht Männer an einem Tag gehängt werden sollten, gab es am Galgen eine doppelte Schicht. Einmal wurde elf Gefangene – nicht alle aus Gutenbrunn – gehängt, und nachdem ihr Tod festgestellt worden war, trugen wir sie weg. Bei einer solchen Gelegenheit begann plötzlich einer der Männer wie durch ein Wunder wieder zu atmen. Einen Moment lang dachte ich, sie würden ihn am Leben lassen, aber als einer von der Gestapo seinen sich bewegenden Brustkorb bemerkte, kam er herbei und schoß ihm schnurgerade in den Kopf. Dieses Bild konnte man nicht mehr loswerden. Jemand protestierte und murmelte: „Aber die Genfer Konvention verbietet doppelte Bestrafung.“ Aber wer hätte sie aufhalten können?

Ein weiteres erschütterndes Ereignis verfolgte mich noch viele Jahre später. An einem Sonntag befand ich mich nachmittags im Hof, als zwei Gestapo-Männer durch die Küchentür in das Lager kamen und einem Polizisten befahlen, einen Haken in den Türrahmen zu schlagen. In größtmöglicher Heimlichkeit exekutierten sie dann ein hübsches junges Mädchen, das sie im Wagen mitgebracht hatten. Anschließend warfen sie ihren Körper in den Kofferraum und gingen. Da der Kommandant und viele Aufseher sonntags nicht in das Lager kamen, wußte nur wenige Leute, was geschehen war.

Nicht nur der Galgen forderte seinen Preis an Menschenleben in Gutenbrunn. Hier, wie auch in Steineck, starben noch mehr Häftlinge an Unterernährung und Erschöpfung. Jene, die in der Krankenstation lagen, unterhielten sich. Sie konnten ihr Leid nicht länger ertragen. „Wir haben uns in die Sklaverei begeben, und wir arbeiten für sie, damit es endlich aufhört, aber wenn das noch lange so weitergeht, wird es keiner von uns überleben“, sagte einer. „Warum haben wir es zugelassen, daß sie uns hierher bringen?“

„Was war die Alternative? Wenn wir nicht friedlich gekommen wären, hätten sie uns mit Gewalt geholt, und dann hätten wir auch hier geendet“, sagte ein anderer.

„Warum bleibt die Welt all dem gegenüber so gleichgültig? Wissen sie denn nicht, was hier geschieht?“, sagte der erste.

„Sehrwahrscheinlich wissen sie es nicht“, sagte der andere.

„Sie müssen es wissen“, insistierte der erste. „Es kümmert sie nur nicht.“

„Die Leute vom Roten Kreuz wissen, was vor sich geht.“ Ich wurde weggerufen und hörte nur noch Fetzen ihrer Unterhaltung. Sie sprachen über ihre Befürchtung, daß – da die Deutschen uns als wertlose Parasiten hinstellten – der Rest der Welt uns nicht anders ansehen würde. Sie redeten so, als ob ein Gefühl der Verlassenheit von ihnen Besitz ergriffen hätte, als ob sie dächten, daß die Welt uns aufgegeben hätte.

In der zuletzt angekommenen Gruppe von Juden war ein Journalist aus Leipzig namens Richard Grimm. Ich traf ihn auf dem Gleis, und er erzählte mir, daß er den Empfang durch Goldberg zutiefst mißbilligte. Er war ein kluger, mutiger und körperlich imponierender Mann mit breiten Schultern. Ebenso wie Goldberg sprach er fließend Deutsch. Er war vorsichtig, da er die Lagerstrategie noch nicht kannte. Also arbeitete er hart, erforschte die Bedingungen und stellte Fragen. Als er die Regeln im Lager kannte, ging er zum Angriff auf Goldberg über. Da kürzlich ein neuer Kommandant eingesetzt worden war, sah Grimm eine Möglichkeit, Goldbergs Autorität zu untergraben. Das bereitete Goldberg viele Sorgen.

Der kluge und mutige Leipziger Journalist zog schnell die Aufmerksamkeit des neuen Kommandanten auf sich. Grimm war reifer und intelligenter als Goldberg und wurde so zum Lagerverwalter, einer neu geschaffenen Position. Niemand kannte genau seinen Verantwortungsbereich, aber seine Aufgabe verhalf ihm zu einem gewissen Überblick. Er hatte jetzt regelmäßig Kontakt zum SS-Kommandanten, bekam dadurch Macht und focht häufig Goldbergs Autorität an. Das gab ein Zanken und ein Sich-in-Pose-Setzen, wenn die beiden um die Gunst der SS wetteiferten! Goldberg beklagte sich über Grimm, und Grimm kritisierte Goldberg unverblümt. Es wurde schnell deutlich, daß nur einer von beiden an der Spitze der jüdischen Häftlinge im Lager stehen konnte. Richard Grimm war jetzt der Hauptakteur, und obwohl Kurt Goldberg nach wie vor Chef der Polizei war, so hatte er doch auf lange Sicht hin seine Rolle ausgespielt.

Im Oktober 1942 wurde das Wetter schlecht. Unsere Kleidung, die wir all die langen Monate getragen hatten, wurde zu Lumpen, und unsere Schuhe waren schon seit langem auseinandergefallen. Manche banden Schnüre um ihre Schuhfragmente. Wie gerne hätten wir den Winter noch hinausgezögert! Bei der Arbeit taten die Häftlinge alles, um warm zu bleiben; sie schlangen die Arme um sich und stampften mit den Füßen, um die kalten Zehen warmzuhalten. Manche tauschten sogar ihre Suppe für Zeitungspapier oder leere Zementsäcke ein, die sie dann um ihren Körper wickelten. Herdecke verbrachte nun mehr Zeit in der warmen Hütte beim Kaffeetrinken. Ich bemerkte ganze Ladungen von Holzscheiten herumliegen, und in mir stieg ein Plan auf. Mir war klar, mein Argument mußte als Basis eine gesteigerte Produktivität haben, um Herdecke zum Einverständnis zu bewegen, doch jedesmal, wenn ich ihm gerade meinen Vorschlag unterbreiten wollte, ging er.

Eine Tages aber hielt ich ihn auf, bevor er die Hütte verlassen konnte. „Herr Herdecke, unsere Leute verlieren viel Kraft dadurch, daß sie sich irgendwie warmhalten müssen. Ich denke, wenn wir ihnen die Möglichkeit geben, sich ab und zu aufzuwärmen, werden sie produktiver arbeiten. Vielleicht könnten Sie mit einer Pause am Vormittag einverstanden sein. Wir haben genug Holzscheite, um ein Feuer in Gang zu halten, und wir könnten sogar Kaffee kochen, wie wir es auch in Steineck gemacht haben."

Er hob seine Augen von dem Entwurf, den er gerade ansah, und starrte mich wie aus weiter Ferne an. Einige Augenblicke vergingen, und ich dachte schon, er würde nein sagen, als er zustimmte. Ich konnte sehen, daß ich an seine Menschlichkeit gerührt hatte. „Ja", sagte er, „aber wo willst du das Feuer machen?" Ich erzählte ihm von Stasias Feldküche, und er stimmte dieser Idee zu und bot sich an, uns einigen Kaffee-Ersatz zu bringen. Einige Tage später bat ich meinen Vater, Holz zu sammeln, ein Feuer zu entfachen und Kaffee zu kochen. Ich hätte keinen besseren Zeitpunkt finden können, denn Papa fing an, wie ein Muselmann auszusehen. Er stapelte also Brennholz auf und innerhalb einiger Tage war die halbe Stunde Kaffeepause Wirklichkeit. Diese einfache Arbeitsunterbrechung wird in diesem Winter manches Menschenleben gerettet haben. Von da an nannte jeder Papa den Kaffeekocher.

Es tat gut, einmal auf einen anständigen Nazi wie Herdecke zu treffen.

Guter Wille ist höchst ansteckend. Er gab den Aufsehern ein Beispiel, und auch sie wurden einsichtiger. Herdecke verurteilte seinen Führer nun öfter vor mir und erzählte mir, daß er in die Partei eingetreten war, weil er eine Karriere als Ingenieur machen wollte. Aber er spürte, daß der Führer sein Volk in das Unglück führte. Ungeachtet dessen, was er dachte: ich konnte es mir nicht leisten über dieses Thema mit ihm zu sprechen.

Mein Vater begann auch, Kartoffeln für die zu braten, die es geschafft hatten, welche zu stehlen. Als Gegenleistung konnte er eine Scheibe für sich selbst behalten. Da Papa nun aus der harten Arbeit entlassen war und ein bißchen mehr Nahrung hatte, kehrte die rosige Farbe seiner Wangen bald zurück. Grimm machte seinen Einfluß auf den Kommandanten geltend, und die Krankenbaracke wurde vergrößert, so daß wir nun mehr Kranke im Bett behalten konnten. Papa und ich zogen ebenfalls in eine neue Baracke um, die für Neuankömmlinge errichtet worden war. Ich hörte auf, für Herdecke zu arbeiten, so daß ich nun die ganze Zeit in der Krankenstation arbeitete.

Es war ein langer Fußmarsch für Zosia, wenn sie mich besuchte, aber sie kam mindestens einmal im Monat, um einige Nahrungsmittel und Medikamente zu bringen, und um uns Briefe von Pola und Mama zu übergeben. An einem Samstag gab sie mir zwei Briefe, und ich dachte bei mir, daß dies ziemlich ungewöhnlich war, da die Briefe nur zwei Tage hintereinander aufgegeben worden waren. Als ich zur Baracke zurückkam, öffnete Papa den einen Brief und ich den anderen. Der erste Brief handelte von den nach wie vor durchgeführten Deportationen, der zweite war jedoch erschreckender. Mein Bruder Josek war festgenommen und deportiert worden, und Mama und Pola wußten nichts über seinen Verbleib. Selbst seine Freistellung, die ihm von einem Hauptmann der deutschen Wehrmacht erteilt worden war, nützte nichts. Das war ein schwerer Schlag für Mutter. „Was immer auch geschieht", schrieb Pola, „ich werde Mama nicht verlassen." Papa schaute mich an, und mit einem tiefen Seufzer psalmodierte er: „Gott befiehlt uns, seinen Willen nicht in Frage zu stellen." In dem ungeheuren Schmerz begann seine Stimme zu zittern. Wir wußten beide, daß Pola und Mama nun in großer Gefahr schwebten. Mit meinen Gedanken war ich bei ihnen zu Hause, und schweren Herzens ging ich zur Krankenstation.

Kurz darauf verlor Goldberg seine ganze Autorität und mußte sich nun Grimms Regeln unterwerfen. Sein einst hemmungsloses und anmaßendes Benehmen verschwand, als er nun von allen gemieden wurde. Grimm war in höchstem Maße anständig. Eine der Wohltaten seiner Führung war die Bettruhe, die er für den Sonntagnachmittag zwischen 14 und 16 Uhr vorschrieb. In Momenten der Hoffnung, die an diesem Ort sehr selten war, veranlaßte die Erinnerung an die leidenschaftliche Lyrik einer alten jüdischen Weise die Häftlinge dazu, „Das Lied von Gutenbrunn" zu komponieren, das nach der Melodie des damals bekannten jüdischen Liedes „Americzke Ganiv", eines Liedes über die Unterwelt in Amerika, gesungen wurde. Der Refrain der langsamen, traurigen Melodie wurde wiederholt:

Gutenbrunn, immer müssen wir uns plagen
für Rübensuppe und hartes Brot.
Juden haben kein Recht, sich zu beklagen,
und wenn doch, wer hört unsre Not?

Nach jedem Refrain konnten die Häftlinge spontan ihre eigenen Texte anbringen, wie z.B.:

Arbeit, Arbeit – bis wir die Freiheit haben,
dann ist das Leben wieder im Lot.
Aber jetzt wollen wir uns nicht beklagen,
und wenn doch, wer hört unsre Not?

Dann fiel ein anderer Häftling ein und sang:

Was ist der Zweck? Was sie tun, ist schaurig.
Doch ertrage das Schicksal bis in den Tod.
Jammere nicht, sei nicht traurig,
und wenn doch, wer hört unsre Not?

Diese und ähnliche Strophen konnte man jeden Sonntagnachmittag hören.
Für eine Weile sah es so aus, als ob der Krieg zum Stillstand gekommen wäre, als ob all die von den Nazis besetzten Territorien für immer ihre Beute bleiben würden. Aber eines Tages hörten wir einige erfreuliche Neuigkeiten. Wir erfuhren, daß die Vereinigten Staaten im Dezember den Achsenmächten den Krieg erklärt hatten. Wir hatten jetzt Januar 1943, und Tadek erzählte mir von dem in der Nähe neuerrichteten Arbeitslager für Juden.
Obwohl noch tiefster Winter war, herrschte an einem Samstag, als Zosia kam, ziemlich mildes Wetter. Dieser Besuch war höchst willkommen, denn ich hatte sie seit einigen Wochen nicht mehr gesehen. Unter ihrem Mantel trug sie ein einfaches, aber attraktives gepunktetes Kleid. Da die Wachposten an dem kleinen Tor nicht anwesend waren, ging ich hinaus, und wir liefen die Straße hinab. Jetzt kannten mich die Wachen auch als Zahnarzt, und das Schlimmste, was mir passieren konnte, war, daß sie mich zurückriefen. Wir blieben auf der Straße, bis wir an einen kleinen Wald kamen, in den wir hineingingen.
Wir schlenderten eine Weile durch den Wald, und dann blieben wir stehen. Ich schaute in ihre leuchtenden Augen, nahm sie in die Arme und küßte sie. Sie legte ihre Arme um mich und gab meinem Verlangen nach. Wir küßten uns immer wieder, sie legte ihren Kopf auf meine Schulter, und unsere Leidenschaft für einander wurde immer größer. Wir konnten unserem Verlangen nicht widerstehen. Ich ließ sie langsam in den Schnee gleiten, und zum ersten Mal, seit ich nach Gutenbrunn gekommen war, liebten wir uns. Plötzlich hörten wir Stimmen, die auf uns zukamen. Ich war erschreckt und schaute umher, fand aber nichts, wo wir uns hätten verstecken können. Als wir vier Männer direkt auf uns zukommen sahen, versuchten wir, uns zwanglos zu geben. Genau vor uns hielten sie an. Einer, der Jüngste von ihnen, der ungefähr in meinem Alter war, schaute mich feindselig an, was mir klarmachte, daß wir in noch größeren Schwierigkeiten steckten, als ich zuerst angenommen hatte.
„Was macht ihr da?“, fragte er zornig.
Zosia mischte sich ein und antwortete: „Er ist mein Freund, und ich besuche ihn.“
Er beachtete Zosias Worte gar nicht, sondern drehte sich zu mir und bellte: „Wir wissen, daß du ein scheiß Jude aus dem Lager bist. Wir haben euch beide beobachtet, als ihr in das Holz gegangen seid. Und du“, er zeigte auf Zosia, „du solltest dich schämen, daß du dich mit Juden einläßt. Ein polnisches Mädchen, das mit einem Juden herumhurt, ist unanständig.“
Wir waren ihnen auf Gedeih und Verderb ausgeliefert. Er packte mich am Hemd und schlug mir mehrere Male in das Gesicht, dann stieß er mich zu einem seiner Kameraden, der mich ebenfalls ohrfeigte und dann zu ihm zurückwarf. Ich war

gestürzt und wurde nun bei dem Versuch aufzustehen, getreten. Zosia weinte und flehte sie an: „Warum machen Sie das? Warum verletzen Sie ihn? Er hat Ihnen überhaupt nichts getan.“ Ihre Bitte war vergeblich; die anderen beiden Schläger packten sie und zogen sie von mir weg.

Jedesmal, wenn ich versuchte aufzustehen, traten sie mich wie einen Fußball. Ich dachte, sie würden nie aufhören. „Warum schlagen Sie mich?“, winselte ich. Während der ganzen Tortur dachte ich an die Folgen, nämlich daran, in das Wachhaus gebracht zu werden. Ich dachte, ich sei nun erledigt.

Schließlich legten sich ihre Wut und ihr Ärger. Sie hatten nun genug und gingen. Der Alptraum war vorbei, und ich war glücklich, daß sie mich nicht zum Wachhaus gebracht hatten, wo alles Mögliche mit mir hätte geschehen können. Mir drehte sich alles, und mein Gesicht brannte. Meine Kleidung war blutig, die Innenseite meiner Wangen war zerbissen, und ich spürte einige Zahnlücken. Als ich versuchte, meinen Kiefer zu bewegen, tat es zwar schrecklich weh, aber anscheinend war er nicht gebrochen. Zosia war entgeistert, als sie die Wunden in meinem Gesicht sah. Obwohl mein Körper von den bezogenen Prügeln schmerzte, kam der heftigste Schmerz doch von innen; ich krümmte mich vor Magenschmerzen und durchlebte die gleichen Höllenqualen wie damals, als Krusche mich in Steineck hatte zusammenschlagen lassen. Zosia merkte, wie sehr ich mich schämte.

„Sie sind nichts weiter als eine Rotte von Schlägern. Sie wissen nicht, was sie tun“, tröstete sie mich. Zosia half mir, meine Kleidung zu reinigen. Ich wollte nur noch so schnell wie möglich zurück in das Lager. Sie gab mir meine Medikamente und ein Päckchen, das sie mitgebracht hatte. Voller Scham und Wut küßte ich sie zum Abschied.

Am Waldrand spähte ich vorsichtig auf die Straße, die zum Lager führte. Sie schien sicher zu sein, und so ging ich die kurze Strecke zurück zum Küchentor. Wenn ich erst im Hof war, konnte ich mich leicht unter die anderen Häftlinge mischen. Es war nun 14.30 Uhr. Die Suppenration war lange vorher schon verteilt worden, aber die ewigen Optimisten belagerten noch immer das Küchenfenster für den Fall, daß einige Reste ausgegeben würden. Ich ließ das Brot und die Medizin unter Papas Bettdecke und ging mir das Gesicht waschen und den Mund ausspülen. Ich hoffte, daß mit der Zeit einige meiner wackligen Zähne wieder fest werden würden.

Dieser Winter wurde nicht so bitter kalt wie der vorangegangene, aber unsere Kleidung bestand nur noch aus Fetzen, und so hatte er leichtes Spiel mit uns. Die Verschleißrate derer, die mit den eisigen Schienen umgehen mußte, war beträchtlich. Obwohl ich nicht mehr für Herdecke arbeitete, hatte unsere Abteilung noch die halbstündige Pause, und mein Vater hatte weiterhin die Aufgabe, Kaffee zu kochen.

An einem Tag Anfang April folgte mir Mendele, als ich über den Hof ging. „Hast du schon gehört, was in Warschau passiert?“, fragte er mich. Mendele erzählte öfter haarsträubende Geschichten, manche davon waren nicht einmal zur Hälfte wahr. Aber was er berichtete, klang so schrecklich, daß ich beschloß zuzuhören. „Die Deutschen bringen Männer, Frauen und Kinder vom Getto in ein Lager namens Treblinka, und dort werden sie umgebracht“, sagte er.
„Mendele, du erzählst wieder mal Märchen“, sagte ich.
In wildem Zorn wiederholte er die Geschichte. „Ich schwöre bei Gott, daß es die Wahrheit ist“, gab er zurück. Das klang ernst; deshalb fragte ich ihn, wer zuerst ihm davon berichtet hatte. „Ein Pole aus dem Untergrund“, sagte er. Das war die erste Massenvernichtung, von der wir hörten, erst viel später erfuhr ich, daß fast 300000 Menschen dort getötet worden waren. Die Nazis flößten uns eine Mischung aus Horror und Respekt ein, so daß wir wohldisziplinierte Sklaven wurden, die gerne für sie arbeiteten, nur um am Leben zu bleiben. Aber wenn sie uns durch die Zwangsarbeit nicht schnell genug töten konnten, kamen sie auf Ideen wie Chełmno und Treblinka.
Die Arbeiter hatten einen Bauabschnitt beendet, und der folgende lag weiter weg vom Lager. Sie mußten jetzt also täglich noch drei Kilometer zusätzlich zu den fünf Kilometern zur Arbeit gehen. Da sich nun die Verluste häuften, bat uns Dr. Seidel, mindestens eine Stunde am Tag an den Arbeitsstellen die Runde zu machen, um nach den Kranken und Verletzten zu sehen. Ich meldete mich freiwillig

und ausgerüstet mit Verbandszeug, Watte und einer Flasche Jod ging ich jeden Morgen zur Baustelle.
An einem Sonntag Ende April kam Zosia; sie hatte einen Brief aus dem Getto dabei. Meine Vorahnungen hatten mich nicht getäuscht: Die Neuigkeiten waren entsetzlich. Ich las nur den ersten Satz und mich schauderte. Meine Mutter und meine Schwester waren umgebracht worden.

10 Die Ermordung meiner Familie

Als ich den Brief bis zum Ende gelesen hatten, schloß ich die Augen und stand wie gelähmt da. Zosia fühlte, daß sich etwas Schreckliches im Getto ereignet haben mußte und fragte mich, was denn passiert sei. Ich konnte ihr nicht antworten. Als sie mich fragte, ob es sich um meine Mutter und meine Schwester handelte, konnte ich nur mit dem Kopf nicken. Sie schaute mich an und sah, daß ich jetzt nicht fähig war, darüber zu sprechen. Sie verließ mich schweigend.
Meine Magenkrämpfe begannen wieder, und ich fühlte mich krank. Auf dem Rückweg zum Lager las ich den Brief erneut in der Hoffnung, daß ich etwas falsch verstanden hätte. Aber immer und immer wieder kündeten die Worte von noch Schlimmerem, als wir je erwartet hatten:
„Wenn Ihr diesen Brief erhaltet, werden Mama und ich nicht mehr am Leben sein. Uns wurde zwar gesagt, daß wir umgesiedelt würden, aber wir wissen genau, wohin wir gebracht werden – nach Chełmno –, und von dort ist noch nie jemand zurückgekommen. Wir sind die letzten im Getto, nur 200 von uns sind noch hier. Es macht jetzt auch nichts mehr aus. Wir haben genug von diesem schändlichen Leben. Falls Ihr Josek jemals wiedersehen solltet, dann erzählt ihm von uns. Schreibt nicht mehr, da wir nicht mehr lange hier sind. Wir hoffen, daß du, Papa, und Josek noch eine Überlebenschance habt. Ich liebe euch beide. Pola."
Mama hatte noch zwei Zeilen mit Abschiedsworten für Papa und mich hinzugefügt. „Vielleicht treffen wir uns alle in einer anderen Welt wieder", schrieb sie.
Es war vernichtend. Ich bekam keine Luft mehr. Meine Beine gaben unter mir nach und konnten mich nicht mehr tragen. Ich dachte an Mama und Pola an dem Tag, als Papa und ich deportiert wurden. Ich erinnerte mich an Mamas verzweifelten Blick und an Pola, die gegen ihre Tränen ankämpfte. Ich schaute auf den Brief, und das entsetzliche Verbrechen starrte mich an. Ihr langes Leiden war beendet. Umsonst hatten sie über zwei Jahre lang das Getto ertragen. Ich öffnete die Augen und schaute wie versteinert hoch zum Himmel. Ich fragte Gott nach dem Warum, aber vor meinen Augen tanzten nur silberne Ringe. Ich wurde dazu erzogen, ihn zu ehren. Nun hatte er mich im Stich gelassen.

Ich überlegte, wie groß die Qual für meinen Vater sein würde, wenn er die Neuigkeiten erfuhr. Gibt es tröstende Worte, um die bittere Wahrheit abzumildern? Falls ja, so fielen sie mir nicht ein. Ich steckte den Brief in meine Tasche und ging in die Baracke. Ich wußte, ich mußte Papa davon berichten. Mein Vater saß am einen Ende seiner Bettstelle. Ich ging zu ihm und gab ihm den Brief, ohne ein Wort zu sagen. Als er zu lesen begann, wurde sein Gesicht blaß, und er ließ die Schultern hängen. Vom Schmerz überwältigt schloß er die Augen und schlug die Hände vor das Gesicht. Als ich sah, wie er die Hände rang, wußte ich, daß er das Kaddisch[6] sprach. Er beendete das Gebet und sagte in einer Mischung aus Schmerz und Angst: „Wenn sie Frauen und Kinder töten können, dann ist vielleicht die ganze Welt wahnsinnig geworden.“ Unsere Herzen waren voller Tränen, doch wir hatten vergessen, wie man weint.

„Gott allein weiß, was geschieht, mein Sohn“, sagte Papa zu mir. Er hatte mich seit Jahren nicht mehr „mein Sohn“ genannt. Lange saßen wir schweigend mit gesenkten Köpfen nebeneinander. Es gab nichts mehr zu sagen, was irgendeine Bedeutung gehabt hätte. Dann ging mein Vater hinaus; er konnte es nicht mehr aushalten.

Es war Sonntagnachmittag, unser Ruhetag, und nichts schien das Wohlergehen der Aufseher und SS-Männer zu beeinträchtigen. Mit offenen Augen lag ich bewegungslos da und starrte endlos an die hohe Barackendecke. Einige Sonnenstrahlen durchdrangen die schmutzstarrenden Fenster, und Staubpartikel tanzten nach einem endlosen Muster. Es schien einfach unmöglich. Sie konnten nicht tot sein. Erneut las ich den Brief und wußte, es war unwiderruflich und endgültig. Ich zog ein paar alte Familienphotos heraus, die ich unter meinem Kopfkissen versteckt hatte; jetzt waren sie vergilbt und abgegriffen. Ich schaute Mama an und erinnerte mich an ihre letzten Worte, die sie uns zum Abschied sagte: „Wenn dieser Alptraum vorüber ist, werden wir uns alle hier wieder treffen“. Ich fühlte mich einsam und hätte meinen Kummer gerne mit jemandem geteilt. Aber es gab hier keine Vertraulichkeiten mehr. Unser Leben war so qualvoll, daß jeder solche Dinge für sich behielt, denn jeder brauchte seine Kräfte für das eigene Überleben. So hatte auch ich nicht das Recht, meinen Schmerz einem anderen aufzubürden. Hatte nicht jeder von uns hier seine eigene Tragödie?

Hinter unserer Koje beendete jemand ein stilles Gebet mit einem lauten „Amen“. Dann begann ein anderer, der neben ihm saß, seine Treue zu Gott in Frage zu stellen. „Wie kannst du noch an Gebete glauben? Sie werden uns nicht helfen“, sagte er.

---

6 Gebet für das Seelenheil Verstorbener (Anm. d. Übers.).

„Du mußt ja nicht an Gott glauben, aber ich tue es. Nur weil du hier bist, bedeutet das noch lange nicht, daß du vom Glauben abfallen mußt", sagte der erste. „Was hier geschieht, ist nicht sein Fehler. Es ist das Versagen von Menschen. Sie werden schließlich für ihre Unmenschlichkeit und ihre Sittenlosigkeit bezahlen müssen."

„Unmenschlichkeit, Sittenlosigkeit – laß den Unsinn. Die Deutschen glauben nicht an Gott und Moral. Sie folgen Hitler", sagte der zweite.

„Gott richtet die Dinge auf seine eigene Art. Du mußt glauben, daß er der Gerechte Richter ist. Er wird sich nicht von seinem auserwählten Volke abwenden", sagte der erste.

„Auserwählt", unterbrach ihn der zweite. „Du meinst, wir sind auserwählt? Auserwählt wozu?"

„Auserwählt zu sein, bedeutet nicht, daß wir dazu auserwählt sind, anders oder besser als andere Menschen zu sein. Er hat uns dazu auserwählt, ihn und seine Lehre ohne Fragen anzunehmen. Er, der Einzig Gerechte, ist immer bei uns", sagte der erste mit Nachdruck.

„Du kannst ja davon überzeugt sein, aber ich nicht. Wenn das noch länger so weitergeht, wird er bald ohne Volk dastehen, das ihn verehrt. Wenn irgendein Trost darin liegen soll, einer der Auserwählten zu sein, so merke ich nichts davon", fügte der zweite noch hinzu.

Ich leugnete nicht die Existenz Gottes, aber ich fragte mich, wo dieser Gott war, an den mein Vater mich zu glauben gelehrt hatte. Ich verlor mein Vertrauen zu ihm in dem Moment, als ich blutend vor dem Sanitätsraum in Steineck lag. Hier begann ich ein neues Leben – ohne Gott. Angesichts dieses unmenschlichen Lebens mit dem Judentum zurechtzukommen, war sehr schwierig. Ich vergrub meinen Kopf im Kissen, um nichts mehr von all dem zu hören, und schlief ein.

Schweißgebadet erwachte ich durch einen schlimmen Traum und erkannte dann, daß jetzt tatsächlich meine Alpträume und mein Leben ziemlich identisch waren. Ich nahm einen Teelöffel Belladonna gegen die immer schlimmer werdenden Magenschmerzen, ließ mich auf den Fußboden gleiten und verließ die Baracke. Ich traf auf Papa. Wir blieben stehen und schauten uns stumm an, es gab keine Worte mehr für unseren Schmerz. Es war ein langer und grausamer Tag für jeden von uns, und in dieser Nacht wirkte die Baracke wie ein stilles Leichenschauhaus.

In der nächsten Nacht, träumte ich, ich sei zu Hause. Es war Freitagabend, der Beginn der Sabbatfeier. Mein Vater, mein Bruder und ich waren gerade von der Synagoge zurückgekommen. Mama schloß ihre Augen, hielt ihre Hände über die brennenden Kerzen und sprach ein Gebet. Papa hob einen Becher Wein in die

Höhe, sprach das Kiddush[7] und Großvater segnete das Challah-Brot[8]. Wildblumen, die Pola gepflückt hatte, standen auf dem Tisch. Alles schien so realistisch, so wirklich, als ob ich niemals fort gewesen wäre. Am nächsten Morgen holte mich die bittere Wirklichkeit wieder ein, und ich machte jeden Deutschen, den ich sah, verantwortlich für den Tod von Mama und Pola.

Als das nationalsozialistische Deutschland seine Pläne bezüglich der Massenvernichtung von Juden in die Tat umsetzte, wurde Polen als Auffangraum ausgewählt. Das war vielleicht kein reiner Zufall. Als mir Tadek von neuen Arbeitslagern in der Umgebung erzählte, wurde ich neugierig. „Wo sind sie? Sind sie weit von hier?", fragte ich.

„Oh nein. Eines liegt ungefähr 20 km von hier entfernt. Das ist ein Frauenlager", sagte er. Ich hatte noch nie gehört, daß Frauen in Arbeitslager gesteckt wurden. Harte Arbeit und die Lagerbedingungen würden sie nicht lange überleben lassen. Falls dies aber trotz alledem so war, konnte ich vielleicht meine Mutter und meine Schwester dort finden. Diesen vielversprechenden Gedanken konnte ich nicht auf sich beruhen lassen. Ich sagte Grimm, ich würde bezweifeln, daß dieses Lager irgendwelche zahnärztliche Hilfe hätte und bot mich an hinzugehen, falls es mir erlaubt würde. Grimm war von dieser Idee angetan und wollte mit dem Kommandanten sprechen.

Mir war klar, daß ich das Lager nicht ohne Aufseher würde verlassen dürfen. Seit ich Tadek in Steineck nicht mit in die Brot-Angelegenheit hineingezogen hatte, war er mir gewogen. Er war einverstanden, mich zu begleiten. Ich wußte, daß er ein Fahrrad besaß, da er jeden Tag damit ankam, und so fragte ich ihn, ob er ein zweites für mich finden könnte. Er war sich dessen ziemlich sicher.

Seit Tagen schon hatte es geschneit, und die Schneedecke war über 25 cm hoch. Wenn es nicht schneite, bedeckten dunkle Wolken den Himmel. Die Krankenstation war voll belegt mit Kranken und Sterbenden. Die meisten Gefangenen überstanden diese katastrophalen Verhältnisse durch reinen Überlebenswillen. Ich hoffte, diesem Gefängnis zu entkommen, und wenn es auch nur für ein paar Stunden war.

Obwohl ich Grimm öfter sah, ließ er keine Bemerkung über unser Gespräch fallen. Ich dachte schon, er hätte es vergessen, aber eines Tages kamen er und der Kommandant zur Krankenstation, und die Sache kam wieder zur Sprache. „Achtung", brüllte Seidel, als sie eintraten. „Herr Lagerführer, melde gehorsamst, 65 Kranke im Bett und 7 Diensthabende. Alles in Ordnung." Die Zahl der Häftlinge

7 Das Kiddush-Gebet leitet den Sabbat ein (Anm. d. Übers.).

8 Brot in Zopfform, bestehend aus einem Eier-Hefeteig (Anm. d. Übers.).

in der Krankenstation änderte sich so schnell, daß sie bestenfalls geschätzt werden konnte. Seidel wußte, was für Scharführer Köhler wichtig war.
Der Kommandant hatte das Aussehen eines Bauern, war etwas älter als der durchschnittliche SS-Mann, und sein Haar wurde langsam grau. Aber er war nicht gehässig, und im Gegensatz zu seinen Vorgängern interessierte er sich für seine Gefangenen. Dann wandte sich Grimm an ihn und sagte: „Herr Lagerführer, das nahegelegene Frauenlager hat sehr wahrscheinlich keine zahnärztliche Versorgung. Unser Zahnarzt hat sich angeboten, hinzugehen und den Gefangenen dort zu helfen. Natürlich würde immer ein Aufseher dabei sein."
Der Kommandant schaute Grimm an, starrte mich an, und nach einigem Überlegen sagte er: „Gut, in Ordnung." Ich biß mir auf die Lippen, um meine Selbstbeherrschung zu wahren.
„Danke, Herr Lagerführer", sagte ich, als sie gingen. Grimm kam später nochmals zurück und erzählte mir von der Warnung des Kommandanten, daß mein Betreten des anderen Lagers auch von der Erlaubnis des dortigen Kommandanten abhinge. Das hatte ich zwar nicht bedacht, ich war aber trotzdem vorsichtig optimistisch.
Es war nun Ende April 1943. Die Sonne stand am Himmel und gab uns ein trügerisches Gefühl von Frühling. Der Winter schien durch die Sonnenstrahlen zu verschwinden, denn umgeben von den hohen Gebäuden lebten wir wie in einer Festung. Als ich Tadek erzählte, daß der Alte Mann – wie er den Kommandanten zu nennen pflegte – mir die Erlaubnis gegeben hatte, in das Frauenlager zu gehen, sagte er: „Gut". Er fügte noch hinzu: „Ich habe mit meinem Schwager gesprochen. Er wird dir sein Fahrrad leihen."
Jetzt war ich aufgeregt. „Tadek, wann können wir gehen?", fragte ich ihn. Am Mittwoch sei sein freier Tag, sagte er, und er würde dann versuchen, mich zu begleiten. Tadek spielte eine wichtige Rolle in meinem Leben. Zu den KZ-Aufsehern zu gehören, hieß nicht, daß man nicht gleichzeitig ein guter Mensch sein konnte. Im Gegensatz zu anderen üblen Aufseher war er so hilfsbereit, wie es die Situation erlaubte. Obwohl ich wußte, daß die Chance, meine Schwester und meine Mutter zu finden, äußerst gering war, bedeutete mir schon der Versuch allein unendlich viel. In meinem Herzen hatte ich die Hoffnung noch nicht ganz aufgegeben.
Am Mittwoch holte Tadek mich ab. Als ich noch klein war, hatte ich meinen Bruder und meine Schwester auf ihren Fahrrädern beobachtet, und sehr schnell konnte ich ebenfalls Radfahren. Ich war zu klein, um die Pedale zu erreichen, so daß ich das Fahrrad auf eine Seite neigte, und einen Fuß unter die Stange schob. Als Tadek mit den beiden Fahrrädern ankam, erinnerte ich mich wieder daran.

Als wir vom Lager wegradelten, riet Tadek mir, den gelben Stern abzunehmen. „Wir sollten lieber vorsichtig sein", sagte er.

Es war sonnig, aber noch ziemlich kalt. Mein Herz schlug aufgeregt. Ich war lebenshungrig, und das unbemerkte Verlassen des Lagers gab mir die Illusion von Freiheit. Weder ich noch Tadek wußten, welches Lager wir besuchen würden. Nicht allzu weit entfernt kamen wir durch ein Dorf. Ein paar Bauern streuten Mist auf ihre Felder. Tadek fragte einen von ihnen, in welcher Richtung ein bestimmtes Dorf läge, dessen Namen ich noch nie gehört hatte. „Einfach der Straße nach", sagte der Mann. Bald darauf entdeckte Tadek einen Grenzstein und war sich sicher, daß unsere Richtung stimmte. Ein paar Minuten später sahen wir hinter einer Kurve Leute zu beiden Seiten der Straße arbeiten. Als wir näher kamen, sahen wir Aufseher und hundert Männer, die den Fahrbahnrand ausbesserten. Wir waren nun nahe genug, ihren gelben Judenstern zu sehen. Das hatte keiner von uns erwartet.

„Verhalte dich ganz natürlich", sagte Tadek. Als wir vorbeifuhren, grüßte Tadek die Aufseher mit „Heil Hitler!"

„Heil Hitler!", antworteten die Aufseher. Dann sahen die meisten neugierig auf. Obwohl ich schauen wollte, ob ich jemanden erkannte, durfte ich mich nicht verraten. Ich fuhr mit unbeweglichem Gesicht an ihnen vorbei, als ob mich das alles nicht interessieren würde. Aber plötzlich rief einer von ihnen: „Schau, da ist Bronek, Joseks Bruder!" Ich fürchtete die Reaktion ihrer Aufseher und legte einen Finger an die Lippen, um ihn zum Schweigen zu bringen. Jetzt starrten mich alle an, während mir die Aussage des Mannes scheinbar gleichgültig war. Als wir an den langen Reihen von Häftlingen vorbeiradelten, hielt ich weiterhin den Finger an die Lippen. Dann dachte ich, ich sehe einen Geist. Die Haltung eines Mannes und die Farbe seines Pullovers erinnerten mich an meinen Bruder. Als er meinen Blick erwiderte, war ich sicher, daß es Josek war. Er hörte auf zu graben, ließ die Arme auf seinem Spaten ruhen und sah noch erschütterter aus als ich. Es war ein Wunder, meinen Bruder so unerwartet zu finden. Tadek wußte, daß mich etwas aufgewühlt hatte und ich flüsterte: „Da drüben, Tadek, der in dem braunen Pullover, das ist mein Bruder!" Wir verließen die Straße und hielten 100 Meter von ihnen entfernt an. Falls die Aufseher etwas gemerkt hatten, so sagten sie jedenfalls nichts.

„Tadek", fragte ich, „meinst du, sie lassen mich wenigstens für eine Minute mit meinem Bruder sprechen?"

„Warte", sagte er. „Ich werde sehen, was sich machen läßt."

Die ganze Gruppe schaute mich an und wunderte sich, wie ich hier mit dem Fahrrad unterwegs sein konnte, ohne den Judenstern zu tragen. Als Tadek zu dem

Aufseher ging, der uns am nächsten stand, folgte ich ihm mit den Augen und wartete ängstlich auf die Antwort. Es dauerte nicht lange, bis er zurückkam. „Das sind Häftlinge aus Lenzingen, aus dem Lager, zu dem wir gehen wollen. Ihre Baracken sind nur einige Kilometer die Straße hinunter. Für ein paar Minuten wird er dich mit deinem Bruder sprechen lassen. Sie fürchten, daß einer der SS-Männer aus dem Lager kommen und dich sehen könnte; das würde sie ihre Posten kosten", sagte er.

Als wir uns endlich gegenüberstanden, fielen wir uns in die Arme, zwei Brüder, die nie geglaubt hätten, daß sie sich noch einmal sehen würden. Dann setzten wir uns auf ein Stückchen Gras, das frei von Schnee war. Ich sah, daß Josek sich nicht verändert hatte, außer daß er dünner geworden war. Ich hatte ihm so viele Fragen zu stellen, daß ich nicht wußte, wo ich beginnen sollte. Mir war auch klar, daß ich ihm von Mama und Pola erzählen mußte. Aber zuerst fragte ich ihn, wie er hierher gekommen und was in Dobra vor seiner Verhaftung geschehen war.

„Es war unvermeidlich", sagte mein Bruder. „Die Situation war von Anfang an verhängnisvoll." Ich sah, daß er auf das Schlimmste gefaßt war, und so erzählte ich ihm von Mama und Pola. „Pola hatte Möglichkeiten zu fliehen, aber für Mama wußte ich, daß es das Ende bedeutete", sagte er. „Irgend jemand hat Pola arische Papiere angeboten, aber sie weigerte sich, Mama zu verlassen."

Wir bemerkten, daß der Aufseher ungeduldig wurde. Als ich Josek erzählte, daß wir unterwegs zu seinem Lager waren, sagte er: „Geh nicht dort hin. Wenn Krusche dich sieht, bringt er dich um."

Das erstaunte mich. Wie konnte Josek etwas von Krusche und meinen Schwierigkeiten mit ihm wissen? Ich hatte über Krusche nichts nach Hause geschrieben. Krusche, so berichtete Josek, war ihr Kommandant, und als er hörte, daß Joseks Nachname Jakubowicz war, fragte er ihn, ob er mein Bruder sei. Als mein Bruder das bejahte, wurde Krusche ärgerlich. „Ich hoffe, deinen Bruder zu finden und ihn eines Tages als Leiche zu sehen", sagte Krusche. Die Lagerbedingungen bei ihnen waren den unsrigen ähnlich, die meisten von ihnen arbeiteten an der gleichen Gleisstrecke.

Bevor wir uns trennten, fragte Josek mich, ob ich irgendwann wieder kommen könnte. „Von 12.00 bis 13.00 Uhr haben wir frei", sagte er. Ich versprach ihm zu versuchen, möglichst bald wieder zu kommen. Ich ging zurück zu Tadek. Er schaute immer noch prüfend die Straße auf und ab, um irgendwelche Anzeichen von Gefahr zu entdecken. Ich erzählte ihm, daß und weshalb wir nicht in das Lager gehen könnten. Er war einverstanden, auch er wollte Krusche nicht unbedingt treffen.

Es war jetzt nach 14 Uhr. Wir hatten keine weitere Zeit damit verloren, noch

sonstwohin zu radeln und kehrten nach Gutenbrunn zurück. Ich erzählte Tadek vom Gespräch, das der Alte Mann mit Grimm geführt hatte. Es überraschte ihn nicht. Er wußte, daß Köhler nicht für den Kommandanten eines anderen Lagers sprechen konnte. „Schon allein auf der Straße zu sein, war nicht ungefährlich“, sagte er. Jeder, der es darauf anlegte, hätte uns Ärger machen können.
Papa kam gerade von der Arbeit zurück, als wir das Lager betraten. Ich erzählte ihm, daß ich Josek gefunden hatte, und er konnte es kaum glauben. Später mußte ich ihm jede kleine Einzelheit berichten. Als ich Seidel erzählte, daß ich meinen Bruder gefunden hatte, murmelte er lediglich: „Das ist gut.“
Grimm jedoch teilte meine Freude über mein Glück. „Sei vorsichtig“, warnte er. „Du bist auf eigene Verantwortung dort.“ Trotz der Gefahr freute ich mich selig auf meinen nächsten Tag draußen. Grimm und ich hatten eine gute Beziehung. Er vertraute mir an, wie schwierig es war, die barschen Befehle, die er von den Nazis erhielt, für uns erträglicher zu machen, und wie hart es war, dabei die Selbstachtung nicht zu verlieren. Die Arbeit im Sanitätsraum gab meinem Leben einen Sinn, ich konnte etwas Nützliches tun. Trotz ihres Unglücks konnten einige Häftlinge hier besonders klug ihre geistige Achtung vor dem Leben bewahren. Dies linderte das Gefühl der Hoffnungslosigkeit.
Am nächsten Mittwoch – es fiel ein bißchen Schnee – ging ich zum Haupttor und schlüpfte hinaus. Der junge Aufseher kannte mich. Inzwischen kannten mich die meisten Wachen.
Dann radelten Tadek und ich weg. „Es ist zu früh, um deinen Bruder zu treffen. Laß uns zuerst zum Frauenlager gehen. Es ist nur eine Stunde von hier entfernt“, sagte Tadek. Das Wunder, Josek gefunden zu haben, hatte mir Auftrieb gegeben, und so hoffte ich, auch Pola und meine Mutter zu finden. Wie schwach Hoffnung auch immer sein mag, manchmal ist sie stärker als jede Logik. Bei dem alten Fahrrad konnte ich so viel in die Pedale treten wie ich wollte – Tadeks schnelles Tempo erreichte ich nicht. Mein Fahrrad hatte seine Zeit abgedient und wollte nun endlich in Rente gehen.
Wir bogen auf eine ungepflasterte Straße, von der aus wir viele Frauen auf dem Feld arbeiten sahen. Einen Kilometer weiter war eine ganze Gruppe von Baracken. „Das“, sagte Tadek und deutete darauf, „ist ihr Lager.“ Die Baracken waren typische einstöckige Gebäude, alle in einer Reihe angeordnet. Ein Zaun, oben mit Stacheldraht umwunden, umgab das Lager. Wir hielten an. „Hefte den Stern wieder an“, sagte Tadek. „Der Kommandant hier wird es wohl nicht gerne sehen, wenn ein Lagerhäftling ihn nicht trägt.“ Ungefähr 150 Meter vom Eingang entfernt, blieb ich mit den beiden Fahrrädern zurück, und er ging allein zum Wachhaus. Die Baracken waren aus unbearbeitetem Kiefernholz gefertigt, alles sah wie

schnell zusammengebaut aus. Ich konnte Tadeks Unterhaltung mit dem Wachposten zwar nicht verstehen, aber ich sah ihre Gesten. Nachdem noch ein dritter Posten dazugekommen war, sah ich Tadek mit dem Kopf nicken und nahm an, daß sie eine Übereinkunft getroffen hatten. „Der Lagerführer ist nicht hier, aber sie lassen dich hinein. Es sind aber nur ein paar Frauen im Lager", sagte Tadek. Wir lehnten unsere Fahrräder gegen das Wachhaus und betraten das Lager. Die beiden polnischen Wachposten gafften uns an und bekundeten besonderes Interesse für meine kleine Büchse. Ich versicherte ihnen, daß sie nichts als zahnärztliche Instrumente enthielt. Sie schauten mich seltsam schmeichlerisch an und ließen mich hinein. Ich folgte Tadek. Eine schaurige Stille lag über dem Lager, und bis jetzt hatte ich noch keine einzige Frau gesehen. Mein Herz raste. Ich wußte nicht, was ich erwartete. Eine Tür schien der Eingang zu einer Küche zu sein, hier war sicherlich jemand zu finden. Wir öffneten die Tür und sahen zwei ungefähr 20jährige Frauen, die Kartoffeln schälten. Ich erwartete, die Gesichter von Mädchen zu sehen und war auf ihr seltsames Aussehen überhaupt nicht gefaßt: ohne Haare sahen sie eher wie Jungen aus. Bis wir erklärt hatten, wer wir waren und weshalb wir gekommen waren, standen sie wie gelähmt da. Dann kam Leben in beide. Eine von ihnen war groß und schlank, die andere klein, mollig und sprach mit rauher Stimme und starkem jüdischen Akzent. Die Kleine antwortete schneller, sie war offensichtlich die Sprecherin. Beide trugen ihre Kleider von zu Hause und hatten den gelben Stern angeheftet. Die Große hatte ein freundliches Gesicht, weitgeöffnete Augen und ein gutes Aussehen. Sie trug einen dunklen Rock und eine Bluse mit hellem Blümchenmuster. Früher waren diese Kleider modisch gewesen, aber jetzt waren sie nur noch Fetzen. Ohne den kahlgeschorenen Kopf wäre sie eine sehr attraktive Frau gewesen. Ich fragte, wie lange sie schon hier waren und woher sie kamen. Wir erfuhren, daß sie erst vor drei Wochen angekommen waren. Bis jetzt hatten sie noch keinen Häftling begraben, deshalb sagte ihnen auch der Begriff Muselmann – oder hier besser Muselfrau – nichts. In diesem Lager gab es keinen Arzt, keinen Zahnarzt und nicht einmal einen Sanitätsraum.

„Ich bin Malka Rosen", sagte die Sprecherin mit ihrer farblosen Stimme. „Ich komme aus Kalisch."

„Ist Ruzka deine Schwester?" fragte ich schnell.

„Ja", sagte sie. „Kennst du Ruzka?"

„Hatte dein Vater einen Getränkeladen?"

„Ja", antwortete sie.

Ich erinnerte mich lebhaft an Ruzka. „Wo ist deine Schwester?" fragte ich.

„Sie ist hier. Sie ist nicht zur Arbeit." Ich konnte es einfach nicht glauben! Die

hübsche Ruzka hier, in diesem Arbeitslager. Wir waren zur selben Schule gegangen, nämlich auf das jüdische Gymnasium. Ich erinnerte mich wieder an eine Gewohnheit von früher, die ich längst vergessen hatte: Oft gingen wir nämlich stundenlang am Abend auf der Hauptstraße in Kalisch spazieren, und Ruzka war immer die Netteste in der Gruppe. Als ich meine Überraschung überwunden hatte, fragte ich, ob auch jemand aus Dobra hier sei.
„Ich bin Chana Cimerman aus Koło, das ist nicht weit von Dobra. Es sind ein paar Mädchen aus Dobra hier“, sagte die Große.
„Kennst du Pola Jakubowicz?“
Die beiden schauten sich an, und dann sagte die Sprecherin: „Es gibt hier eine Balcia Jakubowicz aus Uniejów.“ Balcia war meine Cousine, Onkel Chaims jüngste Tochter. Sehrwahrscheinlich wußte sie mehr darüber, was in den letzten Tagen in Dobra passiert war, dachte ich. Ich mußte sie unbedingt sehen. Ich sagte Malka, daß wir am nächsten Mittwoch wieder kommen würden, und Tadek fügte hinzu: „Wir werden versuchen, zwischen 10 und 12 Uhr hier zu sein.“
„Sag bitte meiner Cousine Bescheid“, bat ich sie noch.
„Ich denke, es wäre am besten, am Samstag oder Sonntag hierher zu kommen“, erwiderte Malka. „Dann sind alle Mädchen hier.“ Ich schaute zu Tadek, aber er schüttelte ablehnend den Kopf.
Plötzlich öffnete sich die Tür und eine breitschultrige Frau kam herein. Sie trug die Armbinde der Polizei und schaute uns sehr erstaunt an. Malka erklärte ihr, wer wir seien. Zufrieden, daß unser Besuch nicht in ihren Aufgabenbereich fiel, verließ sie uns wieder. Tadek erinnerte mich daran, daß wir Josek verfehlen würden, wenn wir jetzt nicht gingen.
Es war 12.30 Uhr, als wir meinen Bruder sahen. Er und andere saßen am Straßenrand und lehnten sich an 12–15 Meter hohe Bäume. Tadek stieg vom Rad und näherte sich dem Aufseher, der mir schon eine Woche zuvor erlaubt hatte, meinen Bruder zu sehen. Joseks durchdringender Blick verriet mir, daß er gewartet hatte. Da der eine Aufseher ihm bereits die Erlaubnis gegeben hatte, kam er zu mir, während der andere uns anstarrte. Der Aufseher hatte ihm gesagt, daß er sich von der Gruppe trennen durfte, aber in Sichtweite bleiben mußte. Wir gingen einen Pfad, der zu einigen Bäumen in ungefähr 800 Metern Entfernung führte, und blieben dort stehen. Wir hatten einander so viel zu fragen. Zuerst wollte er wissen, wie es Papa ging. Er brannte darauf zu wissen, wo er arbeitete und was er machte. Dann fragte er mich, wie ich Zosia gefunden hatte und wo ich sie treffen konnte. Ich erzählte ihm das Wunder unserer Begegnung in allen Einzelheiten. Er wunderte sich auch, woher ich das Fahrrad hatte. Später zeigte ich ihm den letzten Brief, den wir von Mama und Pola erhalten hatten, und ich erzählte ihm, daß

wir gerade von einem nahegelegenen Lager kamen, das die Nazis für jüdische Frauen errichtet hatten, doch obwohl viele aus unserer Gegend dort waren, hatte ich weder Pola noch Mama gefunden. Als er den Brief zu Ende gelesen hatte, schüttelte er den Kopf und sagte, daß für ihn das nahe Ende des Gettos offensichtlich war. Ich erzählte ihm auch von meiner Hoffnung, unsere Cousine Balcia zu treffen, und daß ich dachte, daß sie einiges Licht in das Dunkel um das Schicksal von unserer Mutter und Schwester bringen könnte.

Ich wollte etwas über meine Freunde in Dobra erfahren. „Traurig", sagte er, „die meisten sind in Lagern oder tot."

Als Josek zur polnischen Kavallerie eingezogen wurde und ich ihn in seiner eleganten Uniform sah, hätte ich gerne mit ihm getauscht. Wenn er die Sporen an seinen glänzenden hohen Stiefeln befestigte, schien er mir der tapferste Mann in unserem Ort zu sein. Aber am besten gefiel mir sein hoher Hut. Obwohl er mir drei Größen zu weit war, fühlte ich mich jedesmal, wenn ich ihn aufsetzte, wie ein erwachsener Held. Aber jetzt verwischte sich unser Altersunterschied von sechs Jahren. Bevor wir zur Arbeit zurückkehrten, fragte Josek mich, ob ich nicht Papa auf einen Besuch mitbringen könnte. Als ich Josek und seine Mithäftlinge verließ, war ich verlegen; obwohl wir alle das gleiche Schicksal hatten, konnte ich frei herumgehen und jemanden besuchen, während all die anderen zu einem unbarmherzigen Leben mit harter Arbeit verdammt waren.

Als die Häftlinge in Gutenbrunn vom Frauenlager hörten, überfielen sie mich mit Fragen, und bald hatte ich die Aufgabe, Nachrichten zwischen den beiden Lagern hin und her zu tragen.

An einem Donnerstagmorgen wurden sechs Häftlinge in das Lager gebracht – ein jetzt schon vertrauter Anblick. Die Handlanger von SS und Gestapo hatten viel Erfahrung sammeln können, und das Hängen schien für sie ein Spaß zu sein. Als die Häftlinge von der Arbeit zurückkamen, wurde ihnen befohlen, sich rund um den Galgen aufzustellen. Die Verurteilten kamen heraus, die Handgelenke auf dem Rücken zusammengeschnürt, die Haut gräßlich blau. Sie blinzelten ins helle Tageslicht. Sie mußten sich auf Stühle stellen, und ihre Füße wurden zusammengebunden. Nachdem die Gestapo das Urteil verlesen hatte, erhob einer der Verurteilten seine Stimme und schrie: „Ihr werdet dafür bezahlen! Eines Tages wird sich die Welt an euch für diese Verbrechen rächen, Ihr verdammten Mörder!"

Die Tatsache, daß ein Jude eine derartige Drohung ausstieß, ließ sie erstarren. Wahrscheinlich hatten sie nie zuvor etwas Ähnliches gehört. „Halt die Schnauze!" schrie einer der Gestapo-Leute. Aber der verurteilte Mann, der nichts mehr zu verlieren hatte, rief weiter: „Mörder! Mörder!" Wir schauten uns erschrocken an. Wir konnten sehen, wie peinlich berührt die Nazis waren, und nach einigen weiteren erfolglosen Versuchen, den Mann zum Schweigen zu bringen, gab ein narbengesichtiges Mitglied der Gestapo dem Henker ein Zeichen, und die Stricke zogen sich zusammen. Ein dämonisches Schweigen lag in der Luft. Es gab keine weiteren Reden, nicht einmal – wie sonst üblich – den Hinweis darauf, daß dies als Lektion dienen solle. Die sechs Männer waren tot, und der Henker verließ schnell den Platz. Obwohl dieser Zwischenfall dem Verurteilten nicht geholfen hatte, war dieser Widerstand eine tapfere Tat, die sich mir tief einprägte. Die Männer wurden von Dr. Seidel für tot erklärt, und nun hatten diejenigen, die in der Krankenabteilung arbeiteten, die schreckliche Aufgabe, die Leichname wegzubringen. Als wir ihre Körper wegfuhren, hing noch das Echo von „Ihr verdammten Mörder!" in der Luft. Die toten Körper unserer Brüder wegzubringen, war nicht leicht. Wir glaubten nicht an den Märtyrertod und sahen jedes verlorene Leben als Strafe dafür an, ein Jude zu sein. An diesem Abend hatten alle Schwierigkeiten, die Rübensuppe hinunterzuschlucken.

Am folgenden Mittwoch, als Tadek und ich wieder das Lager verließen, fragte ich ihn, ob er noch von anderen Lagern wüßte. „Ja", sagte er, „aber die sind zu weit entfernt, als daß wir hingehen könnten." Als wir zum Frauenlager kamen, war ihr Kommandant nicht anwesend, und uns wurde gesagt, daß er nur am Nachmittag kam. Meine Cousine Balcia war ebenfalls nicht da. Ein Mädchen, das meine Hilfe brauchte, war froh, so lange auf mich gewartet zu haben, denn sie hatte Schmerzen. Ich zog einen kranken Backenzahn. Ihr Zahnfleisch blutete ziemlich; also trug ich Jod auf und gab ihr Vitamin C. Dann fuhren wir weiter zur Arbeitsabteilung meines Bruders und hielten dort an. Diesmal hatte ich einige

Briefe aus Gutenbrunn für Häftlinge in Joseks Lager dabei. Wir tauschten Erinnerungen aus, und so verging unsere Zeit viel zu schnell.
Gewöhnlich kamen die Henker spät am Nachmittag, aber an einem Donnerstag kam die Ambulanz sehr früh, gefolgt von Gestapo und SS. Bevor das Drama am Galgen begann, inspizierten die Besucher – geführt von unserem Kommandanten – das Lager. Sie marschierten durch unsere Reihen, schauten uns an und machten abfällige Bemerkungen. Als sie sich mir langsam näherten, sah ich, daß einer von ihnen eine Aktentasche trug und offensichtlich einen hohen Rang innehatte. Er war SS-Sturmbannführer. Er ging direkt an uns vorbei, und ich war wie vom Schlag getroffen, als ich seine semitischen Gesichtszüge sah. Ich drehte mich nach rechts und flüsterte dummerweise einigen anderen Häftlingen zu, daß er wie ein Jude aussah. Der Mann, der hinter dem Sturmbannführer ging, hatte die Bemerkung gehört; er schlug mir mit seinen Handschuhen ins Gesicht und schrie: „Halt den Mund, du Schwein! Weißt du nicht, wen du vor dir hast? Das ist Sturmbannführer Adolf Eichmann!"
Ich wünschte zutiefst, ich hätte den Mund gehalten, aber es war zu spät. Der schlanke, großgewachsene Sturmbannführer Eichmann drehte sich um, blieb stehen, schaute mich an und grinste. Dann, so als ob es ihm gerade eingefallen wäre, öffnete er die große Aktentasche, die er bei sich trug. „Schau", sagte er. „Weißt du, was das ist?"
Dies jagte mir einen Schrecken ein, denn was ich sah, waren Stricke, die ordentlich zu vier Schlingen gebunden waren. Das Wort „Schlingen" konnte ich nicht über die Lippen bringen. Ich wußte nicht, was ich tun sollte. Schließlich sagte ich: „Herr Sturmbannführer, das sind Stricke."
„Nein, nein. Das ist Zizit[9]", sagte er fröhlich, woraufhin alle Umstehenden in Gelächter ausbrachen.
Sicher, ich hatte Eichmanns Namen schon öfter gehört, doch zu dieser Zeit wußte ich nur, daß er eine der Nazi-Größen war. Aber daß er den Begriff Zizit kannte, erstaunte mich sehr. Kurz darauf erfuhr ich, daß er auch etwas Hebräisch sprach. Von da an erinnerte ich mich immer an diese seltsame Unterhaltung, wenn Eichmanns Name fiel. Am Ende dieses Tages hatten acht weitere Juden ihr Leben in Gutenbrunn verloren.
Hunger und harte Arbeit hatten unsere Reihen Stück für Stück dezimiert. Selbst die Kräftigsten mußten jetzt ihre letzten Reserven an Energie zusammenkratzen. Das Monster hatte seine Opfer mit wildem Appetit verschlungen. „Organisieren" war überaus gefährlich geworden. Es war keine Kunst, aber es erforderte jetzt

9 Hebr. 'Franse', 'Quaste'. Quasten mit blauen Fäden, die an den vier Ecken des jüdischen Gebetsmantels zu tragen sind (Anm. d. Übers.).

Beziehungen und ein scharfes Urteilsvermögen. Es fällt schwer, die Verkommenheit unserer Lebensbedingungen zu beschreiben. Manche behaupteten, daß sich Häftlinge selbst Wunden zufügten, um der unerträglichen Arbeit zu entkommen. Auf der Krankenstation sah ich Wunden und Schnitte bei Häftlingen, die kaum zufällig waren.

In dieser Zeit war Mendele unsere beste Quelle für Neuigkeiten. Als er mir eines Tages das neueste Gerücht erzählte, sah er niedergeschlagen aus. „Sie liquidieren alle Gettos", sagte er. „Sie vergasen, verbrennen und erschießen alle Juden." Das war so bestürzend, so unglaublich, daß ich ihm nicht weiter zuhören konnte. Aber als er bei Gott schwor, daß es die Wahrheit sei, glaubte ich ihm. Mir war klar, daß wir die nächsten sein konnten. Zosia war nur noch selten zu Besuch gekommen, und wenn sie kam, entfernten wir uns nicht weit vom Tor.

An einem Samstag sagte mir ein Häftling, daß Zosia am Küchentor wartete. Kein Wachposten war da, und wie in vergangenen Zeiten gingen wir langsam zu unserem Lieblingsplatz. Es war unbestritten der schönste Tag in diesem Frühling. Rotkehlchen, Spatzen und Schwalben flogen zwitschernd um uns her, und ihr Lied war das einzige Geräusch, das wir hörten. Abgebrochene Äste und durch die Schneelast umgestürzte Bäume lagen auf dem Boden. Wo die Sonne nicht hinkam, sahen die jungen Farnkräuter noch ganz blaß aus. Nach einer Weile kamen wir zu einer Lichtung, und der helle Sonnenschein lud uns zum Ausruhen ein. Wir waren schon lange nicht mehr zusammen gewesen, und als ich jetzt nahe bei ihr saß, wußte ich, was ich mir nun wünschte. Ich zog sie näher an mich heran, spürte, daß sie ebenso fühlte, und da gaben wir unserem Verlangen nach.

Als wir auf dem sonnengewärmten Moos lagen, sagte sie: „Wir haben von den schrecklichen Dingen erfahren, die die Deutschen jetzt dem jüdischen Volk antun. Meine Familie ist der Meinung, daß du zu uns kommen und bei uns bleiben solltest, bis der Krieg vorbei ist. Du wirst in unserem Haus sicher sein." Dann fügte sie hinzu, daß die Alliierten erfolgreich auf der griechischen Insel Kreta gelandet waren, daß viele Italiener nun gegen die Deutschen kämpften, und daß die Russen die Nazis aus ihrem Land vertrieben. „Wir haben genug Platz für dich und deinen Vater im Keller. Es wird euch beiden dort gutgehen", sagte sie.

Das machte mich sprachlos. Ich war überwältigt. Mir wurde klar, daß ihre Familie das seit längerer Zeit geplant haben mußte. Ihnen mußte die Gefahr bewußt sein, in die sie sich dadurch brachten. „Weißt du, was es euch kosten kann, wenn wir in eurem Haus gefunden werden?", fragte ich. „Vielleicht weißt du das nicht, aber Juden zu verstecken wird nun mit dem Tod bestraft."

„Wir leben in einer kleinen Straße, und Deutsche kommen kaum dorthin. Ihr werdet bei uns sicher sein", bekräftigte sie erneut.

Die Vorstellung, daß sie bereit waren, ihr Leben für uns zu riskieren, sprach für sich selbst. Ich dankte ihr und versprach, mich mit meinem Vater zu besprechen. Sie gab mir Brot und einige Medikamente für meinen Magen. „Bronek", sagte sie, „der Krieg kann nicht mehr lange dauern. Bitte denk wirklich darüber nach, von hier zu fliehen."

Dann trennten wir uns, und jeder ging in seine Richtung. Als ich aus dem Wald herauskam, sah ich zwei Bauern über ein Feld gehen. Ich wartete, bis sie außer Sichtweite waren, und ging dann in das Lager zurück. Rachmiel wußte von Zosia, und als ich an ihm vorbeiging, grinste er. Viele Häftlinge warteten darauf, daß sich das Küchenfenster öffnete; sie wollten möglichst schnell etwas Suppe bekommen, um ihren Hunger zu stillen. Als ich das sah, dachte ich an Zosias Vorhersage: „Der Krieg wird nicht mehr lange dauern." Aber für viele, dachte ich, wird das Ende zu spät kommen. Ich fühlte mich schuldig wegen meiner Beziehung zu Zosia, aber nicht, weil wir ein Verhältnis hatten. Es geschah nicht aus reiner Wollust. Ich liebte Zosia wirklich. Ich wußte nicht, wie lange ich das Lagerleben noch aushalten würde. Dennoch, wenn ich mein Leben mit dem meiner Mithäftlinge verglich, hatte ich noch Glück.

Ich ging zu unserem Block. Ein einsames Holzscheit lag neben dem Herd, und helle Sonnenstrahlen fielen auf den Holzboden. Ich begann, über Zosias Vorschlag nachzugrübeln, und war in einem schrecklichen Zwiespalt. Ich fühlte, daß das Leben in einem Keller kein guter Tausch für unser jetziges Leben war. Mein Vater war immer noch der Kaffeemann in der Gruppe von Herdecke, und als Zahnarzt war der Alltag für mich erträglich. Das Überleben in diesem Lager war nicht unsere Hauptsorge. Aber das Angebot von Zosia war einfach zu gut, um nicht ernsthaft in Betracht gezogen zu werden. Als Papa davon hörte, war er wie gelähmt. Ich hatte auch zum ersten Mal ihm gegenüber Zosias Namen genannt. Es war nicht einfach, die richtige Entscheidung zu treffen. Ich hatte meine Bedenken, und ich bin sicher, Papa hatte auch welche. Wir wogen sorgfältig alle nur denkbaren Argumente ab, und schließlich meinte Papa, es sei meine Entscheidung. Da wußte ich, daß wir nun endgültig die Rollen getauscht hatten. „Wie immer du entscheidest", sagte er, „mir wird es recht sein." Aber ich war mir immer noch unsicher, und eine Entscheidung blieb aus.

Als ich das nächste Mal meinen Bruder treffen wollte, war seine Arbeitsgruppe nicht mehr an der bekannten Straße. Obwohl Tadek herauszufinden versuchte, wo er war, habe ich ihn dort nicht mehr gesehen. Gleichzeitig schien es, als ob sich ein Komplott um uns herum verdichten würde. Das Nazi-Ungeheuer, jetzt verwundet und zuckend, erhöhte seinen Einsatz und verschlang mehr Opfer denn je. Viele verwirrende Gerüchte über die Juden, die noch im Getto lebten, zirkulierten jetzt. Es wurden neue Namen genannt wie Majdanek und Sobibor. Vor kurzem angekommene Häftlinge erzählten uns von dem heldenhaften Aufstand im Warschauer Getto und dem Kampf, der folgte. Die wenigen Juden, die damit ihren eigenen Tod besiegelten, kämpften gegen Tausende von schwerbewaffneten Deutschen, so wurde erzählt, und sie fügten den Nazis große Verluste zu. Zunächst war das schwer zu glauben, aber als weitere Juden ankamen, beschrieben deren Erzählungen genauer die tapfere und furchtlose Schlacht im Getto. Sie sprachen darüber mit einem Stolz, der mir völlig unbekannt war, und wir konnten nicht genug von diesen Erzählungen bekommen. Wir dachten, daß die Juden schließlich den ewigen Mythos gebrochen hätten, daß sie unfähig seien, sich zu wehren.

„Die Schweine werden uns alle umbringen", sagte Mendele ärgerlich. „Wenn ich ein Gewehr hätte, würde ich hundert von ihnen töten, bevor sie mich kriegen". Viele von uns dachten genauso. Daß es hier doch nicht zum Aufstand kam, hatte viele Gründe. Wir waren knapp vor dem Verhungern und hatten nichts, womit wir einen Aufstand hätten durchführen können. Einen Deutschen zu töten, hätte Vergeltungsmaßnahmen an Hunderten von uns bedeutet.

Es war Ende Mai 1943, und obwohl ich einige Male im Frauenlager gewesen war, hatte ich meine Cousine nicht getroffen. Wieder einmal fragte ich Tadek, ob er mich an einem Wochenende mitnehmen könnte, aber er lehnte es ab. Als ich vorschlug, daß wir an einem Abend hingehen könnten, wurde er schwankend. Er war nahe daran, dem zuzustimmen. „Wenn mich jemand erwischt", sagte er, „werde ich mit dir in Gutenbrunn enden." Schließlich war er auf mein Drängen hin einverstanden, und wir schmiedeten Pläne für einen Besuch am Montagabend um 22.30 Uhr. „Diesmal müssen wir zu Fuß gehen", meinte er. Er warnte mich auch, niemandem davon zu erzählen, nicht einmal meinem Vater. Aber zunächst mußte ich einen Weg finden, um aus dem Lager herauszukommen. Ich wußte, daß Rachmiel die Hintertür der Küche offen lassen konnte, und da ich oft Briefe für ihn mitgenommen hatte, war es nicht weiter schwierig, ihn dazu zu überreden. Als ich am Abend ging, sagte ich meinem Vater, er solle sich keine Sorgen machen, wenn ich erst spät zurückkäme. Die Wolken verdeckten den Mond, und es war eine warme Nacht; trotzdem zitterte ich vor Angst und Aufregung. Als ich in die Küche kam, war die Tür unverschlossen, und ein kleines Päckchen und ein Brief lagen daneben. „Komm", sagte Tadek. „Zuerst müssen wir jetzt durch diesen Wald."

Nachdem wir den Wald hinter uns gelassen hatten, hörten wir einen rauschenden Bach. Wir folgten dem Geräusch, und als wir am Bach ankamen, sprangen wir hinüber. Dann kletterten wir über eine Steinmauer. „Ab jetzt müssen wir vorsichtig sein. Wir kommen zu einer Straße", warnte er mich. Ich folgte ihm, mit Rachmiels Bündel unter meinem Arm. Plötzlich wurden wir von Autoscheinwerfern erschreckt. Sie kamen näher, aber plötzlich schwenkten sie ab und fuhren weg. Nachdem diese Gefahr vorüber war, gingen wir zum Lager.

Der Posten mußte uns gehört haben, denn er verließ sein Wachhaus und schaute in alle Richtungen. Tadek ging langsam auf ihn zu, während ich außer Sichtweite blieb. Mein Herz raste vor Angst und Schrecken. Es kam mir so vor, als ob ich durch mein Hiersein jegliche Sicherheit verloren hätte. Es war jetzt aber jedenfalls zu spät zum Umkehren. Als Tadek zurückkam, flüsterte er mir zu, daß der Wachposten es mir zunächst nicht erlaubt hätte, hineinzugehen. Erst als er ihm gesagt hatte, daß ich in das Lager schlüpfen würde, während Tadek und er am Zaun entlanggingen, so daß er mich nicht sehen würde, stimmte der Wachposten zu. „Wenn dich irgendjemand erwischt, werden wir sagen, wir haben von nichts gewußt." Das war ihre Bedingung, und ich hatte sie zu akzeptieren.

Sobald beide in der Dunkelheit verschwunden waren, schlüpfte ich hinein. Im Lager war es dunkel, nur wenige Lichter spendeten Helligkeit, die ich sorgfältig mied. Als ich bei der ersten Baracke ankam, fühlte ich, wie mein Herz und mein Kopf schmerzten. Wie konnte ich an diesem unheimlichen Platz nachts meine Cousine finden? Ich wünschte, ich wäre nie gekommen. An der Baracke prüfte ich langsam die Stufen, um kein unbedachtes Geräusch zu machen und dadurch jemanden zu wecken. Ich öffnete die Tür und ging auf Zehenspitzen hinein. Es war dunkel im Raum, und die Luft war schwer vom menschlichen Schweiß. Die Frauen schliefen. Bald gewöhnten sich meine Augen an die Dunkelheit, und ich konnte eine Frau auf ihrer Schlafstelle erkennen. Ich berührte vorsichtig ihre Zudecke. Sie hob den Kopf und schaute mich erstaunt an. Ich bat sie, still zu sein. „Keine Angst", flüsterte ich, „ich bin der jüdische Zahnarzt, der jede Woche hierher kommt. Ich suche meine Cousine Balcia. Ich weiß, daß sie hier ist."

Das Mädchen war immer noch verängstigt. Sie zog ihre Decke bis zum Kinn und antwortete mir nicht. Aber jetzt waren auch andere aufgewacht. Sie bewegten sich langsam in ihren Kojen. „Wer ist da?" hörte ich sie fragen. Als sie erfuhren, daß ich der Zahnarzt war und Balcia Jakubowicz suchte, sagte eine, sie würde sie kennen. „Sie ist in Block 5", fügte sie hinzu.

„Welcher ist Block 5?", fragte ich.

Die Frau glitt von ihrer Schlafstelle herunter und sagte, sie würde mich hinbringen. Wir kamen nur langsam vorwärts, die Frauen wollten Auskunft über ihre Familienangehörigen und Freunde. „Ist Shmiel auch bei dir? Kennst du Hershel Mayer?", fragte eine. „Kennst du meinen Bruder? meinen Vater? meinen Onkel? meinen Cousin?" Ich erkannte einen der Namen, und diese Frau war außer sich vor Freude. „Oh mein Gott! Er ist am Leben." Ich versprach, ihm von ihr zu erzählen.

Als wir das Ende der Reihen erreicht hatten, zeigte meine Führerin auf die Tür. „Wenn du hier rausgehst, steht du genau vor einer anderen Tür. Das ist Block 5", sagte sie und wollte endlich wieder zurück in ihre Koje. Ich bedankte mich bei ihr, drehte den Türknopf, ging über die Schwelle und fand mich im Freien.

In der Dunkelheit tastete ich mich vorwärts und ging in den nächsten Block. Hier waren die gleichen Menschenmassen, die gleichen müden Körper, die gleiche schweißige Luft. Ihr Atmen war ab und zu von Schnarchen unterbrochen. Ich blieb unentdeckt, bis ich das Bein einer Frau berührte. Sie öffnete die Augen, schaute mich erschrocken an und war kurz davor zu schreien. „Schschchsch", sagte ich und legte einen Finger auf die Lippen. Als ich ihr sagte, wer ich war, beruhigte sie sich. Dann fragte ich, wo Balcia war.

„Balcia? Sie muß hier irgendwo sein", sagte sie. Jetzt wachten auch andere auf, begierig zu erfahren, was da vor sich ging. Und dann hörte ich jemanden ruhig meinen Vornamen nennen. Ich erkannte die Stimme: Es war Rifka, ein Mädchen aus Dobra.

„Bist du das, Bronek? Wie kommst du hierher?" fragte sie mit leiser Stimme. „Balcia ist auch hier."

Als Balcia und ich noch Kinder waren, war sie ein richtiger Wildfang. Aber als ich sie zuletzt 1938 sah, war sie 14 Jahre alt und ein gutgelauntes junges Mädchen. Ich kniete mich nieder, um sie zu sehen. Sie hob den Kopf und stieß an die Koje. Ihre großen Augen waren schläfrig. Zuerst erkannte sie mich nicht, aber als sie mich genauer ansah, erhellte sich ihr Gesicht. „Du bist's, Bronek. Ich hatte schon gehört, daß du hier warst."

Als sie sich erhob und in ihrem Nachthemd vor mir stand, sah ich, daß sie nicht mehr das kleine Mädchen war, das ich gekannt hatte. Obwohl auch ihr die Haare geschoren worden waren, sah sie aus wie eine reife Frau. Als sie von zu Hause erzählte, stürzte ich mich auf jedes Wort von ihr. Ihre Schwester Toba und ihre Mutter waren nach Chełmno gebracht worden, ebenso wie meine Mutter und meine Schwester. Ich erinnerte mich an ihren Bruder Alje, der in den ersten Kriegstagen gefallen war. Ein anderer Bruder, Mayer, ungefähr in meinem Alter, war zusammen mit Icek Lijek, Shlomo Łęczycki, Moishe Neuman und Hamek Lewkowicz von den Deutschen aufgehängt worden. Über all das sprach sie mit ruhiger Stimme, als ob solch eine Grausamkeit jetzt völlig normal wäre. Dann erzählte sie mir von ihrer Schwester Mania.

„Als der Krieg begann", fuhr sie fort, „heiratete Mania ihren langjährigen Freund aus Lodz, und Aaron, ein Junge, wurde geboren. Als sie alle in das Getto von

Lodz getrieben wurden, fürchteten sie um sein Leben, denn Babys durften nicht im Getto leben. Ihr Ehemann mußte die Toten in der Straße auflesen und sie zum jüdischen Friedhof bringen", erzählte sie. „Um das Baby zu retten, baute er ein schmales Fach unter dem Sitz seiner Karre und hielt das Baby dort tagsüber versteckt. Der Leichenwagen ist Aarons Wiege", sagte sie. Als Balcia festgenommen wurde, war das Baby noch am Leben. Ein langes Schweigen folgte. Dann fragte mich Balcia nach meinem Vater, ihrem Onkel Wigdor. Ich erzählte ihr, daß Papa mit mir zusammen war und berichtete ihr auch, wie ich Josek gefunden hatte.
Für die Frauen war es ungewöhnlich, einen fremden Mann in ihrem Raum zu sehen, noch dazu mitten in der Nacht. Sie schauten mich an, als ob ich nicht ganz wirklich sei. Dann sah ich das vertraute Gesicht eines Mädchens in einem langen Flanellnachthemd, das uns zuhörte. Als sie merkte, daß ich sie anstarrte, sagte sie: „Bronek, bist du das?" Da wußte ich, daß es Ruzka Rosen war, die süße Ruzka, zu der ich mich einst so hingezogen fühlte. Schweiß rann mir die Stirn herunter und in die Augen. Ich sah, daß sie ebenso bewegt war. Aber so viel hatte sich geändert. Ich wußte, daß weder sie noch ich das gleiche füreinander fühlten wie in den alten Tagen in Kalisch.
Es war nach Mitternacht und Tadek würde ungeduldig werden. Ich übergab Rachmiels Päckchen, sagte auf Wiedersehen zu Balcia und Ruzka und machte mich auf den Rückweg. Ich fand Tadek vor dem Wachhaus in tiefer Unterhaltung mit dem Posten. Quasseln war Tadeks starke Seite. „Gehen wir", sagte er, als er mich kommen sah.
Wenn ich noch irgendwelche Hoffnung gehabt hatte, daß meine Mutter und meine Schwester dem schrecklichen Tod entgangen seien, so war sie nun verflogen. Jetzt wußte ich, ich würde sie nie wieder sehen. Als Tadek und ich uns auf dem Rückweg zum Lager wieder der Straße näherten, sahen wir einen Konvoi von deutschen Panzern und Truppenfahrzeugen kommen. Mein Herz schlug vor Angst, daß sie näher kommen würden. Wir ließen uns flach zu Boden fallen und warteten vollkommen bewegungslos. Die Dunkelheit war unser Verbündeter. Wir drückten unsere Köpfe auf den Boden, bis all die Fahrzeuge vorbei waren, dann überquerten wir vorsichtig die Straße und liefen auf dem gleichen Weg zurück.
Eine halbe Stunde später sahen wir die Umrisse von Gutenbrunn. Erst jetzt war ich mir der wirklichen Gefahr dieser Unternehmung bewußt und versprach mir selbst, niemals wieder so etwas zu wagen. Papa lag noch wach. Er schien erleichtert, mich wieder zu sehen. Außer Tadek, Rachmiel und mir wußte niemand in Gutenbrunn, was sich in dieser Nacht zugetragen hatte. Ich konnte nicht schlafen, mein Herz hämmerte vor Schmerz. Warum mußten sie sterben? Warum,

mein Gott, so ein schrecklicher Tod? Ich mußte aufhören zu denken. Ich wollte sie so in Erinnerung behalten, wie ich sie einst gekannt hatte.
Am Tag darauf erzählte ich Papa, wo ich in der Nacht gewesen war. Als er hörte, was ich von Balcia erfahren hatte, war uns beiden klar, daß wir jene verloren hatten, die wir am meisten liebten.
Zosia kam jetzt jede Woche in das Lager und erinnerte mich oft an ihren Vorschlag. Obwohl ich ihn ernsthaft in Betracht gezogen hatte, hielt mich irgendetwas immer wieder von einer Entscheidung zurück. „Du mußt dich und deinen Vater nicht in eine noch schlimmere Hölle als diese bringen", sagte mir eine innere Stimme. Aus Gutenbrunn zu fliehen war noch möglich, aber durch Posen zu gehen, war für einen Juden äußerst gefährlich, und falls wir es wirklich schafften, zu den Zasinas zu kommen, gab es noch weiteres zu fürchten. Wir wußten, daß sie uns trotz ihrer guten Absichten in einer Krisensituation den Deutschen ausliefern mußten. Im Vergleich dazu hatten wir es nicht schlecht. Papa hatte immer noch seine Arbeit als Kaffeekoch, und ich genoß einige Vorteile. Am Samstag darauf kam Zosia wieder. Sie sah sehr hübsch aus in ihrem einfachen polnischen Bauernkleid. Wir gingen wie früher auch den Pfad in den Wald. Sobald wir uns etwas vom Lager entfernt hatten, erneuerte sie ihr Angebot und fragte, ob wir eine Entscheidung getroffen hätten. „Mein Vater drängt mich, dich zu fragen, wann ihr kommt", sagte sie. Ich sagte ihr, daß die Entscheidung sehr schwierig sei und ließ durchblicken, daß wir uns zum Bleiben entschlossen hätten. Sie war sehr enttäuscht. Als sie ging, bat sie mich, noch einmal darüber nachzudenken.
Als wir das nächste Mal zum Frauenlager gingen, trafen Tadek und ich auf Schwierigkeiten. Die Wachposten sagten, ihr neuer Kommandant hätte ihnen verboten, uns hereinzulassen. Einige Frauen, die auf mich gewartet hatten, schauten zu uns, während Tadek sich bei den Posten für mich einsetzte. Aber sie waren nicht zu überzeugen, und so mußten wir wieder gehen. Obwohl Tadek versprochen hatte zu versuchen, eine Genehmigung vom neuen Kommandanten zu bekommen, war dies das Ende unserer gemeinsamen Ausflüge.
Am Samstag kam Rachmiel in die Krankenstation und flüsterte: „Deine Freundin und noch jemand sind an der Küchentür." Sowohl Zosia als auch ihr Vater waren gekommen, um mich zum Verlassen des Lagers zu überreden.
„Du hast bei uns nicht viel zu fürchten", sagte ihr Vater. „Niemand wird euch je finden." Ich sagte ihm, daß wir ihm zutiefst dankbar für sein Angebot wären, für uns aber beschlossen hätten, daß wir in Gutenbrunn bleiben.
In einem letzten Überredungsversuch sagte Zosia: „Es ist so schade, Bronek. Wir haben schon alles für euch vorbereitet." Ich war überwältigt von ihrer Warmher-

zigkeit, aber allein die Vorstellung, einige Zeit im Keller leben zu müssen, war unerträglich.
Alles hatte im Lager einen gewissen Wert. Brot war das wertvollste Gut, aber auch Kartoffelschalen wurden viel gehandelt. Um 20 Uhr begann das Ausgehverbot, und kurz vorher begann die Hetze zu den Barackenöfen. Die frischen Kartoffelschalen rochen nicht schlecht, aber wenn sie bereits gefroren waren, stank die Baracke wie ein Kuhstall. Alles hatte seinen festgesetzten Warenwert, so war beispielsweise der Gegenwert für eine Zigarette zwei Handvoll Kartoffelschalen.
Meine häufigste Zahnbehandlung bestand im Ziehen lockerer und kranker Zähne, häufig mit wenig oder gar keiner Betäubung. Durch den Nahrungsmangel und das gänzliche Fehlen von Vitamin C kamen noch häufig Zahnfleischentzündungen und Periodontitis hinzu. Alles, was ich für die daran leidenden Häftlinge tun konnte, war eine zeitlich begrenzte Erleichterung durch Tinkturen aus Merbromin und Jod. Innerhalb von wenigen Wochen verschlechterte sich das Zahnfleisch dieser Leute, und die meisten der Zähne mußten dann gezogen werden. Mit der Zeit wurde ich einfallsreich genug, um mit meinen Instrumenten verfaultes Zahnbein aus den Löchern zu kratzen und den Nerv mit arsenhaltiger Creme abzutöten. Inzwischen hatten immer mehr Häftlinge den Status eines Muselmanns erreicht – leicht zu erkennen an Ödemen und hervortretenden Augen –, sie starben. Das hatte für die Nazis keinerlei Folgen, denn ein Anruf oder eine Notiz genügten, um mehr Juden herbeizuschaffen, als gestorben waren.
Die Neuankömmlinge hofften, einen Hauch von menschlicher Behandlung zu finden, aber sie sahen bald ein, daß sie hierher gebracht worden waren, um in einem systematischen Vernichtungsprozeß zu arbeiten. Innerhalb weniger Wochen ließ ihre Kraft nach. Meine Magenbeschwerden waren immer schlimmer geworden, die Medikamente betäubten das Hämmern höchstens für eine halbe Stunde. Ich fragte mich unablässig, ob ich nun dazu für den Rest meines Lebens verdammt war? Werde ich jemals wieder gesund sein?
Inzwischen hatten wir unseren vierten oder fünften Lagerführer. Es schien, daß Gutenbrunn ihr Trainingslager war. Ich erinnere mich nicht mehr an den Namen dieses bestimmten Mannes, jedenfalls gehörte er zur jungen Nazitruppe. Streng, hart und unnachgiebig, war er von Ordnung besessen. Er, und nur er, konnte das Lager am Laufen halten. Wenn Grimm morgens nicht am Tor stand, um vor dem neuen Kommandanten zu salutieren, wurde er ernsthaft gemaßregelt. Der Kommandant zeigte seinen Ärger mit der Peitsche. Alles mußte genau so sein, auf seine Art, auf die deutsche Art. Er würde mir sicher nie erlaubt haben, in ein anderes Lager zu gehen. Seinen Befehlen ging immer der zynische SS-Beiname „Faulenzer“ und „Drückeberger“ voraus.

Eines Tages drückte das Gesicht des Kommandanten Ärger aus, als er und Grimm die Krankenstation betraten. „Scheiße", schrie er. „Wo ist der Doktor? Warum hat er diesen Saboteur im Lager gelassen? Er sollte draußen sein und mit den anderen zusammen arbeiten."

Dr. Seidel erschrak. Zunächst versuchte er, dem Nazi die medizinischen Probleme der kranken Häftlinge zu erklären. Aber als er sah, daß ihn das nicht beruhigte, sagte Seidel dem Kommandanten, daß er nur im Interesse des Lagers handeln würde. „Wenn seine Wunden verheilt sind, wird der Häftling wieder produktiv arbeiten." Normalerweise hätte diese Erklärung Sinn gemacht, aber nicht bei diesem Mann. Der Kommandant sagte, daß er es nicht tolerieren würde, daß Häftlinge, die er für arbeitsfähig hielt, faul im Lager seien. Das Ergebnis war, daß Dr. Seidel viele Häftlinge zur Arbeit schicken mußte, die er sonst davon ausgenommen hätte.

Wir hatten natürlich von der Endlösung und ihrer Bedeutung gehört, aber es war schwer, die neue harte Linie anzuerkennen, die das Leben eines jeden von uns bedrohte. Dies war im Lager zum Hauptproblem geworden, und unsere Tage in Gutenbrunn waren jetzt noch beunruhigender. Ein Gefühl der Katastrophe lag in der Luft. In den zwei Jahren, die ich jetzt in Arbeitslagern verbrachte, hatte ich noch nie eine solche Angst gesehen, und bald bemerkten wir signifikante Veränderungen. Uns wurde gesagt, daß die Russen durch Polen marschierten. Die Posten beobachteten uns von nun an wie die Falken. Dies ging so weiter bis Anfang August 1943, als unsere Deportation bekanntgegeben wurde.

Eines Tages rief mich Rachmiel und sagte mir, daß Zosia draußen am Küchenfenster stand, um mit mir zu reden. Es war mir nicht mehr möglich, das Lager zu verlassen. Ich ging durch die Küche hinüber zu dem Fenster mit seinen Eisenstreben. Als sie von den Plänen zur Deportation der Häftlinge hörte, erinnerte sie mich an das immer noch bestehende Angebot ihrer Familie. Ob ich jetzt noch einen Weg finden würde, um Gutenbrunn zu verlassen?, fragte sie. „Wir haben dich so sehr darum gebeten", sagte sie. Auch ich hatte von neuem darüber nachgedacht. Hätte ich früher gewußt, daß wir deportiert werden würden, wären mein Vater und ich wahrscheinlich gegangen. Zosia und ich schauten uns noch einmal an und sagten ein letztes „Auf Wiedersehen". Ihre Abschiedsworte waren: „Ich werde dich finden und dich besuchen, wo auch immer du sein wirst."

An diesem Tag sahen wir uns zum letzten Mal. Ich erinnere mich an Zosia als ein freundliches, liebevolles Menschenkind. Sie war immer bereit, uns zu helfen, ungeachtet der Härten, die sie ertragen mußte, und ungeachtet der Gefahren, die sie auf sich nahm. In einer Welt des Terrors, in einer Welt voller Haß sah sie uns immer noch als Menschen. Alle meine Versuche, sie nach dem Krieg zu finden,

schlugen fehl. Mir wurde gesagt, daß sie bei einem Bombenangriff der Alliierten gestorben sei, irgendwo in Deutschland, wo sie als Zwangsarbeiterin lebte.
Einige Tage nach Zosias letztem Besuch wurden wir von den Lagerführern nicht mehr zur Arbeit geschickt, und Grimm sagte uns, daß wir bald das Lager verlassen würden. Als ich zum letzten Mal zur Krankenstation ging, sah ich einige kranke Häftlinge, die mich anstarrten. Ich wußte, daß sie zurückgelassen würden, und sie wußten, daß ihr Schicksal eine beschlossene Sache war. Als ich meine Instrumente zusammensuchte, konnte ich nicht auf Wiedersehen sagen. Es wäre zu schmerzlich gewesen.
Ich gesellte mich zu Papa auf die Koje. Es war eine lange, stille Nacht. Nur ab und zu hörte man einen Laut. Der Gedanke daran, was vor uns lag, nagte an uns allen. Die Ungewißheit überschattete selbst meine Magenschmerzen. Ich hörte auf den Herzschlag meines Vaters und erinnerte mich an meine Kindheit, als ich – ein kleiner Junge – auf seinem Schoß saß und mich warm und beschützt fühlte. Wir konnten wenig für einander tun, aber eine vertraute Person nahe bei sich zu haben, bedeutete, daß man seelische Erschütterungen gemeinsam trug, die die anderen allein aushalten mußten.

11 In Viehwaggons nach Auschwitz

Es war früh am Morgen. Ich war kaum eingeschlafen, als ich die Polizei rufen hörte. „Aufstehen! Wir verlassen das Lager." Unsere Freiheit rückte in immer größere Ferne. Sofort war jedermann in Bewegung, und eine halbe Stunde später standen die 2600 „guten Arbeiter" in Fünferreihen. Papa war an meiner rechten Seite, die Instrumentenbox an meiner linken, und das allgegenwärtige Suppengeschirr, Menashka, baumelte an meinem Hals.
Die Haupttore öffneten sich, und ich hoffte, Tadek zu sehen, aber unsere Aufseher waren gegangen. An ihrem Platz stand eine Staffel von großen, finster aussehenden Kroaten in der Uniform der Waffen-SS. Die Knöpfe der grünen Jacken waren bis zum Kinn geschlossen, und schwere Karabiner hingen über ihren Schultern. Die SS in der schwarzen Uniform hielt Deutsche Schäferhunde an der Leine. Wir bekamen den Marschbefehl.
Als wir um die Ecke bogen, warf ich einen letzten Blick auf Gutenbrunn, das für mehr als ein Jahr mein Zuhause gewesen war. Während dieser Zeit hatte ich geglaubt, daß uns die sowjetische Armee befreien würde, wenn Papa und ich nur eine kleine Weile länger durchhielten. Wir befanden uns jetzt auf einer kurvigen Straße, die parallel zu den bereits errichteten Gleisen verlief. Die Eisenbahnstrecken, an denen einst so fleißig gearbeitet wurde, sahen jetzt verlassen aus.

Unser Marschieren wirbelte Staubwolken auf, die uns einhüllten. Als wir an Herdeckes Baracke vorbeikamen, stand er in der Türe. Ich tippte an meine Mütze, und er nickte. Ich sah ein „Auf Wiedersehen" in seinen Augen.
Ich hatte ihn als einen Glücksfall für mich in Gutenbrunn betrachtet. Ich erinnerte mich an die anderen, die uns hier und in Steineck geholfen hatten: Zosia, Stasia, Witczak und Tadek. Die guten Menschen blieben mir viel länger im Gedächtnis und im Herzen als die Schurken. Irgend jemand sagte einmal: „Für schlechte Taten ist noch nie ein Denkmal errichtet worden."
„Schnell! Schnell", trieben uns die Aufseher an. Nach einer Stunde kamen wir an eine Straße, an der drei Gleise entlang liefen. Ungefähr fünf Viehwaggons standen auf einem Gleis, und ca. ein Dutzend Eisenbahner liefen umher. Hinter ihnen lag der Bahnhof mit einigen Dampflokomotiven. Diese Gleise waren mit dem Schweiß und Blut unserer Brüder gebaut worden.
Die SS-Männer öffneten die Türen der Viehwaggons, und nun folgte wirklich ein Drama. Der Boden der Wagen lag mehr als einen Meter über dem Erdboden, und für manche Häftlinge war es schwierig, hinaufzuklettern. Wieder schrien die Aufseher „Schnell", und dann wurden wir geschlagen und mit den Gewehrkolben in die Wagen getrieben. Obwohl die Wagen fast voll waren, schoben sie immer mehr Menschen hinein. Erst als die Waggons bis zum Bersten gefüllt waren, wurden die Schiebetüren geschlossen. Um nicht geschlagen zu werden, rannten einige Häftlinge wie die Tiere, für die diese Wagen eigentlich gebaut worden waren. Schließlich kamen wir an die Reihe. Dank der entgegengestreckten Hände von Häftlingen konnten Papa und ich uns hinaufziehen. Mehr und mehr Häftlinge wurden hineingetrieben. Die Waggontür wurde geschlossen, und es gab nicht einmal Platz zum Stehen.
Die alten Viehwaggons waren innen drei Meter hoch. In einer Höhe von 2,5 Metern über dem abgesplitterten Bretterboden waren vier 20x28 cm große Öffnungen. Jede Öffnung war mit zwei Eisenstreben versehen, die mit Stacheldraht umwickelt waren. Nur die sehr großen Häftlinge konnten sie erreichen, wenn sie sich auf die Zehenspitzen stellten. Die SS-Männer plauderten müßig, was bedeutete, daß wir noch nicht abfuhren. Der Klang ihrer Unterhaltung schürte die Angst in uns. Bald wurde die Hitze unerträglich und die Stimmung gereizt. „Wir werden alle hier sterben. Das sind unsere Särge", sagte jemand voller Panik. „Laßt mir ein bißchen mehr Platz, ich bekomme kaum mehr Luft", sagte ein anderer. Papa und ich waren eingekeilt. Leute baten um ein wenig mehr Raum, aber es war sinnlos.
Als die Sonne unterging, waren wir immer noch nicht abgefahren. Schließlich hörten wir eine Maschine pfeifen. Wir schätzten, daß es nach 21 Uhr gewesen

sein muß, als wir den Bahnhof verließen. Wir waren eine schwankende Masse, und jedesmal, wenn die Lokomotive langsamer wurde oder in eine Kurve ging, wurden wir von einer Seite auf die anderen geschoben. Mein Vater versuchte, sich auf den Fußboden zu setzen, was keine geringe Leistung war. Uns war zwar gesagt worden, daß es zwei Tage dauern würde, bis wir an unserem Bestimmungsort ankämen, aber wir wußten nicht, wo dies sein sollte.

Es war dunkel. Nur ab und zu kam etwas Mondlicht durch die kleinen Luftschlitze in den Waggon. Von Zeit zu Zeit wechselten Papa und ich die Position: einer saß, und der andere stand, die Instrumentenbüchse hatten wir immer zwischen uns. Ich legte meinen Kopf auf meine gebeugten Knie und versuchte zu schlafen. Das Geräusch der sich drehenden Räder schläferte mich schließlich ein, und genau in dem Augenblick begann meine Marter. Jedesmal, wenn der Waggon über eine Gleisverbindung fuhr, hörte ich zwei Worte: Verderben und Sterben, die mir immerzu in den Ohren klangen, ein nicht aufhörendes morbides Echo, bis unsere Reise zu Ende war. Der Zug schlängelte sich rollend durch das Land. Alles, was wir in Steineck und Gutenbrunn hatten entbehren müssen, war nichts im Vergleich dazu. Unsere Hölle schien kein Ende zu nehmen.

Ich versuchte, an das Fenster zu kommen, um etwas frische Luft zu schnappen, aber es war unmöglich. Dann versuchte ich es bei Tagesanbruch erneut; diesmal drängelte ich mehr, und meine Hartnäckigkeit wurde belohnt. Ich war zwar nur 1,70 Meter groß, doch ein Mitgefangener half mir, so daß ich aus dem Fenster sehen konnte. Ich nahm ein paar tiefe Atemzüge, die meine Pein ein wenig linderten. Der Zug hielt gerade kreischend an, und als ich hinausschaute, starrte mir ein in der Nähe stehender Aufseher in das Gesicht. Sein gnadenloser, unbeteiligter Blick gab mir zu verstehen, daß ich wohl ein Schwerverbrecher sein mußte. Die frühen Sonnenstrahlen hatten bereits die Gitter an den Fenstern erreicht. Einer der Häftlinge schien glücklich darüber zu sein, daß unser Lagerführer dabei war, denn: „Er kann ihnen sagen, was wir für gute Arbeiter sind.“ Was für ein Unsinn zu glauben, daß der Lagerführer hier war, um uns zu helfen. Konnte der Kommandant überhaupt ein Verbündeter sein? Er war nur hier, um seine Sklaven abzuliefern.

Unser größtes Dilemma war, unsere physischen Bedürfnisse zu befriedigen. Das, was wir früher abgeschottet von den Blicken anderer verrichtet hatten, taten wir nun vor den Augen aller. Unser Eßnapf wurde nun zum Nachttopf. Unsere Versuche, die Exkremente durch die mit Draht versehenen Fenster loszuwerden, waren nicht von Erfolg gekrönt. Unser Wagen begann wie ein Abort zu riechen, und um die Mittagszeit wurde es durch die Hitze noch schlimmer.

Sollte ich mein Brot jetzt essen, oder es für später aufheben? Dies war der unauf-

Der geliebte Großvater, Hersh Yankow Jakubowicz, im Jahre 1937. Er ertrug die Schikanen wegen seines Bartes nicht, zog sich immer mehr zurück und starb 1941 in völliger Einsamkeit.

Die Familie Jakubowicz im Sommer 1934. Stehend, von links nach rechts: Bereks Vater (Wigdor), seine Mutter (Ester), sein Bruder (Josek) und seine Kusine (Toba). Sitzend: Seine Schwester (Pola) und der 15 Jahre alte Berek.

Der Verlag bedankt sich beim Autor für die zur Verfügung gestellten Photographien.

Links: Wigdor Jakubowicz, Bereks Vater, Getreidehändler; Aufnahme um 1929. Er wurde 1944 von einem Kapo in Fürstengrube umgebracht.

Unten: Von links nach rechts: Josek, Pola, Berek und Onkel Schlomo im Jahre 1934, anläßlich eines Besuches von Schlomo in Dobra.

Pola im Jahre 1940. Sie zog es vor, zusammen mit ihrer Mutter in Chełmno zu sterben, anstatt der Tyrannei in einem Konzentrationslager ausgeliefert zu sein.

Berek im Jahre 1941, nur wenige Monate vor seiner Deportation in eines der ersten Arbeitslager in der Nähe von Posen.

Mitglieder der Zionistischen Organisation in Dobra, ca. 1933. In der ersten Reihe: Berek (dritter von rechts) und David Kot (dritter von links) hinter einem Schild; Josek ist der zweite von rechts; Pola ist die dritte von rechts in der zweiten Reihe. Außer Berek und Josek hat nur noch eine einzige weitere Person dieser Gruppe den Krieg überlebt.

Oben: Ein zynischer Spruch in Auschwitz: „Du hast Auschwitz erreicht, ein deutsches Konzentrationslager. Dies ist kein Sanatorium. Du wirst nur ein paar Wochen hier überleben, im besten Falle drei Monate. Der einzige Weg nach draußen führt über den Schornstein. Und wenn dir das nicht gefällt, dann gehe zum Zaun und beende dein Leben jetzt.“ Eine Photographie dieses Spruches hängt jetzt im Museum von Auschwitz. Aufnahme 1985.

Links: Der Todesblock in Auschwitz, in dem Berek drei Wochen lebte. Aufnahme 1985.

Der Luxusdampfer Cap Arcona in seiner Glanzzeit. Am 3. Mai 1945 wurden die Cap Arcona und die Thielbek bombardiert und von den Alliierten in der Lübecker Bucht versenkt. Berek war einer der 15.000 Gefangenen auf den drei Schiffen, von denen nur 1.600 überlebten.

Die sinkende Cap Arcona am 3. Mai 1945.

Bereks Cousin Aaron Pacierkowski im Alter von 5 Jahren mit seinen Eltern im Jahre 1945. Er überlebte drei Jahre lang die „Hölle auf Erden" im Getto von Lodz, versteckt im pferdegezogenen Leichenwagen seines Vaters.

Mendele (in der Mitte) im Alter von 13 Jahren, der jüngste Häftling in Fürstengrube, mit zwei weiteren Überlebenden der Cap Arcona: rechts ein unbekannter Kapo, links der frühere Lagerälteste Otto Breiden.

Berek in Lüdenscheid, Westfalen, kurz nach dem Inferno in der Lübecker Bucht im Mai 1945. Er trägt die deutsche Marine-Uniform, die Mendele für ihn organisiert hatte.

Ein Jahr nach der Katastrophe der Cap Arcona versammeln sich Überlebende, um einen Kranz für ihre umgekommenen Kameraden niederzulegen.

1985 legt Benjamin Jacobs Blumen an der Gedenkstätte für die Opfer der untergegangenen Cap Arcona und Thielbek in Neustadt nieder. Die Tafel rechts informiert darüber, daß Angehörige von 13 Nationen bei dem Inferno ums Leben kamen.

„Pamietamy" – „Erinnert euch". Benjamin Jacobs an der Gedenkstätte in Chełmno, die an den Tod seiner Mutter, seiner Schwester und von weiteren 360.000 ermordeten Juden in Chełmno erinnert. Hier wurden auch 82 Kinder aus Lidice/Tschechoslowakei umgebracht. Ihre Asche befindet sich im nahegelegenen Wald.

1985, vierzig Jahre nach Kriegsende, besucht Benjamin Jacobs seine ehemaligen Nachbarn in Dobra.

hörliche innere Zwiespalt. Allmählich begann auch der Durst, unsere Kehlen auszudörren. Unsere Rufe nach Wasser hörten nicht auf. „Wasser! Wasser!“, wagte jemand direkt zu einem vorbeikommenden Posten zu sagen.
„Halt den Mund“, antwortete der nur. Es war nach 12 Uhr. Die Wagen bewegten sich einige Meter vorwärts und wieder zurück. Jedesmal, wenn die Lokomotive pfiff, dachten wir, wir könnten nun heraus. Die meisten von uns hatten den Oberkörper frei gemacht.
Wir waren wieder unterwegs, und jeder Ruck des Waggons warf uns durcheinander. Als der Zug schließlich hielt, machten sich Papa und ich auf den Weg zu einem Fenster. Ich hob ihn hoch, damit er frische Luft bekam, und dabei wurde mir klar, wie wenig er jetzt noch wog. Ein Häftling an einem anderen Fenster beugte sich vor, um das Ende unseres Konvois zu sehen. „Sie müssen beim letzten Halt noch weitere Waggons angehängt haben“, sagte er. „Das sind jetzt mindestens 100 Waggons. Der Zug erstreckt sich jetzt um die ganze Biegung.“
Plötzlich wurde die Tür zu unserem Waggon aufgeschoben, und ein SS-Mann stellte einen Eimer Wasser in unseren Wagen. Jedem Mann wurde erlaubt, eine Kelle – ungefähr zwei Handvoll – davon zu nehmen, und dann die Kelle an den nächsten weiterzugeben. Jeder Tropfen Wasser war kostbar. Dies trug viel dazu bei, den drängendsten Durst zu löschen. Ich versprach mir selbst, falls ich jemals noch die Gelegenheit dazu haben sollte, dann würde ich in Wasser eintauchen. Der SS-Posten ließ die Tür offen. Der üble Geruch war zwar noch da, aber dies war eindeutig eine Verbesserung.
Als wir uns wieder in Bewegung setzten, dachte mein Vater, daß wir an Nowe Miasto nad Wartą, einer Stadt südöstlich von Posen, vorbeigekommen waren. „Wenn wir auf dieser Strecke weiterfahren“, bemerkte er, „dann kommen wir nach Kattowitz.“ Kattowitz war eine sehr bekannte Stadt in der Kohlenbergbauregion Polens.
Die Nacht war etwas kühler und brachte im Waggon etwas Erleichterung. Aber sobald ich einschlief, hörte ich die beiden Worte – Verderben und Sterben – wieder, und selbst beim Erwachen konnte ich sie mit anderen Gedanken nicht verdrängen. Während wir über Brücken fuhren, hallten die Worte in meinem Kopf wider, und ich dachte, ich werde nun verrückt.
Der Zug hielt; wir waren in Pleszew. Die Waggons ruckelten vor und zurück, bis sie endlich standen. Wir waren auf einem Seitengleis, ungefähr 200 Meter vom Bahnhof entfernt. Da wir die unwichtigste Fracht waren, wurden wir hier stehenlassen. „Weißt du, wer hier in Pleszew lebte?“, fragte mich Papa. „Meine Schwester Malka und dein Onkel Mordechai. Erinnerst du dich noch an ihre Tochter Jadzia, die so alt wie Pola war?“ Ich erinnerte mich sehr gut an Jadzia. Sie war

schlank, groß und hatte ein kleines porzellanfarbenes Gesicht. Ich erinnerte mich daran, daß wir sie einmal besucht hatten, als ich noch sehr jung war. Papa seufzte und sagte: „Gott weiß, wo sie jetzt sind." Pleszew war eine ziemlich große Stadt. „Wir sind weit weg von Kattowitz", sagte Papa traurig.
Bis zum Morgen blieben wir hier stehen. Viele Züge mit deutschen Soldaten und Zivilisten fuhren in der Nacht vorbei, und wir konnten beobachtete, wie ihre bequemen, hell erleuchteten Wagen an uns vorbeizogen. Diese Reisenden warfen ab und zu einen Blick in unsere Richtung, und wir schauten durch unsere verriegelten Fenster zu ihnen zurück.
Am Vormittag hatten sich einige Zivilisten um den Zug versammelt. Menashe, der redegewandte jüdische Polizist aus Gutenbrunn, der jetzt mit uns im Waggon war, bat sie, uns Wasser zu bringen. „Sie haben mich gehört!", schrie er plötzlich. „Da bringt uns jemand Wasser."
Wir rangelten bereits um die besten Plätze nahe der Tür, als eine laute Stimme draußen „Halt" befahl. Dann hörten wir dieselbe Stimme schreien: „Zurückgehen". Ein Posten hatte den Zivilisten mit einem Eimer Wasser gesehen.
Ein Häftling stöhnte: „Der SS-Mann hat das Wasser auf den Boden schütten lassen." Für uns gab es kein Wasser an diesem Bahnhof.
Dies war unser zweiter Tag. Das hätte das Ende unserer Reise sein sollen. Unsere Essensrationen waren aufgebraucht, und Hunger und Durst waren immer schlimmer geworden. Ein Mann fragte unseren Aufseher, wo wir hingebracht würden. „Ich weiß es nicht", antwortete der Kroate in seinem gewundenen Deutsch. In der Hoffnung, noch einige Krümel zu finden, langte ich in meine Tasche, aber alles, was ich fand, waren ein paar Fussel.
Ein klein wenig später setzte sich der Zug wieder in Bewegung. Bei jedem Pfeifen glaubten wir, daß der Zug nun halten und wir endlich an unserem Bestimmungsort sein würden. Mein Vater hoffte noch immer, daß wir nach Kattowitz gebracht würden. Schließlich kamen wir an: Wir waren tatsächlich in Kattowitz.
Die Straßen waren beleuchtet, und die Fabriken verströmten dunklen Rauch. Der Krieg schien hier nicht viel Schaden angerichtet zu haben, selbst der Bahnhof war hell erleuchtet. Als wir ohne anzuhalten durch die Stadt fuhren, konnte ich die große Enttäuschung meines Vaters sehen. Er hatte geglaubt, daß Kattowitz unser Ziel sein würde, weil es hier viele eisen- und stahlverarbeitende Fabriken gab. „Sie hätten uns auch hier einsetzen können", sagte er.
Wir waren völlig verwirrt und hofften nur noch, dieses rollende Fegefeuer würde bald enden. Die Lokomotive arbeitete schwer und laut, als sie den langen Zug einen Berg hinaufzog. In der Nacht wurde der Zug wieder langsamer und hielt an. Nach den üblichen Rucks und dem gewohnten Kreischen hielten wir schließlich

auf einem toten Gleis an. Der Aufseher rollte die Türen weit zurück, so daß wir unsere überlaufenden Kübel entleeren konnten. Wir waren in der Nähe von Tschenstochau, einem berühmten katholischen Wallfahrtsort. Hier in Jasna Góra stand der Schrein der Schwarzen Madonna. Ich erinnerte mich an Wallfahrer, die regelmäßig durch unser Dorf kamen, manche gingen barfuß zu diesem Schrein.

Die ganze Nacht hindurch regnete es. Das war ein Segen, denn der Regen kühlte sowohl den Waggon als auch uns. Um 4 Uhr morgens saßen wir noch immer untätig da; langsam ging die Sonne auf, und wir konnten die Berge sehen. Plötzlich gab es eine Aufregung. „Baruch Hashem! (Gepriesen sei der Name [Gottes]!)", rief jemand, als Bottiche und Körbe zu unserem Zug getragen wurden. Ich versuchte aufzustehen, aber ich war in eine Menge von Körpern verkeilt. Meine Beine waren eingezwängt, und ich konnte sie nicht strecken. Es dauerte ungefähr eine halbe Stunde, bis die SS-Aufseher die Tür zu unserem Waggon öffneten, und sobald sie aufmachten, brach verständlicherweise ein Höllenlärm aus. Obwohl wir fast die doppelte Ration an Brot und eine Kelle Kaffee bekamen, schlangen wir alles sofort hinunter. Weshalb etwas für später aufheben? Das würde nur Streit auslösen.

Die Konsequenzen, die wir daraus zogen, waren erstaunlich. „Sie wollen uns am Leben erhalten", dachten wir alle. Die Hitze war an diesem Tag nicht übermäßig, und die Tür hatte eine ganze Zeitlang offengestanden, Durst und Hunger waren gestillt – dies war der beste Tag der Reise. Dann – viel zu früh – schlossen die Aufseher die Türen und schoben die Riegel vor. Sie waren bereit für die Weiterfahrt.

Der Name der nächsten Station war uns unbekannt. Nach einigen Kilometer fuhr unser Transport in Richtung Süden, wo wir die Spitzen von Wieliczka sahen, und eine Weile später stoppte der Zug wieder. Den restlichen Tag bewegten Eisenbahner unsere Waggons von einem Gleis auf das andere, um Züge vorbeizulassen. Am Abend begann bereits der vierte Tag unserer Reise, von der niemand wußte, wann und wo sie enden würde.

Die Zeit war nur sehr schleppend vergangen. Ich nutzte die stehenden Räder und schlief ein. Es muß nach Mitternacht gewesen sein, als ich eine Bewegung bemerkte und nun wußte, daß wir weiterfuhren. Es war stockdunkel. Nur ab und zu unterbrach eine pfeifende Maschine den Lärm der Räder. Das einzige weitere Geräusch war das Stöhnen und Ächzen meiner Mitreisenden. Ich schaute in Papas aschgraues Gesicht und sah, daß er ebenso schwarze Gedanken wälzte wie ich.

Ich allein bin dafür verantwortlich, wenn du sterben mußt, Papa, dachte ich. Ich allein hatte entschieden, in Gutenbrunn zu bleiben und Zosias Angebot auszuschlagen. Ich kann keine Worte finden, die ausdrücken könnten, wie leid mir das tut.

Die Räder drehten sich weiter: Verderben und Sterben. Ich fühlte mich zerschlagen und hatte Angst vor der Zukunft. Ich bemitleidete all die anderen, die nicht wußten, daß sie in den Tod gingen. Wißt Ihr es nicht, meine Brüder? Auch ihr seid verdammt. Der Zug fuhr plötzlich schneller, so als ob er in Eile wäre. Ich konnte meine Augen nicht mehr offenhalten. Je mehr ich es versuchte, desto schwerer wurden meine Augenlider. Selbst im Schlaf erklang die Botschaft „Verderben und Sterben" bei jedem Rucken. Oh Gott! Warum läßt du es zu, daß sie uns dies antun? Warum verhilfst du ihnen zu einem so leichten Sieg? Sicher war unser Gott nicht hier, oder er hatte nicht zugehört. Ich träumte weiter.
Ich erwachte und war wie betäubt, die Angst hatte meine Sinne getrübt. Wir wußten, daß es Nacht war, aber niemand wußte die Uhrzeit und wir schätzten, es sei 2 oder 3 Uhr morgens. Ich lag eng an meinen Vater gelehnt und war mir sicher, daß dies meine letzten Stunden waren. Der Zug wurde langsamer, und die Maschine pfiff. Rauch kam durch die Ritzen und Fenster in unseren Waggon. Wir dachten, daß dieser Rauch von den Lokomotiven kommt. Der Zug kroch zentimeterweise weiter. Eine Siedlung war nicht in der Nähe, wir hatten keine Ahnung, wo wir waren. Es war seltsam: wir waren nicht einmal in der Nähe eines Bahnhofs. Warum fuhr der Zug so langsam? Die Leute, die nahe am Fenster standen, sagten, daß sie nur kahle Felder sahen.

12 Auschwitz

Traumatisiert, am Verhungern und in dem Bewußtsein, menschlicher Abfall zu sein, sahen wir genau wie die unmenschlichen, nutzlosen Kreaturen aus, als die uns die Nazis charakterisiert hatten. Es war dunkel, als der Zug anhielt. Die Morgendämmerung begann kurz darauf, und das Licht brach langsam durch die Fenster. „Hier ist kein Bahnhof. Warum haben sie angehalten?", fragten wir uns. Ein paar Minuten später begannen die Räder langsam zu rollen; dann standen sie, rollten, standen wieder quietschend.
Es war jetzt hell genug, um in der Ferne Einzäunungen auszumachen. Wir mußten an einem Lager sein, und zumindest würde diese Not nun ein Ende haben. Vielleicht war die Prophezeiung von Verderben und Sterben schließlich doch falsch? Den Rauch mit dem Geruch von brennendem Fleisch, den wir plötzlich rochen, schrieben wir der Reibung zwischen den Rädern des Zuges und den Gleisen zu. Als die Lokomotive langsam weiterkroch, sahen wir Fremde in gestreifter Kleidung auf einem Hügel, die wie Roboter liefen und unseren Zug anstarrten, als hätten sie uns erwartet. Wir schrien und fragten sie, wo wir seien. Aber kein Wort kam zurück, nur ein Zeichen von einem von ihnen: Er ließ seine Hand über

die Brust gleiten, so als ob er sie zerschneiden würde. Die anderen, die unseren Zug beobachteten, drehten die Finger in der Luft. Wir starrten sie erschreckt und ungläubig an, denn dieses Zeichen bedeutete Krematorium. In die nun folgende Stille hinein fragte ein vielleicht 16jähriger Junge, was die seltsamen Gesten zu bedeuten hätten. Niemand antwortete ihm, niemand wollte seine schrecklichsten Gedanken aussprechen. Es fällt schwer, unsere grausige Stimmung zu beschreiben. Die Bedeutung des Rauchs war nun offensichtlich, er hatte nichts mit dem Zug zu tun. Mein Vater betete. Ich glaubte nicht länger, daß Gott uns retten könnte. Mein Vertrauen in ihn war zerstört. Mein Leben ohne ihn hatte lang vorher schon begonnen – nämlich in Steineck.
Der Zug rollte weiter. Wir kamen an weiteren uniformierten Leuten vorbei. Sie schauten zu, während SS-Männer Taschenlampen hielten und andere Gefangene uns weitere seltsame Zeichen machten. Manche hoben die Arme hoch und ahmten so Herkulesqualen nach. Rauchschwaden stiegen ununterbrochen in die Luft. Der Zug wurde langsamer und hielt an.

Die Türen öffneten sich und erschreckten uns mit ihrem lauten Knall. „Raus! Alle raus! Alles liegen lassen!“, riefen die SS-Männer. Die zementierte Rampe war überfüllt mit SS-Männern, die schrien und uns ungeduldig aus dem Waggon herauswinkten. „Raus“, schrien sie, während ihre Hunde knurrten und die bedrohlichen Zähne fletschten. Das Wort *Auschwitz* hing wie ein schlechtes Vorzeichen in der Luft. Diese Bedrohung erschreckte uns zutiefst. Es war ein gräßliches

Wort, das niemand wiederholte. Wir wußten, daß dieses Wort für Selektion und Tod stand. Wir wußten, daß in Auschwitz die Juden zu Asche wurden. Die Falle war zugeschnappt.

Einige begannen zu beten. „Shma Israel Adonai Eloheno Adonai Akhad. Höre Israel, Adonai unser Gott ist einzig."

„Raus! Raus! Alle raus" schrien sie wieder mit Gewehren in der Hand. Nachdem wir tagelang im Waggon eingeschlossen waren, hatten wir große Schwierigkeiten, den Wagen zu verlassen, noch dazu in panischem Schrecken. Unsere Glieder waren durch die Menschenmassen in den Wagen geschwächt geworden und würden nicht leicht wieder aufzurichten sein. „Alles auf der Rampe liegenlassen!", schrie die SS. Ich hatte nur eine Jacke außer den Fetzen, die ich am Leibe trug, und ich ließ sie liegen, aber meine lebensrettenden Zahninstrumente hielt ich fest an mich gedrückt. Wir wußten, daß die Dinge nun schlecht standen. Ein Tumult brach aus, als SS-Männer uns auseinanderrissen und grundlos auspeitschten. Eine Peitsche schlang sich um meinen Körper. „Das auch!", rief ein SS-Mann verächtlich.

„Das sind ein paar zahnärztliche Instrumente", sagte ich in der Hoffnung, er würde mir erlauben, sie zu behalten. Ohne ein weiteres Wort packte er die Büchse, riß sie mir von der Schulter und warf sie auf den Boden. Die Schätze, die ich die ganze Zeit mit mir getragen hatte, die das Schicksal von mir und meinem Vater bedeuteten, lagen nun verstreut auf der Rampe.

Weitere Gefangene in ihren gestreiften Zebra-Anzügen kamen nun herbei und beobachteten uns hinter dem Zaun. Wir bekamen den Befehl, uns auszuziehen und unsere Kleider auf der Rampe zu lassen. Zimmerleute, Rechtsanwälte, Schuster, Geschäftsleute, Studenten und Professoren – alle nackt; wir waren einfach nur lumpige Juden für unsere Peiniger. Dann befahlen sie, uns in den üblichen Fünferreihen aufzustellen. „Rechts um, vorwärts Marsch."

Der Himmel war grau und hatte für uns das seltsame Aussehen der Endgültigkeit. Es war ein kühler Morgen, und der kalte Wind, der um unsere nackten Körper pfiff, ließ uns erschauern. Wir rückten nahe aneinander, und ich hielt mich eng an Papa, da ich wußte, wenn wir hier je getrennt würden, dann würden wir uns nicht mehr finden. Dann ging das Schreckenswort „Selekcja!" – polnisch für „Selektion" – wie ein Lauffeuer durch unsere Reihen und ließ jeden von uns in Angst zurück. Wir wußten, die Apokalypse war nahe.

Wir hatten gedacht, alles über den Horror von Auschwitz zu wissen, aber bald sollten wir entdecken, wie wenig wir eigentlich darüber wußten. Jeder von uns hatte sich ruhig seine Überlebenschance ausgerechnet. Um von hier zu fliehen, hätte man der Entfesselungskünstler Houdini sein müssen. Wir waren nur 10 Schritte vorwärts gegangen, als unsere Reihe langsamer wurde und schließlich nur noch voranschlich. Im Schneckentempo ging es weiter; wir traten uns gegenseitig in die Fersen. Manche weinten, andere versuchten, alles aufzubieten, um kräftig und gesund auszusehen. Papa und ich waren noch einige Reihen von der Gruppe der SS-Männer entfernt, die, mit Taschenlampen in den Händen, die nackten Männer vor ihnen prüften. Ich wußte, daß uns jeder Schritt näher an unser Verderben und Sterben heranführte, wie es die Räder vorausgesagt hatten. Noch ein paar Minuten, und alles wird vorbei sein, vermutete ich.

Es ging langsam voran, und bald würden wir bei der Gruppe von SS-Männern mit den Taschenlampen sein. Ein Nazi, offensichtlich der ranghöchste SS-Offizier, trug eine schicke schwarze Uniform mit dem Arzt-Abzeichen – eine Schlange, die sich um einen Stab windet. Er war groß und schlank mit dunklen Gesichtszügen, sein volles schwarzes Haar war kurzgeschnitten, und er ließ keinen Zweifel daran aufkommen, daß er den Oberbefehl hatte. Das Vorgehen schien gut organisiert. Als seine Helfer eine Reihe von Gefangenen vor ihn hinführten, machte er seltsame Gesten. Nur die Aufseher verstanden, und schnell führten sie seine Befehle aus. Ein Augenzwinkern, ein Wink mit der Hand, ein Fingerschnalzen – alles hatte eine genaue Bedeutung. Manche Leute wurden nach rechts geschickt, andere nach links. Es wurde bald klar, daß die eine Gruppe leistungsfähiger aussah als die andere.

Zwei der fünf Männer in der Reihe vor uns mußten sich der schwächeren Gruppe anschließen. Einer von ihnen versuchte mutig, seinen Richter zu überreden, ihn mit den anderen gehen zu lassen. „Schauen Sie! Ich bin kräftig“, sagte er. „Ich kann arbeiten. Ich habe über zwei Jahre lang Eisenbahngleise verlegt und habe mich nicht einen Tag gedrückt.“ Aber ein SS-Mann schob ihn zurück in seine Gruppe. Die tägliche Bereitstellung von Menschen, die zur Arbeit angefordert wurden, und das Platzangebot in den Baracken waren gleichfalls wichtige Faktoren, die mitbestimmten, wer überlebte und wer starb.

Kurz bevor die Reihe an uns kam, flüsterte uns ein Gefährte zu: „Haltet den Kopf hoch. Schaut zu, daß Ihr kräftig wirkt.“ Unser Richter stellte mir die erste Frage. Wie alt ich sei?

„Dreiundzwanzig“, sagte ich.

„Beruf?“

„Zahnarzt“, antwortete ich.

Sie befahlen mich nach rechts, um mich der Gruppe der gesünder Aussehenden anzuschließen. Ich ging und zog meinen Vater mit.

„Halt! Nur du allein“, hörte ich einen rufen. Ich wußte, daß Papa ihnen ausgeliefert war. Sie fragten auch ihn nach Alter und Beruf.

„Zweiundvierzig, Landwirt“, sagte er.

Mein Vater war neunundvierzig Jahre alt. Ich dachte, es klang gut.

Aber „Links!“ hörte ich ihren Befehl. Ich sah, wie sie ihn nach links stießen.

„Das ist mein Vater“, sagte ich und flehte sie an, das doch zu verstehen.

„Nein, nur du gehst nach rechts. Dein Vater muß nach links gehen.“ Sie hatten ihn zum Tode verurteilt. Noch einmal bat ich sie um Gnade. Aber ich sah mit Schrecken, daß sie bereits mit der Selektion in der nächsten Reihe begonnen hatten. Nie zuvor im Lager war ich den Tränen so nahe gewesen. „Jetzt haben sie mich zum Waisen gemacht!“, dachte ich.

Plötzlich brach ein Tumult aus, als ein Mann versuchte, von der Rampe zu fliehen. Er wurde sofort von Gewehrsalven niedergestreckt. In diesem Augenblick der Verwirrung packte ich meinen Vater und versuchte, ihn mitzuzerren, aber er war starr vor Angst und bewegte sich nicht. Ich packte ihn fest und flüsterte: „Papa! Komm mit!“. Endlich folgte er mir. Wenn man uns geschnappt hätte, dann hätte das für uns beide den Tod bedeutet.

Ich verstehe heute noch nicht, daß uns keiner bemerkte und anhielt. All das war nur mit einer guten Portion Glück möglich. Wenn ich jetzt über diesen Vorfall schreibe, dann muß ich hinzufügen, daß das Überleben – neben allem anderen – hauptsächlich eine Glückssache war. Manchmal brauchte es allerdings mehr als Glück. Manchmal mußten sich seltsame Dinge ereignen, so als ob das eigene Schicksal von einer geheimnisvollen Hand gelenkt würde.

Hier standen wir also, und die Minuten wurden zu Stunden. Ich hatte das Gefühl, auf heißen Kohlen zu stehen. Manche beteten: „Oh Gott, habe Erbarmen mit deinen Kindern. In Wahrheit gehören wir dir und sind reinen Herzens." Aber es half nichts, letztendlich waren die Ärzte allmächtig. Ich hielt mich eng an meinen Vater, immer noch verblüfft über das, was vorgefallen war. Fünfundsiebzig von uns hoffnungsvollen Menschen wurden schließlich weggeführt. Rauchschwaden stiegen aus dem Kamin in den heller werdenden Himmel. Unsere Brüder in der anderen Gruppe wurden ebenfalls weggeführt und bald zum Schweigen gebracht.

Nachdem wir hundert Meter gegangen waren, wurden wir auf Lkws verladen. Wir fuhren an einem doppelten Zaun entlang, vorbei an dreistöckigen Backsteinhäusern. Wir sahen Menschengruppen marschieren. Ihre gestreifte Kleidung war dreckig, und sie trugen Grubenlampen auf dem Kopf: Sie waren auf dem Weg zur Arbeit. Mir wurde das Unfaßbare klar: Die Kohle, die sie zutage förderten, war vielleicht dazu gebraucht worden, die Züge in Bewegung zu halten, die uns hierher gebracht hatten. Manche sahen völlig ermattet aus und konnten sich kaum noch auf den Beinen halten. Vor jeder Gruppe ging ein Mann in derselben gestreiften Kleidung, aber mit einer schwarzen Armbinde: ein Kapo.

Dieses Lager sah anders aus als alle, die ich zuvor gesehen hatte. Außen verlief ein mächtiger Drahtzaun, oben abgegrenzt mit Stacheldraht. Innerhalb dieser Umzäunung befand sich ein zweiter, offensichtlich elektrisch geladener Zaun. Hoch oben in Türmen saßen Männer der Waffen-SS in grünen Uniformen. Ihre Gewehrläufe zeigten in das Lager. Als wir weitergetrieben wurden, hörten wir ein Orchester spielen und Menschen singen: „Heute erobern wir Polen und morgen die ganze Welt", sangen sie auf Deutsch. Jeder Refrain hatte eine andere Strophe und erwähnte ein anderes Land. Als die Lkws anhielten, hörten wir: „Heute marschieren wir gegen England, morgen gegen die ganze Welt!"

Vor dem Tor befand sich ein Schild mit der Aufschrift „Halt, Hochspannung!" Über dem Tor war auf einem weiteren Schild zu lesen „Auschwitz" und darunter „Arbeit macht frei". Wir wußten, dies war weder ein Versprechen noch bot es das kleinste bißchen Sicherheit. In Wahrheit waren wir hier, um uns zu Tode zu arbeiten. Vor einer kleinen Baracke dirigierte jemand dreißig Musiker. Die Szene war grotesk: Sie folgten seinem Stock, als ob sie in einem Symphonieorchester spielen würden.

Im Lager angekommen, bog der Lkw nach links und hielt vor einem der mächtigen dreistöckigen Backsteingebäude. Ein gut gekleideter Oberscharführer der SS nahm uns in Empfang. „Runter", schrie er, und die anderen SS-Männer verliehen seinen Worten Nachdruck. Ich schaute meinen Vater an, er zitterte, und sein Ge-

sicht war blau. Wir hatten noch Hoffnung, aber wir wußten nicht, was jetzt auf uns zukommen würde.
Plötzlich gab mir jemand ein Zeichen. Ich schaute auf und sah einen Häftling, der mir von der anderen Seite des Zaunes aus zuwinkte. Er starrte auf meine Stiefel. „Du mußt sie sowieso hierlassen. Wirf sie mir herüber", rief er. „Du bekommst dafür eine Extraportion Essen, wenn du in das Lager kommst. Ich bin ein Blockkapo", fügte er hinzu. Das waren die ersten Worte, die ich von einem Gefangenen in Auschwitz hörte. Es war die Einführung eines Kapos.
Er trug einen sauberen Anzug, eine dunkle Kappe und die Armbinde des Kapos. Zunächst glaubte ich ihm nicht, sondern dachte, er sei nur hinter meinen Stiefeln her. Aber als der Scharführer uns befahl, alles das abzugeben, was wir vielleicht noch hätten, fügte ich mich in das Unvermeidliche. Ich nahm die wenigen mir verbliebenen Photos aus dem einen Stiefel heraus, und warf die Stiefel über den Zaun zu ihm. Dann fiel mir ein, daß ich nicht wußte, wie ich ihn finden sollte. Wie sich später herausstellte, war dies auch völlig egal: es war uns verboten, mit den Häftlingen des Hauptlagers Kontakt aufzunehmen.
Ich schaute die Photos meiner Familie an: meine Mutter, meine Schwester, mein Bruder und Tante Rachel, Onkel Shlomo und Tante Sara. Ich schaute auf das Bild von Onkel Izchak, von dem jeder behauptet, ich würde ihm ähnlich sehen. Da waren Onkel Mordechai, Onkel Chaim, meine Vettern und Basen Toba, Balcia, Nachme, Josek, Mayer und Mendel. Zum Schluß schaute ich zum letzten Mal das Photo von meinem Großvater an. Viel später, wenn ich mich an diesen Tag im August 1943 erinnerte, dann war es so, als ob durch das Zurücklassen dieser Photos meine dort abgebildeten Verwandten ebenfalls in Auschwitz gestorben wären. Wir sahen Gruppen von Häftlingen mit gebeugten Köpfen, und ich beschloß, daß irgendwann irgendjemand der Welt schildern müßte, was ich sah. Aber, dachte ich, kein Epos und kein Drama könnten das wiedergeben, was ich vor mir sah. Es würde keinem gelingen, noch einmal solch ausgemergelte Gestalten zu finden, um diese Szene wiedererstehen zu lassen.
Der Morgennebel wollte nicht weichen. Weitere Lkws kamen an. Eine Gruppe, die auch mit uns im Zug war, kam aus Lenzingen, dem Lager, in dem mein Bruder gewesen war. Sie behaupteten, ihn vor der Selektion an der Rampe noch gesehen zu haben. Papa und ich fürchteten um sein Leben.
Der Scharführer befahl uns, in den vor uns liegenden Zellenblock zu gehen. Auf dem Weg durch den langen Korridor mußten wir an weiteren SS-Männern vorbei. Sie durchsuchten uns noch einmal, doch diesmal mußten wir die Beine spreizen und uns vornüber beugen. Weiter hinten im Korridor gingen wir durch eine brackige Flüssigkeit, die nach Kerosin oder Petroleum roch. Kurz darauf wurde

uns die gleiche Mischung über Kopf und Körper gegossen. „Schnell! Schnell!“, drängten sie. Wir rannten wie in die Enge getriebene Schafe, um den Deutschen Schäferhunden zu entgehen. Dann wurden wir wieder in den Hof geführt.

Die Sonne schien; sie hatte den Nebel weggefegt. Nackt und naß – wir froren trotz Sonne. Schrammen und Kratzer auf unseren Körpern hatten sich durch die Flüssigkeit gerötet und taten weh. Dann bekamen wir den Befehl, in ein anderes Gebäude zu gehen, das als „Bad“ bezeichnet wurde. Dieses schreckliche Wort starrte uns ins Gesicht. Wir sind nicht in Sicherheit, dachte ich, wir sind in ihrer getarnten Gaskammer. „Los, auf!“, schrien sie, und von allen Seiten wurden wir durch die Türe getrieben. Das große Metalltor schloß sich hinter uns mit einem endgültigen Geräusch. Wir waren in einem großen Saal – die Brausen hingen von der Decke. Die Gefangenen, die bereits hier waren, beteten, vielleicht für alle von uns. Wir hörten ein weiteres Geräusch, und alles wurde ruhig. Die Augen meines Vaters waren fest auf mich geheftet. Er dachte genau wie ich, daß dies vielleicht unser letzter gemeinsamer Augenblick war. Mein Herz raste, Lichtringe wirbelten vor meinen Augen. Kilometer- und tagelang hatten mich die Räder der Eisenbahn vor Verderben und Sterben gewarnt. Dieses Versprechen wurde nun eingelöst. Ich schloß die Augen und hörte auf zu atmen aus Angst, daß jeden Moment das tödliche Gas austreten könnte. Schweigen breitete sich aus.

Plötzlich spürte ich einen Tropfen Wasser. Ich wagte nicht aufzuschauen; ich fürchtete, daß das Wunder aufhören könnte. Als ich mich dann doch umschaute, sah ich, daß wir noch alle auf unseren Beinen standen – lebend. Bald floß das Wasser stetig, und es schmeckte oder roch nicht verdorben. Ich schluckte einen Mundvoll hinunter. Wasser hatte mir noch nie so gut geschmeckt und noch nie so viel bedeutet. Mit gewaltiger Erleichterung fühlten wir alle, daß uns ein neues Leben geschenkt worden war. Es war unser einziger glücklicher Augenblick in Auschwitz. Für Papa und mich war es das zweite Wunder an diesem Tag.

Als das Wasser abgedreht wurde, sagte ein neben mir stehender Gefangener, daß er meinen Bruder in der Halle gesehen hatte. Der Mann nahm mich an der Hand, und mit den Ellbogen erkämpften wir uns den Weg durch die vielen nassen Körper, bis wir Josek sahen. Wir schauten uns ungläubig an. Das war das dritte Wunder! Wir gingen zu Papa, der glücklich war, wieder mit seinen beiden Söhnen vereint zu sein. Josek sah sehr viel dünner als aus damals, als ich ihn zuletzt gesehen hatte. Seine Augen waren eingesunken, und er hielt sich nur mühsam gerade. Seine Gesundheit war nie sehr stabil gewesen, und das war in keinem Lager ein Pluspunkt. Jetzt, da wir uns wieder gefunden hatten, schworen wir uns, zusammen zu bleiben, was immer auch kommen mochte.

Die Türen öffneten sich, und wir wurden in den nächsten Raum geführt, einen geräumigen Saal, der nun behelfsmäßig als Friseurstube diente. Viele Häftlinge saßen hier auf Bänken. Die Friseure waren ebenfalls Häftlinge, aber sie trugen saubere, gestreifte Gefängnisanzüge. Sie hatten alle einen Bürstenschnitt. „Setz dich, steh auf, dreh dich um." Jeder der acht Haarschneider kommandierte die Häftlinge herum. Ich hörte zufällig, wie ein Mann über ein Erlebnis berichtete, dessen Zeuge er am Bahnhof wurde. Er kam aus Wien und erzählte, er hätte einen ungefähr 45 Jahre alten Mann gesehen, der einem SS-Offizier sagte, daß er fälschlicherweise festgenommen worden sei. „Ich habe im Ersten Weltkrieg für Österreich gekämpft und dabei beide Beine verloren. Ich bin von jeglicher Deportation befreit", hatte der Mann argumentiert. Er zeigte dem Offizier das Eiserne Kreuz und seine Dokumente. Der SS-Mann jedoch riß sie ihm aus der Hand und zerfetzte sie. Dann stieß er den verkrüppelten Mann vor einen ankommenden Zug. Ein anderer Zeuge bestätigte seine Erzählung. „Uns allen stockte der Atem", fuhr der erste fort, „als der Zug ihn zermalmte".

Nun war ich an der Reihe, und der Friseur begann, mich kahlzuscheren. Er schüttelte nachdenklich seinen Kopf, weshalb so viele von uns am Leben geblieben waren. „Auschwitz ist voll. Ihr habt Glück gehabt, daß Ihr dem Schornstein entkommen seid." Die Häftlinge benutzten den Begriff „Schornstein" als Metapher für Vergasung und Verbrennung. Das Wort „Konzentrationslager" war schwierig auszusprechen, deshalb nannten sie es kurz KZ.

„Nur wenn es eine Nachfrage nach Arbeitskräften gibt, läßt Dr. Mengele Juden in das Lager", fügte der Friseur noch hinzu. „Bisweilen ist aber Gas auch Mangelware."

Ich erzählte ihm, daß die meisten von uns aus anderen Lagern kämen, viele hätten bereits zwei Jahre in Arbeitslagern bei Posen verbracht, wo sie Eisenbahnschienen verlegt hatten. Vielleicht waren wir dadurch dem Tod entkommen.

„Das bezweifle ich“, sagte er. Dann berichtete er mir weiter, daß wir jetzt im Stammlager, dem Hauptlager von Auschwitz waren, und daß es noch viele Nebenlager im Umkreis von Auschwitz gäbe: „Buna, Trzebinia, Jawiźowiec, Janinagrube und Günthergrube, um nur einige zu nennen. Ihre Organisation wird dich verblüffen.“

Er hörte auf zu sprechen, aber ich wollte Genaueres wissen, und er beantwortete bereitwillig meine Fragen. „Was bedeutet die Nummer, die du auf deinem Arm hast?“

„Jeder läuft hier unter einer bestimmten Nummer. Du wirst auch eine bekommen, und dann“, so sagte er, „bist du hier nichts weiter als eine Nummer. Du mußt sie dir merken und darauf reagieren, wenn sie genannt wird.“

Ich sah, daß seine Nummer eintätowiert war. „Wo bekommen wir diese Nummer eintätowiert?“, fragte ich.

„Das wirst du noch sehen. Du wirst tätowiert, sobald wir hier fertig sind.“ Dann erzählte er mir, daß er bereits eineinhalb Jahre in Auschwitz war.

„Wie lange kann man hier überleben?“ fragte ich mich laut. Diese Frage erstaunte ihn.

„Auschwitz ist jetzt ganz anders als damals, als ich hierher kam.“, sagte er. „Als wir zuerst hier ankamen, galt folgende Parole: ‘Du kannst hier drei Monate, höchstens sechs Monate überleben. Und wenn dir das nicht gefällt, dann gehe zum Zaun und beende dein Leben gleich.’“ Das bestätigte meinen Verdacht, daß im inneren Zaun von Auschwitz wirklich tödliche Elektrizität floß. Er erklärte weiter, daß Gehorsam die erste Pflicht eines Häftlings war. „Denke daran: in Auschwitz nie gehen, immer rennen!“ Dann drängte er mich, die Namen der SS-Dienstgrade zu lernen und sie korrekt anzuwenden. „Wenn du an einem SS-Mann vorbeigehst, nimm die Mütze ab und laufe im Gleichschritt. Halte dich an diese Regeln, egal wie lächerlich sie dir erscheinen mögen.“ Immer wieder betonte er, was für ein Glück wir hatten. „Manchmal mußt du hier einfach Glück haben“, sagte er. „Ein weiterer Grund, daß so viele von euch bei der Selektion davonkamen, besteht darin, daß es bei euch keine Frauen, Kinder und alte Leute gab.“ Ich wußte nun, daß er achtzehn Monate in Auschwitz überlebt hatte, und das ließ in mir ein Stückchen Hoffnung aufkeimen. Seine letzten Ratschläge an mich waren: „Ganz egal, wie krank du bist, gehe niemals zur Krankenstation. Arbeiten ist das beste Rezept, um nicht zu sterben.“

Ich wußte nun eine ganze Menge mehr über Auschwitz und seinen speziellen Jargon. KZ bedeutete Konzentrationslager. KB war der Krankenbau. Kanada bezog sich auf die Gruppe von Häftlingen, die alles das aufsammelten, was die Ankommenden gezwungenermaßen an der Rampe zurücklassen mußten. Die Kapos waren ebenfalls Häftlinge, aber zugleich Aufseher. Bunker war ein Strafort. Sonderkommandos bestanden aus Häftlingen, die zu speziellen Aufträgen abkommandiert wurden. Trotz alledem hatte der Friseur noch weitere Begriffe erwähnt, die mir seltsam vorkamen: Pferd, Schaukel und noch andere, deren Bedeutung ich nicht verstand.

Nackt und von Kopf bis Fuß rasiert gingen wir nacheinander in die nächste Baracke, wo uns Schuhe, Jacken und Hosen zugeworfen wurden, ohne Rücksicht auf deren Größe und Zustand. „Wenn sie euch nicht passen, dann tauscht mit anderen", trugen uns die Häftlinge hinter der Theke auf. Die Kleider rochen nach dem gleichen Gebräu, mit dem wir vorher eingesprüht worden waren. Jeder von uns bekam grau gestreifte Unterwäsche und eine gestreifte Mütze. Die Jacken waren entweder zu groß oder zu klein, und die meisten Hosen gingen bis zum Kinn. Papa, der sonst nie ohne Nadel und Faden war, war hilflos, denn der Knopf, der seine Hose halten sollte, war verloren. Joseks Hosen hielten auch nicht auf seiner Hüfte. Uns unserer Namen zu berauben, war eine weitere Möglichkeit, unsere Entmenschlichung zu vervollkommnen. Unsere Namen wurden zu Nummern, und jetzt wußten wir auch, weshalb: Nummern haben kein Gesicht. Mit ihnen kann man machen, was man will.

Als die Tätowierung begann, kamen Josek, Papa und ich nacheinander an die Reihe und erhielten folglich aufeinanderfolgende Nummern. Wir dachten, daß dies uns helfen könnte, beieinander zu bleiben. Ein Gefangener begann mit einem Instrument, das einem Füllfederhalter ähnlich sah, einen schwarzen Farbstoff in meinen linken Unterarm zu spritzen. Zuerst tat es nicht weh, aber je länger es dauerte, desto mehr schmerzte es. Als ich meinen Arm wegzog, sah ich ein paar Blutstropfen über die Zahlen rinnen, die er bereits tätowiert hatte. Er schaute mich an, und da wußte ich, daß er weitermachen mußte. Danach erhielten wir Stoffstücke mit unseren Nummern, und es wurde uns befohlen, sie auf unsere Jacken und Hosen zu nähen. Ich bekam die Nummer 141129, mein Vater 141130 und Josek erhielt die Nummer 141131. Ein rotes Dreieck auf dem Fleck stand für politisches Verbrechen. Drei gelbe Ecken befanden sich zusätzlich auf allen Flicken der Juden – der Judenstern ging auch hier nicht verloren. Mit der Zeit lernten wir auch zu unterscheiden, was die angeblichen Verbrechen gewesen waren. Kommunisten und frühere Kämpfer im Spanischen Bürgerkrieg, die für eine Republik und gegen General Franko gekämpft hatten, bekamen ein Dreieck mit der Spitze nach unten, während man die übrigen politischen Häftlinge an nach oben zeigenden Dreiecken erkannte. Grüne Winkel bezeichneten Kriminelle, rosafarbene Homosexuelle, und violett stand für diejenigen, die sich als Siebentage-Adventisten bekannten oder zu den Zeugen Jehovas gehörten. Braun bezeichnete die Zigeuner. Angeblich bereits entwichene Gefangene hatten große schwarze Zielscheiben auf dem Rücken. Da ein Jude kurzerhand erschossen oder gehängt wurde, gab es in dieser letzten Gruppe keine Juden. Der erste Buchstabe des Landes, aus dem jemand kam, stand bei den Ausländern in der Mitte des Flecks – z.B. F für Frankreich und P für Polen.

Die Kapos waren die ersten, die wir fürchten lernten. Einige hatten die Aufsicht über die Blocks im Lager, andere gingen mit uns zur Arbeit und mußten uns dort beaufsichtigen. Es fand sich nur ganz selten ein Jude unter ihnen, die meisten waren Deutsche von verschiedenster Herkunft: Betrüger, Desperados, verurteilte Mörder und kleine Verbrecher. Unter ihnen waren auch frühere Soldaten der Fremdenlegion. Obwohl manche von ihnen zunächst gegen Hitler eingestellt waren, wechselten sie die Untertanentreue, als ihnen die Möglichkeit geboten wurde, das Gefängnis zu verlassen und Kapo in einem Konzentrationslager zu werden. Alle legten eine gewisse Geringschätzung für uns Neuankömmlinge an den Tag und taten so, als ob alle Juden ihre persönlichen Feinde wären. Sie führten das gleiche Leben wie wir, und trotzdem verhielten sie sich uns gegenüber arrogant und gleichgültig kalt. Es war erstaunlich, wie perfekt uns die Nazis von den anderen Häftlingen abgesondert hatten. Wenn es je eine kleine Verbindung zwischen Juden und Nicht-Juden in den Lagern gegeben hatte, in Auschwitz war davon nichts zu spüren. Trotz unserer gemeinsamen Zwangslage wünschten die anderen keinen Kontakt zu uns. Sie mußten auch keine Selektion fürchten: Die Gaskammern waren nur für Juden und Zigeuner.

Wir mußten uns nun versammeln und dabei nacheinander unseren Nummern folgen. „Los, Los!", hetzten uns die Aufseher durch das Lager. Wir sahen eine Gruppe von Häftlingen, die Steine in eine Richtung trugen, und andere Häftlinge, die genau das gleiche in umgekehrter Richtung taten. Sie schauten zu uns, aber ich war nicht sicher, ob sie uns sehen konnten. Schließlich kamen wir zum Quarantäneblock. Seit zwei Tagen hatten wir nichts mehr gegessen und gehofft, daß unsere Mithäftlinge nun genug Mitgefühl für uns aufbringen würden, uns in das Gebäude zu lassen, nachdem wir Auschwitz' symbolische Taufe erhalten hatten. Aber der Kapo und drei seiner Helfer führten uns an die Seite des Gebäudes. Dort entmutigten sie uns ein für allemal mit einem unfreundlichen Empfang.

„Wo seid Ihr die ganze Zeit gewesen?", grollte der Kapo. Es klang so, als würde er uns beschuldigen, nicht schon früher nach Auschwitz gekommen zu sein. Dann prüfte der Schreiber, ob wir auch alle da waren. Er war über 2 Meter groß, mager und hatte O-Beine. Er trug ein rotes Dreieck mit dem Großbuchstaben P, war also ein politischer Häftling aus Polen. Seine eintätowierte Nummer war etwas über 100000. Eines seiner Ohren drehte sich nach oben, das andere sah aus, als

ob es zurückgeklappt sei. Schnell stellte sich heraus, daß er der freundlichste und anständigste der drei Helfer des Blockwarts war.
Mit heiserer, zitternder Stimme ermutigte er uns, nicht alle Hoffnung fahren zu lassen. „Wahrscheinlich werdet Ihr in ein Außenlager geschickt, von denen es hier 39 in einer Entfernung von bis zu 40 Kilometern gibt. Zwei Wochen später sagte er, es gäbe zwar ein paar Probleme, doch könnten wir uns darauf einrichten, zur Arbeit geschickt zu werden.
Der Kapo jedoch war anders. Wenn er zu sprechen begann, dann lieferte er gleichzeitig den Beweis dafür, daß man in Auschwitz aggressiver als ein Tier werden konnte. Er sah wohlgenährt aus, und er war es, der die Regeln festsetzte. „Jeder, der seinen Block verläßt, bekommt zehn Hiebe. Wenn jemand Essen in die Baracke bringt: zehn Hiebe. Wenn die Schlafstelle nicht gemacht ist: zehn Hiebe. Fehlen beim Appell: zehn Hiebe. Stehlen: zwanzig Hiebe." Als er endlich mit seinem Wortschwall aufhörte, waren wir wie betäubt von all den Regeln.
Die Mittagszeit kam, es wurde Zeit zum Essenfassen, und er erlaubte uns, in den Raum zu gehen. Unsere Hosen saßen immer noch nicht. Wenn wir nicht irgendetwas fanden, das sie oben hielt, würden wir Ärger mit dem Kapo bekommen. Glücklicherweise hatte Josek ein Stück Schnur gefunden. Als wir endlich in der Baracke waren, sicherten wir uns schnell drei nebeneinander liegende Kojen. Zum ersten Mal, seit wir Lagerhäftlinge geworden waren, befanden wir uns in einem Block ohne Ungeziefer.
Sowohl in Steineck als auch in Gutenbrunn bekamen wir unsere Essensrationen regelmäßig. Hier gab es morgens und abends zwar Suppe, aber Brot gab es nur ab und zu. Da es niemand wagen konnte, den Block zu verlassen, kam auch Stehlen nicht in Frage. Selbst Mendele, der fast immer Wege gefunden hatte, das System zu umgehen, hatte hier Schwierigkeiten. Wenn der Suppenbottich zu unserem Block gebracht wurde, erhielt jeder zwei Schöpflöffel heißen Wassers mit ein paar Kartoffelstückchen sowie eine völlig verkochte Rübe. Wir hatten keine Löffel und mußten aus der Schüssel trinken.
Der Appell konnte Stunden dauern. Es war an einem Sonntag, kurz vor Mittag, als ich meinen Namen rufen hörte. Ich konnte nicht erkennen, wer mich rief, und ich konnte mir auch nicht erklären, wer überhaupt meinen Namen wußte. Als ich zur Tür ging, sah ich einen Kapo, doch ich hatte keine Ahnung, weshalb er mich suchen könnte. Nachdem ich bestätigt hatte, daß ich wirklich Bronek Jakubowicz war und aus Gutenbrunn kam, sagte er mir, daß ein Mädchen draußen stand, das ihn gefragt hätte, ob er einen Bronek Jakubowicz kenne. Er beschrieb mir das Mädchen kurz, und nun wußte ich, daß es nur Zosia sein konnte.
Er berichtete mir, er habe sie aufgefordert zu gehen, nachdem er ihr versprochen

hatte, daß er mich finden und grüßen würde. Ich war neugierig, wie mich der Kapo gefunden hatte. „Sie sagte mir, wann und von wo du gekommen bist, und ich wußte, daß du nur hier im Quarantäneblock sein kannst, falls du noch am Leben bist", sagte er. Er sah seine Mission als erfüllt an und ging. Die Klassenunterschiede waren hier so stark ausgeprägt, daß es für ihn allzu erniedrigend gewesen wäre, noch länger zu bleiben und sich mit einem ganz gewöhnlichen Gefangenen zu unterhalten, der noch dazu gerade erst nach Auschwitz gekommen war. Ich habe nie erfahren, wie Zosia herausgefunden hat, wohin wir geschickt worden waren. Wenn man die außerordentlich hohen Sicherheitsmaßnahmen in Auschwitz in Betracht zieht, so war sie dadurch sicher entmutigt, noch einmal wiederzukommen, und sicher hatte sie auch erkannt, daß sie mich nicht mehr treffen konnte, auch wenn sie wiederkam. Was wiederkam, waren meine Erinnerungen an unsere gemeinsamen Tage in Steineck und Gutenbrunn.

Für die alten Hasen in Auschwitz waren wir nichts als Grünschnäbel. Jede Frage wurde konsequent mit einer Gegenfrage beantwortet. Als ich einen Kapo bat, mir zu sagen, wo ich meine Kleidung waschen könnte, antwortete er: „Was glaubst du eigentlich, wo du bist? Im Sanatorium?"

Immer mehr Leute kamen an. Wir sahen tätowierte Nummern, die höher als 150000 waren. Das bedeutete, daß fast 10000 Menschen seit unserer Ankunft hierher gebracht worden waren. Gemäß dem üblichen Vorgehen kamen nur 25% in das Lager. Das hieß, daß in den zwei Wochen seit unserer Ankunft mehr als 40000 Menschen nach Auschwitz gebracht worden waren. Ich sorgte mich um das Frauenlager und das Schicksal von Balcia und all den anderen.

Eines Tages kamen ein paar deutsche Zivilisten, begleitet von SS-Männern, in das Lager, um uns zu mustern. Unser Status als gute Arbeiter aber wurde ihnen offensichtlich nicht klar, denn unsere Isolation ging weiter. Wir hörten, daß die Alliierten irgendwo in Europa gelandet waren. Eines Tages, es war später Nachmittag, gingen zwölf Häftlinge an unseren Baracken vorbei. Für gewöhnlich wurden Häftlinge innerhalb des Lagers von Kapos begleitet, aber diese Männer wurden von SS-Männern geführt. Die Angst stand ihnen deutlich ins Gesicht geschrieben. Einer unserer Aufseher erklärte, daß sie in den Strafbunker gebracht würden. „Nur wenige überleben einen längeren Aufenthalt dort", sagte er. „Und wenn sie ihn überleben, dann sind sie physisch und psychisch für ihr Leben gebrochen." Der Strafbunker hatte weder Licht noch Toilette. Er war kaum groß genug, daß eine Person darin aufrecht stehen konnte. „Sie hätten besser daran getan, in den Elektrozaun zu gehen", fügte der Aufseher noch hinzu.

An einem anderen Tag hörten wir, daß es keinen weiteren Bedarf mehr an Häftlingen als Arbeiter gab, und daß wir nirgendwohin gehen würden. Das war das

Schlimmste, was man uns sagen konnte. Nicht gebraucht zu werden, bedeutete, daß man entbehrlich war. An Mengeles Selektionen lebendig vorbeigekommen zu sein, war nur eine Gnadenfrist, dachten wir. Es war uns längst klar, daß nur unsere Arbeitskraft unser Überleben sichern konnte. Über einen gewissen Punkt hinaus müßig zu sein, war eine Bedrohung unseres Lebens. Ich war nicht länger so optimistisch zu glauben, daß wir Auschwitz jemals lebend verlassen würden. Nach all den Jahren, in denen wir am Rande der Existenz gelebt hatten, ergaben wir uns unserem Schicksal und dem, was es für uns bereithielt, und wir dachten nicht mehr langfristig an die Zukunft.

Eines Tages ließ uns der Kapo über eine Stunde draußen im kalten Regen stehen, und als wir endlich in den Block zurück durften, waren wir völlig durchnäßt. Wir hängten unsere Kleider auf, damit sie trocknen konnten. Als der Kapo dies bemerkte, fragte er, wer auf diese Idee gekommen sei. Da wir es alle gleichzeitig getan hatten, bekannte sich niemand schuldig. Dann befahl er uns, nackt nach draußen zu gehen und um den Block herum zu laufen. Wir mußten an ihm – er stand in der Tür – vorbei, und jeder bekam einen Peitschenhieb. Mendele war schwer geschlagen worden; einige Striemen auf seinem Rücken bluteten, aber er gab keinen Laut von sich. Ich dachte bei mir, daß das Herz dieses Jungen aus Stein sein müsse. Der Regen tropfte an uns herab, und als ich mich umsah, erinnerte mich dieses Bild an Vieh auf der Weide. Wir wurden hier ja auch wie Vieh behandelt: als Herde lebend, zusammengetrieben und sogar gebrandmarkt wie Vieh. Später bekam einer der Gefangenen, Moishe Czernicki, Fieber und wurde in die Krankenstation verlegt. Keiner von uns hat ihn je wieder gesehen oder etwas von ihm gehört.

Seit über zwei Wochen lebten wir nun schon in dieser Isolation. Die äußerst knappen Essensrationen hielten uns kaum am Leben. Wenn die Sonne nicht schien, war das ganze Lager erfüllt von schwarz aufsteigendem Rauch. Bis jetzt hatte es uns nicht an Durchhaltevermögen gefehlt, aber jetzt waren wir an einem Tiefpunkt angelangt. Die Realität schien verdreht und verzerrt. Manchmal starrten wir einfach nur in die Luft. Manche wanderten unermüdlich und einsam um die Baracken. Wir hatten Mengeles Selektion überlebt, aber jetzt waren wir dazu bestimmt, das Leben einfach vorbeirauschen zu lassen. Trotzdem kamen Selbstmorde selten vor, nur ein paar jüdische Häftlinge waren auf diese Weise gestorben. Vielleicht hatten uns die bereits durchgemachten Erlebnisse mit einem extra starken Überlebenswillen ausgestattet. Die unerschrockenen Gläubigen beteten nach wie vor jeden Tag. Ich war erstaunt, daß sie immer noch Wort für Wort die verschiedenen Morgen-, Mittags- und Abendgebete auswendig wußten.

Bald darauf kamen einige Zivilisten in den Block. Sie wurden von Hauptsturmführer Rudolf Höß begleitet, dem Kommandanten von Auschwitz. Die einstimmige Meinung der Blockführer war, daß sie von der I.G. Farben kamen, einem großen deutschen pharmazeutischen Konzern, der bereits Gefangene im nahegelegenen Buna-Lager beschäftigte. In Buna stellte die I.G. Farben synthetischen Gummi her, und wir hatten gehört, daß die Todesrate der Häftlinge dort sehr hoch war, so daß ununterbrochen Bedarf an Ersatz herrschte. Wir glaubten, daß selbst das besser sein mußte als unsere jetzige Situation. Wir wollten nur noch raus hier.

Endlich bekamen wir den Befehl, das Lager zu verlassen. Kurz nach 5 Uhr morgens bekam jeder von uns Lederschuhe mit Holzsohlen, die unsere Holzpantinen ersetzten. Nach dem Appell erhielten wir sogar eine großzügige Portion Brot und mußten uns dann aufstellen. 800 von uns waren Arbeiter, dazu kamen 25 weitere Gefangene, darunter Richard Grimm, die unsere Aufseher waren. Wir wußten nicht, wohin wir gingen. Außer Grimm hatten alle niedrige Nummern. Soweit ich mich richtig erinnere, hatte Klaus Koch – der unser Koch wurde – die niedrigste Nummer. Zufällig wurde ein SS-Mann sein Chef, der den gleichen Namen hatte. Die meisten Arbeiter trugen grüne Dreiecke, die Farbe stand für Kriminelle, aber es waren auch politische Gefangene darunter und sogar ein Homosexueller, der ein rosafarbenes Dreieck aufgenäht hatte.

Beim Verlassen des Lagers nahmen Josek und ich unseren Vater zwischen uns. Ich schaute auf und sah das paradoxe Schild von Auschwitz: „Arbeit macht frei“. Als wir das Hauptlager verließen, hatte ich das Gefühl, noch eine Frist eingeräumt bekommen zu haben. Eine große Gruppe von Menschen wurde gerade in das Lager geführt. Es waren Zigeuner, und mir kam der Widerspruch in den Sinn, daß gerade sie, die ihre geistige Unabhängigkeit so liebten, jetzt in Auschwitz ebenfalls in Ketten gelegt wurden. Ich erinnerte mich daran, wie sehr ich als Junge die Zigeunermusik liebte. Sie konnten die Geige gleichzeitig zum Weinen und Lachen bringen. Als ich noch in der Schule war, lernte ich Mandoline spielen und hatte eine einzigartige Begegnung mit einem Zigeunermädchen. Sie war ungefähr so alt wie ich, etwa zwölf Jahre, und sehr hübsch. Als sie zur Rückseite unseres Hauses kam, wo ich Mandoline spielte, blieb sie stehen und hörte mir eine Weile zu. Dann überredete sie mich, mit zu ihrem Lager zu kommen, das nicht weit entfernt von unserem Haus war. Zunächst war ich ein wenig ängstlich, da ich davor gewarnt worden war, daß Zigeuner dunkelhaarige Kinder entführen würden. Ich ging aber trotzdem mit, und auch später besuchte ich sie noch einige Male. Mit der Zeit lernte ich das, was uns unterschied, schätzen. Ich mochte ihren Gemeinschaftssinn und das aufregende Nomadenleben, das sie führten. Nach einiger Zeit zogen sie weiter – und das Zigeunermädchen und ich waren verliebt. Drei Wochen später kam sie wieder zurück und bestand darauf, bei uns zu leben. Das war eine schwierige Situation für meine Eltern. Schließlich bekamen sie heraus, wo ihre Familie sich nun befand, und Papa kaufte ihr eine Fahrkarte und schickte sie zu ihren Leuten zurück.

Wir marschierten immer weiter und mit uns siebzig Kroaten und zwanzig Angehörige der deutschen Waffen-SS. Die meisten waren Rottenführer und Unterscharführer. An der Spitze ging ein statuenhafter, furchtlos aussehender SS-Mann. Es war Hauptscharführer Otto Moll, unser zukünftiger Kommandant. Gerüchten zufolge hatte Moll eine wichtige Rolle in Auschwitz gespielt, wo er in weniger als einem halben Jahr vom Rang eines Oberscharführers über den eines Hauptscharführers zum Kommandanten aufgestiegen war. Diese sagenhafte Beförderung verdankte er seiner besonderen Geschicklichkeit im Töten. Er hatte den Weg bereitet für das Giftgas Zyklon B, das nun aus Kanistern in die unechten Duschbrausen tropfte, was er mit seinem Lieblingsspruch kommentierte: „Laß sie fressen!"

Es war nun Spätsommer 1943. Dem Quarantäneblock in Auschwitz lebendig entkommen zu sein, war eine Metapher für Freiheit. Unser Schicksal, so dachten wir, hat sich gewendet. Wir waren nahe daran gewesen, den Todesstoß zu empfangen, und jetzt war uns ein neues Leben geschenkt worden. Ärger stieg in mir auf, als wir an Leuten vorbeikamen, die ein fast normales Leben führen durften. Ich wünschte, ich wäre nie als Jude geboren worden. Beim Marschieren strauchelte ich in meinem Holzschuhen. Es war Mittag, die Sonne stand hoch, und wir waren gerade an der kleinen Stadt Lędziny vorbeigekommen. Uns wurde befohlen, die Straße zu verlassen und uns hinzusetzen. Es war ein schauriges Gefühl: Das Gras fühlte sich verbrannt und tot an, wie nach einer Hungersnot. Jeder, der so glücklich war und noch ein Stück Brot hatte, aß es schnell auf, und bald ging unser Zug an einem anderen Lager, Günthergrube, vorbei und nach Norden weiter. Nach einigen Kilometern kamen wir zu dem Dorf Piast. Nicht allzu weit von hier und auch von der Straße aus zu sehen, lag ein anderes Lager mit einem seltsamen Namen: Janina. In Polen war das ein beliebter Mädchenname. Einen Kilometer weiter lagen zwei weitere Lager an der Straße; ein Lager war Ostland, hier wohnten polnische und russische Frauen; das zweite Lager war Lager Nord, in dem russische Kriegsgefangene lebten. Als nächstes kamen wir an einen Ort namens Wesola, was auf polnisch „glücklich“ bedeutet. Dies schien ein ganzes Lagerterritorium zu sein. Fünf Kilometer weiter befand sich bereits das nächste Lager, hier arbeiteten die meisten Gefangenen für die I.G. Farben. Schließlich erreichten wir Fürstengrube. Dies würde nun unser neues Heim sein. Wir waren nur ca. 16 Kilometer von Auschwitz I entfernt.

13 Fürstengrube

Über dem Tor hing ein Schild: „Fürstengrube“. Darunter stand der Gruß der deutschen Bergleute: „Glückauf!“. Fürstengrube war ein Außenlager von Buna, Auschwitz III. Auf der einen Seite war das Land übersät mit knorrigen Bäumen, Büschen und teilweise vertrocknetem Unkraut. Das Lager war rechteckig mit einstöckigen Baracken, die – im Gegensatz zum Hauptlager in Auschwitz – erst neu errichtet waren. Die Fenster und Türen gingen zum Hof. In der hintersten Ecke standen eingezwängt zwischen den Baracken zwei Gebäude aus Betonplatten. Das ganze Lager war umgeben von einer Backsteinmauer und einem Maschendrahtzaun, der von Stacheldraht oben abgeschlossen wurde. In jeder Ecke des Lagers stand ein Turm aus Backsteinen. Unser Eintreffen in Fürstengrube war nicht so turbulent wie in den drei anderen Lagern zuvor.

Im Hof lag der Schutt von den Bauarbeiten. Wir wurden in die Mitte des Platzes geführt, in einem Viereck aufgestellt, mit dem Gesicht zum Hauptscharführer mit seiner Begleitung in der Mitte. Die Wachen hatten bereits ihre Stellungen in den Türmen und am Tor bezogen. Ein Zählappell bestätigte, daß die gleiche Anzahl angekommen war, die das Hauptlager verlassen hatte. Grimm befahl uns, den Blockführern in die Baracken zu folgen und wieder zurückzukommen, sobald uns die Blocks und Schlafstellen zugewiesen wären.

Jede Baracke bestand aus einem einzigen Raum. In diesem Raum standen fünf Reihen dreistöckiger Betten mit engem Durchgang dazwischen. Auf den Schlafstellen lagen Strohsäcke, Kopfkissen und Zudecken aus Sackleinen. Dies war das Zuhause für ungefähr 140 von uns. Als wir in den Hof zurückkamen, ging die Sonne unter. Sobald wir alle in Reih und Glied standen, unterwies uns Moll: „Ich bin euer Lagerführer hier. Diejenigen, die bereit sind, hart zu arbeiten, sind in Sicherheit." Dann zeigte er auf die SS-Männer, die hinter ihm standen. „Rapportführer Anton Lukoschek", sagte er, „ist mein Stellvertreter". Ihm unterstellt, so erklärte er weiter, seien Arbeitsdienstführer Schwiętny und Blockführer Pfeiffer. Dann folgte SS-Rottenführer Adolf Voigt, der, so führte Moll weiter aus, für den KB zuständig war. Zuletzt zeigte er auf Klaus Koch, der die Küchenaufsicht führte.

Moll war ungefähr 45 Jahre alt, wog ca. 120 Kilo und war nur von durchschnittlicher Größe, was für einen SS-Mann ungewöhnlich war. Trotz alledem hielt er sich gut. Mit seinen breiten Schultern und dem muskulösen Körper wirkte er jugendlich. Er hatte kurze blonde Haare, und in seinem scharf geschnittenen Gesicht stachen zwei kalte blaue Augen hervor, von denen eines künstlich war. Er hatte nur noch ein Auge – das zweite hatte er im Kampf in Frankreich verloren. Wenn er sprach, bewegte sich also nur ein Auge. In dem Herzen unter der gewaltigen Brust schien kein einziges wahres Gefühl zu wohnen. Insgesamt jedoch sah er in der schmucken Uniform und in den kniehohen Stiefeln wie ein preußischer Krieger aus – oder wie ein Junge auf einem Plakat der Nazis. Moll kündigte noch an, daß Richard Grimm wieder unser Lagerältester sein würde, dann ging er.

Gewöhnlich waren die Kapos eine führende Gruppe, aber das bedeutete keineswegs absolute Sicherheit für sie. Selbst ein Lagerältester konnte seine Macht verlieren, wie es Kurt Goldberg in Gutenbrunn passiert war. Dort waren Kapo Michael, ein Kapo August, Kapo Karl, Kapo Hermann, Kapo Wilhelm, Kapo Olschewski, Kapo Jurkowicz und andere. Ihnen war es natürlich nicht recht, daß Grimm, ein Neuankömmling, ihr Vorgesetzter wurde, aber zunächst verhielten sie sich ruhig. Grimm besprach sich mit ihnen und wandte sich dann an uns.

„Hier werden wir in einem Kohlenbergwerk namens Fürstengrube arbeiten", sagte er. Dann zeigte er auf die hinter ihm stehenden Kapos. „Sie werden euch zur Mine und wieder zurück bringen. Jeder Block wird auch einen Blockkapo haben." Grimm bestimmte dann Goldstein, unseren früheren Verantwortlichen im Sanitätsraum, als Friseur und je zwei weitere als Schuster, Schneider sowie sechs Häftlinge, die als Zimmerleute im Lager arbeiten mußten. Sie sollten unter der Aufsicht von Kapo Josef Hermann helfen, das Lager fertig aufzubauen. Es waren viele Ärzte unter uns, unter anderen auch Seidel aus Gutenbrunn, es wurde aber

ein anderer Arzt namens Lubicz für den KB bestimmt. Alle anderen wurden nun in drei Gruppen aufgeteilt, die in jeweils achtstündigen Schichten in der Grube arbeiten sollten. Die Frühschicht dauerte von 6.00 bis 14.00 Uhr, die zweite Schicht von 14.00 bis 22.00 Uhr, und die letzte begann um 22.00 Uhr und endete am Tag darauf um 6.00 Uhr. Unsere einzige Überlebenschance schien darin zu bestehen, für die Kriegsmaschine des Dritten Reichs verwendbar zu sein.
Kapo Hermann trug ein einfaches rotes Dreieck ohne gelbe Ecken, er war folglich ein politischer, nicht-jüdischer Häftling. Nathan Green wurde Blockkapo von Block vier, zu dem Papa, Josek und ich gehörten. Er war der einzige jüdische Kriminelle, den ich in Auschwitz getroffen habe, und kam aus der Nähe von Kattowitz. Ich habe nie erfahren, welcher Delikte er überführt worden war. Green war groß, gepflegt und gutaussehend. Er trug wie die anderen Kapos bessere Gefangenenkleidung, die ihn von den gewöhnlichen Häftlingen unterschied. In dieser verkehrten Welt war es keine Schande, ein Krimineller zu sein, Kriminelle hatten sogar sehr viel Erfolg in Auschwitz, da sie jegliche Befehle der Nazis ausführten. Greens Häftlingsnummer war bei 70000, was bedeutete, daß er mindestens seit eineinhalb Jahren in Auschwitz war. Es war demütigend, nun von den niedrigsten Elementen der Gesellschaft beherrscht zu werden.
Nichts entging Greens schlauen grauen Augen. Systematisch kürzte er unsere Essensrationen – nicht nur für sich selbst, sondern auch für seine Freunde. Papa, Josek und ich arbeiteten in der Frühschicht, verließen also das Lager um 5.00 Uhr. Das war die beliebteste Schicht, aber leider wurde jede Woche gewechselt. Die Nachtschicht ließ uns nur wenig Zeit zum Schlafen, da es tagsüber im Lager unruhig war.
An unserem ersten Arbeitstag kamen Richard Grimm und Kommandant Moll bereits an, als es noch dunkel war. „Raus, raus, alle raus, schnell!“, brüllte Grimm. Nathan Green schrie: „Alle aufstehen!“. Wir bekamen unsere üblichen Rationen und dazu Anzüge und Lampen der Bergleute. Um 5.30 Uhr führten uns Scharführer Pfeiffer und Kapo Michael Puka aus dem Lager. Kapo Puka, ein deutscher Krimineller, zeigte sich kaltblütig und sadistisch. Als Langzeithäftling – er war unter den ersten 15000 – genoß Puka ein gewisses Ansehen im Lager. Er war unter allen Kapos der gefürchtetste, obwohl er nur 1,70 Meter groß war. Er sprach nur in Verwünschungen zu uns, und seine Beleidigungen waren von Zähneknirschen begleitet. „Scheiß Juden“ war noch die mildeste Bezeichnung für einen jüdischen Häftling. Er war zynisch und machte uns lächerlich.
Ungefähr 200 von uns standen unter Pukas Befehl. Wir hatten nun das Lager verlassen und kamen an einem Friedhof vorbei. Die Grabsteine dort waren von Unkraut überwuchert, einige waren umgekippt und lagen auf dem Boden. Zweieinhalb Kilometer weiter kamen wir an eine Baracke mit schiefem Dach. Es sah

zunächst gar nicht nach einer Mine aus, aber als einige Männer in Overalls mit Lampen und Eßpaketen in der Hand herauskamen, war klar, daß wir angekommen waren.

Im Polen der Vorkriegszeit war dieses Bergwerk als Harceska-Mine bekannt, die seit mehr als zwanzig Jahren stillgelegt war. Gummi war entscheidend für die deutsche I.G. Farben-Industrie, und Kohle wurde nun gebraucht, um synthetischen Gummi herzustellen. Als die Deutschen 1939 dieses Gebiet besetzten, öffneten sie die Mine wieder und nannten sie Fürstengrube. Die nahegelegene Günthergrube hatte eine ähnliche Geschichte. Sie trug ihren Namen zu Ehren von Günther Falkenhahn, dem Direktor der I.G. Farben.

Die ersten dreißig Männer – darunter Josek, Papa und ich – wurden mit einem handbetriebenen Aufzug in den Schacht hinabgelassen. Wir konnten die Kohle förmlich riechen. Ich wußte, daß Bergleute hart und immer unter Gefahren arbeiteten, aber mir war nicht klar, worin diese Gefahren bestanden. Keiner von uns hatte je eine Mine gesehen, geschweige denn, daß er darin gearbeitet hätte. Als der Aufzug anhielt und die Türen sich öffneten, kam uns schon dicker Kohlenstaub entgegen. Der Luft fehlte der Sauerstoff; sie war voller Kohlenstaub. Wir konnten kaum die Hand vor Augen sehen. Als sich endlich die Augen daran gewöhnt hatten, sahen wir einen langen Gang mit einem Gleis und Loren in der Mitte. Ein Aufseher nahm meinen Vater und mich mit, ein anderer führte den Rest der Gruppe die Gleise hinab. Wir folgten unserem Aufseher in einen Stollen. Dort lagen Kohlebrocken, deren Gewicht von wenigen Gramm bis zu 14 Kilo ging. Einige staken noch in den Wänden. „Dieser Stollen ist gestern gesprengt worden", sagte der Vorarbeiter und gab uns Schaufeln und Eimer. Unsere Aufgabe war es nun, die Eimer zu füllen und die Kohle in die Loren zu laden.

Der Stollen war kaum groß genug für uns beide, und das einzige Licht kam von unseren Lampen. Wir begannen zu arbeiten: auf Knien und mit gesenkten Köpfen. Der Kohlengeruch machte uns schwindelig. Zu Mittag brachten uns einige Häftlinge Suppe herunter: die üblichen Rüben in Wasser und – mit viel Glück – eine Kartoffel. Dann sahen wir Josek wieder. Er erzählte uns, daß er mit zwei anderen die gefüllten Loren an das Ende der Grube brachte, von wo aus eine Lokomotive sie weiterzog. Inzwischen waren wir alle müde und matt und so schwarz wie Schornsteinfeger. Kohlenstaub hatte sich in Mund und Nase festgesetzt und die Haut geschwärzt. Die Kapos Puka und Pfeiffer erwarteten uns schon, als wir um 14.00 Uhr nach oben kamen. „Eins, zwei, drei", schrie Puka und forderte, daß wir zum Lager zurückgingen. Als wir uns dem Lager näherten, führte er eine regelrechte Farce auf: „Mützen ab! Mützen auf!", rief er. An diesem Tag verprügelte er grundlos einen Häftling, um sich bei Pfeiffer einzuschmeicheln.

Einmal am Tag Suppe und ein kleines Stück Brot, zweimal am Tag Kaffee – das zog zwangsläufig eine weitere Verschlechterung unseres Gesundheitszustandes nach sich. Zosia, Stasia und all die anderen freundlichen Geister, die uns in der Vergangenheit geholfen hatten, waren weit weg; die Zeiten waren hart geworden. Nach ein oder zwei Wochen schmerzten unsere Arme von den schweren Schaufeln, aber noch schwieriger war es, die Kohlenbrocken mit den Händen zu den Loren zu tragen, und unsere Hände waren schwielig und aufgesprungen. Der Kohlenstaub grub sich förmlich in die Haut ein, und die übliche fettfreie Seife konnte ihn nicht abwaschen. Meine Augenlider sahen aus, als ob sie mit Wimperntusche geschminkt seien. Papa und Josek sahen nicht besser aus. „Es dauert nicht mehr lange, dann sind wir alle schwarze Muselmänner!", dachte ich.
Die meisten Schachtmeister hier waren Polen, es gab aber auch einige Deutsche und sogar Volksdeutsche. Die meisten zeigten sich als vernünftige und anständige Menschen, aber mit der Zeit übernahmen sie doch die Taktik der Kapos und mißhandelten und schlugen uns. Bald bekamen wir heraus, daß Hauptscharführer Moll physische Bestrafung der Häftlinge als sein Privileg ansah, und er mochte es gar nicht, von anderen in den Hintergrund gedrängt zu werden. Als Moll eines Tages erfuhr, daß ein Häftling von einem Vorarbeiter bis zur Arbeitsunfähigkeit geschlagen worden war, befahl er den Schachtmeistern, die Bestrafung der Häftlinge sofort einzustellen und stattdessen die Vergehen der Häftlinge im Lager zu melden. Kurz darauf bat ein Häftling seinen Vorarbeiter, für ihn einen Brief aufzugeben, wie er es auch schon oft zuvor getan hatte. Diesmal jedoch erstattete der Vorarbeiter Kapo Puka Bericht. Puka seinerseits gab es an Pfeiffer weiter, und Pfeiffer ordnete die Bestrafung des Gefangenen bei Rückkehr in das Lager an. Von da an wagte es niemand mehr, einen Brief weiterzugeben.
Anfang Dezember 1943 fiel der erste Schnee, der Winter hielt Einzug. Unsere Schwierigkeiten wuchsen, da jetzt auch noch die Kälte ihre Opfer forderte. Jeden Tag war mindestens ein Häftling unfähig, den Weg von der Arbeit in das Lager alleine zu gehen. Papa hatte eines Tages das Glück, eine Extraportion Brot zu bekommen. Er hob es den ganzen Tag auf, um es am Abend mit seinen Söhnen zu teilen. Das war ein Freudentag für uns: zum ersten Mal etwas zusätzlich zu essen, seit wir Gutenbrunn verlassen hatten.
Am Ende eines Arbeitstages konnte ich kaum mehr die Hände geradebiegen, die Fingerknöchel waren blutig gequetscht. In der Zwischenzeit war auch das Lager angewachsen. Zwei weitere Ärzte wurden in den KB abkommandiert, und endlich bekam auch Dr. Seidel seine frühere Stellung wieder.
Josef Hermanns Sonderkommandos errichteten zwei weitere Baracken, einen Anbau an den KB, und ein Raum in Baracke 7 wurde als Strafzelle abgeteilt.

Hermann, der Architekt, hielt immer Distanz zu uns anderen jüdischen Häftlingen. Und doch war er anders als die anderen Kapos, er trug z.B. häufig die Armbinde der Kapos nicht. Der Lagerschreiber Willy Engel gewann langsam an Bedeutung im Lager. Er verwahrte die Lagerakten und beförderte die Briefe der SS-Männer. Hermann kam aus Nürnberg und Willy aus Prag. Willy war zusammen mit seinem Zwillingsbruder einen Monat zuvor nach Fürstengrube gekommen. Manchmal hatte man Schwierigkeiten, die beiden auseinanderzuhalten. Willy hatte einen Abschluß in Betriebswirtschaft der Prager Universität, an der Viky, sein Bruder, Chemie studierte. Willy hatte einen klaren Verstand und war vernünftig, während Viky ein wenig zynisch war. Ich lernte beide kennen und mochte sie. Da alle Post durch die Schreibstube lief, in der Willy arbeitete, kannte er die uns betreffenden Angelegenheiten. Wie die meisten Lagerangestellten erhielt er „Kapo-Rationen" und konnte so seinem Bruder helfen, der mit mir in der Mine arbeitete.

Wichtig ist noch zu erwähnen, daß sich ein Häftling nicht über einen Kapo beschweren konnte, ganz egal, was der Kapo auch getan hatte. So konnten sich die betrügerischsten Kapos weitgehend der Strafe entziehen. Sie besaßen Zigaretten, Wodka und richtige Lederschuhe. Manche hatten eigene Zimmer mit Möbeln – sogar richtige Betten. Das beste Beispiel ist das Zimmer von Blockkapo Michael Eschmann. Die Wände waren abwechselnd blau, rot, gelb und grün gestrichen, die Decke war purpurrot und der Boden war von einem glänzenden Rosa. Dieser Raum sah so verrückt aus, daß ich es nie vergessen habe.

Srulek Lipschitz war ein jüdischer Häftling, der sich ein wenig mit Elektrotechnik auskannte und deshalb ab und zu Radios für die SS reparierte. Bei einer solchen Gelegenheit hörte er BBC-Nachrichten. Anders als der Klatsch, den wir sonst hörten, waren die paar Fetzen, die er aufgeschnappt hatte, für uns äußerst wertvoll. Er berichtete, daß die Alliierten angreifen würden. Alles, was er erzählte, ließ in uns das Gefühl aufkommen, daß die Arme der Alliierten bis zu uns reichen würden. Aber wir hatten auch die Befürchtung, daß der Haß der Nazis auf uns so groß war, daß der Vormarsch der Alliierten unseren Tod beschleunigen könnte. Wir zweifelten, ob die Nazis uns je gehen lassen würden. Srulek hörte eines Tages zufällig das Gespräch zweier SS-Männer über eine jüdische Frau, die einen Aufseher erschossen hatte, bevor sie in die Gaskammer ging. Dies hörten wir später ebenfalls von anderen Häftlingen.

Wir hatten immerzu Hunger. Manchmal schloß ich die Augen und stellte mir etwas zu essen vor. Meine Kräfte ließen sehr nach, ich hatte nicht mehr viel Fleisch und Muskeln auf den Knochen. Ich fürchtete mich vor jedem kommenden Tag, und auch Papa und Josek verfielen immer mehr. Mein Vater hatte früher 92 Kilo gewogen – jetzt nur noch die Hälfte davon. Wie lange würden wir noch durchhalten? Die Hoffnung schwand immer mehr.

14 Der Zahnarzt von Auschwitz

Gewöhnlich wartete ich bis kurz vor der Ausgangssperre, um mich zu waschen, denn so konnte ich den Kampf um einen freien Wasserhahn umgehen. Als ich mich eines Abends gerade entkleidete, kam rein zufällig Richard Grimm herein. In Gutenbrunn hatten wir viel Kontakt gehabt: ich war der Zahnarzt, und so hatten wir uns jeden Tag gesehen. Aber hier war es anders. Ich war nur ein gewöhnlicher Grubenarbeiter, und er war der Lagerälteste.

Ich drehte mich zu ihm um, und er schaute mich prüfend an. „Ich dachte mir schon, daß ich dich hier finden würde", sagte er. „Der Hauptscharführer will im Lager eine Zahnstation einrichten." Dann fuhr er besorgt fort: „Schau dich an. Du siehst wie ein Muselmann aus. In deiner Verfassung wird er dich nie als Zahnarzt nehmen."

Ich wußte, daß er recht hatte. Noch dazu gab es jetzt einige Zahnärzte in Fürstengrube, die besser ausgebildet waren als ich. „Richard", flehte ich ihn an, als er mich weiter musterte, „wenn er mir nur die Chance gibt, ich versichere dir, ich kann es machen." Er versprach mir nichts, aber er warf mir einen langen und hoffnungsvollen Blick zu und sagte, er würde es versuchen.

Der kalte Dezember machte sich vor allem während der Morgenappelle bemerkbar. Als eines Tages unsere Gruppe durchgezählt und die Anzahl der Kranken an Moll weitergegeben worden war, schrie Grimm: „Zahnarzt von Gutenbrunn! Sofort beim Hauptscharführer melden!"

Mein Herz schlug bis zum Halse. „Kann das möglich sein?", fragte ich mich, als ich mit einer Kraft, die ich mir gar nicht mehr zugetraut hatte, nach vorne rannte. Wie gefordert, blieb ich zwei Meter vor ihm stehen, stolperte und wäre fast gestürzt. „Herr Hauptscharführer, Häftling 141129 meldet sich gehorsamst zu Ihren Diensten."

Ich hatte Angst. Zum ersten Mal sah ich Moll so nahe. Er taxierte mich mit seinem gesunden, kalten und kritischen Auge. Moll duzte uns Häftlinge nie. „Bleiben Sie stehen", sagte er. Unbehaglich stellte ich mich neben ihn; alle Häftlinge starrten mich an. Zwanzig Minuten vergingen, bis die Arbeitskommandos weggetreten waren. Dann sprach Richard Grimm: „Dieser Mann war unser Zahnarzt in Gutenbrunn, wie ich Ihnen gegenüber bereits erwähnt habe, Herr Hauptscharführer." Begierig hörte ich, was er sagte, und beobachtete dabei Molls Reaktion, denn von seiner Antwort hing meine Hoffnung ab.

„Zeigen Sie mir Ihre Hände“, sagte der Kommandant. Mit den Handflächen nach oben streckte ich ihm meine Arme entgegen. „Guter Gott! Wie kann er Zahnarzt sein mit diesen verletzten Händen? Schauen Sie, Grimm! Lassen Sie ihn im Lager bleiben, bis seine Hände geheilt sind“, sagte Moll. Ungläubig starrte ich ihn an, während sein gesundes Auge mich weiter fixierte. Nie habe ich diese menschliche, fast liebevolle Art und Weise, in der er sprach, vergessen. Ich war nahe daran gewesen aufzugeben, und dann kam mir dieser Nazi zu Hilfe.
Grimm begleitete Moll zum Tor, und als er zurückkam, sagte er, daß Moll eine Zahnstation in Block 7 angeordnet hatte. Das war die Schreibstube nahe am Lagereingang. Er trug mir auf, ihn wissen zu lassen, sobald sie fertig sei. Moll hatte zudem Extra-Rationen für mich angeordnet, und das hatte natürlich auch weitreichende Konsequenzen für meinen Vater und meinen Bruder. Von diesem Tag an konnte ich meine zusätzlichen Lebensmittel mit ihnen teilen. Ich erholte mich ebenso schnell wie meine Hände.
Jeder müßige Häftling zog die Aufmerksamkeit und die Wut der Kapos auf sich. Ganz gleich, was der Kommandant angeordnet hatte: sie hatten wenig Verständnis für einen Häftling, der nicht arbeitete. Ich erinnerte mich an die Lagerregel: Arbeit ist das beste Rezept, um nicht zu sterben. Da ich meine Chance nicht aufs Spiel setzen wollte, meldete ich mich wie in Gutenbrunn freiwillig zum Dienst im Sanitätsraum. Der Krankenbau hatte sechzig Betten.
Oberkapo Josef Hermann traf ich zum ersten Mal, als der Bau der Zahnstation begann. Es gab eine Werkbank für mich und Sitzgelegenheiten im Wartezimmer. Der Sanitätsdienstgefreite, kurz SDG genannt, gehörte zur Waffen-SS, hatte aber einen niedrigen Dienstgrad und kaum eine Ausbildung in Erster Hilfe. Er stand dem KB und damit der Zahnstation vor. Sein Rang war Unterscharführer und sein Name Adolf Voigt. Seine Pflichten nahm er nicht sehr genau: Er kam in den Sanitätsraum, schaute sich um und ging wieder.
Selbst der schlimmste, niedrigste Dienst in einem Lager konnte den Unterschied zwischen Leben und Tod bedeuten, und deshalb nahmen viele Gefangene ängstlich jede Arbeit an, selbst wenn dadurch die Nazis unterstützt wurden. Glücklicherweise war ein Lagerzahnarzt nicht in diesem Zwiespalt.
Nach ein paar Tagen hatte Josef Hermann die Zahnstation fertig eingerichtet. Ich bekam einen nagelneuen Lageranzug und ein Paar richtige Lederschuhe, was mich von den Häftlingen der Arbeitskommandos unterschied. Außerdem genoß ich weiterhin die Privilegien in der Küche. Von nun an war ich nicht mehr länger der stumme Häftling, und von nun an brauchte ich weder Kapos noch Vorarbeiter zu fürchten. Selbst Kapo Puka bezeugte mir Achtung. Die Station war nun fertig, aber noch fehlte mir jegliche Ausrüstung. Ich wagte es nicht, Moll darum zu bit-

ten, deshalb fragte ich Grimm, und er sagte mir, daß die Geräte am nächsten Tag kämen. Um 14.30 Uhr kam Moll auf seinem Motorrad in das Lager, gefolgt von einer Ambulanz. Er befahl dem Fahrer, einem SS-Mann, mir beim Abladen zu helfen. Ich konnte kaum glauben, was ich nun sah: Sie brachten nicht nur die modernste zahnärztliche Ausrüstung, Instrumente und sonstige Hilfsmittel, sondern auch ein vollständiges Zahnlabor.
Als mein Bruder von der Grube zurückkam, half er mir, einen elektrisch verstellbaren Stuhl aufzustellen. Dieser Stuhl war komplett mit Bohrer und Oberlicht eingerichtet. Manche der Instrumente sahen völlig neu aus. Unter den Hilfsmitteln waren einige Ampullen Novokain, zahnärztliche Lehr- und Handbücher und ein Terminkalender mit dem Namen Dr. Władzimierź Kamienski. Sofort vertiefte ich mich in die Handbücher. Wie Grimm mir später erzählte, hatte Moll im nahegelegenen Sosnowitz die Einrichtung eines polnischen Zahnarztes konfisziert.
Während des Zählappells am nächsten Tag kündigte Grimm die neue Zahnstation an. „Die Arbeit darf aber nicht unterbrochen werden, um zum Zahnarzt zu gehen", sagte er.
Meine Aufgabe bestand einzig und allein im Zahnziehen. Mit dem wenigen Novokain mußte ich sparsam umgehen, deshalb benutzte ich eine Ampulle für zwei oder mehr Extraktionen. Für die Füllungen verwendete ich Silikon oder Phosphatzement. Das Hauptproblem der Häftlinge war Zahnfleischbluten, bedingt durch Vitaminmangel und das völlige Fehlen von Zahnbürsten und Zahnpasta. Eine vorübergehende Schmerzlinderung konnte ich durch das Bepinseln des Zahnfleischs mit Jod erreichen.
Neben der Zahnstation befand sich die Schreibstube, in der Willy Engel arbeitete, und auf der anderen Seite war die Strafzelle, die von der Zahnstation nur durch eine dünne Sperrholzwand abgetrennt war. Ich konnte die Schreie hören, wenn Häftlinge mißhandelt wurden. Einige Tage später berichtete mir Willy, daß eine Hinrichtung in Fürstengrube bevorstand. Ich war nicht darauf gefaßt gewesen, noch weitere Hinrichtungen mit ansehen zu müssen. Hinrichtung durch Erhängen war mir nicht neu, aber es war trotzdem jedesmal wieder eine schreckliche Erfahrung. Ich wußte, daß die SS hier in Auschwitz ganz andere Mittel hatte, uns umzubringen.
Ende Dezember 1943 stand fest, daß der Krieg für die Nazis verloren war, und wir erwarteten, daß sie uns nun anders behandeln würden. Normalerweise konnten die von der Schicht zurückkehrenden Männer ihrer jeweiligen Beschäftigung nachgehen, aber eines Tages wurden sie in den Teil des Lagers geführt, wo die Galgen standen. Ein lautes Hornsignal bedeutete für uns andere, uns ebenfalls dort einzufinden. Bald darauf wurden einige Häftlinge in den Hof gebracht. Sie wirk-

ten verstört, fast gleichgültig. „Häftling Nr. ... ist der Sabotage am Dritten Reich für schuldig befunden worden und wird zum Tod am Galgen bestimmt", verkündete die Gestapo. Es wurde kein bestimmter Sabotageakt genannt, das Urteil wurde in dieser Form vor jeder Hinrichtung verlesen. Menschen für nicht näher bestimmte Vergehen zu töten, war die zynischste all ihrer abscheulichen Taten. Als die Stühle unter den Verurteilten weggezogen wurden, schnappten die Männer nach Luft, bevor sie erstickten. Die Zungen hingen ihnen heraus, und ihre Augen waren offen, aber nicht mehr klar. Es war die erste Hinrichtung in Fürstengrube, aber wir fürchteten, daß weitere folgen würden. Dem Befehl entsprechend begannen die Häftlinge um den Galgen herumzugehen. Dr. Lubicz, Dr. Seidel, Felix, ein Sanitäter und ich wurden beauftragt, die Leichen abzunehmen und in das Leichenzimmer zu bringen. Die Gesichter waren geschwollen, die Körper noch warm. Das Grauen stieg in uns hoch, als wir sie in einer Prozession, ähnlich einer Beerdigung, wegtrugen. In der folgenden Nacht meinte ich, ihre Stimmen zu hören: Waren sie ins Leben zurückgekehrt?

Da die Zahnstation nahe am Lagereingang lag, inspizierte sie SDG Voigt als erstes, wenn er durch das Tor kam. „Herr Unterscharführer, Häftling 141129 meldet sich gehorsamst zu Ihren Diensten", waren die Worte, mit denen er gegrüßt werden wollte. „Weitermachen", antwortete er gewöhnlich. Falls Voigt immer noch an das Tausendjährige Reich glaubte, so zeigte er es nicht. Er spielt hier seine Rolle, dachte ich, weil er dies den Kämpfen an der Front vorzog. Für Formalitäten schien er zwar nicht viel übrig zu haben, aber trotzdem mußte auch ich meine Rolle spielen. Er erlaubte mir, eine Pritsche im Labor aufzustellen und dort zu schlafen. Ich mußte nun auch nicht länger zu den täglichen Zählappellen antreten. Allmählich jedoch wurde Voigts Gleichgültigkeit auch für Moll offensichtlich, und er wurde durch Unterscharführer Günther Hinze ersetzt. Während Voigt seine Aufgaben eher auf die leichte Schulter nahm, war Hinze von einem ungewöhnlichen Eifer getrieben. Er war ein Psychopath und beängstigender Judenhasser. Hinze war ungefähr 23 Jahre alt, hatte glattes rötliches Haar und schielte stark. Eine breite Narbe zog sich vom Haaransatz bis zur linken Schläfe. Ich spürte sofort seine Arroganz.

Als er zum ersten Mal in die Zahnstation kam, sah er mich mit kaltem Blick an, was sein Gesicht noch mehr verzerrte. Ich arbeitete weiter im Labor; er schaute mir zu und begann, alles zu kritisieren, was ich tat. Sobald ich etwas sagte, zerpflückte er meine Worte und widersprach mir. Als er endlich ging, machte ich mir Sorgen. Willy Engel erzählte mir, daß Hinze an der Ostfront schwer am Kopf verwundet worden war. Nachdem er sich von der Operation erholt hatte, war ihm eine neue Aufgabe zugeteilt worden: die eines SDG in Fürstengrube. Am nächsten Tag inspizierte Hinze die Zahnstation. Mir war klar, daß er an der Ordnung herumnörgeln würde, also hatte ich alles an seinem Platz. Er öffnete die Tür und schaute mich verächtlich an. Dann strich er mit seinen weißen Handschuhen über die Oberkante des Türrahmens, schaute den Handschuh an und sagte: „Hier ist es dreckig." Ich wußte, jetzt hatte er einen Grund gefunden, um mich zu bestrafen. Er befahl mir, auf einen Stuhl zu steigen, und zwar so, daß die Fersen über die Kanten ragten. Dann ließ er mich tiefe Kniebeugen machen und zählte dazu. Zwischendurch ließ er mich in einer besonders schmerzhaften Lage innehalten und beschimpfte und verleumdete dabei alles, was jüdisch ist.

„Du weißt, warum die Juden bestraft werden?", fragte er. „Weil sie am Krieg schuld sind." Ich sagte nichts. Es war sinnlos, ihm zu widersprechen. Ich ließ ihn seinen Dreck verspritzen und hoffte, daß es bald zu Ende sein würde. Nach einer halben Stunde sah er, daß ich völlig erschöpft war, und ging. Er war mein schlimmster Alptraum. Wenn ich morgens aufwachte, wußte ich schon, was mich erwartete. Manchmal wünschte ich, er würde sofort kommen, damit ich es hinter mir hätte. Es wurde so zur täglichen Routine, daß ich mit dem Gedanken spielte, mich vor ihm zu verstecken. Ich hatte wieder einmal eine dieser morgendlichen Prozeduren hinter mich gebracht, als Hinze am Nachmittag die gleiche Vorführung noch einmal forderte. Er setzte sich neben mich und klatschte im Takt. Nach einer Weile war ich so erschöpft, daß ich nur noch dumpf seine befehlende Stimme hörte: „Auf, nieder." Ich wurde immer langsamer und sagte ihm, daß ich einfach nicht mehr könne. Er erwiderte darauf nur: „Du hast es zu gut hier. Ich kann den Gestank eines Juden nicht ertragen." Dann ging er. Ich fiel völlig kraftlos auf den Stuhl.

Eines Nachmittags kam eine Ambulanz vorgefahren, und ein SS-Offizier betrat die Zahnstation. Ich kannte ihn nicht. „Bist du der Zahnarzt?", fragte er.

„Jawohl, Herr Hauptscharführer", antwortete ich.

Kommentarlos schaute er sich im Sanitätsraum um. Ich hatte den Eindruck, daß er billigte, was er sah. „Ich bin Dr. König. Ich bin gekommen, um die Mannschaft zu sehen", sagte er hochtrabend. Dann wies er mich an, wöchentliche Berichte zu verfassen. Er sagte weiter, die SS sei darüber informiert, daß er jeden Dienstag zwischen 16 und 18 Uhr nach Fürstengrube käme. Bevor er ging, fragte er mich, ob irgendetwas benötigt würde. „Vitamin C und Novokain in jeder Form", antwortete ich.

An Werktagen waren die meisten Häftlinge bei der Arbeit, und ich verrichtete meinen Dienst im KB. An solch einem Tag fuhr ein schwarzer Mercedes mit Chauffeur vor, und vier hochrangige SS-Offiziere betraten die Zahnstation, von denen einer mir bekannt vorkam. An ihren Abzeichen war zu erkennen, daß sie alle im medizinischen Bereich tätig waren. Dr. Lubicz erstattete den üblichen Bericht: die Anzahl der Kranken im KB und „alles in Ordnung". Während sie an Dr. Seidel, Felix, Boris und mir – wir standen alle stramm – vorbeigingen, berieten sie sich. Sie gingen weiter in den Krankensaal, und einer von ihnen fragte Dr. Lubicz, was den bettlägerigen Häftlingen fehle. Dabei hörte ich zufällig, wie Dr. Lubicz einen der Männer mit „Dr. Mengele" ansprach. In diesem Augenblick erinnerte ich mich wieder daran, daß ich ihn an jenem unvergeßlichen Morgen bei der Selektion gesehen hatte. Seine kühle Art und sein gleichgültiges Wesen waren unverwechselbar. Dr. Lubicz erzählte mir, er kenne ihn vom Stammlager her, in dem er früher gearbeitet hatte. Dr. Mengele jedoch tat so, als ob er ihn nie zuvor gesehen hätte. Lubicz kannte noch zwei weitere der Männer: Dr. Fischer und Dr. Schwartz. An jedem Bett wollte Mengele wissen, weshalb der betreffende Häftling hier war. Lubicz gab eine kurze Beschreibung eines jeden Patienten und seiner Krankheit, verbunden mit einer Einschätzung, bis wann der betreffende Patient wieder arbeiten könne. Mengele zog aber seine eigenen Schlüsse und befahl, die Nummern der von ihm ausgewählten Häftlinge aufzuschreiben. Schließlich standen von den 60 Kranken 22 auf der Liste. Diese würden abgeholt und nach Auschwitz II, Birkenau, gebracht. Lubicz versuchte zwar, einige von ihnen noch zu retten, aber seine Bitte wurde abgeschlagen. Das Urteil über all diejenigen, die auf der Liste standen, war endgültig gefällt. Die Selektierten wußten, was sie erwartete, und einer von ihnen sagte: „Ich weiß, wo ich hingehen werde", und drehte den Finger in die Luft. Am Tag darauf wurden sie in den sicheren Tod abgeführt. Das war der Beginn von Selektionen im Lager, und von nun an kamen die Ärzte wöchentlich nach Fürstengrube. Oft wurde Mengele von anderen Ärzten begleitet, meist von Fischer, der später auch allein kam und schließlich Mengele ablöste. Der einzige Grund ihres Kommens war, Menschenleben zu vernichten. Der Hippokratische Eid eines deutschen Arztes war reine Heuchelei.

Unterdessen hatten die Alliierten immer mehr Siege errungen. Nachdem die Sowjets die Deutschen aus Rußland hinausgeworfen hatten, vertrieben die britischen und amerikanischen Truppen sie aus Nordafrika. Begierig warteten wir auf jede Neuigkeit, die uns Hoffnung versprach. Wir hatten so lange überlebt und hofften nun, daß dies die letzte Dunkelheit vor der Morgendämmerung sei. Die Nachrichten sagten ein schnelles Kriegsende voraus, doch das änderte für uns nichts. Die Deutschen glaubten immer noch an ihre Unbesiegbarkeit und setzten ihre Grausamkeiten gegen uns fort. Eines Tages wurde ein Häftling mit einer Schußwunde auf einer Trage in das Lager gebracht. Ich stand daneben, als Max Schmidt, ein Unterscharführer, sich über ihn beugte und sagte: „Es ist vorbei".

Mit diesen Worten schoß er ihm zweimal in den Kopf. Daraufhin ordnete er an, ihn in das Leichenzimmer zu bringen. Ein anderer Häftling erzählte mir später, daß der Gefangene aus der Reihe getreten war; daraufhin hatte ein Aufseher abgedrückt und ihm in die Brust geschossen. Es ist durchaus möglich, daß für den Verwundeten nichts mehr getan werden konnte, aber Schmidt hätte ihn zumindest in den KB bringen lassen können, um einen Arzt zu Hilfe zu rufen. Es war das erste Mal, daß ich den sonst anständigen Schmidt jemanden umbringen sah, und es zeigte mir, wie wenig ihnen allen ein jüdisches Leben galt. Max Schmidt war kein typischer SS-Mann; eigentlich paßte er nicht in die Schablone der Nazis. Meiner Meinung nach konnte er Hitlers Unsinn nicht ernst nehmen. Aber das Böse hat viele Gesichter.

An einem anderen Tag nahm Dr. König einen Zahnabdruck, um die Brücke eines SS-Mannes zu ersetzen. Dabei fragte er mich, ob ich genug Zahngold für eine neue hätte. Das überraschte mich. Woher sollte ich Zahngold bekommen? Ich verneinte.

„Nimmst du den toten Häftlingen nicht das Zahngold heraus?“, fragte er. „Wenn nicht, dann verschwendest du eine Menge Gold.“

Ich schaute ihn ungläubig an. „Oh, Herr Hauptscharführer“, antwortete ich fassungslos.

„Warum machst du das nicht?“, fragte er mich ärgerlich.

„Ich habe das nicht gewußt. Das hat mir niemand befohlen“, sagte ich zu meiner Verteidigung.

„Von jetzt an wirst du alles Gold herausnehmen, bevor die Toten in das Stammlager gebracht werden.“

Ich war in Aufruhr. Nie hätte ich gedacht, daß jemand so tief sinken könnte. Menschen umzubringen war schrecklich genug, aber den Toten die Zähne herauszunehmen widerte mich an. Das konnte ich einfach nicht. Aber es war nicht zu umgehen, ich hatte keine andere Wahl. „Jawohl, Herr Hauptscharführer“, sagte ich verängstigt und zugleich graute mir davor.

Entsetzt oder nicht – ich mußte es tun, so schrecklich der Gedanke auch war; da ich der einzige Zahnarzt in Fürstengrube war, mußte ich es tun. Es war bei weitem das Schlimmste, was ich je im Lager tun mußte. Oft fragte ich mich, was mit mir geschehen wäre, wenn ich mich dem Befehl widersetzt hätte. Die Frage hat mich nie mehr losgelassen. Als ich zum ersten Mal das Leichenzimmer betrat, versuchte ich mir einzureden, daß das, was ich nun tun mußte, für die Toten ohne Bedeutung war. Aber für mich selbst war es nie ohne Bedeutung.

Jeder meiner „Ausflüge“ in die Leichenhalle war von Widerwillen begleitet. Ich wurde dieses Gefühl nie los, wenn ich den kleinen Raum – zweieinhalb auf drei

Meter – betrat. Ich öffnete die Tür und schon grüßte mich der Leichengeruch. Mich schauderte. Geschrumpfte Körper lagen in Massen auf dem Zementfußboden. Sie waren furchtbar entstellt. Überraschung lag noch auf ihren Gesichter, als wüßten sie nicht, weshalb sie sterben mußten. Ich hörte die Stimmen von gebrochenen Herzen und vernichteten Seelen. Manche hatten noch ihre Kleidung an. Ich wollte mich selbst glauben machen, daß sie nichts als Körper seien, keine Menschen. Aber so sehr ich es auch versuchte, und so sehr ich mich zwang, so zu tun, als ob mich das nicht kümmerte, ich konnte nicht aufhören zu zittern. So viele Gefühle kamen in mir hoch. Ich war völlig erschöpft und unfähig, mit meiner Aufgabe zu beginnen. Ich ging hinaus und lief mehrmals um das Gebäude herum. Als ich zurückkam, zwang ich mich dazu, mich dem Körper eines Mannes mittleren Alters zu nähern. Seine halb offenen Augen starrten mich an, als ob sie mich des Verbrechens anklagen wollten, das ich gerade begehen wollte. Bei dem Versuch, seinen Kiefer aufzubrechen, fühlte ich seine eiskalte Haut. Als ich schließlich seinen Mund aufbekam, krachten seine Kieferknochen und ich erschrak zu Tode. Jede Bewegung mit dem Hebelinstrument war von einem knirschenden Geräusch begleitet. In meiner Vorstellung war das seine Art „Tu's nicht!" zu mir zu sagen. Ich hatte den Eindruck, der Tote würde aufstehen, um mich zu stoppen. Bei jedem herausgenommenen Stückchen Gold mußte ich daran denken, wie entsetzt sie sein mußten. Manchmal redete ich mir selbst ein, daß das, was ich tat, völlig normal sei. Die Instrumente, die ich für diese grausame Aufgabe benutzte, verwahrte ich in einer roten Schachtel. Ich weiß nicht, weshalb ich die Schachtel rot angestrichen habe. Die meisten Häftlinge, die mich mit der Schachtel in das Leichenzimmer gehen sahen, wußten, was ich dort tat, und für sie war es etwas Selbstverständliches. Mein Vater und mein Bruder wußten ebenfalls Bescheid, obwohl ich es ihnen nie erzählt hatte. Nun hatte ich genug Gold für die Brücken und Kronen der SS-Männer. Was ich nicht brauchte, nahm Dr. König mit in das Stammlager.

Plötzlich wurden auch Ärzte an die Front geschickt, und Dr. König teilte mir mit, daß dies sein letzter Besuch in Fürstengrube war. Er befahl mir, mich um die zahnärztliche Versorgung der SS-Männer zu kümmern; eine ironische Bemerkung angesichts der Tatsache, daß jüdische Zahnärzte außerhalb der Lager keine Deutschen behandeln durften. Die Aufseher, die ich behandelte, änderten mir gegenüber ihr Verhalten, und oft brachten sie mir Brot, Wurst und Zigaretten, wobei sie mich immer wieder davor warnten, irgend jemandem davon zu erzählen. Natürlich hatte ich sie nie darum gebeten, aber ihre Gaben trugen wesentlich dazu bei, mir, meinem Vater, meinem Bruder und einigen anderen Häftlingen zu helfen.

Einige Wochen später verließ uns Dr. König, und ein anderer Zahnarzt kam zur Überprüfung der Zahnstation. Dr. Schatz war Mitte vierzig, anständig, freundlich und ging leicht gebückt. Als ich die obligatorische Lagerlitanei aufsagte, meinte er, daß dies bei ihm nicht nötig sei. Er hatte auch nichts dagegen, daß ich das Wachpersonal weiterhin behandelte. Einmal erlebte ich ihn völlig fassungslos; er warf angeekelt seinen Hut auf den Stuhl und lief durch die Zahnstation, die Hände auf dem Rücken verschränkt. „Weißt du, was die von mir verlangen?", fragte er und schaute mir verstört in die Augen.

Eigentlich hätte ich darauf nicht antworten dürfen, aber da er mich wartend weiter anschaute, fragte ich mehr aus Höflichkeit als aus Neugier: „Was, Herr Hauptscharführer?"

Er hielt mir die Schlüssel zu seiner Ambulanz hin und sagte: „Geh raus und schau dir das Armaturenbrett an. Dann siehst du, was ich meine." Das Auto stand nur ein paar Schritte von der Tür entfernt. Ich nahm seine Schlüssel und ging hinaus. Ich öffnete die Fahrertür und schaute auf das Armaturenbrett, das die üblichen Schalter hatte: Kaltstarter, Licht, Scheibenwischer, Heizung und so weiter. Dann fiel mir unterhalb ein weißer Schalter mit der Aufschrift „Gas" auf. Darunter stand: „Achtung! Nur bei laufendem Motor gebrauchen!"

Eisiger Schrecken durchfuhr mich. Ich schloß die Augen und ging zurück. Die Seele meiner Mutter und die Seele meiner Schwester waren gegenwärtig. Ich hatte gewußt, daß es diese verbrecherischen Fahrzeuge gab – aber eines zu sehen, das so unschuldig aussah, rief neuen und unerträglichen Schmerz hervor. Vor mir stand der Beweis für das unmenschlichste und abscheulichste Verbrechen. Dies alles fügte mir neue und tiefe Wunden zu. Ich stand eine Weile unbeweglich da, bis ich mich wieder gefaßt hatte. Der Schock dieses Erlebnisses ist vielleicht das Herzstück dieses Buches.

Auf dem Rückweg versuchte ich, meine Wut zu zügeln. Es schien mir am besten, so zu tun, als wüßte ich nicht, um was es ging. Zwar hatte ich den Eindruck, daß sein Abscheu echt war, doch konnte ich es mir nicht erlauben, offen mit ihm einer Meinung zu sein. „Herr Hauptscharführer, ich weiß nicht, was Sie meinen", sagte ich.

„Hast du das Schild unter dem einen Hebel gesehen: 'Gas: Nur bei laufendem Motor gebrauchen'?"

Ich erklärte, daß ich es gesehen hätte, aber seine Bedeutung nicht verstünde. Ich wollte, daß er selbst es mir erzählte. „Ich sah diesen Hebel, Herr Hauptscharführer; ich dachte, daß es sich um einen Handgashebel handelt."

„Weißt du denn nicht, was sie mit deinen Leuten machen?" Und ohne meine Antwort abzuwarten, fuhr er fort: „Mit diesem Hebel bringen wir eure Leute um! Mit diesem Hebel kann der Fahrer die Auspuffgase in den Fahrgastraum leiten.

Das Kohlenmonoxyd tötet jeden. Und genau das ist der Befehl an uns Ärzte." Ich schaute in sein verstörtes Gesicht, in dem sich Ärger und Abscheu spiegelten, während er seinen aufgestauten Gefühlen freien Lauf ließ. Dann fügte er noch hinzu, daß bereits viele unserer Leute in eben jenem Fahrzeug umgekommen waren. Ich gab zunächst keine Antwort. Ich beobachtete, wie er angewidert den Kopf schüttelte. Das ermutigte mich, ihm zu berichten, was einer seiner Vorgänger mir befohlen hatte, nämlich den toten Häftlingen die Goldzähne herauszunehmen. Ich hoffte, er würde dem sofort Einhalt gebieten. Stattdessen antwortete er jedoch: „Du solltest das Gold und Silber sehen, das Kanada jeden Tag in Birkenau sammelt. Dort sind zehn Häftlinge damit beschäftigt, den Toten aus der Gaskammer die Goldzähne zu ziehen."

Ich war völlig überrascht, daß ein SS-Arzt so offen über diese Verbrechen sprach. Er attackierte weiter den Führer, während ich vorgab, keine Meinung zu haben, obwohl ich ihm gerne viele Fragen gestellt hätte. Ich konnte nicht verstehen, wie ein anständiger Mensch – der er ja zu sein schien – sich den Nazis unterwerfen konnte. Ich fragte mich insgeheim: „Dr. Schatz, war es richtig zuzuschauen, wie menschliche Wesen niedergetrampelt wurden, nur weil sie anders waren? Einige von ihnen waren sicher Ihre Freunde und Nachbarn. War es in Ordnung, Dr. Schatz, zuzuschauen, wie Menschen enteignet wurden, so daß Ihre Leute davon profitieren konnten? Haben Sie das alles gebilligt, so lange der Krieg noch zu gewinnen war? Sie müssen gewußt haben, daß Sie Ihr Vertrauen einem skrupellosen Mann geschenkt hatten. Haben Sie Hitlers Ideen zunächst akzeptiert? Haben Sie nie daran gedacht, daß dafür schließlich ein Preis bezahlt werden muß?"

Seine Bekenntnisse waren freimütig, er hatte sich vom Führer losgesagt – und doch trug er noch den Makel eines SS-Mannes. Ich mochte, was er sagte, und freute mich auf seine wöchentlichen Besuche. Seit diesem Tag behandelte er mich wie einen Gleichgestellten. Ich dachte oft, daß Menschen wie Dr. Schatz das Naziregime in die Knie zwingen würden, aber wie wir jetzt wissen, war das nicht der Fall. Hitler wurde nicht von innen heraus besiegt. Das deutsche Volk schätzte Hitler, trotz allem, was er getan hatte, und selbst dann noch, wenn er nicht siegreich war.

Ich war versucht, Dr. Schatz zu erzählen, wie sehr SDG Hinze mich quälte, aber ich wußte, er konnte mir nicht helfen. Eines Tages beauftragte mich Schatz, keine weiteren Termine mehr für seine SS-Männer zu vereinbaren. „Ich kann sie nicht mehr sehen", sagte er beim Gehen. Von da an kam er nur noch gelegentlich nach Fürstengrube.

Hauptscharführer Moll kam eines Tage in die Zahnstation und fragte mich, wann

Schatz zurückerwartet würde. Ich erklärte ihm, daß Schatz nur unregelmäßig vorbeikam, und daß ich die zahnärztliche Versorgung des Wachpersonals übernommen hatte. Ich fürchtete seine Reaktion, aber zu meiner Überraschung sagte er, daß er demnächst wieder kommen würde. „Ich brauche Sie vielleicht, damit Sie nach meinen Zähnen schauen." Auch er sträubte sich also nicht dagegen, sich von einem jüdischen Gefangenen behandeln zu lassen. In den darauffolgenden Tagen besuchte Moll einige Male die Zahnstation, er hat es sich offensichtlich lange überlegt. Eines Nachmittags hörte ich dann schließlich seine Stiefel hinter mir –, und da stand er. Ein Häftling sprang aus dem Behandlungsstuhl auf und glitt an ihm vorbei durch die Tür.

„Herr Hauptscharführer, Häftling Nr. 141129 meldet sich gehorsamst zu Ihren Diensten", sagte ich.

„Können Sie einen Blick auf meine Zähne werfen, Zahnarzt? Ich glaube, ich habe in einem von ihnen ein Loch", sagte er.

„Bitte nehmen Sie Platz, Herr Hauptscharführer", sagte ich und deutete auf den Behandlungsstuhl.

Er nahm Gürtel und Mütze ab und legte beides auf einen Hocker. Der Totenkopf und die gekreuzten Knochen darunter – das SS-Abzeichen an seiner Mütze – starrten mich an. Als ich zu der Seite ging, wo sich sein Glasauge befand, zog er seine Pistole und richtete sie auf meine Brust. „Machen Sie keine Dummheiten, Zahnarzt", sagte er halb im Scherz. Mein Herz schlug mir bis zum Hals. Moll war unberechenbar, und ich fühlte mich sehr unwohl.

„Herr Hauptscharführer", sagte ich und schob die Pistole ein wenig zur Seite, „Sie brauchen sich keine Sorgen zu machen. Die Pistole ist hier nur im Weg." Er lächelte verlegen und steckte sie zurück in das Halfter. Die Innenseite eines rechten oberen Backenzahns war ziemlich kariös, obwohl das Loch nicht allzu tief war. Ich entfernte das verfaulte Dentin, reinigte alles und verschloß das Loch mit Phosphatzement. Mittlerweile hatte sich seine Stimmung verändert, er war nun entspannter. An diesem Tag lernte ich den anderen Otto Moll kennen. Schade, daß dieser nicht allzu oft in Erscheinung trat.

„Zahnarzt, ich habe gehört, daß auch Ihr Vater und Bruder hier sind?", fragte Moll.

„Jawohl, Herr Hauptscharführer."

„Warum haben Sie mir nichts davon gesagt? Wo arbeiten sie?"

„Mein Vater arbeitet auf der Baustelle bei Kapo Hermann und mein Bruder ist in der Kohlengrube beschäftigt", sagte ich. „Herr Hauptscharführer", fügte ich hinzu, „viele haben den Vater oder die Söhne hier. Ich wußte nicht, daß das von Bedeutung ist."

Dann fragte er mich nach dem Alter meines Vaters.

„49 Jahre, Herr Hauptscharführer“
„Ist dann die Arbeit auf der Baustelle nicht zu schwer für Ihren Vater? Wäre es nicht besser für ihn, wenn er eine Arbeit hier im Lager hätte? Wo würden Sie ihn gerne sehen?“
„Zu Hause, wo wir alle hingehören“, diese Antwort schoß mir sofort durch den Kopf, aber natürlich sprach ich das nicht aus. Ich war fassungslos. Ich hätte nie gedacht, solche Worte aus dem Mund des bösartigen Otto Moll zu hören. Ich schaute in sein gesundes Auge. War das ein ehrlich gemeintes Angebot? Es klang wie eine Entschädigung für meine Dienste. Ich überlegte kurz, welche Arbeit wohl für Papa die beste wäre, und dann war mir klar: Stubendienst. „Mein Vater wäre am besten für den Stubendienst geeignet, Herr Hauptscharführer“, sagte ich mit Begeisterung.
„Gut. Dann ist es abgemacht. Sagen Sie Grimm, er soll Ihrem Vater einen Job als Stubendienst geben. Und Ihr Bruder“, fuhr er fort, „kann im KB arbeiten.“ Mit diesen Worten schnallte er seinen Gürtel um, nahm seinen Hut und ging.
In den zwei Monaten zuvor hatte ich oft darüber nachgedacht, wie ich die Last, die auf meinem Vater lag, etwas erleichtern könnte. Aber hier erreichte man nur das Gegenteil, wenn man jemanden um Hilfe bat, da es als Versuch gewertet wurde, sich vor der Arbeit zu drücken. Ich berichtete Grimm von meiner Unterhaltung mit Moll. Papa wurde dem Block von Kapo Nathan Green zugeordnet, wo wir zuerst alle drei geschlafen hatten, und mein Bruder arbeitete nun im KB. Dr. Lubicz, der immer zusätzliche Helfer im KB brauchen konnte, schätzte die Arbeit meines Bruders. Josek blieb dort, bis wir im Januar 1945 aus Fürstengrube deportiert wurden.
Ende 1943 wurde weitere Häftlinge aus Holland, Belgien, Marokko und Norwegen nach Fürstengrube gebracht. Diejenigen, die Deutsch oder Jiddisch sprachen – oder zumindest verstanden –, konnten den deutschen Befehlen der Kapos folgen. Ein erst 14 Jahre alter holländischer Junge namens Kopelmann erzählte mir, daß er und seine Familie verhaftet wurden, weil ein jüdischer Spion die Straßen Antwerpens durchkämmte und alle Juden den Nazis meldete. Seiner Familie wurde gesagt, sie würde nach Polen umgesiedelt. Da sein sommersprossiges Gesicht irgend jemandem bei der Selektion gefallen hatten, war er von seiner Familie getrennt und nach Fürstengrube gebracht worden. Obwohl die meisten, die mit ihm angekommen waren, schon bald Muselmänner wurden, teilte Kopelmann dieses Schicksal nicht.
In Fürstengrube lebte eine bunte Mischung von Juden. Die französischen Juden mochten die belgischen nicht, die Belgier mochten die Dänen nicht, die Dänen mochten die Deutschen nicht – und keiner mochte die polnischen Juden. Die

Russen zählten nicht einmal. Und was die Zusammenarbeit zwischen Juden und Nichtjuden betrifft, die ja das gleiche Schicksal teilten, so existierte sie einfach nicht.

An erster Stelle stand für unsere Unterdrücker in Fürstengrube das Fördern von Kohle und deren Lieferung nach Buna, wo sie für synthetischen Gummi gebraucht wurde. Um die Produktion zu steigern, wurden Spezialisten aus dem uns vorgesetzten Lager Buna angefordert. Auch die Gruppe der SS-Männer vergrößerte sich, und einer der Aufseher erzählte mir, wie er zu seinem Posten gekommen war. Er war in der Wehrmacht, aber eines Tages, so behauptete er, wurden seine Papiere durch einen Mitgliedsausweis der Waffen-SS ausgetauscht. So wurde er in unser Lager geschickt.

Ich wurde gut bekannt mit einem Russen namens Boris. Dieser vertraute mir eines Tages an, daß er fliehen wolle. Ich warnte ihn davor, aber er behauptete steif und fest, einen sicheren Weg nach draußen zu finden. Boris baute auf die Lässigkeit der Wachen während der angeordneten Mittagsruhe und kletterte an einem Sonntagnachmittag über die Mauer. Kurz darauf gingen die Sirenen, und im Hof lag Boris' Leiche als Warnung.

Am Weihnachtsabend 1943 erwachte ich von schrillen Pfiffen. Ich schaute aus dem Fenster und sah Häftlinge aus den Baracken in den Hof rennen. In ihrer Mitte waren Lagerführer Moll, Unterscharführer Schmidt, Pfeiffer, Schwiętny, alle Stubenältesten und Kapos. Vor kurzem gefallener Schnee erleuchtete ein wenig den dunklen Hof. Zuerst ließen alle Blockältesten ihre Häftlinge durchzählen. Dann wurden sie in die Blocks zurückgescheucht, um sofort danach wieder herausgetrieben zu werden.

Ich wußte nicht, was das zu bedeuten hatte. Plötzlich sah ich Moll in das Lager stürmen und wahllos herumschießen. Ich hörte drei Gewehrsalven und deren lautes Echo. Ich war von Krämpfen geschüttelt, als ob ich getroffen worden wäre. Draußen herrschte Tumult. Als ich wieder hinaussah, rannten die Häftlinge zurück in die Baracken. Dann sah ich Leichen und blutgetränkten Schnee. Einer der verletzten Häftlinge versuchte aufzustehen, aber er stolperte und fiel wieder hin. Andere verwundete Männer flehten um Hilfe. Die makabre Szene erinnerte an einen Totentanz.

Was ich in dieser Nacht sah, stellte alle vorausgegangenen Grausamkeiten, die ich schon gesehen hatte, in den Schatten. Ich konnte es nicht mehr ertragen, noch länger nach draußen zu schauen. Ich war nahe daran zusammenzubrechen. Mir fiel ein, daß auch mein Vater oder mein Bruder da draußen liegen könnten, und ich hielt mir die Augen zu. Ich schämte mich zutiefst, daß mich die Umstände von denen getrennt hatten, deren Schicksal ich doch teilte. Später hörte ich von

Grimm, daß Moll in dieser Nacht betrunken war, und als er erfuhr, daß einer der Häftlinge geflohen war, wurde er fuchsteufelswild und hatte sich nicht mehr unter Kontrolle. Er gab den Befehl, alle Häftlinge im Hof zu versammeln, und dann schoß er Maschinengewehrsalven in die Reihen der Gefangenen. Schließlich war es Unterscharführer Schmidt gelungen, ihn zu bremsen, sonst wäre das Massaker noch schlimmer gewesen, sagte Grimm. Der entflohene Häftling, der Moll derart in Wut versetzt hatte, war Gabriel Rathkopf. Für seine Flucht mußten 19 Häftlinge in dieser Nacht ihr Leben lassen. Sie litten und starben allein, da Moll jede Hilfeleistung verboten hatte. Ich kannte einen der Ermordeten, Max Glazer, der mit einen Bauchschuß umgebracht worden war. Vor dem Krieg unterrichtete er an der Prager Universität Deutsch. Diesen Vorfall nahm Moll zum Anlaß, Richard Grimm abzusetzen. Er brachte einen neuen Kapo, Otto Breiten, aus dem Stammlager, der nun der neue Lagerälteste von Fürstengrube wurde.

Um die Produktivität der Grube noch weiter zu steigern, führte die I.G. Farben Bonuspunkte ein, die an einem Stand der I.G. Farben eingelöst werden konnten. Allerdings konnten jüdische Arbeiter höchstens vier Punkte erwerben, wofür es nicht allzu viel gab. Die Kapos dagegen waren höchst erfreut, da sie die meisten Bonuspunkte bekamen und sich so die Gesellschaft der von den Nazis zur Prostitution gezwungenen Frauen in Birkenau leisten konnten.

Mit einem neuen Transport österreichischer Juden kamen viele begabte Schauspieler eines sehr bekannten Wiener Theaters, der Bratschist der Wiener Philharmoniker Harry Spitz und der Neffe des bekannten Opernsängers Richard Tauber. Dies brachte zweifellos Moll auf die Idee, in Fürstengrube ein Orchester zu gründen. Ab Februar 1944 machten also unsere Häftlinge den Hin- und Rückweg zur Arbeit zu den Klängen deutscher Marschmusik. Spitz' Vergangenheit blieb undurchsichtig. Einige, die ihn von Wien her kannten, behaupteten, daß er mit Erna Sack, einer bekannten deutschen Sopranistin, verheiratet gewesen sei. Dieser Geschichte zufolge hatte sie sich von ihm wegen der Rassengesetze der Nazis scheiden lassen. Mit einem Juden verheiratet zu bleiben, hätte das Ende ihrer Karriere bedeutet. Harry selbst sprach nie darüber. Um etwas Licht in unser ansonsten graues Leben zu bringen, organisierte Spitz bald nach seiner Ankunft Operettenaufführungen von Strauß, Lehar und Kalman. Den Deutschen gefiel diese Musik. In der Offiziersmesse der SS wurde ein Bühne aufgebaut, und die ersten Reihen waren für SS-Männer und das Personal der I.G. Farben reserviert. Dann folgten die Kapos, und hinter ihnen waren die Plätze für die Häftlinge. Selbst die Kranken kamen. Die Deutschen waren fasziniert von Taubers Tenor, und er wurde von der Arbeit in der Grube freigestellt.

An einem sonnigen Februartag sahen wir den ersten Bomber der Alliierten über

Fürstengrube fliegen. Zwei Flugzeuge tauchten auf, drosselten die Flughöhe und flogen über das Lager. Wir glaubten, daß sie erkennen konnten, wer wir waren. Wir waren bereit, unseren Preis zu zahlen, damit dieser Alptraum endlich ein Ende fand. Wir schauten hoch zum Himmel im Glauben, daß sie beim nächsten Anflug ihre Bomben auf das Lager abwerfen würden. Zu unserem Bedauern geschah nichts. Wir hatten weiter unser Schicksal zu ertragen.

Otto Moll kam in die Zahnstation und fragte mich, ob ich Schmuck herstellen könne. Ich sagte ihm, daß meine Fähigkeiten dazu wohl nicht ausreichen würden, daß ich mir aber ziemlich sicher sei, im Lager einen Juwelier zu finden. Am Tag darauf fand ich einen Häftling, Simche Laufer, der, wie mir erzählt worden war, ein außerordentlich geschickter Juwelier war. Moll stellte ihn von seiner Arbeit frei, und er kam in das Zahnlabor. Mit den wenigen Instrumenten, die sich zur Schmuckherstellung eigneten, legierte Simche das 22karätige Zahngold der toten Häftlinge zu 18karätigem Schmuckgold. Nach entsprechender Bearbeitung schuf er elegante Krawattennadeln, Ringe, Broschen und was immer Moll ihm auftrug. So fertige er unter anderem für Moll ein Paar wunderschöne goldene Manschettenknöpfe an. Simches Entlohnung bestand in einer täglichen Extraportion Suppe.

Die Nazis mußten inzwischen erkannt haben, daß sie den Krieg verlieren würden, und doch wuchs Fürstengrube weiter. Neue Baracken wurden fertiggestellt. Es war Ende Februar, und obwohl die Sonne schien, wärmte sie nicht. Der Wind wirbelte den Schnee von den Dächern und blies ihn in Wolken durch das Lager. Nachts hörte ich den Wind heulen und den Schnee durch die nur dürftig miteinander verbundenen Wandbretter treiben.

SDG Hinze kam nach wie vor fast jeden Morgen, um sein grausames Spiel mit mir zu treiben, das bei ihm zu einer Besessenheit geworden war. Ich hörte von einem Zwischenfall auf der Baustelle: Dort hatte ein Aufseher eine erst halb gerauchte Zigarette weggeworfen, um einen Häftling dazu zu verleiten, sie aufzuheben. In Versuchung geführt und ohne lange über die Folgen nachzudenken, griff einer der Häftlinge danach und wurde sogleich von einem Posten mit Kugeln durchlöchert.

Viele Häftlinge erlitten Verletzungen, da die Grube nicht genügend gesichert war. Eines Nachmittags kam ein Häftling aus Dortmund namens Erich Wiltzig in die Zahnstation. Er war bei der Arbeit von einem Kohleklumpen getroffen worden. Ich schaute mir sein gequetschtes Gesicht an, und als er den Kiefer bewegte, sah ich, daß der Unterkieferknochen gebrochen war. Ich sprach darüber mit Dr. Lubicz, und er nahm Erich für zwei Wochen – länger war nicht erlaubt – in die Krankenstation auf. Tatsächlich dauerte es dreimal so lange, bis der Kiefer geheilt war. Kurz nachdem er wieder arbeitete, wurde er tot in das Lager zurückgebracht. Er war als Drückeberger abgestempelt, und ein Aufseher hatte ihn bei einem inszenierten Zwischenfall erschossen.

Der Winter erschwerte das Überleben immer, aber dieser Winter 1944 war besonders grausam. Wenn die Häftlinge von der Arbeit zurückkamen, waren sie steif gefroren. Ihre Mäntel sahen aus, als ob sie aus Eisen wären. Für die meisten von uns war dies der dritte Winter in Gefangenschaft. Es schien, als ob wir langsam die Zähigkeit verlieren würden, die wir hier so bitter nötig hatten, um zu überleben.

Eines Tages berichtete mir Willy Engel, daß am Sonntag eine Delegation des Internationalen Roten Kreuzes erwartet würde, die die Lebensbedingungen in Fürstengrube kontrollieren wollte. An diesem Sonntag bekamen wir ein richtiges Essen: gekochte Kartoffeln, Gemüse und eine Scheibe Schweinefleisch. Kurz darauf kam eine Gruppe vornehmer Zivilisten in das Lager, begleitet von Moll und dem neuernannten Scharführer Schmidt. Ferner war noch der Obersturmbannführer und Kommandant von Auschwitz I, Rudolf Höß, anwesend. Zunächst gingen sie in Willys Schreibstube, dann kamen sie in meine Zahnstation. Ich hörte Moll sagen, daß dies ein einzigartiges Beispiel sei für die verschiedensten Arten der Gesundheitsfürsorge, die es für uns in Fürstengrube gab. Ich hörte zu und wunderte mich, weshalb mir niemand eine Frage stellte. Aber was, wenn mich jemand ansprach? Konnte ich ihnen die Wahrheit sagen? Dr. Lubicz sagte mir, daß es ihm genauso ergangen sei.

Wir hörten Gerüchte, daß polnische Partisanen in der Nähe seien. Sie hatten Kontakt zu unseren polnischen Häftlingen aufgenommen, aber – so erfuhren wir – sie kontaktierten niemals Juden.

Im Mai 1944 kam ein weiterer Transport an, darunter einige norwegische Juden. Einer davon war der norwegische Schwergewichtsboxer und Sieger des Jahres 1939, Boot.

Nach wie vor terrorisierte Hinze mich täglich. Nichts konnte seine Haltung mildern. Es war kein Ende in Sicht, und so fragte ich Dr. Lubicz um Rat. Aber ich sah, daß Lubicz ihn ebenso fürchtete wie ich. Er riet mir, mit Josef Hermann darüber zu sprechen, dem Molls Ohr geneigt war. Aber Hermann sagte, daß er wegen Mißhandlung eines jüdischen Häftlings nichts unternehmen könne, und so gingen Hinzes Arroganz und Gemeinheiten weiter.

Eines Tages wurden die Blockkapos Maurice und Grimm sowie drei polnische Häftlinge verhaftet, weil sie einen Tunnel von Maurices Baracke bis jenseits des Zauns gegraben hatten. Sie gruben nachts und schafften die Erde in Bettlaken weg. Wir haben nie erfahren, wie es die Aufseher herausbekommen hatten. Es ging das Gerücht, daß Goldstein, der Lagerfriseur, der eigentlich mit ihnen fliehen wollte, sie verraten hätte. Einige gaben Josef Hermann die Schuld. Wie auch immer, die Verhafteten wurden verhört um zu erfahren, wer noch beteiligt war und woher sie die Werkzeuge hatten, und dann wegen Fluchtversuch und Konspiration mit Partisanen zum Galgen geschickt. Maurice, ein stets fröhlicher, gutgelaunter Franzose rief vom Galgen zu den Gestapo-Henkern herunter: „Dafür werdet Ihr bald bezahlen!“ Und dann zu uns: „Auf Wiedersehen, Kameraden. Lebt wohl!“ Jan, einer der polnischen Häftlinge, sang die polnische Nationalhymne.

Jetzt stand also fest, daß ich mich jeden Morgen Hinzes Ritual unterwerfen mußte. Ich lief herum wie ein Tier im Käfig, bis er endlich kam. An manchen Tagen hätte ich mich am liebsten versteckt, wenn ich ihn das Lager betreten sah. Dann kam er in die Zahnstation und sagte zu mir: „Du weißt, was du zu tun hast, Zahnarzt. Du kennst das Spiel.“ Dann begann die Tortur. Dies ging so unglaubliche vier Monate lang. Ich sah keinen Ausweg mehr und wagte einen zweiten Versuch: Ich beschloß, mit Otto Breiten zu sprechen.

Breiten sagte, er würde vorbeischauen, wenn Hinze da war. Als Hinze das nächste Mal kam, linste Otto vorsichtig von draußen durch das Fenster. Er sah, wie Hinze mich traktierte, sah aber auch, daß er sich mit den zahnärztlichen Instrumenten die Fingernägel reinigte. Letzteres nutzte er zum Angriff. Nach Breitens Ansicht war es das Vorrecht eines SS-Mannes, einen Häftling zu mißhandeln, aber Sabotage an deutschem Eigentum war ein Verbrechen. Er sagte mir, daß er mit Moll darüber sprechen würde. „Sicher“, fügte er noch warnend hinzu, „du wirst Moll in Hinzes Anwesenheit darüber berichten müssen“. Ich war mir der Gefahr durchaus bewußt, aber dies konnte nicht länger so weitergehen. Breiten versicherte mir, der beste Platz, um mit dem Hauptscharführer zu reden, sei die Küche, während er sein üppiges Mahl verzehrte, das ihm Koch jeden Tag zubereitete.

Eines Tages kam Breiten so um 12.30 Uhr zu mir und drängte mich zur Eile. „Moll ist in der Küche, und er ist gut gelaunt. Ich habe ihm alles über Hinze erzählt, und nun will er dich sehen.“

Willy Engel kannte unseren Plan und folgte uns nun, besorgt über den Ausgang. „Übertreibe ruhig“, ermutigte mich Willy.

Als wir in die Küche kamen, verspeiste Moll gerade Sauerbraten und schaute kaum in unsere Richtung, als ob wir gar nicht da wären. Kurz darauf kam Hinze. Er ahnte wohl, daß irgend etwas nicht in Ordnung war, denn seine Meldung an Moll klang unsicher. Moll aß seelenruhig weiter, als ob er Hinze ebenfalls nicht bemerkt hätte. Hinze stand da, schaute abwechselnd mich und Breiten an, wohl abwägend, was da vor sich ging. Schließlich sprach mich der Hauptscharführer mit vollem Mund an, wobei er jedes Wort dehnte: „Der Lagerälteste hat mir be-

richtet, daß der SDG, Unterscharführer Hinze, Sie häufig bei der Arbeit stört. Stimmt das?"
Ich wußte genau, was nun folgen mußte. Ich mußte mich beim Kommandanten beschweren; bei einem SS-Mann über einen anderen SS-Mann beschweren. Es mir war auch klar, daß ich jetzt nicht mehr zurück konnte. Ich mußte jetzt durch, komme, was wolle. Mit einem mulmigen Gefühl im Magen antwortete ich knapp: „Jawohl, Herr Hauptscharführer."
„Stimmt es, daß sich der Unterscharführer mit Ihren sterilisierten Instrumenten seine Fingernägel säubert?"
„Jawohl, Herr Hauptscharführer", antwortete ich laut und deutlich und fuhr mit Einzelheiten fort.
Moll hörte aufmerksam auf jedes Wort, das ich sagte, und wurde immer ärgerlicher, die Bestrafung der Häftlinge war schließlich sein alleiniges Vorrecht. Dann wandte er sich an Hinze und fragte mit harter Stimme: „Ist das wahr, was der Zahnarzt behauptet? Was haben Sie dazu zu sagen, Unterscharführer?"
Hinze war sprachlos und stand schweigend da. Er schien die Situation nicht zu begreifen und nicht zu glauben, was gerade geschah. Er, ein Nazioffizier, wurde darüber verhört, was er mit einem jüdischen Gefangenen machte? Schließlich murmelte er, daß er sich dazu nicht äußern würde. Das paßte dem autoritären Moll überhaupt nicht. „Ich sehe zu, daß Sie versetzt werden", sagte Moll und entließ uns alle.
Ich konnte es nicht fassen, daß Hinzes Tyrannei jetzt endlich vorbei sein sollte. „Du brauchst ihn nicht mehr zu fürchten", sagte Breiten. Noch überraschender war, daß Hinze einige Stunden später zu mir kam. In aller Ruhe verabschiedete er sich von mir, als ob wir einst die besten Freunde gewesen wären. Ohne den Mut des Lagerältesten Otto Breiten – und natürlich Molls aufgeblasenes Ego – hätte ich mich nie von Hinzes Mißhandlungen befreien können. Dies war ein besonderer Tag, den ich nie vergessen habe.
Eines Tages wurde angekündigt, daß sich deutsche politische Häftlinge freiwillig zur Wehrmacht melden könnten. Nicht alle waren tauglich, und nicht alle Tauglichen hatten sich verpflichtet. Otto Breiten jedoch gehörte zu den Freiwilligen, und jetzt wurde Josef Hermann der neue Lagerälteste in Fürstengrube. Josef Hermann war der Sohn eines jüdischen Architekten. Sein eigentlicher Name lautete Hermann Josef, und er kam aus Ansbach in Bayern. Seine Mutter war zum Christentum übergetreten. Er selbst war nach eigenen Angaben mit einer Christin verheiratet. Sein Vater hatte das erste Bauprojekt für arme Familien in Deutschland entworfen; dieses Projekt wurde am Stadtrand von Nürnberg verwirklicht und Gartenstadt genannt. Da er Jude war, kam er 1942 nach Auschwitz. Als er

mit Typhus im KB des Stammlagers lag, vertauschte ein befreundeter Arzt seinen Vor- und Nachnamen, damit er weniger jüdisch klang. Nachdem er sich erholt hatte, wurde er mit uns nach Fürstengrube geschickt. Das ist die Geschichte, wie aus dem Juden Hermann Josef der Nichtjude Josef Hermann wurde. Als Lagerältester war seine Stellung schwierig, und er lebte ständig in der Angst, daß die Kapos, die mit uns gekommen waren, seinen richtigen Namen kennen und ihn verraten könnten.

Fast jede Woche kamen neue Juden aus so fernen Ländern wie Libyen, Marokko oder Algerien in das Lager. Die Deutschen hatten sie in Vichy, Frankreich, verhaftet. Sie sollten die zusammengeschrumpfte Zahl der ursprünglichen Häftlinge wieder erhöhen. Von den Juden aus Dobra, die mit mir zusammen hierher gekommen waren, lebten nur noch wenige.

Eines Tages kam Kurt Goldberg in die Zahnstation. Der Kohlenstaub hatte sich in sein Gesicht eingefressen, die gestreifte Jacke hing an seinem abgemagerten Körper – er war nur noch ein Zerrbild des Goldberg, den ich in Erinnerung hatte. Er wurde von seinen Mithäftlingen verachtet, die nicht vergessen konnten, was er in Gutenbrunn getan hatte. Goldberg zeigte jetzt eine Empfindsamkeit, die ich ihm nie zugetraut hätte. „Ich bin nicht als dein Patient hier“, sagte er. Was er in Gutenbrunn getan hatte, verfolgte ihn, aber er wollte kein Mitleid von mir. Er kam nur, um seine Seele zu erleichtern. Er bedauerte zutiefst, seinem jüdischen Erbe abgeschworen zu haben. Bevor er ging, sprach er fast perfekt Jiddisch. Er hielt sich fern von denen, die er früher mißhandelt hatte, und fügte sich in das Unvermeidliche. Ich hatte in gewisser Weise den Eindruck, daß er nicht mehr lange leben wollte. „Ich weiß, daß ich nichts Besseres verdiene. Ich werde hier nicht mehr lange durchhalten.“ Ich bot ihm etwas zu essen an, aber er wollte es nicht annehmen; schließlich konnte ich ihn doch dazu überreden. Dies war das erste Mal, daß ich ihn im Frieden mit sich selbst sah. Er hatte sich vollständig mit dem Tod abgefunden. Einige Tage darauf sah ich die Männer seiner Schicht zurückkommen, die jemanden auf der Trage mitbrachten. Ich wußte sofort, daß es nur Goldberg sein konnte. Er war fast nicht wiederzuerkennen. Bei seinem Tod war er nur ein klägliches Abbild des Mannes, den wir einst so gefürchtet hatten.

Ich sah Boot, den Schwergewichtsboxer, mit einer hochgradig infizierten Beinwunde in der Krankenstation liegen. Sein massiger Körper und die starken Muskeln verrieten sofort den Boxer. Die Norweger bildeten eine kleine Gruppe, lediglich fünf waren insgesamt in Fürstengrube. Sie waren stolz auf ihr Land und sprachen mit Wärme von den tapferen Norwegern, die ihre Deportation so lange verhindert hatten. Boots Name jedoch landete schließlich auf einer der wöchentlichen Selektionslisten, und er wurde nach Birkenau gebracht. Die Ironie seines

Lebens lag darin, daß er, der Sieger im Ring, diesen härteren Ringkampf nicht gewinnen konnte; er starb an Unterernährung und zu schwerer Arbeit.
Schließlich verließ Hauptscharführer Moll Fürstengrube; sein Nachfolger wurde Max Schmidt, der drei Monate lang in einer Offiziersschule ausgebildet worden war und nun mit dem Rang eines Hauptscharführers zurückkam. Jetzt war er der Kommandant. Wir erfuhren, daß Moll nun an Liquidationen in weiter östlich gelegenen Lagern teilnahm. Schmidt kam häufig, um sich die Zähne reinigen zu lassen. Mit ihm konnte man sich leicht unterhalten, und er war – im Gegensatz zu Moll – berechenbar. Er hatte bereits früher ab und zu die Funktion eines Lagerführers innegehabt, wenn Moll nicht da war.
Eines Morgens schlief mein Bruder länger als gewöhnlich. Ich schüttelte ihn, um ihn zu wecken, doch er öffnete nur kurz die Augen und fiel sofort wieder in Schlaf. Am nächsten Tag ging es ihm etwas besser; er konnte die Augen öffnen und etwas Wasser trinken, aber sofort danach schlief er wieder ein. Am dritten Tag war er noch unsicher auf den Beinen, aber er ging wieder zur Arbeit. Ich habe weder erfahren, welche Medikamente ihn so krank gemacht hatten, noch den Grund, weshalb er sie nahm.
Zwei Wochen nach Hinzes Abreise kam ein neuer SDG, Karol Baga, nach Fürstengrube. Baga war ein Volksdeutscher und genau das Gegenteil von Hinze. Er besaß weder Hinzes bodenloses Vokabular noch seine Bösartigkeit. Baga hatte selbst früher in der Nähe als Bergmann gearbeitet, und er schien sich mit Hacke und Schaufel wohler zu fühlen als jetzt in seiner Sanitäter-Rolle. Er zeigte kein sonderliches Interesse für unsere Arbeit. Er blieb genau so lange in der Zahnstation um „Alles in Ordnung hier" zu sagen, dann verschwand er wieder.
Anfang Juni 1944 hörten wir schließlich, daß die Amerikaner in Europa gelandet waren. Die BBC berichtete über ihre Erfolge. Wir hatten den Eindruck, daß nun endlich Hitler und sein übles Reich am Ende waren. Im Juli verschärfte sich die Situation für die Deutschen weiter, denn die Alliierten marschierten in Frankreich ein, und die Sowjets trieben die Wehrmacht durch Polen nach Deutschland zurück. Sie mußten gewußt haben, daß das Ende nahe war. Wir schöpften wieder neue Hoffnung. Aber alle SS-Männer im Lager schienen zu glauben, daß Deutschland immer noch unüberwindlich war.
Später im Juli hörten wir von dem Attentat auf Hitler. Es war unglaublich, daß er überlebt hatte. In diesem Moment dachten selbst wir – so wie die Deutschen –, daß er nicht zu schlagen war. Dr. Lubicz drückte es am besten mit den Worten aus: „Wenn er nicht von innen heraus besiegt wird, kann das noch lange dauern." Dann fügte er hinzu: „Die Führer der freien Welt haben sich mehrere Male vor 1939 mit Hitler getroffen, nur um ein Stück Land nach dem anderen für falsche

Versprechungen herzugeben. Sie wußten damals von der großangelegten Judenverfolgung und haben nichts dagegen unternommen."

Ende Juli kamen griechische Juden aus Thessaloniki nach Fürstengrube. Keiner von ihnen sprach Deutsch, aber sie erwiesen sich zäher als ein jeder von uns.

Eines Tages sahen wir ungewöhnlichen Lichtschein am Himmel, und Rauchwolken trieben zu uns. Wir kannten diesen ekelhaften Gestank. „Die Nazis vergasen Tausende von ungarischen Juden", hörten wir. „Die Krematorien sind nicht für so viele Leichen konstruiert, deshalb werden sie im Wald in Gräben verbrannt. Bald kannte jeder in unserem Lager den Grund für den rötlich-gelben Himmel und den alles durchdringenden Gestank. Auch Ungarn würde jetzt bald judenfrei sein. Ich ging in das Leichenzimmer; die toten Körper hatten seltsame Stellungen. Ich war seit einigen Tagen nicht mehr hier gewesen, und bei einigen Leichen hatte die Verwesung bereits eingesetzt. Es stank so entsetzlich, daß ich es nicht aushielt. Ich beschloß zu gehen, und nie mehr wiederzukommen. Sollte ich gefragt werden, so würde ich einfach behaupten, es vergessen zu haben. Aber niemand fragte mich, und so war dies das letzte Mal, daß ich das Leichenzimmer von innen sah.

Der letzte Transport brachte Juden aus dem Konzentrationslager Theresienstadt. Unter ihnen befand sich ein Zahnarzt, Dr. Grosch. Als er erfuhr, daß Fürstengrube eine Zahnstation hatte, besuchte er mich. Noch vor einigen Wochen habe er zusammen mit seiner Frau und seiner Tochter als freier Mann in Prag gelebt, so erzählte er. „Wir wurden zuerst nach Theresienstadt gebracht, wo sie jetzt noch sind, hoffe ich." Er kreuzte zwei Finger. „Dann wurde ich hierher transportiert." Dr. Grosch hatte an einem zahnmedizinischen Institut in der Tschechoslowakei Kieferchirurgie gelehrt und zwei Lehrbücher zu diesem Thema verfaßt. Ich schätzte ihn auf ca. 50 Jahre. Er war groß und schlank, und sein fast faltenloses Gesicht spiegelte Weisheit und zugleich Traurigkeit. Aber vor allem drückte es ungewöhnliche Intelligenz aus. Seine Häftlingsjacke schien drei Nummer zu klein zu sein: das rote Dreieck, der gelbe Stern, die Nummer und das T für Tschechoslowakei waren auf der Höhe seines Schlüsselbeins.

Für mich war das Leben im Konzentrationslager inzwischen fast zur Routine geworden, aber für Grosch war die Situation neu, und Fürstengrube war für ihn furchterregend. Er tat mir leid. Als er mich fragte, ob er mir in der Zahnstation helfen könne, beschloß ich, Hermann, den Lagerältesten, zu fragen. Dr. Grosch bekam die Erlaubnis, mit mir zu arbeiten. Fürstengrube hatte nun die Höchstzahl an Häftlingen erreicht; hier lebten über 1500 Gefangene und mehr als 100 SS-Männer.

Ich hatte nun eine umfassende praktische Erfahrung im zahnärztlichen Bereich, vielleicht sogar genug für einen akademischen Grad. Ich verstand „es tut weh" in mindestens zehn verschiedenen Sprachen. Ich hatte auch gelernt, mir die verschiedensten Methoden auszudenken, um meinen Patienten zu helfen, und viele dieser Behandlungen schlugen an, obwohl sie nicht erprobt waren. Manche Fälle, die ich behandelte, kamen zu normalen Zeiten nicht vor. Ich richtete Unterkieferbrüche, heilte extreme Zahnfleischerkrankungen und Zahnhals- und Wurzelinfektionen. Da es kaum die üblichen Medikamente gab, war der erst kürzlich gekommene Dr. Grosch häufig unsicher, was er tun solle. Doch für mich war seine Professionalität sehr lehrreich. Oft sprach er über sein Leben in Prag; er war äußerst besorgt über das Schicksal seiner Frau und seiner Tochter. Er mochte mich, und einmal sagte er augenzwinkernd zu mir: „Wenn das vorbei ist, möchte ich dich als Schwiegersohn haben."

Hitler lockte das deutsche Volk weiterhin mit seinen Wunderwaffen; erstaunlicherweise glaubten sie ihm nach wie vor. „Der Krieg ist noch lange nicht verloren", war die Meinung seiner Anhänger. Das Wachpersonal mußte allerdings befürchten, eines Tages für seine Taten zur Rechenschaft gezogen zu werden. So entmutigt wir auch waren, die Hoffnung auf Freiheit hielt uns am Leben. Vielleicht war dies auch ein ererbter Charakterzug unseres Volkes, der durch die Erfahrung früherer verfolgter Generationen weitergegeben wurde und immer wieder zum Vorschein kam. Niemand wollte sterben, nicht nachdem wir so lange gelitten hatten. Aber noch waren wir nicht in Freiheit.

An einem regnerischen Tag Anfang September 1944 kam Moniek, der Stubendienst aus der Baracke, in der auch Papa arbeitete, zu mir gerannt und berichtete mir, daß mein Vater bewußtlos im Waschraum auf dem Boden läge. Als ich hinkam, lag Papa auf dem Zementboden, sein Gesicht war mit kaltem Schweiß bedeckt. Er hatte die Augen geschlossen und atmete kaum. Moniek half mir, ihn in den KB zu tragen, wo Josek und ich ihn auf eine Pritsche legten. Moniek sah, wie aufgewühlt wir waren, und nahm mich beiseite. „Ich werde dir erzählen, was passiert ist", sagte er. „Aber erzähle es Nathan nicht weiter. Deinem Vater ging es heute morgen nicht gut, und nachdem die Häftlinge gegangen waren, legte er sich wieder hin. Aber Kapo Nathan befahl ihm aufzustehen und den Fußboden zu fegen. Ich nahm den Besen, weil ich für ihn saubermachen wollte. Als Nathan dies sah, beschimpfte er ihn als Faulenzer und befahl ihm weiterzumachen. Dabei schlug er so lange auf ihn ein, bis er bewußtlos war. Dann befahl Nathan uns, ihn in den Waschraum zu bringen und Wasser auf ihn zu kippen."

Ich war schockiert. Während ich zuhörte, krampfte sich mein Magen zusammen, und ich knirschte mit den Zähnen. „Warum hast du mich nicht gerufen?", wollte ich wissen.

„Es geschah alles so schnell", antwortete Moniek.

Dr. Seidel untersuchte Papa und schüttelte den Kopf; weder er noch Lubicz machten irgendeine Prognose. Josek und ich bestanden aber darauf, die Wahrheit zu erfahren, doch Seidel konnte uns erst dann mehr sagen, wenn Papas Fieber gesunken war. Dr. Lubicz injizierte Papa ein kreislaufstimulierendes Medikament, doch er kam nicht zu Bewußtsein. Wir wußten, daß der Zustand unseres Vaters sehr ernst war. Einmal schien er die Augen zu öffnen, doch seine Pupillen waren starr und glasig. Das waren nicht die Augen, die wir kannten. Allein schon der Gedanke an Kapo Nathan ließ mich vor Wut zittern.

Tag und Nacht wachten Josek und ich abwechselnd bei Papa. „Papa, erkennst du mich?", fragte ich ihn oft. Wenn er je gespürt haben sollte, daß wir bei ihm waren, er gab kein Zeichen. Er glühte vor Fieber; seine Stirn war heiß und schweißig. Wir wußten, daß seine Überlebenschancen gering waren, aber wir wollten es uns nicht eingestehen – wir hofften auf ein Wunder. Am Tag darauf kam Moll und sagte, er wisse, daß Papa sehr krank sei. Er erlaubte mir, bei ihm zu bleiben. Am nächsten Abend streckte Papa die Arme aus, als ob er uns umarmen wollte. Wir hatten den Eindruck, daß sich seine Lippen bewegten, aber um uns herum war nur Schweigen. Dann fielen seine Hände seitlich herab. Dr. Lubicz schaute nach ihm, sah aber keine Anzeichen der Besserung.

Die dritte Nacht war Erev Rosch ha-Schanah, die Nacht vor dem jüdischen Neujahrsfest. Plötzlich wurde Papas Gesicht grau; er fiel tiefer in das Koma und starb kurz darauf. Wir hatten die ganze Zeit über gewußt, daß er sterben mußte, und doch war es furchtbar für uns, sein Sterben und seinen leblosen Körper zu sehen. Mein Vater war mein Vorbild gewesen, und war es durch die fürchterlichen Jahre im Lager vielleicht noch mehr geworden. Ich vermißte ihn ohne Ende. Josek und ich wußten, daß ihm seine Kinder nicht einmal die letzte Ehre – ein feierliches Begräbnis – erweisen konnten.

Am Morgen nach Papas Tod sagte Moll jedoch: „Als ich Ihren Vater sah, war mir klar, daß er es nicht überstehen würde. Eine Ambulanz wird ihn abholen; ich weiß, daß Sie beim Begräbnis Gebete für den Toten sprechen."

„Ja, Herr Hauptscharführer, wir sprechen das Kaddisch[10]."

„Jawohl, gut, sagt dem Fahrer, er soll warten; es ist Ihnen beiden die Zeit für die Gebete gegeben." Selbst Moll konnte ab und zu großzügig und verständnisvoll sein. Ich dachte an ein altes bekanntes jüdisches Sprichwort: „Noch der schlimmste Antisemit kennt einen Juden, den er mag."

Am nächsten Tag, dem Neujahrstag, wurde Papas Körper nach Birkenau gebracht. Zuvor jedoch rezitierten Josek und ich Kaddisch so gut wir es eben noch

10 Gebet für das Seelenheil Verstorbener (Anm. d. Übers.).

in Erinnerung hatten. „Ewiger! Vater unseres Vaters. Habe Erbarmen mit ihm, wenn er in die ewige Ruhe eingeht. Er erzog uns in dem Wissen, daß die Erlösung im Glauben an dich liegt. Er lebte für dich und führte uns auf diesem Weg. Nie ist er dir und deiner Lehre untreu geworden."

Wir waren uns sicher, daß Nathans Schläge Papas Tod verursacht hatten, und ich wollte unbedingt mit ihm sprechen. Zunächst ging er mir einige Zeit aus dem Weg, aber ich fand ihn schließlich und konnte ihm endlich die Frage stellen: „Nathan, was hast du mit meinem Vater gemacht? Du hast ihn umgebracht! Du hast doch gewußt, daß er krank war und arbeiten wollte, aber einfach nicht konnte! Als Moll mir anbot, daß mein Vater in einem Block helfen sollte, habe ich Papa in deine Baracken geschickt, weil ich dich kannte. Ich dachte, du würdest ein wenig Rücksicht auf sein Alter nehmen. Aber jetzt sehe ich, wie falsch ich lag. Du bist ein Jude, aber du bist nicht weniger brutal als die SS. Glaube mir, dafür wirst du eines Tages noch bezahlen. Leute wie du bekommen genau das, was sie verdienen."

Sein Gesicht wurde brennend rot, und er starrte mich wütend an. Aber ich wußte genau, er würde nicht wagen, mich zu schlagen. „Ich schwöre dir, ich hatte keine Ahnung, daß er krank war", sagte er. Ich schaute ihm in die Augen. Es gab nichts mehr zu sagen, und angewidert ging ich fort. Einige Monate später versuchte Nathan Green zu fliehen. Er wurde geschnappt und gehängt.

Im Oktober 1944 berichtete mir mein Bruder, daß seit drei Wochen keine Ärzte mehr von Auschwitz I im KB gewesen waren. „Vielleicht gibt es keine Selektionen mehr", sagte er. Dies schien sich zu bewahrheiten, denn es wurden keine weitere Häftlinge, nicht einmal die kränksten, nach Birkenau geschickt. Unsere Krankenstation wurde voll. Jetzt mußten sich je zwei Kranke ein Bett teilen. Im November verschärfte der Frost noch die Kälte, und in diesem Monat starben zwei weitere Männer aus Dobra. Zwei Tage später wurden zwei polnische Häftlinge gefaßt, die sich in einem Lieferwagen auf der Baustelle versteckt hatten. Sie wurden festgenommen und später gehängt. Alle anderen Polen wurden anschließend aus unserem Lager abtransportiert.

Eines Tages hörte ich im Krankenbau lautes Stöhnen und erkannte die Stimme von Harry Spitz. Das von ihm zusammengestellte Lagerorchester gab es nicht mehr, da die meisten Musiker Opfer der Überanstrengung in der Kohlengrube waren. Inzwischen war ich gut bekannt mit Spitz. Als er mich sah, streckte er die Hand aus und bat mit schwacher Stimme um Wasser. Ich schaute ihn an. Der begabte Ex-Ehemann der deutschen Nachtigall war nun von allen vergessen. Ich fragte Dr. Lubicz, was ihm fehlte. „Ich kann nicht viel für ihn tun", sagte er. „Er hat Typhus. Entweder erholt er sich, oder er stirbt."

Ich wußte, Dr. Lubicz versorgte seine Patienten gut, und wenn es irgend etwas gab, was er für Spitz tun konnte, dann würde er es tun. Spitz glühte vor Fieber.
„Er möchte Wasser“, sagte ich dem Arzt.
„Du kannst ihm etwas geben, aber nur ganz wenig.“
„Darf er etwas essen?“, fragte ich.
„Nichts zu essen“, antwortete der Arzt und eilte weiter.
Ich brachte Spitz eine Tasse Wasser und führte sie an seine Lippen. Trotz der Warnung des Arztes ließ ich ihn eine halbe Stunde lang von Zeit zu Zeit schlückchenweise davon trinken. Dann munterte ich ihn ein wenig auf: „Halte durch, du hast noch viel vor dir, und dafür lohnt es sich, zu leben. In ein paar Tagen wird der Krieg vorbei sein, und du kannst nach Wien zurück.“
„Ich versuche es, Zahnarzt, ich versuche es“, murmelte er. Seine Augen schlossen sich, und er schlief ein. Ich beobachtete, wie sich seine Brust rasch hob und senkte. Dies war wohl der Höhepunkt der Krise gewesen, denn von nun an ging es ihm allmählich besser. Manchmal war nicht viel nötig, um das Schicksal eines Häftlings zu wenden.
Die Nazis versuchten, ihre Verluste zu beschönigen. Sie erfanden neue doppeldeutige Begriffe für ihre Niederlagen wie „Truppen zusammenziehen“ oder „Verteidigungslinien verkürzen“. Sie behaupteten weiterhin, daß die langerwartete Gegenoffensive unmittelbar bevorstehe, und das deutsche Volk schluckte nach wie vor die Lügen. Inzwischen hörte Lipschitz, daß die Alliierten Frankreich eingenommen hatten und nun durch Belgien und die Niederlande Richtung Deutschland marschierten. Die Kohle, die von unseren Häftlingen gefördert worden war, lag ungenutzt in Haufen. Es gab keinen Grund mehr, uns noch länger hier zu behalten, aber das Sterben ging ununterbrochen weiter. Nichts konnte unsere besessenen Häscher dazu bringen, das Morden einzustellen. Lag es an Hitlers unsinnigen teutonischen Ideen von „Herrenrasse“ und „minderwertige Rasse“? Lag es an seiner Propaganda, die uns zu „Unmenschen“ stempelte? Oder lag es daran, daß die Deutschen blind Hitlers zerstörerischem Weg folgten? Immer häufiger sahen wir Bomber der Alliierten über Fürstengrube fliegen. Wir schauten zu ihnen hinauf, beteten und hofften.
Im Dezember 1944 setzten Winterstürme ein. Heftige Schneefälle hüllten das Lager in Weiß. Ich hatte immer noch das letzte Kilo Zahngold, das jetzt keiner mehr abholte. Nach Weihnachten wurden die letzten nichtjüdischen Häftlinge aus dem Lager weggebracht, abgesehen von den Kapos war Fürstengrube nun zu 100 Prozent jüdisch. Die Nazis setzten uns nun umso mehr zu.
Während der ersten Januarwoche 1945 wurde jede Arbeit, selbst die auf der Baustelle, eingestellt. Wir wußten, daß irgend etwas Bedeutsames kurz bevorstand.

Wir hörten, daß die Alliierten den Rhein überquert hatten und weit nach Deutschland eingedrungen waren. Im Osten hatten die Russen die Oder überquert und marschierten nun Richtung Berlin. Es war offensichtlich, daß die Wehrmacht auseinanderbrach. Gerade als ein Funken Hoffnung aufkam, ging das Gerücht im Lager, daß wir in das Innere Deutschlands verlegt würden.

Am Ende dieser Woche brach der Krieg auch über Fürstengrube herein. Artilleriefeuer setzte ein und ließ den nächtlichen Himmel erglühen. Die Kämpfe waren nun so nah und laut, daß wir manchmal zwischen den verschiedenen Waffen unterscheiden konnten. Wir erfuhren, daß wir Fürstengrube verlassen würden, aber niemand kannte unser Ziel. Am meisten fürchteten wir uns vor Birkenau. Josef Hermann versicherte uns, er wisse zwar nicht, wohin wir gebracht würden, aber sicher nicht nach Birkenau. „Wer sich zu schwach für den Marsch fühlt, kann hierbleiben“, sagte er. Wir hatten nicht den Eindruck, daß Zurückbleiben eine sichere Wahl bedeutete. Jeder, der sich nur einigermaßen kräftig genug fühlte, beschloß mitzugehen. Die Kleiderkammer wurde geöffnet, und die Häftlinge holten sich ihre noch vorhandenen Kleidungsstücke und Schuhe.

Ich warf noch einen Abschiedsblick in die Zahnstation – meine Zuflucht und Folterkammer für fast eineinhalb Jahre. Willy und Viky Engel verbrannten außerhalb unter den wachsamen Augen des kürzlich noch ernannten Scharführers Pfeiffer die offiziellen SS-Akten. Dr. Grosch verließ die Station und ging zurück in seine Baracke.

Ich packte eine kleine Tasche mit zahnärztlichen Instrumenten. Dann fiel mein Blick auf die geschmolzenen Goldklümpchen. Ich steckte sie zu den Instrumenten und ging zu meinem Bruder in den KB. „250 Häftlinge werden im KB bleiben“, sagte er. Sie gingen das Risiko ein, da sie zu schwach für die Reise waren; sie wußten, sie würden den Marsch nicht lange durchhalten. Ihre Hoffnung gründete sich auf die heranrückenden Russen. Was später wirklich geschah, berichtet Tadeusz Iwaszko, in der Schriftenreihe ‘Hefte von Auschwitz’ von einem der wenigen Überlebenden:

„Gegen vier Uhr nachmittags drang eine Gruppe von etwa zwanzig SS-Männern auf das Terrain des Nebenlagers. [...] Nun begannen die SS-Männer von außerhalb der Baracken auf uns zu schießen und warfen durch die geöffneten Fenster Handgranaten herein. Nach einer kurzen Attacke auf die Baracke überprüften sie das Innere, ob noch jemand von den Häftlingen am Leben sei, und wenn sich jemand rührte, schossen sie auf ihn. Danach brachten sie über ein Dutzend Matratzen, legten sie in den Ecken des Blocks aus und setzten sie so in Brand, daß die ganze Baracke zu brennen begann. Während der Schießerei wurde ich von einer Granate am rechten Bein verwundet [...], und ich verstellte mich, als ob ich nicht

lebte. [...] Als ich fühlte, daß das Feuer mich erreichte, versuchte ich, mich aufzurichten. Da schoß einer der SS-Männer, der zufällig durchs Fenster schaute, nach mir und verwundete mich an der rechten Hand. Ich tat, als sei ich erschossen, doch als ich fühlte, daß ich nicht mehr länger in meiner Position bleiben konnte, [...] kroch ich nach außerhalb und verbarg mich hinter einem Pfeiler [...].
Als schon keinerlei Rufe mehr aus der brennenden Baracke zu hören waren, gingen die SS-Männer zur nächsten Baracke des Krankenbaus. Dort lagen Schwerkranke. [...] Dann belegten sie die Baracke des Krankenbaus mit Strohmatratzen und setzten sie in Brand. Die sich darin befindenden Kranken kamen in den Flammen um.
Über dem Nebenlager war ein Feuerschein erkennbar, den die Einwohner des Ortes sahen. Es sahen ihn auch die in der alten Grube gewöhnlich diensttuenden Bergleute. Diese waren es auch, die eine Feuerwehrpumpe herausrollten [...], um das Feuer zu löschen. Die Bergleute wurden jedoch von der Wehrmacht zur Umkehr gezwungen, und ihnen erklärt, daß dort 'stinkende Juden brannten'."[11]
Die 239 ermordeten Häftlinge wurden danach in einem Massengrab verbrannt.

15 Der Todesmarsch

Es war der 11.1.1945. Um 8 Uhr morgens bekam jeder von uns ein halbes Kilo Brot, zwei Stück Margarine und eine großzügige Portion Marmelade. Die Aufseher durchsuchten jede Baracke und vernichteten alles, was in ihren Augen noch irgend einen Wert besaß.
Es war ein trockener, kalter Tag. Der Wind ließ den Schnee tanzen, an manchen Stellen waren die Straßen weiß. Wir mußten wie gewöhnlich in Fünferreihen antreten, aber aus irgendeinem Grund bewegten wir uns nicht vom Fleck. „Wir warten noch, um uns dann mit denen aus Buna und den anderen Lagern hier zu treffen", sagte Hermann. Es war schließlich fast Mitternacht, als wir in Einheiten zu je hundert Häftlingen aufgeteilt wurden und Fürstengrube verließen. Alle zehn Meter ging ein Aufseher der SS mit Gewehr neben uns. Mein Bruder und ich waren in der zweiten Reihe. Srulek Lipschitz, der Elektriker, sowie Willy und Viky Engel waren ebenfalls in unserer Gruppe. Genau vor uns gingen die Kapos und der gefürchtete Oberkapo Wilhelm Henkel. Das Geräusch der Stiefel klang laut in die ruhige Nacht. Viele Militärfahrzeuge fuhren an uns vorbei, alle in Richtung Westen.

---

[11] Vgl. Iwaszko, Tadeus: Das Nebenlager „Fürstengrube", in: Hefte von Auschwitz 16 (1978), S. 86–87.

Plötzlich hörten wir ein lautes Geräusch, als ob ein Knallkörper gezündet worden wäre. Wir waren erschrocken. Ein paar Minuten später kamen wir an einem Häftling vorbei: er lag tot auf der Straße, Blut tropfte von seinem Kopf. Jetzt kannten wir die Ursache des Geräusches. Kurz darauf kam Josef Hermann zu uns mit der Warnung: „Die Aufseher schießen jeden nieder, der nicht Schritt halten kann.“ Es dauerte nicht lange, und ein weiterer Häftling stolperte und fiel hin. Entsetzt mußten wir mit ansehen, wie ein Aufseher ihn niederschoß. Schon bald lagen so viele tot auf der Straße, daß wir vorsichtig gingen, um nicht auf einen Leichnam zu treten. Um 4 Uhr morgens trafen wir auf eine andere Gruppe von Häftlingen; sie kamen aus Buna.

Es war noch dunkel, als wir den Befehl bekamen, bei einem großen Bauernhof anzuhalten. Die Scheune stand offen, und uns wurde gesagt, daß wir für den Rest der Nacht hier bleiben würden. Mein Bruder und ich gruben uns in das Stroh; meine zahnärztlichen Instrumente lagen an meiner Seite. Ich schloß die Augen und schlief sofort ein. Kaum war es Tag geworden, schwangen die Kapos ihre Peitschen und schrien: „Aufstehen!“ Die Aufseher schienen in großer Eile zu sein. Wir formierten uns wie am Tag zuvor und gingen ohne Zählappell. Dann erfuhren wir, daß wir nach Gleiwitz gingen, eine Stadt, die ungefähr 70 Kilometer entfernt lag.

Die ganze Nacht hindurch hatte es geschneit. Der Schnee war naß, und das Marschieren wurde so immer schwieriger. Unsere Schuhe waren durchnäßt, unsere Füße blaugefroren. Heute wurden noch mehr Häftlinge erschossen. Bei hellem Tageslicht konnten wir nun sehen, daß schon diejenigen, die nur ein klein wenig zurückgefallen waren, erschossen und einfach auf der Straße liegengelassen wurden. Den Mördern machte das offensichtlich nichts aus, es war für sie zur reinen Routine geworden. Gegen Mittag bekamen wir den Befehl, neben der Straße zu rasten. Obwohl die Sonne schien, konnte sie uns halberfrorene, hungrige Nomaden nicht aufwärmen. Ich hatte mir ein paar Brotstücke aufgehoben, die ich nun mit ganz kleinen Bissen aß. Nach fast drei weiteren Stunden Marsch fühlte ich mich schwach. Ich sah alles nur noch verschwommen, und meine Knie gaben nach. „Josek, ich kann nicht mehr“, sagte ich zu meinem Bruder und stolperte auch schon. Er packte mich am Arm und bat Willy, der an meiner anderen Seite ging, mich ebenfalls zu stützen. Wir drei wurden immer langsamer, fielen immer mehr zurück und waren schließlich in der allerletzten Reihe.

Die anderen Häftlinge erkannten mich. „Es ist Bronek, der Zahnarzt. Er wird der nächste sein.“ Ich konnte kaum mehr die Füße nachziehen, und mein Kopf baumelte von links nach rechts. Drei Aufseher gingen hinter uns. Ich war mir der Folgen vollkommen bewußt, ich gab mir die größte Mühe – und dann hörte ich auf, an das zu denken, was mich ängstigte. Ich wollte nur liegenbleiben und mich ausruhen.

„Berek“, ermutigte mich mein Bruder verzweifelt, „bewege dich!“ Josek und Willy trugen mich praktisch. „Berek, es ist nicht mehr weit. Hinter diesem Hügel werden wir Rast machen“, drängte mich Josek in Panik. Aber wir machten dort keine Rast, und ich gab mich endgültig geschlagen. Mein Bruder faltete das Bettuch auseinander, das ich von Fürstengrube mitgenommen hatte, und legte es mir um die Schulter.

„Laßt mich einfach liegen“, bat ich ihn und Willy. Aber beide stützten mich und behaupteten steif und fest, daß wir sicher beim nächsten Bauernhof anhalten würden.

Plötzlich kam Schmidt auf seinem Motorrad zu uns. „Was ist los mit dem Zahnarzt?“, fragte er.

„Er ist zu schwach, um noch länger zu marschieren, Herr Lagerführer“, antwortete ihm mein Bruder.

„Halte durch, Zahnarzt, ich schicke den Lagerältesten vorbei“, hörte ich ihn noch sagen, als er davonbrauste. Kurz darauf war er wieder da – mit Josef Hermann auf dem Beifahrersitz. Dann spürte ich, wie mir etwas eingeflößt wurde. Es war Wodka und brannte scheußlich in meinem Mund und Magen, aber ich schluckte und nippte noch ein paar Mal. Sofort fühlte ich, wie meine Beine fester wurden, und ich konnte wieder einigermaßen marschieren, bis wir am nächsten Bauernhof anhielte. Dort sank ich auf den schneebedeckten Boden.

„Steh auf und halte noch ein paar Minuten durch, bis wir durchgezählt haben“, mahnte mein Bruder. Ich wußte, das wäre meine Rettung, aber die Anstrengung war zu groß für meine wackligen Beine. Josek half mir aufzustehen und lehnte mich an einen Wagen, der in unserer Nähe stand. Mit dieser Unterstützung kam ich ungeschoren durch den Zählappell – und dann bekamen wir zum ersten Mal, seit wir Fürstengrube verlassen hatten, etwas zu essen. In dieser Scheune übernachteten wir auch.

Ich erinnere mich daran, daß mich jemand schüttelte. Ich öffnete die Augen und sah meinen Bruder, der mich anstarrte. „Steh endlich auf, oder sie werden dich umbringen“, sagte er und zerrte mich hoch. Zuerst wußte ich überhaupt nicht, wo ich war. In meinem verschwommenen Gedächtnis kramte ich nach den Ereignissen des letzten Tages. Es war unglaublich, daß ich noch am Leben war, und ich erstarrte vor Schreck bei dem Gedanken, daß ich einen weiteren Tag marschieren mußte. Aber ich fühlte mich erheblich kräftiger, als hätte mir jemand während der Nacht neuen Lebensodem eingeblasen; ich verließ also die Scheune.

Einige Häftlinge fehlten. Die Bajonette der Aufseher stießen tief in die Strohsäcke. „Raus“, schrien sie, um die Gesuchten herauszutreiben. Sogleich tauchten drei strohbedeckte Gefangene auf und wurden in die Reihe gestoßen. Sie schlugen dann weiter auf die Strohsäcke ein, aber es kamen keine weiteren Gefangenen mehr. Pfeiffer schrie warnend: „Ihr bekommt noch eine letzte Chance, dann brenne ich die Scheune ab.“ Auch das brachte die Vermißten nicht zum Vorschein. Wir zählten ab, und es stellte sich heraus, daß zwölf von uns fehlten.

An diesem Morgen bekamen wir Brot, Butter und Kaffee. Dann brachen wir ohne die zwölf Entflohenen auf. Pfeiffer brannte auch nicht die Scheune nieder, wie er angedroht hatte. Das war die größte mir bekannte Häftlingsgruppe, die jemals entfloh. Auch an diesem Tag herrschte starker Frost, und beim Marschieren begann das Morden von neuem. Man hatte den Eindruck, auf einer unerbittlichen Pilgerreise in den Tod zu sein. In der nächsten Ansiedlung stand eine alte Kirche aus Stein mit schiefergedecktem Dach und einem Turm aus Kupfer, davor lag haufenweise zusammengeschobener Schnee. Die Aufseher flirteten mit hübschen Mädchen, die beobachteten, wie wir durch ihr Dorf geschleppt wurden. Wahrscheinlich sahen sie in uns keine menschlichen Wesen. Außerhalb des Ortes lasen wir auf einem Schild: „Gleiwitz 21 km“. Wir hofften, daß unser Todesmarsch dort zu Ende wäre. Schmidt, mit Josef Hermann hinter sich auf dem Motorrad, umkreiste uns. Am Mittag wurde eine Pause eingelegt. Die Felder lagen friedlich unter tiefem Schnee begraben. In dieser Gegend schwärmten überall die Truppen der Waffen-SS, und wir fragten uns, wie die zwölf geflohenen Häftlinge ihnen entgehen konnten. Uns war klar, daß wir noch einen weiten Weg vor uns hatten, und Josek hatte dauernd ein Auge auf mich.

Es war bereits dunkel, als wir uns Gleiwitz näherten. Hier waren die Gießereien, Mühlen und Eisenbahnstrecken noch intakt. Einige Schornsteine stießen schweren, dunklen Ruß aus. Wir wurden inmitten eines großen Konvois von Militärfahrzeugen, die an uns vorbeifuhren, durch die Stadt geführt. Schließlich kamen wir zu einer großen Gruppe von Häftlingen, die hinter einem acht Meter hohen, mit Eisenstangen verstärkten Drahtzaun gefangengehalten wurde; früher wurde hier offensichtlich Kohle gelagert. Zwei Eisenbahnschienen führten in das Innere. Die Gefangenen kamen von den Deutschen Werken, einer außerhalb von Gleiwitz gelegenen Eisengießerei. Auch einige Häftlinge aus Fürstengrube waren bereits hier. Überall sah man noch die Spuren der Kohle. Jeder von uns erhielt ein Stückchen Brot, Kaffee und eine kleine Wurst. Diese Nacht verbrachten wir hier.

Am nächsten Morgen wurde uns früh befohlen, offene Viehwaggons zu besteigen. Ironie des Schicksals: damals in der Augusthitze mußten wir in geschlossenen Wagen fahren. Die Waggons waren ungefähr zweieinhalb Meter hoch und ca. fünfeinhalb Meter lang. Vorne und hinten war ein Aufseher postiert. Vierzig von uns paßten in einen hinein, aber mit Drücken und Stoßen brachten die Posten noch weitere zwanzig Leute unter. Ich drückte mein Bündel an mich und hatte kaum genug Platz zum Stehen. „Wie viele Stücke hast du?“, fragte ein kroatischer Aufseher einen anderen aus der Ukraine. Sie hatten offensichtlich Verständigungsschwierigkeiten. Sie zählten und zählten und verglichen die Anzahl der Insassen eines jeden Wagens, und schließlich waren sie sich einig. Dann zogen die Lokomotiven an, und mit Pfeifen begannen sie uns in Richtung Westen zu bringen – weiter weg von der möglichen Befreiung, tiefer hinein nach Deutschland. Der Zug fuhr zunächst langsam, ungleichmäßig und rumpelnd. Dann zog die eine Lokomotive, eine andere schob, und so brachten beide gemeinsam die vielen Waggons durch die Stadt. Es hatte wieder geschneit, und der Himmel war von dunklen Winterwolken bedeckt. Auf einmal hatte jemand irgendwoher Blechdosen, und die Gefangenen ließen sie an einem Bindfaden hinab, um Schnee aufzusammeln. „Eßt nicht den Schnee, Ihr bekommt nur noch mehr Durst“, warnte Dr. Seidel. Aber niemand beachtete seine Warnung. Die Büchsen wurden hinabgelassen, kamen schneegefüllt wieder hoch, und jeder von uns stürzte sich darauf. Mein Bruder hatte genug Platz gefunden, um sich hinzusetzen. Plötzlich sprang er auf: Jemand hatte auf ihn uriniert. Wir hatten nicht einmal einen Eimer in unserem Wagen.

In der Nacht wurde der Durst immer schlimmer. Der Zug wurde langsamer und blieb schließlich auf einem toten Gleis stehen. Zu dieser Zeit war ein Gefangener bereits tot, ein zweiter lag im Sterben. Ein Aufseher befahl, sie aus den Waggons zu werfen. Dann kam er näher heran und fragte, wie viele noch tot seien. „Hier gibt es keinen Platz für Halbtote“, sagte der Unterscharführer. „Werft sie heraus.“ Dem wurde entsprochen, und die Körper schlugen dumpf auf. Der Tod hatte jetzt auch die ereilt, nach denen er nur seine Hand ausgestreckt hatte. Diejenigen, die während der Fahrt starben, wurden aufgestapelt und bei jedem Halt aus den Waggons geworfen. Manchmal konnte man sogar während der Fahrt Körper fliegen sehen. Unser Zug wurde häufig hin- und hergeschoben, um anderen Zügen die Vorfahrt zu lassen. Dann ruckelte unser Zug vor und zurück, und schließlich

standen wir auf einem Gleis, das nirgendwohin führte. Wir dachten, diese Reise würde erst dann zu Ende sein, wenn wir alle tot wären.
Es begann leicht zu schneien, dann wurde der Schnee dichter, und es schneite die ganze Nacht hindurch. Der Schnee schmolz auf unseren Decken, die wir mitgebracht hatten, das so entstandene Wasser gefror und machte die Decken steif. Den ganzen Tag hatten wir nichts zu essen oder zu trinken bekommen, und trotz Dr. Seidels Warnung aßen wir alle Schnee.
Am dritten Tag wurde der Zug wieder einmal langsamer und Dr. Grosch, der in unserem Waggon mitfuhr, legte ein seltsames Verhalten an den Tag. Er stieg auf andere und schrie: „Laßt mich zu meiner Frau und meiner Tochter. Sie brauchen mich jetzt." Ich drängte ihn, sich ruhig zu verhalten, aber er war nicht zu bremsen und kämpfte sich frei. Er war wahnsinnig geworden. Der Tumult erregte natürlich die Aufmerksamkeit des SS-Oberscharführers. Er kam herbei und schoß auf Dr. Grosch. Dr. Grosch fiel tot zurück in den Waggon, und auch seine Leiche wurde hinausgeworfen. Ich hoffte, seine Frau und seine Tochter würden nie etwas über sein tragisches Ende erfahren. Josek hatte wohl den gleichen Gedanken. „Nur gut, daß Papa tot ist. Er hätte diese Reise nie überlebt", sagte er. Inzwischen waren so viele Gefangene gestorben, daß wir viel mehr Platz im Waggon hatten.
Bei uns befanden sich auch zwei griechische Juden aus Thessaloniki. Da niemand von uns Griechisch sprach, hielten sie eng zusammen – Fremde unter uns. Die Kälte ging uns bis auf die Knochen, und dennoch gab es einen Vorteil gegenüber den geschlossenen Waggons: Hier konnte der üble Geruch abziehen, und wir konnten die Exkremente loswerden.
Zwei Tage lang waren wir jetzt ohne Nahrung. Der Mund wurde trocken, brennender Durst quälte uns. Um 9 Uhr abends bekam endlich jeder 250 Gramm Brot und einen Becher Ersatzkaffee. Unser Zug hielt wieder an, das war jetzt schon etwas Alltägliches für uns, der Transport stoppte mindestens viermal am Tag. Diesmal jedoch war Dr. Seidel unter den Toten.
Kurz vor Tagesanbruch kamen wir nach Buchenwald. „Jedem das Seine" verkündete das Schild über dem Tor. Das war reiner Sarkasmus, und doch kümmerte uns das kaum mehr. Wir betrachteten solche Sprüche nicht mehr als Affront gegen unsere sowieso schon verlorene Würde. Wir hofften nur noch, daß diese qualvolle Reise endlich ein Ende hätte, selbst wenn sie in ein anderes Lager führte.
Eine weitere Nacht mußten wir in den Waggons verbringen. Am Vormittag öffneten sich dann die Tore, und wir bekamen den Befehl, den Zug zu verlassen und das Lager zu betreten. Nach diesen vielen Tagen im Waggon konnten wir kaum mehr gehen. Die Aufseher waren ungeduldig und trieben die Schwachen mit ihren Gewehrkolben an, als ob sie Kohle schaufeln würden.

Buchenwald schien ziemlich schlecht organisiert zu sein. Die Häftlinge sahen nicht viel besser aus als wir; ihre Gesichter waren abgestumpft und so grau wie die dunklen Streifen auf ihrer Sträflingskleidung. Wir wurden in einen hohen, ungeheizten Raum geführt und bekamen die übliche Rübensuppe mit kleinen Kartoffelstückchen. Das Essen und der geschlossene Raum wärmten uns auf. Ein Blick aus dem Fenster jedoch – das, was wir da sahen, erinnerte an die Gaskammern von Birkenau. Aber die Alliierten flogen hier mehr Einsätze, auch wenn sie noch keine Bombe abgeworfen hatten.
Das Gerücht ging um, daß wir in wenigen Tagen in ein Außenlager von Buchenwald gebracht werden würden, nach Dora-Mittelbau. Gemäß den Häftlingen von Buchenwald war es ein schreckliches Lager. Wir verließen Buchenwald und marschierten vier Stunden. Wir kamen durch einige deutsche Städte, darunter Blankenburg, und dann ging es in östlicher Richtung weiter. Jeder wußte, daß der Krieg bald zu Ende sein mußte, doch auch hier zeigte sich das deutsche Volk nicht betroffen, als es uns vorbeimarschieren sah. Hauptscharführer Max Schmidt, Lagerältester Josef Hermann und alle Aufseher und Kapos aus Fürstengrube begleiteten uns. Nach zehn weiteren Kilometern waren wir endlich in Dora-Mittelbau angelangt. Es sah wie andere Lager aus, nur daß es von Bäumen umgeben war – und nicht eingezäunt.

16 Dora-Mittelbau

Kommandant Schmidt sprach deutliche Worte: „Laßt euch nicht zum Narren halten, nur weil die Baracken hier nicht eingezäunt sind. Das ganze Gebiet wird überwacht", sagte er. Für uns war damit einmal mehr klargeworden, daß die Fangarme der Nazis allgegenwärtig waren.
Jeder von uns fand eine Schlafstelle. Ich ließ meine Instrumente dort liegen und kehrte rasch zum Appellplatz zurück. Wieder das Übliche: „Eins, zwei, drei" und so fort zählten wir. Wir waren zu dem Zeitpunkt 600 Männer. Dann bekamen wir unsere Ration; man bekam den Eindruck, daß jegliche Marmelade in Deutschland rot war. Oder war nur unsere rot?
Die Baracken waren neu und behelfsmäßig eingerichtet. Das Wasser im Waschraum kam aus Röhren von 2,5 cm Durchmesser und tropfte aus kleinen Löchern. Die Toilette bestand aus einem Holzbrett, das über eine offene Grube gelegt war.
„Was für eine Arbeit wird hier verrichtet?", fragte ich einen Häftling.
„Je ne parle pas allemand", antwortete er.
Ein weiterer Häftling drehte sich zu mir um und sagte in gebrochenem Deutsch:

„Er versteht kein Deutsch, er spricht nur Französisch." Letzterer war zwar auch Franzose, aber er sprach etwas Deutsch.
In dem Augenblick dreht sich ein dritter Häftling zu mir um und sagte: „Pan jest z Polski?" Es tat gut, sich auf Polnisch zu unterhalten.
Zuerst stellte ich ihm die Frage, die uns allen am meisten auf der Seele brannte: „Gibt es hier Gaskammern?"
„Nein, nicht hier. Die Muselmänner werden nach Buchenwald gebracht", sagte er. Dann bohrte ich weiter; ich wollte wissen, welche Art von Arbeit hier gemacht wurde.
„Hast du schon von den deutschen V-Waffen gehört? Seitdem die Alliierten mit ihren Bomben Peenemünde zerstört haben, wo sie zuerst hergestellt wurden, lagern wir sie hier im Harz in Felsenkellern. Zunächst arbeiteten wir an der V1, dann an der V2 und jetzt" – er flüsterte nur noch – „fangen wir mit der Arbeit an der V3 an. Bis jetzt sind fast 30000 Gefangene hier umgekommen. Die Ingenieure sind Wernher von Braun, Helmut und Magnus Grottrup und Arthur Rudolf."
Dora-Mittelbau hatte einige Tausend Häftlinge, aber aus irgendwelchen Gründen hielt Max Schmidt uns von den anderen fern. Er selbst und die anderen Aufseher aus Fürstengrube kontrollierten uns streng. Lediglich bei der Arbeit und im Waschraum hatten wir Kontakt zu den anderen Gefangenen.
Am nächsten Morgen fragten die Vorarbeiter beim Appell nach Ingenieuren, Konstruktionszeichnern, Elektrikern, Technikern und Maschinenarbeitern. Aber bald war das jetzt schon vertraute Geräusch von Flugzeugen zu hören. Sie kamen immer näher, es wurde lauter. Die Vorarbeiter wechselten besorgte Blicke mit Schmidt und beschlossen, zunächst aufzuhören. „Starrt nicht so schadenfroh hinauf", schnauzte uns Kapo Karl an, um den neuen Vorarbeitern seine Loyalität zu beweisen. Aber die Versuchung war zu groß für uns. Der Anblick einer Schwadron von zwanzig Bombern der Alliierten, die in der Sonne funkelten wie vom Himmel geschickte silberne Tauben, war einfach unwiderstehlich. Sie kündigten das Ende dieses wahnsinnigen Reiches an. Doch die Flugzeuge verschwanden hinter dem Horizont; die Spezialisten wurden ausgesucht und weggebracht.
Alle anderen folgten nun einigen Vorarbeitern zu den Eisenbahngleisen. Plötzlich hörten wir schwere Räder auf uns zurollen. „Hinlegen!", kommandierte ein SS-Mann. Dann hörten wir ein Flüstern, das uns alle bewegte: „V-Waffen". Ich drehte meinen Kopf vorsichtig auf die eine Seite und sah ein hohes, kugelförmiges Ding, zugedeckt mit Zelttuch, an uns vorbeikommen. Als es außer Sichtweite war, wurden wir in einen Tunnel geführt, der in den Berg gegraben worden war. Es war fast dunkel und eiskalt dort. Kleine Metallteile lagen vermischt mit Erde auf dem Boden. Ein strenger Geruch nach Schwefel war überall zu bemerken.

Über einem Wassertank stand in Deutsch die Warnung: „Nicht trinken". Das Ende des Tunnels war nicht zu sehen.
Wir wurden tiefer in den Tunnel geführt und sahen Gefangene an Werkbänken, umgeben von Kästen, die seltsam aussehende Dinge beinhalteten. Viele gaben uns heimlich Zeichen, still zu sein. Schließlich befahl ein Vorarbeiter meinem Bruder und mir, mit drei bereits anwesenden anderen Gefangenen zu arbeiten. Diese wirkten völlig ermattet: einer von ihnen war nur noch Haut und Knochen. Wir fragten, was wir machen sollten. Sobald die Vorarbeiter gegangen waren, hörten sie auf zu arbeiten und sagten zu uns: „Macht überhaupt nichts. Wenn ein Deutscher kommt, dann tut so, als würdet Ihr arbeiten. Die Amerikaner sind nicht mehr weit, und es wird nicht mehr lange dauern, dann sind sie hier. Sie sprachen Deutsch mit uns, aber mit starkem französischem Akzent. Zusätzlich zum Schwefel roch es hier auch noch nach Ammoniak. Jeder Atemzug tat weh.
Sobald ein Vorarbeiter kam, langten die drei Franzosen in einen Behälter, nahmen einige Teile, die bereits sauber waren, heraus, wischten sie wieder ab und warfen sie in einen zweiten Behälter. Das war nun auch unsere Beschäftigung für den Rest des Tages. Ich fragte mich, wie lange dieser Schwindel schon ging und ob wir mit dieser Farce wohl durchkommen würden. Aber vielleicht war es den Vorarbeitern inzwischen auch schon egal.
Es war am ersten Samstagabend – die Sonne ging gerade hinter den Baracken unter –, da hörte ich Gesang aus dem nahegelegenen russischen Lager. Scharlachrote Sonnenstrahlen huschten über die Baumkronen. Das Lied hatte eine traurige, melancholische Melodie, es hörte sich wie das Schluchzen gebrochener Herzen an. Sie sangen von ihrer Liebe zu ihrer Heimat. Hie und da wiederholte ein Bariton den Refrain: „Mütterchen Rußland, wie sehr ich dich liebe! Ich liebe deine Berge, und ich liebe deine Wiesen. Ich liebe deine Sonne und ich liebe deine Steppen." Ich blieb wie angewurzelt stehen, mein Herz klopfte zum Zerspringen. Für mich gab es keine Heimat mehr, nach der ich mich sehnen konnte. Ich fühlte mich wie ein Baum ohne Wurzeln.
Am Montagmorgen klagte ein Mithäftling über Zahnschmerzen. Ich ließ ihn auf meinem Bett Platz nehmen und schaute in seinen Mund. Ein Weisheitszahn war angefault. Ich besaß noch einige Ampullen Novokain, eine Spritze und zwei Zangen. Mit diesem mageren Handwerkszeug zog ich ihm den Zahn. Bis ich fertig war, waren alle Arbeitsgruppen bereits gegangen. Wir waren überrascht, daß niemand nach uns gesucht hatte. Ich ließ meine Instrumente auf dem Bett ausgebreitet liegen als Alibi für mein Fernbleiben von der Arbeitsstelle. Aber niemand kontrollierte unsere Anwesenheit, nicht einmal Adolf Voigt, der frühere Sanitätsdienstgefreite, der mit uns von Auschwitz gekommen war, und so kam mir eine

Idee. Am nächsten Morgen ging ich nach dem Appell in die Baracke zurück und legte meine Instrumente zurecht. Ich ernannte mich selbst zum Barackenzahnarzt.
Eines Tages fand ich Nissen, meinen Hebräischlehrer aus Dobra, tot auf seinem Bett liegen, das nicht weit von meinem eigenen entfernt war. Er war kein findiger Mann und hatte nie jemanden um Hilfe gebeten oder gar gestohlen, um zu überleben. Er tat das, was von ihm verlangt wurde. All die Jahre hindurch trug er seine schwere Last alleine, ohne sich jemals zu beklagen. Wie hatte er es nur geschafft, so lange zu überleben? Er bat mich nie um Hilfe, und ich konnte mich nicht daran erinnern, ihn in all dieser Zeit überhaupt im Lager gesehen zu haben.
Es war jetzt für alle offensichtlich, daß die Alliierten zu einem Großangriff auf dieses Gebiet übergingen. Sie beherrschten den Himmel, und eine deutsche Verteidigung schien es nicht mehr zu geben. Wir waren überzeugt, daß wir der Freiheit ganz nahe waren. Die Alliierten schienen nur wenige Kilometer entfernt zu sein. Aber es konnten auch 100 Kilometer sein.
Am Morgen des 10. April 1945 mußte niemand zur Arbeit. Auf Anweisung von Kommandant Schmidt hielt uns Josef Hermann in den Baracken. Nach einem flüchtigen Durchzählen verließen wir Dora. Ich nahm meine wenigen zahnärztlichen Instrumente mit und hoffte, daß sie ihre magischen Kräfte nicht verlieren würden. Nach einem langen Marsch kamen wir an die Elbe. Der Schnee war geschmolzen, und der Frühling erweckte langsam alles zum Leben. Max Schmidt und Josef Hermann warteten am Fluß auf uns, wo einige leere Lastkähne ankerten. Die Elbe, eine wichtige Wasserstraße, mündete in die Nordsee. Es brach uns fast das Herz, als Hermann uns sagte, wir hätten gerade noch rechtzeitig Dora verlassen: Sofort nach uns seien die Amerikaner gekommen und hätten Dora-Mittelbau befreit. Die Freiheit war uns schon so nahe gewesen, aber wie ein Schatten war sie uns wieder entwischt, und wir waren in höchstem Maße niedergeschlagen. Wir erfuhren, daß wir auf das Gut von Max Schmidts Familie gehen würden. Wo das lag, und weshalb wir dorthin gingen, wußten wir nicht. Was für einen Wert konnten wir – schwache, mutlose Muselmänner, die wir waren – noch für sie haben?
Ungefähr je sechzig von uns wurden auf einen Kahn verladen, gefolgt von einigen Kapos. Wir bekamen den Befehl, uns hinzusetzen und so sitzen zu bleiben, um das Gleichgewicht des Lastkahns nicht zu gefährden. Die Maschinen wurden angeworfen, schwarzer Rauch stieg auf, und die Fahrt begann. Die Maschinen keuchten und ächzten, doch sie konnten uns nicht viel schneller voranbringen als es die Strömung ohnehin getan hätte. Heller Sonnenschein lag auf dem smaragdgrünen Wasser. Das klare Wasser spiegelte unsere abgerissene Kleidung wider und ließ sie wieder verschwinden. Wir waren ein schwimmendes Konzentrationslager – vielleicht das erste.

Am Ufer entlang standen kleine Häuser mit Blumen an den Fenstern. Ab und zu tauchte eine Kirche auf. Die Menschen hier schienen in Frieden und Sicherheit zu leben. Manchmal streifte uns Küchenduft. Die Tatsache, daß ein solches Leben überhaupt noch möglich war, überraschte uns. Es ist noch nicht lange her, da waren wir wie sie: jung, alt, gut, schlecht. Wir waren glücklich, traurig, verrückt, eitel – wie alle anderen Menschen auch. Wir wurden geboren, lebten und starben zusammen. Jetzt waren wir anders: wir waren die *Untermenschen*. Niemand kam, um zu schauen, wer wir denn waren. Nicht einmal die, die ganz nahe am Fluß wohnten, waren neugierig. Ich fragte mich nach dem Grund. Vielleicht war das Ungewöhnliche gar nicht mehr so ungewohnt. Enttäuscht schauten wir uns an und behielten unsere desillusionierten Gedanken für uns.
Die Winterstürme waren nun frühlingshaftem Wetter gewichen. Die Büsche am Ufer trieben neue Knospen, und die Bäume waren mit wunderhübschen hellgrünen Blättchen übersät. Schmidt – mit Josef Hermann auf dem Rücksitz seines großen BMW-Motorrades – begleitete uns am Ufer entlang, verschwand kurz und tauchte dann wieder auf. Die Sonne sank tiefer, und kalte Luft umstrich nun die Schiffe. Kurz darauf ankerten wir, und einige Zivilisten brachten uns Brot. Dies und Kaffee war alles, was wir auf der weiteren Reise bekamen – die insgesamt dreieinhalb Tage dauern sollte. Nachts war der Fluß ruhiger, und nur vorbeikommende Schiffe erzeugten Wellen. Die Luft war mit Schweigen angefüllt.
Ein leichter Wind ließ am Morgen danach die Baumkronen rauschen. Flugzeuge der Alliierten flogen während des ganzen Tages über uns am Himmel. Wir hofften immer noch bei jeder Drehung, daß wir endlich die Freiheit finden würden. Wir fuhren Richtung Norden, und es wurde immer kälter. Jetzt sahen wir häufiger deutsche Dörfer und Städte. Deutschland war jetzt beinahe in zwei Hälften geteilt, mit einem schmalen Landkorridor entlang der Elbe, der die Amerikaner

von den Russen trennte. Im Norden waren die Briten bis Bremen und Hamburg vorgedrungen, die Franzosen im Süden bis zur oberen Donau. Auf den Hauptstraßen herrschte ungewöhnlich viel Verkehr, alle Menschen strömten nach Westen. Frauen, Kinder und Deserteure flohen vor den anrückenden Truppen der Roten Armee. Ab und zu erspähten wir auch Gruppen von Gefangenen, wie wir in graugestreiften Anzügen und bewacht von der Waffen-SS.

Es war kalt und regnerisch, von Frühling war nichts mehr zu spüren. Schleswig-Holstein war eine der wenigen Regionen, die noch nicht von den Alliierten besetzt war. Jetzt war klar, weshalb Max Schmidt uns nicht in Dora ließ. Er hatte beschlossen, uns als Gefangene auf dem Gut seiner Eltern einzusetzen, denn ohne die Aufgabe, uns zu bewachen, hätte er sein sterbendes Vaterland verteidigen müssen. Er hätte wissen müssen, daß sein Krieg zu Ende war. Als Leiter eines Außenlagers von Auschwitz konnte er kaum erwarten, einer Anklage zu entgehen, wenn er hier gefaßt wurde. Es war also sehr verwunderlich, daß er sich entschloß, uns auf das Gut seiner Familie mitzunehmen.

Wir bekamen den Befehl, den Kahn zu verlassen und uns neben der Verbindungsstraße Hamburg–Kiel aufzustellen. Wir waren jetzt 540 Häftlinge und die Kapos. Einige von uns konnten sich kaum mehr bewegen. Mein Bruder und ich erwogen ernsthaft die Flucht, aber wir stellten uns selbst die Frage, wohin wir gehen sollten. Wir wußten, daß Hamburg ein übles Nazi-Nest war.

Der Marsch begann, und mit ihm begann wieder das Abschlachten. Wie beim letzten Mal wurden diejenigen, die sich nicht mehr aufrecht halten konnten, erschossen und auf der Straße liegengelassen. Als wir schließlich das Gut von Schmidt in einem Dorf namens Glasau erreichten, waren fünfzehn weitere Häftlinge tot. Wir hofften, daß endlich auch die Kapos ihre Anhänglichkeit an die Nazis aufgeben würden, denn ihnen mußte ja ebenfalls klar sein, daß sie zur Verantwortung gezogen würden. Aber viele von ihnen, vor allem Kapo Wilhelm, blieben verstockt und haßten ihre jüdischen Mithäftlinge nach wie vor.

Am späten Nachmittag erreichten wir den Ortsrand von Glasau. Von da an ging es einen Feldweg weiter, und nach weiteren fünf Kilometern kamen wir zu einer großen, verwitterten Scheune, die an einem lieblichen Hang stand. Hermann hatte uns mitgeteilt, daß wir zunächst hier bleiben würden. Während die Aufseher uns bewachten, sanken wir völlig erschöpft auf den nackten, immer noch gefrorenen Boden. Kurz darauf kam Schmidt die Straße herauf und öffnete die Scheunentore. Es war schon dunkel, als drei Frauen kamen und uns richtiges Brot, Butter und Kaffee brachten. Eine der Frauen war jung, schlank und sehr hübsch. Ich erkannte sie sofort wieder, es war Gerda, die Verlobte von Max. Sie hatte Max häufig in Fürstengrube besucht. Ihr langes Haar hatte sie zu dicken Zöpfen geflochten.

Am 13. April wurden wir von einem brüllenden Kapo Wilhelm geweckt: „Der amerikanische Präsident ist tot. Ihr habt den Krieg noch lange nicht gewonnen, vorher werdet Ihr alle krepieren", sagte er.
„Präsident Roosevelt ist tot?", ging es durch die Scheune. Der Tod des Präsidenten war für uns eine Niederlage, unsere Hoffnung war dahin; jeder von uns hatte mit ihm einen Freund verloren. Wir waren alle entsetzt und bestürzt.
Fräulein Gerda kam zweimal täglich mit ihren beiden Helferinnen, und wir bekamen jedesmal eine dicke Scheibe Brot, Butter und Kaffee. Dies war richtiges Essen, und wir erinnerten uns wieder daran, wie Brot und Butter einst geschmeckt hatten. Am Abend bekamen wir zusätzlich Kartoffel-Rüben-Suppe, aber da wir jahrelang so wenig zu essen bekommen hatten, stillte auch diese Zusatz-Ration nicht unseren Hunger.
Hinter der Scheune befanden sich zwei strohbedeckte Erdhügel. Unser junger Mendele umkreiste sie immer wieder fasziniert, und eines Tages beschloß er, sie zu erforschen. Er behielt die Aufseher im Auge und ging immer wieder vor und zurück in seinem Katz-und-Maus-Spiel, so als ob er etwas suchen würde, bis er sich unverdächtig nahe an die Erdhügel setzen konnte. Wie aus reinem Zufall griff er in das Stroh und fand darunter Kartoffeln. Langsam füllte er seine Taschen damit und ging dann in die Scheune zurück. Dort entdeckter er, daß die Kartoffeln halb gefroren waren. Er wußte, wenn er sie roh essen würde, wäre Durchfall die unausweichliche Folge. Also entfachte er Feuer und nahm dazu Stroh aus der Hütte. Leider war sein Unternehmen nicht länger von Erfolg gekrönt, da der Aufseher kam und das Feuer austrat.
Je weniger ich im Magen hatte, desto schlimmer wurden die Schmerzen und die Krämpfe. Ich hatte erfahren, daß es in Glasau keinen Zahnarzt gab. Ich suchte nach einer Möglichkeit, Lebensmittel zu bekommen, und trat an Max Schmidt mit der Bitte heran, meine Dienste den Dorfbewohnern zur Verfügung zu stellen. „Herr Hauptscharführer, ich habe gehört, daß es keine Zahnärzte in Glasau gibt. Ich habe noch meine zahnärztlichen Instrumente aus Fürstengrube. Wenn Sie es mir erlauben, könnte ich den Leuten dort helfen, die Zahnschmerzen haben. Sie wissen, Herr Lagerführer, daß ich nicht fliehen werde", fügte ich noch hinzu.
Er schwieg eine Zeitlang und dachte über meinen Vorschlag nach. „Ich habe keine Einwände", sagte er dann und gab mir den Namen einer Familie, die er dort kannte. „Wenn du ihnen sagst, daß ich dich geschickt habe, kannst du bei ihnen Patienten empfangen." Dann befahl er dem Oberaufseher, Scharführer Pfeiffer, mir die Erlaubnis zum Verlassen des Gutes zu geben.
Ich fand Schmidts Freunde und klopfte an. Eine Frau mittleren Alters öffnete mir und schaute mich erstaunt an. Ich erklärte ihr, wer ich sei, nannte ihr den Grund

für mein Erscheinen und sagte ihr auch, wer mich geschickt hatte. Daraufhin bat sie mich in ihr Wohnzimmer. Ihr Alter schätzte ich auf Mitte vierzig; harte Arbeit hatte ihr Gesicht gezeichnet. Sie wußte, daß ihr Ehemann an der Ostfront kämpfte, aber sie hatte seit mehr als einem Jahr nichts mehr von ihm gehört und wußte nicht einmal, ob er überhaupt noch lebte. Das Paar hatte keine Kinder.

Die Frau war freundlich zu mir und stellte viele Fragen. Sie wollte viel über mich wissen und fragte nach dem Grund, weshalb wir auf Schmidts Gut seien. Ich beantwortete ihr alle Fragen – außer dieser letzten. Es wäre tollkühn gewesen, darauf zu antworten und damit meine guten Beziehungen zum Lagerführer zu gefährden. Sie hätte es nicht verstanden. Die Schmidts waren bekannt als ehrenwerte Leute, sagte sie. Sie stellte Brot und Schinken vor mich hin. Es war das erste Mal, daß ich richtig satt wurde, seit wir im Januar Fürstengrube verlassen hatten. Sie erklärte mir, daß sie weder an Hitler geglaubt noch mit den Nazis sympathisiert habe – aber hier hatte ich den sicheren Eindruck, daß sie mir nicht die Wahrheit sagte.

Von nun an wurde es ziemlich einfach, für mich und meinen Bruder genügend Nahrungsmittel zu bekommen. Auch die Nachbarn der Frau gaben uns einiges ab, und so konnte ich einigen meiner Freunde helfen. Obwohl der nächste Zahnarzt 13 Kilometer entfernt war, kam in der ersten Woche kein einziger Deutscher zu mir. Ich verkürzte meinen Aufenthalt in dem Dorf von täglich zwei Stunden auf eine Stunde. Eines Tages stellte die Frau eine Holländertorte vor mich hin, deren Hauptbestandteil Schlagsahne war. Nie zuvor hatte ich etwas so Üppiges gegessen, und ich aß fast den ganzen Kuchen auf. Jetzt, zum ersten Mal, seit ich gezwungen worden war, Dobra zu verlassen, wurde ich krank, weil ich zu viel gegessen hatte.

Inzwischen beschossen die Alliierten die ganze Gegend mit schwerer Artillerie. Es schien, als ob uns nur noch wenige Stunden von der Freiheit trennten – aber sie entzog sich uns wie früher.

17 Katastrophe in der Ostsee

Am 27. April 1945 nahm mich Max Schmidt beiseite und unterbreitete mir vor der Scheune eine überraschende Nachricht: „Der Leiter des Schwedischen Roten Kreuzes, Graf Folke Bernadotte, wird morgen hier ankommen und einige von euch mit nach Schweden nehmen“, vertraute er mir an. „Aber er will nur Gefangene aus dem Westen. Er weiß natürlich nicht, woher Ihr alle kommt, und ich werde dir nicht im Weg stehen, wenn du ihm sagst, du würdest von irgendwo aus dem Westen kommen.“

„Was passiert, wenn ich bleibe?“, wollte ich wissen.
„Ich weiß es nicht. Niemand kann etwas Genaueres sagen. Der Kommandant von Neuengamme, einem Konzentrationslager hier in der Gegend, hat jetzt den Befehl über alle Gefangenen hier. Ich kenne ihn, und ich vertraue ihm nicht.“ Dann fügte er noch hinzu: „Es wäre besser für dich, wenn du hier weg wärst.“
Mir stockte der Atem. Ermutigt wagte ich es, eine weitere Frage zu stellen. „Herr Lagerführer, jetzt haben Sie aber noch den Befehl über uns; ich meine, wenn Sie den Aufsehern befehlen würden, uns gehen zu lassen, müßten sie Ihnen doch gehorchen?“ Darauf antwortete er nicht.
Nach diesem Gespräch mit Schmidt umrundeten mich sofort meine Mithäftlinge. Natürlich konnte ich ihnen nicht alles berichten, was Max mir gesagt hatte. Ich verriet nur, daß am nächsten Tag das Rote Kreuz kommen würde, um Häftlinge der westlichen Staaten mit nach Schweden zu nehmen. Mein Bruder und ich berieten uns über Schmidts Vorschlag und kamen überein, seinem Rat zu folgen. Weder Josek noch ich betrachteten Polen weiterhin als unser Heimatland. Wir beschlossen, die Gelegenheit beim Schopf zu packen, und hofften, daß unser Bluff nicht auffliegen würde. Sofort begann ich damit, meinem Bruder das wenige Französisch einzutrichtern, an das ich mich noch erinnerte. „Josek, wenn sie dich fragen: ‘D’où êtes-vous?’, dann antworte: ‘Je viens de la France.’ Sollten sie weiterfragen: ‘Quelle ville?’, dann erwidere: ‘De Bordeaux, Monsieur’.“ Ich hatte Bordeaux ausgesucht, weil ich mich daran erinnert hatte, daß Dr. Lubicz von dort kam. In dieser Nacht konnten wir beide nicht schlafen; unsere Gedanken kreisten um den kommenden Tag. Wir versuchten uns vorzustellen, wie Schweden wohl ist. Könnten wir unser zerstörtes Leben dort wieder aufbauen? Ich wollte gerne Amerika kennenlernen, das Land meiner Träume. Würde dies nach all den vielen Enttäuschungen wirklich der letzte Tag in Gefangenschaft sein?
Es war der 28. April 1945. Wir lagen angezogen da. Unsere Kleidung hatten wir seit der Ankunft nicht wechseln können. Beim ersten Geräusch am Scheunentor krochen wir aus dem weichen Stroh, gingen nach draußen und warteten. Um ca. 9.30 Uhr, genau wie der Lagerführer vorausgesagt hatte, kamen sie. Vier Lkws mit weißer Zeltwand, angeführt von einer schwarzen Limousine mit der Fahne des Roten Kreuzes am Kotflügel, kamen die Straße zur Scheune herauf und hielten an. Drei gutgekleidete Männer in Rot-Kreuz-Uniform stiegen aus, und sofort befahl uns der Lagerführer, anzutreten.
Einer der Männer trug einen eleganten Stab unter dem Arm, was die Vermutung nahelegte, daß er der Graf sein mußte. Wie vom Lagerführer angeordnet, warteten wir wie üblich in Fünferreihen. Vor uns lag – so dachten wir – unsere langer-

sehnte Freiheit. Schließlich sagte der „Graf“ auf Deutsch: „Alle westlichen Nationen einen Schritt nach vorne treten.“[12]

Ungefähr fünfzig Häftlinge, die meisten aus Frankreich, Holland und Belgien, traten aus der Reihe. Die meisten von ihnen kannte ich gut. Bei uns waren keine Engländer oder Amerikaner, und die Norweger, die mit uns in Fürstengrube waren, waren inzwischen alle tot. Ich zupfte meinen Bruder an der Jacke, und wir gingen gleichzeitig einen Schritt vor und standen nun bei denen aus dem Westen. Viele Häftlinge, die aus Ost- und Mitteleuropa kamen, machten uns dies natürlich nach. Alles lief so, wie wir es erhofft hatten, und wir wurden zu den schwedischen Lkws geführt.

Oben auf der Zeltwand waren große rote Kreuze aufgemalt. Mein Herz schlug laut und schnell. Ich war erschrocken und gleichzeitig überglücklich vor Freude. Ich war ein Hochstapler, der einen wertvollen Preis stahl. Um nicht entdeckt zu werden, mischten wir uns unter die echten Westler. Wir hatten Angst. Es war nur schwer zu verstehen, daß dies alles wirklich geschah. Schließlich schlugen die vier schwedischen Fahrer die Zeltwand zurück, öffneten die Heckklappen und forderten uns auf: „Steigt ein!“

Unser Bluff funktionierte. Ich kann dieses Gefühl nicht beschreiben. Wir waren befreit von Peitschenhieben, Schlägen und Prügeln. Josek und ich schauten uns an, um uns zu vergewissern, daß dies nicht nur ein unwirklicher Traum war. Wir wollten als erste in die Lkws steigen aus Angst, daß jemand uns zurückbeordern könnte. Mendele hatte bereits einen Kumpel gefunden: den sommersprossigen, rothaarigen jungen Dänen Kopelmann.

Die Lkws fuhren langsam ein leichtes Gefälle hinab, das zum Meer führte. Sie schaukelten auf der mit Kies bedeckten Straße. Ungefähr einen Kilometer weiter in Richtung Küste sah man bereits ein schwedisches Frachtschiff liegen; seine Flaggen wehten in der leichten Brise. Beiboote näherten sich der Küste. „Wir wissen, daß nicht alle von Ihnen aus dem Westen kommen. Diejenigen, die aus anderen Gebieten kommen, können wir nicht mitnehmen“, verkündete der Graf. Dann schaute er sich um und wartete. Mein Bruder lehnte sich an meinen Arm. Ich hörte mein Herz klopfen und merkte, wie meine Knie anfingen zu zittern. Was nun? Die Erinnerung an Schmidts Vorhersage gab meiner Angst neue Nahrung. Eine schier endlose Minute der Stille folgte. Da er keine Antwort bekam, kam der Graf näher und schaute jedem von uns in das Gesicht. Meine Lüge lag wie eine Maske auf meinem Gesicht, mein Magen krampfte sich zusammen, und

---

12 In seinem Buch „The Curtain Falls“, erwähnt Graf Bernadotte nicht, daß er in Glasau gewesen ist. Ich bin mir folglich nicht sicher, ob er wirklich einer der drei Schweden war. (Bernadotte, Folke: The Curtain Falls, übers. v. Eric Lewenhaupt, New York 1945)

der Kloß in meinem Hals wurde immer dicker. Der Graf ging weiter, und seine Blicke durchbohrten jeden einzelnen von uns, während man seine Gedanken auf seinem Gesicht ablesen konnte: Wer von Ihnen hat den Mut? Aber er war sich nicht sicher, wer. Niemand wollte freiwillig ins Lager zurückkehren. Er wurde ungeduldig und sagte wütend zu uns: „Wenn es niemand freiwillig zugibt, werden Sie alle zurückgebracht." Selbst jetzt verriet uns niemand, und keiner von uns sprach. Konnte der Graf denn nicht verstehen, warum? Konnte er nicht verstehen, daß wir alles tun würden, um von dieser Marter befreit zu sein? Nach Jahren der Demütigung, der Entmenschlichung, nach Jahren, in denen der Tod unser ständiger Begleiter war, sehnten wir uns mit aller Kraft nach Freiheit.

Die drei Schweden berieten sich, und nach einiger Zeit sprach der Graf erneut. „Zum letzten Mal, ich warne Sie. Diejenigen, die wirklich aus einem westlichen Land stammen, sollen herauskommen. Alle anderen bleiben bitte zurück." Jetzt hatte er das gewünschte Ergebnis. Die echten Westler gingen nach vorn. Wir anderen wagten dies jetzt nicht mehr.

Nur wir Gefangenen und die Schweden waren anwesend, es war kein einziger Deutscher da. Selbst wenn die Rettung der Westler ihr eigentliches Anliegen war, konnten die Schweden das nicht ein wenig ausdehnen? Ich näherte mich dem Graf und setzte mich bei ihm dafür ein. „Können Sie uns nicht doch mitnehmen? Dort sind wir Verurteilte. Schauen Sie sich die Verfassung dieser Leute an. Wenn Sie uns zurückbringen, werden morgen einige tot sein."

„Ich habe nicht genug Platz auf dem Schiff", sagte er. Ich schaute auf das geräumige Schiff und konnte kaum glauben, daß es sinken würde, wenn ein paar Passagiere zusätzlich mitfahren würden.

„Es ist doch nur eine kurze Reise. Wir werden an Deck stehen. Bitte, nehmen sie uns mit", versuchte ich, ihn zu überreden. Ich sah die anderen Schweden an und bat sie um Hilfe. Aber dies prallte an ihrer Unnachgiebigkeit ab. Selbst wenn sie mir zustimmten, so traten sie nicht für uns ein. Sie blieben unbewegt. Weitere verzweifelte Häftlinge mit geschwollenen Gliedmaßen und wie betäubten Körpern unterstützten mich, die Schweden aber blieben gleichgültig und wiesen die Fahrer an, uns zurückzubringen. Unabhängigkeit und Freiheit hatten uns verlassen; es schien alles ein Traum gewesen zu sein, ein wunderschöner Traum. Wir hatten einen ganz kleinen Geschmack von Freiheit bekommen. Die Schweden waren zwar höflich, kannten aber kein Erbarmen mit uns. Wir fühlten uns verdammt und waren vernichtet. Ich habe nie herausbekommen, wer uns aufgegeben hat. Graf Bernadotte hatte eine Übereinkunft mit Reichsführer Heinrich Himmler getroffen, die ihm erlaubte, Gefangene aller Nationalitäten – außer deutschen – mitzunehmen. Bis heute weiß ich nicht, weshalb sie uns zurückschickten.

Schweren Herzens mußten wir die Lkws wieder besteigen, die uns zurückbringen sollten. Es war 1 Uhr, als wir in Glasau wieder ankamen. Schmidt und Hermann waren nicht mehr da, jetzt hatten Scharführer Pfeiffer und seine Aufseher den Oberbefehl. Ich versuchte, bei Pfeiffer nochmals meinen Weg in das Dorf durchzusetzen, aber er ließ mich nicht gehen, und auch Gerda kam nicht mehr mit Essen. Wir müssen ein jämmerliches Bild abgegeben haben, als wir so da lagen: lethargisch, ausgebrannt, verzweifelt. Halbverhungert durchwühlten wir die strohbedeckten Erdhügel wegen der paar halbgefrorenen Kartoffeln, die uns vielleicht einige weitere Tage am Leben erhalten würden.

Am 1. Mai erfuhren wir, daß Hitler Selbstmord begangen hatte. Aber Kapo Wilhelm behauptete weiterhin: „Der Krieg wird noch gewonnen!“ Es war klar, daß er meinte: „von den Nazis“. Verzweiflung umgab uns wie undurchdringlicher Nebel. Am Morgen des 2. Mai wurden wir früh bei Dunkelheit geweckt. Um uns herum hörten wir Geschützfeuer, aber wieder einmal mußten wir weiter. Ich schaute noch einmal die im Stroh versteckten Instrumente an, die mir das Leben gerettet hatten. „Ihr könnt mir auch nicht mehr helfen“, dachte ich. Ich nahm dafür das Zahngold mit, nur das hatte noch einen Wert. Nach dem Zählappell behauptete Pfeiffer, daß sechs Gefangene fehlen, aber in der Eile war keine Zeit mehr für ein zweites Durchzählen. Schüsse ertönten schon, als wir die Scheune verließen.

Das waren die letzten Tage des Tausendjährigen Reiches. Hitler war geschlagen, aber die Nazis führten weiter Krieg gegen die Juden. Wir schleppten uns mit letzter Kraft weiter. Nach einem einstündigen Marsch kamen wir nach Neustadt und bekamen dort den Befehl, nach links in Richtung Ostsee abzubiegen. Dort lagen Flöße und ein Dutzend SS-Männer standen dabei. Obwohl die Morgensonne bereits aufging, erschwerte uns dichter Nebel die Sicht. Wir konnten nicht einmal neun Meter weit sehen. Jedes Beiboot wurde mit dreißig Mann besetzt. Wir waren höchst erstaunt. Wir wußten nicht, wohin sie uns brachten oder was sie überhaupt mit uns vorhatten. Jeder befürchtete das Schlimmste. Eine Viertelstunde später tauchte etwas aus dem Nebel auf. Als unser Beiboot näher kam, sahen wir ein Schiffsheck. An der Seite des Schiffes stand sein Name: Cap Arcona. Kurz darauf hörten wir jemand von oben herunterrufen: „Bringen Sie mir noch mehr Gefangene?“

„Ja“, erwiderte der SS-Mann.

„Ich kann sie nicht aufnehmen. Ich habe schon über 4000 an Bord und keinen weiteren Platz mehr.“

„Wir sind völlig überladen“, schrie ein anderer Mann. „Warum versuchen Sie es nicht auf der *Thielbek* oder auf der *Deutschland*?“

„Unsere Befehle lauten, sie zu Ihnen zu bringen“, schrie der SS-Mann zurück.

Der Seemann weigerte sich. „Ich bin der Kapitän dieses Schiffes, und ich werde sie nicht aufnehmen. Das ist endgültig“, schrie er herunter. Die SS-Männer, die zwar einen höheren Rang hatten, aber trotzdem überlistet wurden, ließen es schließlich sein und nahmen uns wieder mit zur Küste. Dort bestieg der leitende Offizier in seiner schicken schwarzen Uniform unser Beiboot und gab den Befehl, wieder zum Schiff zurückzukehren. Die anderen drei Beiboote folgten. Als ob er gespürt hätte, daß die Angelegenheit noch nicht vorüber war, erwartete uns der Kapitän des Schiffes, als wir zurückkamen. Der SS-Mann befahl dem Kapitän mit furchterregender Stimme, uns jetzt sofort aufzunehmen. Der Kapitän bestand nach wie vor darauf, daß er keinen Platz für uns hätte. Der Wortwechsel wurde immer hitziger.

Schließlich gab der Kapitän etwas nach und fragte: „Wie viele haben Sie dabei?“

„Insgesamt ungefähr 500“, schrie der SS-Mann zurück. „Jetzt nehmen Sie diese sechzig, und ich werde die anderen auf die Thielbek schicken.“ Dieser Kompromiß wurde akzeptiert.

Inzwischen hatte sich der Nebel gelichtet. Eine Strickleiter wurde heruntergelassen und wir bekamen den Befehl, hinaufzusteigen. Das war gefährlich; es war schwierig, das Gleichgewicht zu halten. Wir hatten nicht mehr viel Kraft und fürchteten, auszurutschen und in das Wasser zu fallen. Aber wir hatten keine andere Wahl. So kletterten wir einer nach dem anderen die schwankende Strickleiter hinauf, und irgendwie schafften wir es. Wir folgten einem blonden, grausam dreinblickenden Seemann unter Deck. Auf den Treppen lagen Perser-Teppiche, die massiven Treppengeländer aus Mahagoni waren mit einer Vorrichtung aus Messing an der Wand befestigt. Die Tapeten an den Wänden waren aus elegantem Goldbrokat. Ein Stockwerk tiefer kamen wir an einem großen und eleganten Speisesaal im Viktorianischen Stil vorbei. Der Reichtum und Luxus auf der Cap Arcona entbehrte nicht einer gewissen Ironie. Wir, die Unmenschen, der letzte Pöbel, auf solch einem Luxusschiff?

Wir folgten dem Seemann weiter nach unten und kamen in einen langen schmalen Korridor. Schließlich blieb er stehen, schloß eine schwere Metalltüre auf und befahl uns, hineinzugehen. Dann warf er die Türe hinter uns wieder in das Schloß. Wir waren in einem neuen Konzentrationslager; der Raum war ungefähr 21 Meter lang, 9 Meter breit und wurde normalerweise als Vorratsraum genutzt. Er war vollgepfercht mit Gefangenen aus Neuengamme, und es war fast vollständig dunkel. Wir befanden uns unterhalb des Wasserspiegels und der Raum hatte keine Bullaugen. Es herrschte ein passives Schweigen. Die Gefangenen aus Neuengamme waren schon seit mehr als einer Woche hier, sie waren mit einem anderen Schiff, der Athen, hierher gebracht worden. In den letzten drei Tagen hatten sie nichts als Suppe und Wasser bekommen, sie hatten keinerlei Zeitgefühl mehr. Als wir an Bord kamen, war ihre Isolation so vollständig, daß sie nicht einmal mehr wußten, ob es Tag oder Nacht war.

Die Cap Arcona war ein Luxusliner der Hamburg-Südamerika-Dampfschiffahrtsgesellschaft. Mit ihren knapp 28000 Registertonnen war sie das größte und luxuriöseste Schiff dieser Linie und hatte deshalb den Spitznamen 'Königin des Südatlantik'. Ironie des Schicksals: die Hamburg-Amerika-Linie, die Vorgängerin der jetzigen Gesellschaft, war von einem jüdischen Immigranten gegründet worden. Jetzt schrieb dieses Schiff wieder Geschichte.

Der Hunger schmerzte, aber ich widerstand dem Drang, das letzte Stückchen Brot zu essen, das ich in die Manteltasche gesteckt hatte. Ich legte mich hin, zwischen meinen Bruder und einen Fremden, und schlief sofort ein. Plötzlich spürte ich ein Zerren und wachte auf. Jemand stand über mir und griff nach meinem Bissen Brot. Ich packte seinen Arm, und er warf es fort. „Laß mich gehen", sagte er auf Russisch und schob meine Hand weg. „Du bist gerade erst angekommen, und ich bin schon seit vier Tagen hier." Ich hatte kein Mitleid mit ihm. Heute bin ich mir nicht sicher, ob ich damals wirklich einschätzen konnte, was er durchgemacht hatte.

Wir lagen in tiefster Dunkelheit. Unsere Stimmung war niedergeschlagener denn je. Einige Männer schluchzten: „Das ist unser Ende. Wir werden dieses Schiff nicht mehr lebend verlassen." Aber wir waren zäh und unbeugsam; immerhin hatten wir es bis jetzt geschafft, am Leben zu bleiben. Ich dachte, dies ist unser letzter Strohhalm, was immer auch geschehen mag. Und ich schlief wieder ein.

Plötzlich hörten wir einen lauten Knall und das Schiff schlingerte heftig. Weitere Schläge folgten. Viele Menschen liefen an unserer Tür vorbei und riefen: „Sie torpedieren das Schiff! Genau, was wir erwartet haben." Wir wußten, daß etwas Schreckliches geschehen war. Unsere Tür war nach wie vor abgeschlossen, und all unser Klopfen, Schreien und Um-Hilfe-Rufen halfen nichts. Nach einem weiteren Schlag begann sich der Fußboden unter unseren Füßen zu neigen. Rauch kroch durch alle Ritzen. Die Menschen begannen ununterbrochen zu husten, da keine frische Luft mehr hereinkam. Schreie tönten durch den Raum „Wir bekommen keine Luft mehr! Wir werden alle ersticken!"

Wir standen kurz vor dem Erstickungstod, doch das stärkste Schreien und Bitten half uns nichts. Keiner schien uns zu hören. Selbst als wir es schafften, eine zwei Meter lange Planke aus der Wand herauszubrechen und damit an die Tür schlugen, reagierte niemand. Ununterbrochen heulten die Sirenen und wir hörten Schlag auf Schlag. Wie ein einziger Körper wurden wir dadurch alle hin- und hergeworfen. Der Rauch wurde dichter und dichter, das Husten hörte nicht auf.

Plötzlich ging die Glühbirne aus, und die absolute Dunkelheit verschlimmerte alles noch.

Durch einen glücklich Zufall schaffte es einer von uns schließlich, die Tür aufzubrechen, und nun begann eine panische Flucht. Jeder wollte dem Rauch entkommen. In diesem Chaos verlor ich meinen Bruder, aber wir trafen uns wieder, als wir wie wild den Korridor entlangliefen. „Nicht diese Richtung", schrie jemand, der uns entgegenkam. „Hier kommt Ihr nicht raus, die Treppe brennt." Wir stießen mit anderen zusammen, die uns drängten, sich ihnen anzuschließen. „An diesem Ende ist noch eine andere Treppe!", riefen sie. Wir rannten und rannten und kamen nirgends an. Inzwischen hatte sich auch der Korridor schnell mit Rauch gefüllt, und die Männer husteten ununterbrochen. „Wir wollen lebend hier raus", riefen einige wie wahnsinnig. Wir hatten keine Ahnung, wem wir folgen sollten.

Drei Stockwerke lagen noch über uns. Wir rannten verzweifelt durch den engen, sich jetzt schon neigenden Korridor, rempelten uns entgegenkommende Menschen an; am Speisesaal vorbei – da erinnerten wir uns an die Treppe, die wir bei unserer Ankunft hinuntergegangen waren. Aber auch sie stand in Flammen, und Rauch kam die Treppe herab. Mein Bruder und ich versuchten trotzdem, nach oben zu rennen, aber nach ein paar Stufen wurden der dichte Rauch und die Flammen undurchdringlich. Sie warfen uns zurück. Zusammen mit einigen anderen versuchte ich es erneut, aber mit dem gleichen Ergebnis. Unsere Haare waren bereits versengt. Ich versuchte es immer und immer wieder – aber jedesmal mußte ich umkehren. Ein letzter, verzweifelter Versuch: ich schloß die Augen, schützte meinen Kopf mit Armen und Händen und rannte so schnell ich konnte die Treppe hinauf. Auch diesmal mußte ich wieder umkehren. Nackte Angst ums Überleben hatte uns gepackt. Wir rannten zurück in den Speisesaal, doch der schwarze Rauch kam uns auch hier schon entgegen. Beim Weiterrennen hielten wir uns eng aneinander und sahen schließlich einen zweiten Korridor, der in eine andere Richtung führte. Wir rannten ihn entlang und sahen schließlich Tageslicht in einem Waschraum der Mannschaft. Dieser Raum war sechs Meter lang und drei Meter breit. Ein acht Meter hoher Lichtschacht führte in die Höhe, und von oben ließen Männer Seile herab. Einige Männer versuchten hinaufzusteigen, andere stiegen auf die Schultern dieser Männer und stießen sie zurück. Niemand wollte sterben, es herrschte panische Angst. Wenn es ein Mann geschafft hatte, sich auf die Schultern eines zweiten zu stellen, so versuchte ein dritter, auf dessen Schultern zu steigen, bis alle wieder herunterfielen.

Schließlich versuchte ich mein Glück an dem Seil. Ich stand auf den Schultern meines Bruders und wollte nach oben steigen, aber auch ich wurde von hinten gepackt und nach unten gezogen. Nach meinem zweiten fehlgeschlagenen Ver-

such war die Reihe an meinem Bruder. Auch er schaffte es nicht. Ich kann nicht sagen, wie oft wir es versucht haben, bis ich es schließlich schaffte, mich am Seil festzuhalten und hinaufzusteigen, wo endlich jemand von oben meine Hand packen und mich hinaufziehen konnte. Im festen Griff dieses Mannes legte nun ich mich auf den Boden und half meinem Bruder herauf. Keine Minute zu früh, denn die Flammen hatten jetzt auch den Waschraum erreicht, und viele schafften es nicht mehr. Dunkle Rauchwolken schossen den Schacht herauf und machten weitere Rettungsversuche unmöglich. Von unten hörten wir verzweifeltes Schreien.
Ich schaute hinauf zum Himmel und grübelte darüber nach, weshalb wir überlebt hatten. Die Sonne war hinter dunklen Wolken verschwunden. „Kann es vielleicht sein, daß die Bitten unserer Lieben dich überzeugt haben, mit uns barmherzig zu sein? Gott, du trägst uns oft auf, die Dinge um uns herum so, wie sie sind, anzunehmen", hätte ich gerne gebetet, aber diese Gedanken taten allzu weh, in mir tobte ein Sturm an Gefühlen. In diesem tiefen Chaos fand ich Trost in der einfachen Tatsache, überhaupt noch am Leben zu sein.

18 Inferno

Die kürzeste Entfernung zur Küste betrug dreieinhalb Kilometer. Hunderte von Gefangenen füllten das Vorderdeck. Auf dem Hinterdeck waren ungefähr fünfzig Deutsche – darunter einige Frauen – und mindestens ebensoviele Seeleute in der gleichen Notlage wie wir. In der Nähe befanden sich zwei kleinere Schiffe, die Thielbek und die Deutschland. Letztere hatte sich zur Seite geneigt und brannte. An einem ihrer Schornsteine konnte man selbst jetzt noch ein großes rotes Kreuz sehen. Einige hundert Häftlinge kämpften mit den Wellen und versuchten, an Land zu schwimmen.
Wir hatten Glück gehabt und waren der Hölle da unten entgangen, aber wir waren noch lange nicht in Sicherheit. Die Cap Arcona stellte sich schräg, und vom Ufer kam uns niemand zu Hilfe. Darüber hinaus gab es auf dem Schiff kein einziges Rettungsboot, ja nicht einmal eine Schwimmweste.
Wieder streckte der Tod seine Hand nach uns aus. Die Hölle war los, die Bucht war voller Menschen, die um ihr Leben schwammen, und immer mehr sprangen in das kalte Wasser. Jene, die nahe am Schiff aufkamen, kamen nirgends mehr an – der Sog des sinkenden Schiffes erzeugte einen Strudel, und es gab für die Schwimmenden kaum eine Überlebenschance. Körperlich erschöpft waren sie ein Spielball für die Elemente, sie kämpften vergeblich, und einer nach dem anderen versank in den Wellen.

Plötzlich tauchten am Himmel Flugzeuge auf. Wir konnten sie klar erkennen: „Es sind die Briten!“, riefen wir und winkten und schrien so laut wir konnten. „Schaut, wir sind KZler! Wir sind Häftlinge aus Konzentrationslagern!“ Wir winkten mit unseren gestreiften Mützen zu ihnen hinauf und zeigten auf unsere Sträflingskleidung, aber sie kannten kein Erbarmen. Im Gegenteil: Von ihnen kamen die Bomben, die die Cap Arcona getroffen und in Brand gesetzt hatten. Beim nächsten Anflug waren sie nur fünfzehn Meter über dem Deck. Wir konnten das Gesicht des Piloten sehen und dachten, daß wir nun nichts mehr zu fürchten hätten. Aber genau in diesem Augenblick öffneten sich die Klappen des Flugzeugs und weitere Bomben folgten. Wir konnten jede einzelne beim Fall beobachten und der Aufprall ließ Teile des Decks umherfliegen. Andere Bomben verfehlten uns, fielen in das Wasser und erzeugten dort Fontänen, die über uns zusammenschlugen. Kugeln aus Maschinengewehren regneten auf uns nieder. Viele versuchten, sich in die See zu retten – und dann färbte sich das Wasser rot, als die Körper in den Wellen verschwanden.

Panischer Schrecken ergriff uns, als sich das Schiff immer mehr auf die Seite legte. Der Boden an Deck war glitschig und naß, aufrecht stehen war inzwischen unmöglich geworden. Wir setzten uns in eine Ecke und hielten uns an der Reling fest. Um uns herum im Wasser kämpften die Menschen und verloren den Kampf um das Überleben. Es war fast unmöglich, dem mächtigen Strudel zu entkommen. Die wenigen, die es schafften, waren so geschwächt, daß sie bald darauf in den schäumenden Wellen untergingen. Es war drei Uhr nachmittags, die Sicht war gut und die Küste klar zu erkennen. Wir hofften inständig, daß von dort jemand kommen würde, um die Mannschaft der Cap Arcona und uns zu retten. Sicher würden sie ihre eigenen Leute nicht im Stich lassen.

Die Cap Arcona lag 35° schräg im Wasser, und unsere Hoffnung auf Rettung verflog schnell. Obwohl wir genau sahen, was um uns herum vor sich ging, sprangen immer noch Männer über Bord in der Hoffnung auf ein Wunder. Plötzlich fing der Sprengstoff Feuer. Mein Bruder und ich saßen am Boden und hatten die Beine um einen Pfosten an der Reling gewunden, um nicht heruntergespült zu werden. Jetzt schossen die Flammen über unsere Köpfe hinweg, nach jedem Knall brachen Stücke des Decks weg. Es war die Hölle. Wir konnten uns nicht mehr festhalten.
Josek und ich starrten uns an und schauten zum Ufer. Ich wußte, er konnte mir ebenso wenig helfen wie ich ihm. Josek konnte nicht schwimmen und ihm war klar, er würde es nie schaffen, die Küste zu erreichen. Jeder von uns mußte seine eigene Entscheidung treffen. Ich schaute auf die klare, kalte, feindliche See, und alles in mir sträubte sich. Doch das Schiff sank immer schneller, es waren nur noch wenige Menschen an Deck – die Seeleute und einige SS-Männer. Hatten sie etwa einen Ausweg aus diesem Alptraum gefunden? Wenn ja, dann würden sie ihn uns nicht verraten. Ich schaute in den Himmel und fragte mich: Warum?
Um etwa 4 Uhr sah ich, wie David Kot ein Tau an der Reling befestigte und sich in das Wasser hinabließ. Ich schaute zu ihm und er rief mir zu: „Komm runter! Das Seil hält fest. Hier im Wasser haben wir eher eine Chance, aufgegriffen zu werden.“ Das überzeugte mich. Doch bevor ich eine endgültige Entscheidung traf, dachte ich an meinen Bruder; wir hatten so vieles zusammen überlebt. Ich versuchte, Josek zum Mitkommen zu überreden. Ich sagte ihm, daß wir hier an Bord sicher sterben würden. Aber Josek fürchtete sich davor und zuckte die Achseln. Ich konnte seine Haltung verstehen. „Berek, geh du alleine“, sagte er. „Vielleicht kannst du Hilfe für uns herbeiholen. Ich bleibe hier und warte.“ Jetzt hingen schon weitere Männer am Seil, und immer mehr sahen es als wunderbare Möglichkeit zur Rettung. Ich durfte nicht weiter in meinen Bruder eindringen. Ich schaute ihm ein letztes Mal in die Augen, dann drehte ich mich schnell um und folgte Viky Engel das Seil hinab.
Ich war unten am Schiff angekommen. Sieben von uns hingen am Seil und baumelten über dem kalten Wasser, dessen Temperatur ungefähr sieben Grad betrug. Meine Jacke und meine Schuhe waren durchnäßt und schwer – ich mußte sie ausziehen. Viky sagte mir, daß sein Bruder Willy schon vor einiger Zeit von Bord gegangen wäre, um ans Ufer zu schwimmen. Willy war ein guter Schwimmer, und so dachte er, wenn irgend jemand es bis zum Ufer schaffen würde, dann er. Verzweifelte Menschen, die ihre letzte Rettung in dem Tau sahen, folgten. Es war ein starkes Tau, aber selbst das stärkste gibt irgendwann nach. Wir waren jetzt neun Männer, und weitere kamen noch. Als der zehnte Mann das Seil er-

griff, dehnte es sich und krachte. „Nicht mehr", riefen wir hinauf, „Das Seil reißt." Aber auf Deck hatte eine wilde Panik um sich gegriffen, und immer mehr Menschen kamen herunter. Mir war klar, daß das Seil nicht mehr lange halten würde. Ich trug Hosen, ein Hemd, einen schwarzen kurzärmeligen Pullover und Schuhe. Ich band die Schuhe auf und ließ sie in das Wasser fallen. Ich zog meine Hosen aus, und sie nahmen den gleichen Weg. Mit ihnen ging das Kilo Zahngold. Jetzt trug ich nur noch Hemd, Pullover und Unterwäsche.

Immer mehr Leute kamen und ließen sich am Tau herab. Als sich ungefähr 15 daran festhielten, begann das Seil sich aufzudrehen. Dann krachte es und riß auseinander. Wir fielen alle miteinander tief in das dunkle kalte Meer. Es schäumte und wogte um uns wie in einer riesigen Waschmaschine. Ich bekam keine Luft mehr, kämpfte wie wild, meine Lungen waren am Platzen. Schließlich tauchte ich auf und konnte mich oben halten. David Kot kämpfte sich ebenfalls durch das Wasser, aber er konnte sich nicht halten. Er ging unter, kam noch einmal zappelnd an die Oberfläche und versank dann mit einem gurgelnden Laut. Er verschwand für immer. Vier andere Männer, die mit mir zusammen am Tau gehangen hatten, konnten sich nur für ein paar Minuten über Wasser halten, dann gingen auch sie unter. Ich wußte, ich würde nicht sehr weit kommen, wenn ich versuchen würde, ans Ufer zu schwimmen. Ich stieß die Arme nach vorne, schlug mit den Beinen aus, und versuchte, zum Schiff zurückzuschwimmen. Nur so konnte ich dem hinabziehenden Strudel entkommen. Ich schwamm am Schiff entlang und hielt mich dabei am Rumpf fest, bis ich das Heck erreicht hatte. Dort hielt ich an und schaute mich um.

Hunderte von Menschen kämpften im herzlos kalten Wasser der See mit dem Tod. Dann sah ich plötzlich dreißig Meter vom Schiff entfernt etwas schwimmen. Es war ein kleines Stück Holz. Sofort stand mein Entschluß fest. Ich zog meinen Pullover, mein Hemd und meine Unterwäsche aus; nackt nahm ich all meine Kräfte zusammen, und mit wilder Entschlossenheit schwamm ich auf dieses Stück Holz zu. Mit jedem Stoß wuchs die Anstrengung, aber als ich außerhalb des Strudels war, wurde das Schwimmen einfacher. Als ich nahe am Holz war konnte ich sehen, daß es vom Schiff stammte und sich offensichtlich durch die Explosion gelöst hatte. Ich griff danach und hielt es eng unter meine Brust. „Entweder schaffen wir beide es bis zum Ufer, oder wir gehen beide unter", murmelte ich, „Ich lasse dich nicht eher los, bis du mich gerettet hat."

Abwechselnd ruderte ich mit den Armen und Beinen. Ich kämpfte verzweifelt, doch die meterhohen Wellen schienen mich nur hoch und nieder zu werfen. Ich kam nicht von der Stelle. Mir wurde klar, meine Kräfte reichten nicht aus, um es bis zum Ufer zu schaffen. Auf einmal sah ich ein kleines Boot langsam durch das Wasser gleiten. Sofort änderte ich die Richtung, um das Boot abzufangen. Ich verdoppelte meine Anstrengung, ich schwamm um mein Leben, aber trotz alledem blieb ich immer weiter zurück. Das vier Meter lange Boot war voll besetzt mit nackten Männern. Ich wußte, es würde vorbeigefahren sein, bis ich hinkam. Ich war nicht der einzige Kämpfende im Wasser, einige andere waren dem Boot näher. Ich fürchtete, dies wäre das Ende. Ich hörte Menschen darum flehen, aufgenommen zu werden. Als sie einen Mann heraufzogen winkte ich und schrie, um sie auf mich aufmerksam zu machen. „Wir können niemanden mehr aufnehmen. Wir haben keinen Platz mehr! Das Boot ist voll!", riefen sie zurück. Aber das konnte mich nicht mehr abhalten. In einer letzten großen Anstrengung warf ich meine Arme vor, um wenigstens ein klein wenig näher an das Boot zu kommen. Dann sah ich, wie tief ihr Boot schon im Wasser lag, es ragte kaum noch über die Wasserlinie heraus. Ich bat und flehte sie an, bis ich nicht mehr konnte. Auf einmal schrie jemand: „Das ist doch Bronek, der Zahnarzt. Versuchen wir, ihn herauszuholen." Das Boot wurde langsamer, drehte und kam in meine Richtung.

Eine Minute später zogen mich Hände in das Boot. Ich fiel halb bewußtlos zu Boden. Die nackten Kameraden und der sonnengebräunte Seemann waren meine Schutzengel. Das kleine Boot pflügte sich langsam durch das Wasser zur Küste; viele Menschen flehten, aufgenommen zu werden. Aber der Fischer warnte: „Wenn wir noch einen aufnehmen, gehen wir alle unter".

Der kleine Motor schaffte es, das schwerbeladene Boot durch die hohen Wellen zu bringen. Geschickt lenkte der Fischer das Boot, um nicht zu kentern. Ich saß still da, den Kopf zwischen den hochgezogenen Knien, und dachte an meinen Bruder. Einmal mehr hatte ich dem Tod ein Schnippchen geschlagen, aber er konnte das nicht. Jede Hoffnung, daß die Cap Arcona nicht untergehen würde, schwand.

Gekonnt lenkte der Fischer das Boot in das seichte Wasser an der Küste. „In Ordnung", sagte er und hielt an. „Von hier aus schafft Ihr es alleine." Erschöpft quälten wir uns aus dem Boot. Die Sonne versank hinter dem Meer – die Cap Arcona war kaum noch zu sehen. Wir waren nackt und hungrig, wir froren und fürchteten uns vor einer weiteren Gefangennahme. Erwartete uns hier das nächste Lager, oder, noch schlimmer, eine weitere Cap Arcona?

Erst sehr viel später erfuhren wir Einzelheiten über die grausige Tragödie. Die genaue Zahl der Ertrunkenen wird man wohl nie erfahren, aber nach ersten Schätzungen starben an diesem Tag 13000 Menschen in der Ostsee. Nur 1450, rund 10% der Häftlinge aus Fürstengrube, Neuengamme, Groß-Rosen und Stutthof überlebten. Niemand weiß, wieviele amerikanische Kriegsgefangene auf diesem Schiff waren oder weshalb sie dort waren, aber keiner überlebte. Nach Augenzeugenberichten verließ der Kapitän der Cap Arcona als erster das Schiff. 1975 wurden von der britischen Royal Air Force Aufnahmen freigegeben, die eindeutig beweisen, daß die Schiffe tatsächlich von der Royal Air Force versenkt wurden. Weshalb, ist immer noch ein Geheimnis.

Heinrich Bertram, der Kapitän der Cap Arcona, gab am 31. Januar 1947 gegenüber der Hamburg-Südamerika Dampfschiffahrts-Gesellschaft in Hamburg folgende Erklärung ab:

Am 27 Februar 1945 übernahm ich im Auftrag der Hamburg-Südamerika Dampfschiffahrts-Gesellschaft mit Zustimmung der Kriegsmarine das Kommando über das Passagierschiff von 28000 Registertonnen Cap Arcona.

Vom Kapitän der Athen erfuhr ich, daß der Transport von ungefähr 12000 Häftlingen von Lübeck begonnen hatte. Die meisten von ihnen sollten auf die Cap Arcona.

Für mich war es zunächst selbstverständlich, die Aufnahme der Gefangenen zu verweigern, da jeder verantwortungsvolle Seemann weiß, wie gefährlich es ist, in

Kriegszeiten ohne dringenden Grund Menschen an Bord zu nehmen, noch dazu eine solche Anzahl.
Am Donnerstag, dem 26 April, kam SS-Sturmbannführer Gehrig, der mit diesem Transport beauftragt war, zusammen mit einem Offizier der Handelsmarine und einem Exekutivkommando – Soldaten, die mit Maschinengewehren bewaffnet waren.
Gehrig hatte mir den schriftlichen Befehl gezeigt, daß ich sofort erschossen werden sollte, falls ich mich weiterhin weigerte, die Gefangenen an Bord zu nehmen. Zu diesem Zeitpunkt wurde mir klar, daß selbst mein Tod den Transport der Häftlinge nicht verhindern würde, und so informierte ich den SS-Offizier, daß ich jegliche Verantwortung für mein Schiff ablehnen würde.
Gehrig befahl nun, die Gefangenen auf der Athen zur Cap Arcona zu bringen. Immer weitere Transporte kamen aus Lübeck, so daß sich am 28. April 6500 Häftlinge an Bord befanden, im Gegensatz zur Erklärung des Offiziers der Handelsmarine, daß das Schiff maximal 2500 Personen aufnehmen könne.
Am Sonntag, dem 29. April, fuhr ich nach Hamburg, um dort von dem Befehl entbunden zu werden, das Schiff selbst zu versenken, sobald sich der Feind nähert. In Hamburg wurde mir gesagt, daß Graf Bernadotte eben erklärt hätte, er würde alle Gefangenen außer den deutschen übernehmen. Schwedische Schiffe seien bereits unterwegs, und ich sollte schnellstens nach Neustadt zurückkehren.
Hier muß erwähnt werden, daß am Montag, dem 30. April 1945, die Athen 2000 deutsche Gefangene an Bord nahm, die nicht nach Schweden einreisen durften, so daß sich zum Zeitpunkt des Untergangs der Cap Arcona noch ungefähr 4500 Häftlinge an Bord befanden.
Gezeichnet: Heinrich Bertram, ehemals Kapitän der Kap Arcona.[13]

Martin Gilbert, der bekannte britische Historiker, beschreibt in seinem Buch 'The Holocaust'[14], was mit jenen Gefangenen geschah, die von den Kapitänen zur Umkehr gezwungen wurden:
„Am 2. Mai wurden in der Lübecker Bucht einige hundert Juden, die aus Stutthof evakuiert worden waren, in kleine Boote verfrachtet, um an Bord zweier großer im Hafen liegender Schiffe gebracht zu werden. Bei diesen Schiffen handelte es sich um die Cap Arcona und um die Thielbek. Die Kapitäne dieser Schiffe verweigerten aber die Aufnahme, da sie bereits 7500 Juden an Bord hatten. Die

13 Vgl. dazu auch Wölfer, Joachim: Cap Arcona: Biographie eines Schiffes, Herford 1977, S. 119ff.

14 Gilbert, Martin: The Holocaust: A History of the Jews of Europe during the Second World War, New York 1986, S. 806

kleinen Boote mußten ans Ufer zurückzukehren. Als sie sich in den frühen Morgenstunden des 3. Mai dem Ufer näherten und die halbverhungerten Juden sich mühsam an Land schleppten, eröffneten SS-Männer sowie Angehörige der Hitlerjugend und der Marine das Maschinengewehrfeuer. Über fünfhundert Menschen wurden umgebracht. Nur 351 überlebten.
An eben jenem 3. Mai wurde die Cap Arcona von der britischen Luftwaffe in der Lübecker Bucht angegriffen. Nur wenige Häftlinge konnten sich retten, indem sie über Bord sprangen."

19 Wohin nun?

Wir fragten den Fischer, wo wir ein Obdach finden könnten. Er dachte eine Weile nach, kratzte sich am Kopf und murmelte: „Hmm". Dann schickte er uns zu einer Bäckerei. „Geht die Küste entlang, bis ihr zu einem Haus auf einem Hügel neben der Küste kommt. Das ist die Bäckerei. Dort ist jetzt niemand, und vielleicht ist der Ofen noch warm und ihr findet etwas Brot." Wir bedankten uns und baten ihn, nun denen zu helfen, die immer noch im Wasser waren. Aber das war unnötig: er hatte sein Boot bereits wieder startklar gemacht. Die Dunkelheit deckte gnädig das zu, was von der Cap Arcona noch übrig war. Eine gespenstische Stille, die nur von der Brandung unterbrochen wurde, lag über dem Ort, wo sich die Tragödie der letzten 24 Stunden ereignet hatte. Die Wellen schlugen an den Strand, als ob nichts geschehen wäre.
Als wir aus dem Boot stiegen, erhob ich die Augen zum Himmel. „Lieber Gott, meine Mutter, mein Vater und meine Schwester sind tot. Bitte, lieber Gott, laß mich nicht auch noch um meinen Bruder trauern", betete ich. Wie Schatten huschten wir den unheimlich ruhigen Strand entlang und hofften, daß uns niemand sah. Plötzlich trafen wir auf die Körper von zwei Kameraden aus Fürstengrube. Beim Weitergehen kam uns auf einmal ein älterer Mann entgegen. Was, wenn er uns verraten würde?
Der Mann fürchtete sich genauso wie wir. Mit jedem Schritt, den wir ihm näher kamen, wurden seine Augen größer. Der Anblick von zehn nackten Männern hier am Strand überraschte ihn. „Was ist denn mit Ihnen passiert?", fragte er, und wir erzählten ihm unser Schicksal. Er behauptete, überhaupt nichts gehört zu haben. Wir baten ihn dringend, Leute mit Booten zusammenzurufen, um denen, die noch draußen waren, zu Hilfe zu kommen. Aber er erwiderte, daß die meisten Menschen wegen der schweren Gefechte in dieser Gegend geflohen wären. „Gehen Sie immer weiter die Küste entlang, dann treffen Sie auf die Bäckerei", sagte er,

wobei er das S typisch norddeutsch aussprach. Dann ging er kopfschüttelnd weiter. Halb erfroren und zähneklappernd kämpften wir uns durch den tiefen Sand; unterwegs trafen wir auf fünf weitere Überlebende. Endlich sahen wir ein schwaches Licht: Es war die Bäckerei.

In der Bäckerei saßen bereits zwanzig Überlebende um zwei brennende Kerzen herum; eingehüllt in Jute-Fetzen und andere Lumpen boten sie ein klägliches Bild. Sie sprachen davon, wer ertrunken war und wer überlebt hatte. Die Unterhaltung war ohne jedes Gefühl, so als ob sie über verlorene Dinge reden würden. Ich hörte zu und hatte Angst, daß ich den Namen meines Bruders unter den Namen der Toten hören würde. Ich hatte immer noch Hoffnung, wenn auch nur wenig. Die Öfen waren eiskalt. Unsere größte Sorge war, hier gefunden und in ein anderes Lager gebracht zu werden. Es gab Wasser, und so konnten wir zumindest unseren Durst stillen, aber es gab keinen einzigen Happen zu essen. Wieder kamen ein paar Überlebende an, jeder sprach von dem Wunder, das ihn überleben ließ. „Dein Freund Willy hat es bis an das Ufer geschafft, aber dann ist er gestorben. Ich sah ihn dort liegen", sagte einer. Trotz des nagenden Hungers ließ uns die Angst vor einem anderen Konzentrationslager nicht zur Ruhe kommen. Die ganze Nacht hindurch kamen immer wieder einzelne Überlebende an, es schien so, als ob alle Geretteten in die Bäckerei kämen. Mendele, der mit den letzten kam, behauptete, er hätte meinen Bruder noch an Deck gesehen, als er selbst in das Wasser sprang. Wie die meisten von uns war auch er von einem Fischer gerettet worden.

Kaum war es Tag geworden, kam ein Zivilist und ordnete an, daß wir zwei Lkws besteigen sollten. Zunächst sagte er uns nicht, wer er war und weshalb er gekommen war. Wir fürchteten das Schlimmste. Als wir ihn fragten, wohin er uns denn bringen würde, schaute er uns erstaunt an. „Wir bringen Sie in ein Krankenhaus. Die Briten sind da." Draußen standen zwei offene Lkws und ein weiterer deutscher Zivilist. Abgesehen von einigen Trümmern am Strand deutete nichts mehr auf das Inferno des gestrigen Tages hin. Splitternackt bestiegen wir die Lkws, diejenigen, die nicht mehr laufen konnten, wurden getragen. Einige konnten immer noch nicht glauben, daß wir jetzt frei waren; sie hatten den Verdacht, daß dies ein weiterer Winkelzug der Deutschen wäre. Aber hier war nichts von Appell und Kommando zu spüren, wie wir es aus der Vergangenheit kannten.

Um 6 Uhr morgens verließen wir die Bäckerei. Die Cap Arcona lag in einem 45°-Winkel auf der Seite, ein Teil des Rumpfes ragte aus dem Wasser. Die Lkws folgten der Küstenstraße, und wir sahen die Toten am Strand. Dann bogen sie ab auf eine asphaltierte Straße. Panzer mit weißen Sternen rollten an uns vorbei. Wir vermuteten, daß das der sowjetische Stern wäre, und die Soldaten infolgedessen

Russen. Aber bald konnten wir an den Uniformen und Mützen erkennen, daß es Briten waren. Wir schrien und winkten – sie müssen den Eindruck gehabt haben, daß diese nackten Männer verrückt waren.

Immer mehr britische Panzer zogen an uns vorbei, und jetzt wurde häufig freundlich zurückgewunken. Die Warmherzigkeit der Soldaten riß uns mit. Nur wenige von uns sprachen Englisch, und dann bestand der Wortschatz auch nur aus ein paar Worten. Sehr schnell aber lernten wir das Victory-Zeichen für Sieg. Sie brachten uns bei, mit den Fingern ein V zu formen, was mehr sagte als alle Worte. Als wir schließlich in das Zentrum von Neustadt mit seinen zwei- und dreistöckigen Häusern kamen, unternahmen wir große Anstrengungen, um zumindest unsere intimsten Körperteile zu bedecken.

Die beiden Lkws hielten vor einem roten Backsteinhaus, einem deutschen Marinehospital. Wir wurden in einen großen Raum geführt und sahen vor uns saubere Betten mit weißem Bettzeug und richtigen Leintüchern. Jeder von uns bekam ein blaues Nachthemd mit dem Marineabzeichen. Der Widerspruch hätte nicht größer sein können: Gestern waren wir noch nutzlose Parasiten, jetzt lagen wir in solch einem elitären Krankenhaus. Es war eine gewaltige Veränderung für uns.

Der Raum war schwach erleuchtet. Ich lag da und schaute starr an die Decke; in den letzten 48 Stunden war so viel geschehen, daß ich keinen klaren Gedanken fassen konnte. Wenn nur mein Bruder überlebt hätte. Mein Kopf auf dem weichen, dicken Kissen wurde immer schwerer; ich schlief ein.

Um die Mittagszeit hörte ich Stimmen. Ich öffnete die Augen und sah eine Frau, die in dem für die Gegend typischen Dialekt sprach. Die vertraute Stimme von Mendele antwortete ihr aus dem Bett nebenan. Diese Frau mittleren Alters hatte sich freiwillig bereiterklärt, für uns zu sorgen. „Der Doktor hat für Sie spezielles Essen angeordnet“, sagte sie. „Es wird bald fertig sein.“ Dann kam eine Krankenschwester, öffnete die Vorhänge und begann, bei jedem die Temperatur zu messen. Ich fühlte mich nicht fiebrig, aber sie bestand darauf. Auch sie sprach Deutsch. Offensichtlich hatte sie den Auftrag, über die Temperatur eines jeden zu berichten. Die Sonne schien hell durch die Fenster und tauchte den ganzen Saal in ein warmes Licht.

Um 12.30 Uhr brachten zwei Frauen einen großen Kessel richtige Suppe sowie Brot und Butter. „Ein Arzt wird gleich hier sein. Bis dahin sollten Sie im Bett bleiben“, sagten sie freundlich zu uns. Ich hatte aber nur noch die Freiheit im Kopf. Ich fühlte mich nicht krank und brauchte nicht den Frieden und die Ruhe eines Krankenhauses. Mich juckte es in allen Fingern, etwas von der Welt zu sehen; ich wollte hier unbedingt fort. Aber wie sollte ich das machen ohne Kleider? Ich warf Mendele einen Blick zu. Er war noch ein Junge, es war für ihn also weniger schlimm, nackt gesehen zu werden, als für mich. Ich brauchte ihn erst gar nicht darum zu bitten, er bot mir von selbst an, nach Kleidern zu suchen. „Ich werde schon etwas für dich organisieren“, sagte er und ging.

Ich hatte schon fast die Hoffnung aufgegeben, ihn wiederzusehen, als er in einem schwarzen Frack zurückkam, der ihm mindestens vier Nummern zu groß war. Er begnügte sich eben nicht mit gewöhnlicher Kleidung. Für mich hatte er die Uniform eines deutschen Marineoffiziers mit sämtlichen Abzeichen, ein Paar hohe Schnürstiefel sowie Hut, Gürtel und Halstuch eines Offiziers mitgebracht. „Wo hast du das denn alles gefunden?“ fragte ich ihn überrascht.

„Stelle keine Fragen, zieh dich lieber an. Und warte, bis du siehst, was ich noch habe“, sagte er augenzwinkernd. Dann ging er hinaus und brachte ein glänzendes Fahrrad an der Lenkstange herein. „Ich habe es einem Nazi weggenommen“, sagte er. Das überraschte mich nicht, auch ich hatte auch kein Mitleid mit den Nazis. Der Überlebenskampf im Getto von Lodz und in den Konzentrationslagern hatte Mendele neue Gesetze gelehrt, die er nun befolgte. Es waren die Gesetze des Dschungels.

Viele der freigelassenen Gefangenen wollten ebenfalls gehen, und diejenigen, die laufen konnten, kamen mit uns. Jetzt geht ein Kapitel meines Lebens zu Ende, dachte ich. Mendele ging hocherhobenen Kopfes neben mir, offensichtlich stolz auf sein Fahrrad; es gehörte sicher zu den Dingen, die er sich immer gewünscht, aber nie bekommen hatte. Er strahlte förmlich vor Glück. Auf einmal platzte er mit einer Neuigkeit, die ihm wohl gerade nachträglich eingefallen war, heraus: „Weißt du was? Ich habe deinen Bruder gesehen, Josek!“

Es war, als hätte er mich mitten in das Gesicht geschlagen. Josek lebte? Wie konnte das sein? Ich packte Mendele an seinen Frackaufschlägen und schüttelte ihn. „Du hast Josek gesehen?“, sagte ich langsam und schaute ihm in die Augen. Er erwiderte ernst meinen Blick, und ich wußte, er würde mir keine Lügen über meinen Bruder erzählen.

„Ich schwöre bei Gott, daß ich ihn sah“, sagte er nachdrücklich.

„Wann hast du ihn gesehen?“

„Vorhin. Ich habe vergessen, es dir zu erzählen.“

„Bist du dir sicher, daß es wirklich Josek war, den du gesehen hast?“, fragte ich, um in mir keine falschen Hoffnungen aufkommen zu lassen. „Was hat er angehabt?“

„Er hatte noch seine Lagerkleidung an. Ich habe keine Ahnung, wie er überlebt hat, aber er war in einer Gruppe von ungefähr 70 weiteren Überlebenden. Ich schwöre bei meiner Mutter und meinem Vater, daß ich ihn gesehen habe.“ Da wußte ich, daß es stimmen mußte.

„Mendele! Ich glaube dir. Komm und hilf mir, ihn zu finden.“ Wir gingen in die

Innenstadt und ich erfuhr von zwei weiteren Überlebenden, daß sie meinen Bruder ebenfalls gesehen hatten. Das konnte kein Mißverständnis mehr sein. Ich war mir jetzt sicher, daß er noch lebte. Ich ging den Hügel wieder hinauf, den wir vor zwei Tagen heruntergekommen waren. Mendele umkreiste mich mit seinem Fahrrad. Wir trafen auf eine Gruppe von 15 Kameraden, die immer noch die entehrende Sträflingskleidung aus dem Konzentrationslager trugen. Ich ging ein paar Schritte auf sie zu, aber Mendele war schon mitten drin. Er fand meinen Bruder, der nun erstaunt und glücklich auf mich zukam. Unter seinem Arm trug er einen Schweizer Käse von der Größe eines Wagenrades.

„Josek! Wie hast du überlebt?", wollte ich wissen, als wir uns in den Armen lagen. Es war lange her, daß wir zuletzt geweint hatten. All die lang zurückgehaltenen Tränen brachen sich nun Bahn. Wir weinten wie die Kinder.

„Ich habe dir noch nachgeschaut und sah dich stolpern, als du am Heck vorbeigingst. Dann konnte ich nicht mehr hinschauen und habe die Augen zugemacht. Als ich sie wieder öffnete, sah ich, wie sie dich in das Boot zogen. Da waren immer noch siebzig von uns auf dem Schiff. Wir hielten uns alle an der Reling fest. Es war dunkel, und ich dachte, jetzt ist es aus, jetzt hilft uns niemand mehr. Aber bei Tagesanbruch, ich schätze, es war so 6 Uhr morgens, kam ein Boot mit englischen Soldaten längsseits, und sie holten uns herunter", erzählte Josek überglücklich.

Wenn sich zwei Überlebende trafen, wurde immer diese eine Frage gestellt: Wie hast du überlebt? Und es folgten nie zwei identische Antworten. Es gab nur leider viel zu wenige, denen man diese Frage noch stellen konnte. Die meisten der mutigen, zähen, gegen den Tod kämpfenden Kameraden, die wunderbarerweise Jahre des Gettos und der Konzentrationslager überlebt hatten, die alles aushielten, was der grimmige Feind über sie verhängte, waren von der Ostsee verschlungen worden. Jetzt schaute nur noch ein kleines Stück der Cap Arcona aus dem Wasser. „Da draußen ist niemand mehr am Leben", dachte ich.

Die Soldaten der Alliierten, die dieses Gebiet befreit hatten – vor allem britische und belgische Truppen –, konnten das alles nicht verstehen. Was wir ihnen über die Lager erzählten, klang für sie so absurd, daß sie ungläubig die Köpfe schüttelten. Sie schienen überhaupt nichts über die Konzentrationslager zu wissen, und wir waren die ersten Häftlinge, über die sie stolperten.

Als wir uns traurig von unseren toten Kameraden verabschiedeten, mit denen wir durch die Hölle gegangen waren, fragte ein junger britischer Leutnant, ob einer von uns mitkommen könnte, um seinen Vorgesetzten zu berichten. Nicht viele von uns sprachen Englisch, ich kannte die Sprache ein wenig, aber nicht besonders gut. Mein Bruder und noch zwei weitere gingen mit mir und dem Leutnant zu einem merkwürdig aussehenden Fahrzeug – einem Jeep. Wir fuhren auf der Hauptstraße westwärts und kamen auf dieser Fahrt an Hunderten von verlassenen Autos, Lkws und Panzern vorbei. Schließlich hielten wir vor einem Backsteinhaus, das früher offensichtlich als Postamt gedient hatte. Der Leutnant erzählte uns, daß die deutschen Truppen versucht hatten, der Gefangenschaft zu entkommen, indem sie ihre Armeefahrzeuge einfach stehenließen und sich der Autos von Zivilisten bedienten.

Wir wurden zu einem Major gebracht. Immer noch beherrschte uns die Angst vor Autoritäten, vor allem militärischen; sie ließ uns auch Jahre nach dem Krieg noch nicht los. Der Major war ungefähr fünfzig Jahre alt, hatte einen kurzen Haarschnitt und einen Schnurrbart. Er öffnete ein Päckchen Zigaretten und bot jedem von uns eine an. Dann lehnte er sich in seinem Stuhl zurück und fragte auf Englisch, wer von uns seiner Sprache mächtig sei. Ich nickte und antwortete, daß ich ein wenig Englisch sprechen würde. Er legte Papier und Stift für Notizen zurecht und fragte mich dann nach meinem Namen und woher ich kommen würde.

Wir waren besorgt, daß wir nach Polen zurückgeschickt werden könnten. Zu dieser Zeit ging gerade das Gerücht um, daß dies leicht passieren könnte. Ich erinnerte mich an Max Schmidts Vorschlag und sagte: „Wir kommen aus Frankreich."

Er wollte dann wissen, wie wir an Bord der Cap Arcona gekommen seien und weshalb sie gesunken sei. Als ich ihm in meinem dürren Englisch erzählte, daß Flugzeuge der Royal Air Force das Schiff bombardiert hatten, klappte sein Unterkiefer herunter und seine Augenbrauen gingen ungläubig nach oben. Verblüfft fragte er nach, und dann stellte ich fest, daß mein Englisch nicht ausreichte, um alles zu beschreiben. Der Major ließ eine Dolmetscherin kommen. Ein hübsches, ca. 20 Jahre altes deutsches Mädchen kam herein und übersetzte seine Fragen für mich ins Deutsche und meine Antworten für ihn ins Englische. Sie war sichtlich bewegt, als sie von unseren Erlebnissen hörte.

Sowohl der Major als auch der Leutnant hörten höflich zu. Am Ende des Gesprächs schlug der Major vor, daß wir das Gebiet wegen der noch andauernden Kämpfe besser verlassen sollten. Wir hatten zwar keine Transportmöglichkeit, hofften aber, nachdem wir die vielen stehengelassenen Fahrzeuge gesehen hatten, daß wir die Erlaubnis bekämen, eines der Fahrzeuge zu benutzen, die jetzt nutzlos auf der Straße standen. Er verstand. „Ich kann Ihnen nicht direkt die Erlaubnis dazu geben", sagte er freundlich, aber fest. „Was draußen steht, steht draußen. Nehmen Sie, was Sie brauchen können, es wird Sie niemand daran hindern." Wir fragten dann nach Ausweispapieren und er erwiderte. „Ihre Häftlingsnummern genügen als Ausweis."

Wir waren hocherfreut, und zehn von uns suchten sogleich nach dem geeigneten

Fahrzeug. Wir erkundeten alle Autos in der Nähe, aber da ein einzelnes Auto zu klein für uns alle war, entschieden wir uns für einen Lkw. Wir suchten so lange, daß wir die Stadt schon beinahe hinter uns ließen. Dann sahen wir einen Bus mit Tarnanstrich. Es war ein Peugeot in gutem Zustand. Mein Vater hatte früher auch einen Lkw der Marke Peugeot besessen. Ich schaute in das Innere, fand aber keine Schlüssel. Es war das ideale Fahrzeug für uns, und wir fragten uns, was wir nun machen sollten. Wir beschlossen, in das Haus zu gehen und den Bauern zu fragen, ob er die Schlüssel hätte. Er behauptete, daß das nicht sein Bus sei, aber wir vermuteten, daß er die Schlüssel trotzdem hatte. Wir waren entschlossen, diesen Bus zu nehmen; also beharrten wir auf unserer Forderung und drohten ihm, bis er schließlich in das Schlafzimmer ging und zitternd, aber mit den Schlüsseln in der Hand, wieder kam. Er hatte angeblich vergessen, daß seine Frau sie dort aufgeräumt hatte.
Ich startete den Bus und versuchte, ihn rückwärts auf die Straße zu fahren. Mit so großen Fahrzeugen hatte ich nur wenig Erfahrung und schon bald hatte ich mich in eine Situation manövriert, in der ich weder vor noch zurück konnte. Dann würgte ich noch zusätzlich den Motor ab, und alle Versuche, den Bus wieder zu starten, waren vergeblich. Enttäuscht ließen wir den Bus stehen und hielten nach etwas anderem Ausschau.
Mindestens 50 Fahrzeuge hatten wir uns angeschaut, aber so einen Bus, wie wir ihn eben stehengelassen hatten, fanden wir nicht wieder. Es war jetzt bereits später Nachmittag, und wir stillten zunächst unseren Hunger mit dem Schweizer Käse meines Bruders. Dann suchten wir weiter und stießen auf zwei in Italien hergestellte Fiats, die aussahen, als seien sie eben erst vom Fließband gekommen. Die Schlüssel steckten, und wir beschlossen, sie zu nehmen.
Mein Bruder startete das eine Auto und ich das zweite. Wir fuhren nach Westen, wie der Major vorgeschlagen hatte, also tiefer in die besetzten Gebiete. Auf der Fahrt grüßten wir alle Soldaten, die in Fahrzeugen der Alliierten unseren Weg kreuzten, mit Winken. Sie schauten uns zweifelnd an, offensichtlich fragten sie sich, wer die freundlichen Leute in gestreiften Anzügen und in der schäbigen deutschen Marineuniform waren. Kein Hakenkreuz war jetzt mehr zu sehen, dafür sahen wir Erinnerungsstücke an den Krieg: ausgebrannte Autos, Lkws und Panzer. Unter den vielen Menschen auf der Straße fiel uns ein großer, leicht vornübergeneigt gehender Mann auf, der ein Bündel an einem Stock befestigt hatte. Er schwankte und taumelte; offensichtlich war er schon lange unterwegs. Als wir an ihm vorbeikamen, sagte einer: „Aber das ist doch Ohlschläger, der SS-Aufseher aus Fürstengrube.“ Wir hielten an, und er kam langsam auf uns zu. Als er uns erreicht hatte, fragten wir ihn, ob er uns nicht kenne. Er verneinte und versuchte, uns auszuweichen.

„Sind Sie nicht Ohlschläger, der Aufseher von Fürstengrube?“
Jetzt konnte er es nicht länger leugnen. „Ja“, stotterte er, „aber ich hatte nichts mit dem Lager zu tun.“ Das bekamen wir von nun an häufig zu hören. „Ich habe nur meine Pflicht getan, ich war doch nur Posten im Wachturm“, war eine weitere Entschuldigung. Ohlschläger jedoch war nun nicht länger der unverschämte Angehörige der SS. Er hatte jetzt Angst vor uns, so wie wir früher vor ihm.
Er verkörperte für uns alles Schlechte. Unsere Bitterkeit und unser Zorn ließen sich nicht länger zügeln. Einige sagten, wir sollten ihn am besten umbringen. Wir alle wünschten ihm den Tod, doch keiner wollte sein Henker sein. Er wiederholte ständig seine Entschuldigung. „Ich war nur ein einfacher Mann und habe meine Pflicht getan“, sagte er wieder und wieder. Wir hatten die Seiten gewechselt, und nun war er uns ausgeliefert. Wir wußten nicht, was wir mit ihm machen sollten. Berauscht vom Gefühl unserer neuen Freiheit fiel es uns leicht zu verzeihen. Aber er kam nicht ganz ungeschoren davon: wir teilten einige gutgezielte Tritte und Schläge aus und ließen ihn dann ziehen. Nach unserer Meinung lag seine eigentlich Bestrafung in der Niederlage der Naziideologie seines Führers. Das würde ihm noch genug Schande eintragen. Später marterten wir uns das Hirn, weshalb wir nicht härter mit ihm umgesprungen waren.
Wir fuhren weiter und kamen bald nach Glasau. Inzwischen war die Sonne untergegangen; da wir hier niemanden kannten, beschlossen wir, auf einem Schleichweg zu Schmidts Scheune zu fahren. Die Zufahrt zum Wohnhaus säumten Bäume ein. Einige unserer früheren Kameraden waren noch da und sehr erstaunt, als wir plötzlich auftauchten. Sie erzählten uns, sie hätten sich in der Scheune und der Umgebung versteckt und so überlebt. Einige andere hatten nicht so viel Glück gehabt: sie waren entdeckt und erschossen worden. Auch Josef Hermann war hier. Jetzt zog er es vor, wieder Hermann Josef genannt zu werden. Von Schmidt, unserem ehemaligen Kommandanten, war nichts zu sehen.
Schmidts Eltern, die wir damals nicht kennengelernt hatten, kamen aus dem Haus und begrüßten uns. Er war ein wohlhabender Landwirt, ein gewandter, sonnengebräunter Mann von ungefähr fünfzig Jahren, sie war eine mollige, wohlerzogene Dame. Max war – wie sie sagten – ihr einziges Kind. Sie hatten eines ihrer Schweine für das Abendessen geschlachtet und luden uns freundlich zum Essen ein. Einige Tage zuvor waren wir noch Untermenschen und hatten wie Vieh in ihrer Scheune geschlafen, jetzt waren wir plötzlich Ehrengäste beim Abendessen im Elternhaus unseres Kommandanten. Was war der Grund für diesen Sinneswandel? Kein Deutscher hatte uns je zuvor so behandelt. Vor dem Abendessen servierten sie Wein und Schnaps. Für viele von uns war dies der erste Alkohol seit Jahren. Bis der Braten fertig war und aufgetragen wurde, waren einige von

uns halb betrunken oder zumindest sehr ausgelassen. Die Tafel war wie für eine Freudenfeier festlich mit erlesenem Porzellan und Kristall gedeckt.
Die Stimmung war ausgelassen und fröhlich, und es war offensichtlich genau der Zeitpunkt für eine riesige Überraschung: herein kam Max Schmidt mit breitem, fröhlichem Lächeln auf den Lippen und kurzgeschorenen Haaren. Er machte die Runde um den Tisch und gab jedem von uns die Hand. Mir streckte er die Arme entgegen, als wären wir die dicksten Kumpels gewesen. „Zahnarzt, wie schön, daß du überlebt hast. So etwas Dummes, daß Bernadotte dich nicht mit nach Schweden genommen hat."
Seinen damaligen Tip mit Schweden betrachtete ich als seine beste Tat, ich fragte ihn aber erstaunt, woher er wußte, daß ich nicht in Schweden war. „Sie waren doch gar nicht hier, als wir zurückkamen", sagte ich zu ihm. Er ging nicht darauf ein, und ich verfolgte es nicht weiter.
Hier saßen wir nun, gehätschelte Gäste in Schmidts Haus, und es gab ein Essen, das extra für uns zubereitet worden war. Der frühere Lagerführer saß am gleichen Tisch wie wir, und wir aßen und tranken miteinander in bester Stimmung. „Lassen wir die Vergangenheit ruhen. Vergeßt, was geschehen ist. Es war eine schreckliche Zeit für uns alle", sagte Schmidt. Dann rollte er den linken Hemdsärmel auf und zeigte uns eine Nummer auf seinem Arm, die genau so aussah wie unsere Nummern. Ich konnte nicht erkennen, ob sie eintätowiert oder aufgemalt war. Auch das konnte unsere Stimmung nicht verderben, wir bedachten alles mit Gelächter. Die vorherrschende Haltung war Vergebung.
Um Mitternacht schliefen wir alle. Als ich am Morgen aufwachte, sah ich Sonnenstrahlen durch einige kleine Fenster in der Vorratskammer, in der ich geschlafen hatte, hereinkommen. Neben mir lagen mein Bruder und Srulek Lipschitz. Ich hatte einen schweren Kopf, spürte aber trotzdem, daß irgendetwas völlig falsch lief. Ich grübelte über die Ereignisse der letzten Nacht und wurde bekümmert. Ich dachte an Max. In den letzten fünf Monaten hatte er allein uns befehligt und hätte uns also freilassen können. Uns eine Häftlingsnummer zu zeigen, um sich mit uns auf eine Stufe zu stellen, fand ich besonders abscheulich. Diese Nummer und die Tatsache, daß sein Haar kurz geschnitten war, überzeugten mich, daß er ernsthaft versuchte zu vertuschen, wer er wirklich war, und sich stattdessen als Überlebenden eines Lagers ausgab. „Das können wir nicht durchgehen lassen", dachte ich. Ich konnte nicht eine Minute länger hierbleiben.
Zehn von uns beschlossen, sofort zu gehen. Hermann Josef wollte mitkommen. „Wir sollten Max an die Alliierten ausliefern und ihnen berichten, welche Rolle er im Lager spielte", sagte ich. Auch Hermann stimmte mir zu, daß er nicht völlig unschuldig war. Doch Max konnte nirgends gefunden werden, nur seine Eltern

waren da und plötzlich auch Gerda. Für die Schmidts war es offensichtlich, daß sich seit der letzten Nacht etwas geändert hatte. Sie wußten, daß wir gehen wollten. Der Abschied von unseren Kameraden, mit denen wir Jahre unseres Lebens geteilt hatten, fiel uns schwer. Wir hatten nur noch wenig Benzin und hatten vor, Soldaten um „petrol" zu bitten, wie die Briten das Benzin nannten. Beim Gehen sprachen wir immer noch darüber, wie wir von den Schmidts manipuliert worden waren und wie erschreckend gefühllos Max gehandelt hatte.

Fünf Kilometer westwärts entdeckten wir ein Depot der britischen Armee. Wir fuhren darauf zu und wurden unverzüglich an der Sperre angehalten. In stockendem Englisch erklärten wir zwei Soldaten, weshalb wir gekommen waren, aber sie ließen uns nicht vor. Sie behaupteten, daß hier für derartige Dinge niemand zuständig sei und schlugen vor, wir sollten mit dem britischen Nachrichtendienst Kontakt aufnehmen. Zumindest erhielten wir für jedes Auto einen 20-l-Kanister Benzin und etwas zu essen. Wir hielten an zwei weiteren Depots an und bekamen jedesmal dieselbe Auskunft. Keiner der britischen Soldaten schien uns ernst zu nehmen – was wir berichteten, schien ihnen völlig gleichgültig zu sein. Unsere Pläne waren durchkreuzt, und wir waren sehr enttäuscht. Wir waren jetzt nicht weit entfernt von Westfalen, und Hermann Josef schlug vor, in Lüdenscheid anzuhalten, wo ein Freund von ihm, wie er glaubte, noch wohnte. Also nahmen wir Kurs auf Westfalen.

Gelegentlich hielten wir an und aßen, was wir von den Briten bekommen hatten. Es waren amerikanische Rationen, die auch Fleischkonserven, Schokolade und Milchpulver enthielten. Um acht Uhr abends trafen wir auf die ersten Amerikaner in der Nähe von Minden bei Kassel. Viele Jeeps und Soldaten – manche trugen eine schwarze Armbinde mit der Aufschrift MP – waren auf der Straße. Sie hielten uns an, und wir mußten an den Straßenrand fahren. „Papiere?", fragte einer von ihnen. Als sie schließlich die eintätowierten Nummern sahen, verstanden sie, daß wir frühere Häftlinge aus Konzentrationslagern waren und deshalb auch keine Papiere besaßen. „Wohin fahren Sie?", wollten sie wissen.

„Wir fahren nach Hause", sagte Hermann, und zumindest für ihn stimmte das ja auch.

„Auf Befehl von General Eisenhower ist nachts den Zivilisten der Aufenthalt auf den Straßen verboten", teilte er uns mit. „Zwischen acht Uhr abends und sieben Uhr morgens dürfen Sie nicht weiterfahren." Hermann wollte zurück nach Lüdenscheid, von dem er annahm, daß es von den Briten besetzt sei. Wir wollten bereits umkehren, als der MP uns erneut ansprach: „Warten Sie! Wir haben eine Möglichkeit, Sie über Nacht hier unterzubringen." Wir bedankten uns bei dem „Offizier" (zuerst nannten wir jeden so). Hinter der Absperrung stand zwischen einigen anderen Gebäuden ein modernes zweistöckiges Haus. Hier könnten wir bleiben, meinten die MPs und fügten hinzu, daß wir hier auch Lebensmittel finden würden. Im Gegensatz zu den Briten schienen sie sehr wohlwollend. Wir brauchten nicht lange, um das Notwendige zu finden: Brot in ausreichender Menge, dazu Eier, Zucker und sogar richtigen Nescafé. Zum ersten Mal seit fünf Jahren konnten wir wieder selbst eine Mahlzeit zubereiten.

Kurz bevor wir zu Bett gingen besuchte uns noch ein Sergeant. Er schien zunächst sehr interessiert an unseren Erfahrungen und fragte uns dann später, ob wir ihm für einige Stunden unsere beiden Autos leihen würden. Da wir sie jetzt sowieso nicht brauchten, bejahten wir bereitwillig, warnten ihn aber, daß nicht mehr viel Benzin in den Tanks wäre. Benzin war ein seltener Luxus in dieser Zeit.

„Machen Sie sich keine Sorgen", sagte er, „ich bringe Ihnen soviel Benzin wie Sie wollen". Was für ein wunderbares Zusammentreffen, dachten wir. Nun brauchten wir uns am nächsten Morgen keine Gedanken um das Benzin zu machen. Es waren ausreichend Sofas und Betten vorhanden, und wir waren richtig in Festtagsstimmung. In einem richtigen Bett zu liegen, zugedeckt mit einer weichen Daunendecke – das war ein unerwarteter Luxus.

Am Morgen darauf fertigten wir zwei Schilder aus Pappe, auf denen stand „Häftlinge aus Konzentrationslagern" und wollten sie an den Autos befestigen. Aber der Sergeant war noch nicht da, und langsam machten wir uns Sorgen. Ein anderer Soldat versicherte uns jedoch in aller Seelenruhe, daß er bestimmt bald da sein würde: „Wahrscheinlich ist er bei seinen Fräuleins." Schließlich kam der Sergeant zurück und gab uns Zeichen, daß er Benzin mitgebracht hätte. Er bat uns, die Tanks nicht hier zu füllen, da er sonst Schwierigkeiten bekommen würde. Sicherheitshalber schauten wir noch einmal nach, doch die Benzinkanister waren in der Tat gefüllt. Auf der Straße nach Lüdenscheid schraubten wir einen der Kanister auf und füllten den Tank mit dem, wovon wir glaubten, daß es Benzin sei. Irgendwie fehlten das Ölige, der Geruch und das typische Rinnen von Benzin. Kein Wunder: es war ganz normales Wasser. Wir konnten kaum glauben, daß uns ein freundlicher Amerikaner derart betrogen hatte.

Da standen wir also auf einer frequentierten Landstraße im Krieg, Wasser im Tank, und wir konnten nicht weiter. Eine Stunde lang versuchten wir, vorbeifahrende Autos anzuhalten, bis schließlich ein Jeep mit Armeeangehörigen anhielt. Sie gaben uns einen Kanister richtiges Benzin. Bei dieser Gelegenheit erfuhren wir auch, daß Deutschland kapituliert hatte. Es war der 8. Mai 1945. Der Krieg in Europa war vorbei.

Der Motor unseres Fiats stotterte und keuchte, aber nach einiger Zeit fing er sich. Auf der Fahrt nach Lüdenscheid kamen wir wieder zurück in die britische Besatzungszone und erreichten so um Mitternacht das Haus der Happes. Herr Happe war völlig erstaunt, Hermann zu sehen, und noch viel erstaunter, als er uns zehn Begleiter sah. Trotz der späten Stunde gab uns Frau Happe nicht nur etwas zu essen, sie servierte uns eine komplette Mahlzeit. Wir waren nach wie vor auf der Hut und trauten keinem Deutschen, doch die Gastfreundschaft der Happes war ehrlich gemeint. Es muß doch noch mehr Deutsche wie sie gegeben haben. Wo waren sie? Warum waren sie nur Zuschauer?

Lüdenscheid im Sauerland war eine malerische kleine Stadt und unberührt von den Verheerungen des bitteren Krieges. Es war eine fruchtbare Gegend mit üppigen Wiesen und großen Feldern. Ein kleiner Fluß, die Volme, schlängelte sich entlang der Hauptstraße zur Kreisstadt Hagen. Kein einziges Haus hier hatte während des Krieges auch nur einen Kratzer abbekommen. Mit großem Tamtam stellte uns Herr Happe den Vertretern der Stadt vor, nämlich dem Bürgermeister und dem Polizeichef. Schon vor dem Krieg lebten in Lüdenscheid nur wenige Juden, ein einziger von ihnen hatte überlebt. Der Bürgermeister – früher ein Nazi – unternahm jede nur mögliche Anstrengung, um uns zu beweisen, wie sehr er die Juden mochte. Er erklärte, sie würden die Juden vermissen, die früher hier gelebt hatten, und nötigte uns, doch zu bleiben. Er versprach uns weiterhin seine Hilfe bei der Suche nach einer Bleibe und einer Arbeit. Alle bezeugten große Achtung für Herrn Happes neue Freunde.

Wir wurden zu Berühmtheiten, da wir die ersten Überlebenden eines Konzentrationslagers in dieser Stadt waren. Mein Bruder und Srulek trugen immer noch ihre Sträflingskleidung. Ich hatte die Marineunform aus dem Neustadter Depot an. Der Bürgermeister bot uns Kleidung, Möbel und eine Unterkunft an, was wir auch gerne annahmen. Die Kinos in der Stadt und das Theater gewährten uns lebenslänglich freien Eintritt. Plötzlich war jeder unser Freund. Es hatte den Anschein, als ob niemand je eine Rolle bei unserer Drangsal gespielt hätte, keiner wollte ein Anhänger des Naziregimes gewesen sein. Ich konnte mir nicht recht vorstellen, daß sie – nur einige Tage früher – diese 180°-Wende vollbracht und uns als Menschen behandelt hätten.

Sieben unserer Freunde entschlossen sich, nach Polen zurückkehren. Mein Bruder und Srulek wollten in Lüdenscheid bleiben, nur ich wußte noch nicht so recht, wohin. Hermann kehrte nach Bayern zu seiner Frau und seinen Kindern zurück. Als er mich fragte, ob ich nicht mitkommen wollte, nahm ich seine Einladung an.

20 Nachkriegsdeutschland

Diese Reise mit Hermann half mir dabei, die Schmerzen der vergangenen fünf Jahre leichter zu ertragen und mich einer neuen Wirklichkeit zu stellen. Als wir Lüdenscheid verließen, waren die meisten Straßen noch unpassierbar, vor allem in den größeren deutschen Städten. In Gießen hielt Hermann an, um zu sehen, ob hier noch ehemalige Kollegen der SPD, der Sozialdemokratischen Partei Deutschlands, lebten, der er früher angehört hatte. In einigen Städten baten uns die Amerikaner, den deutschen Beamten von unserem Schicksal zu erzählen. Wie bei einer Verschwörung behaupteten alle einstimmig, nichts von Konzentrations- oder gar Vernichtungslagern gewußt zu haben. Hermann und ich unterhielten uns oft darüber. Ich lernte die Eigenarten und Verschiedenheiten der Deutschen kennen. Hermann kannte dieses Land sehr genau – und er wußte, wann man den Deutschen nicht glauben durfte.

Als wir zu seiner Familie kamen, wurde ich Zeuge echter Freude. Seine Frau schluchzte vor Glück, als sie ihn sah, und seine Kinder ließen den ganzen Tag über nicht mehr von ihm ab. Bald kamen auch seine deutschen SPD-Genossen herbei, glücklich darüber, daß er überlebt hatte. Sie wollten wieder Gewerkschaften gründen, die im Dritten Reich verboten worden waren. Ich begleitete Hermann zu einigen dieser Treffen, doch bald fühlte ich, daß es Zeit für mich war, zu gehen. Aber wohin? Amerika war immer das Land meiner Träume gewesen. Ich wollte nach Frankreich, denn von dort aus glaubte ich eine bessere Chance zu haben, in die Vereinigten Staaten zu kommen.

Hermann und ich hatten nur dieses eine Auto, aber wir lösten das Problem, indem wir uns an den Bürgermeister von Nürnberg wandten, der ein amerikanischer Hauptmann der Armee war. Er rief in dem Depot an, in dem die konfiszierten Autos abgestellt waren, und befahl den Männern dort, uns das Auto zu geben, das wir uns aussuchen würden. Ich entdeckte ein 1936er Adler Kabriolett. Hermann wollte gerne den Fiat behalten, also nahm ich den Adler. Ein Nummernschild für das Auto konnte ich nicht bekommen, also befestigte ich das Schild, das mich als ehemaligen KZ-Insassen auswies, am Kühlergrill des Adlers. Am Tag darauf trat ich meine Reise nach Frankreich an. Es war nun Mitte Juni und sehr warm. Frau Josef packte mir etwas zu essen ein, und ich hatte ein paar deutsche Mark dabei. Die eigentliche Währung in Deutschland bestand jedoch zu dieser Zeit aus Nylonstrümpfen, Schokolade und amerikanischen Zigaretten. Der Weg nach Süden führte durch die bayerischen Berge. Ich fuhr den Adler mit offenem Verdeck und konnte die unverdorbene Landluft riechen. Entlang der Straße, aber weit nach hinten versetzt, standen geräumige Häuser mit großen Terrassen davor. Keines dieser Häuser wies einen Kriegsschaden auf.

Dann sah ich zwei Knaben am Straßenrand sitzen und winken. Ihre farbenfrohe Kleidung erinnerte mich an Zirkusclowns, doch als ich näherkam, sah ich den Judenstern auf ihren Hemden. Ich hielt an und fragte, wer sie seien. Zunächst jagte ich ihnen Angst ein; sie konnten ja nicht wissen, ob ich Freund oder Feind war. Aber als ich ihnen sagte, daß ich ebenfalls Jude sei, ließ ihre Angst nach. Akiva kam aus Budapest, und sein Freund, Yaakow, der eine leicht geschwollene Backe hatte, kam aus Iaşi in Rumänien. Sie waren beide 16 Jahre alt und vor kurzem aus Dachau befreit worden. Ich fragte sie, ob sie Verwandte hätten. Als Antwort darauf drehten beide ganz sachlich ihren Zeigefinger in die Luft und zeigten damit, daß ihre Familien durch den Schornstein gegangen waren. Beide fürchteten, in ihre Heimat zurückgeschickt zu werden, und wußten nun nicht, wohin sonst. Seit einem Monat streunten sie herum, lebten von dem, was die GIs ihnen gaben, und schliefen im Wald. Ich fragte sie, ob sie mit mir nach Frankreich kommen wollten. Sie stimmten begeistert zu.

In den nächsten fünf Tagen lebten wir wie Vagabunden: wir fuhren einfach drauflos und machten uns keine Gedanken darüber, woher unsere nächste Mahlzeit kommen würde. Wir hielten an Brücken und Flüssen an und wuschen uns, umgeben von blühenden Lilien, die dort wuchsen. An heißen Tagen schwammen wir im klaren Wasser. Wir besuchten amerikanische Armeelager und beobachteten fasziniert, wie die Soldaten einen kleinen weißen Ball mit Nähten schleuderten, während andere ihn mit seltsam aussehenden großen braunen Handschuhen auffingen. An manchen Abenden saßen wir bei ihnen und lauschten ihren tragbaren Radios, aus denen der Big-Band-Sound ertönt. All dies war neu für uns. Wenn es nachts kühl wurde, hielten wir an einer Kirche, an einem Pfarrhaus oder einem Kloster, wo wir die Erlaubnis erhielten, die Nacht dort zu verbringen. Nach einigen Tagen hatten wir die Nordspitze des Bodensees erreicht. In südlicher Richtung standen zwischen grünen, sanft ansteigenden Hügeln und atemberaubenden schneebedeckten Gebirgszügen die farbenfrohen Bauernhöfe. In der Zwischenzeit betrachteten Akiva und Yaakow mich als ihren älteren Bruder, und für mich waren sie „meine Jungs".

Yaakows Backe wurde immer dicker, er brauchte ärztliche Hilfe. Ich hatte nur einige Markstücke, bei weitem nicht genug, um die Dienste eines Zahnarztes zu bezahlen. Wir hatten nun den Schwarzwald erreicht, eine Stadt namens Tuttlingen. Wir hielten bei der ersten Zahnarztpraxis an. Als wir dem Zahnarzt berichteten, wer wir waren, mußten wir für die Behandlung – er zog Yaakow einen Backenzahn – nichts bezahlen. Seine Einrichtung trug das Markenzeichen einer Firma namens Siemens und erinnerte mich stark an die Einrichtung in Fürstengrube.

Am nächsten Tag fuhren wir auf einer Alpenstraße in Richtung Elsaß-Lothringen in Frankreich. Der Weg wand sich wie eine Achterbahn um die Berge. Plötzlich sahen wir zwei Männer in französischer Uniform mit Bündeln auf dem Rücken. Ich fragte sie, wohin sie gingen, und sie erzählten, daß sie Kriegsgefangene in Deutschland gewesen seien und nun nach Haus zurückkehrten. Ich bot ihnen an, sie mitzunehmen. Sie stiegen dankbar ein. Sie freuten sich, daß sie sich nicht weiter auf der Straße abmühen mußten, und wir hofften, daß die beiden uns an der Grenze von Nutzen sein könnten. In den beiden darauffolgenden Tagen teilten wir unser Essen und mit der Zeit wurden wir gute Freunde. Ich konnte sogar meinen französischen Wortschatz etwas auffrischen.

An der Grenze hielten uns französische Soldaten an. Mit einer Eskorte fuhren wir zu ihrem Quartier in einer wunderschönen Villa. Wir folgten ihnen auf die Zufahrtsstraße, und dann wurden wir fünf durch das Haus in ein Büro geführt. Zunächst betraten wir eine Eingangshalle mit einem Mosaik aus hellem Stuck und Orientteppichen auf dem Boden. Eine Wendeltreppe führte zu großen Türen aus Mahagoni. Dort bestaunten uns einige Armeeoffiziere und Frauen, die gerne gewußt hätten, wer wir waren. Unsere beiden französischen Freunde führten sich auf, als ob sie hier zu Hause wären.

Wir waren berühmt und wurden zum Essen eingeladen und – natürlich – die Nacht über zu bleiben. Zur Essenszeit wurden wir in ein großes Speisezimmer im Stil Ludwigs XV. geführt, wo zwanzig Stühle um einen schweren Mahagonitisch standen, auf dem eine schneeweiße Damasttischdecke lag. Ein großer Kristalleuchter hing von der 9 Meter hohen Decke über dem Tisch. Erlesenes Porzellan und Kristall blendete unsere Augen, und in der Mitte des Tisches standen Karaffen mit Rotwein. Bald füllte sich der Raum mit ordengeschmückten französischen Offizieren. Dann kam ein weiterer, statuenhaft aussehender Mann herein: es war der kommandierende Offizier der Armeedivision, die in Elsaß-Lothringen stationiert war, ein Generalleutnant. Von jetzt an wurde alles etwas förmlicher.

Als er am Kopfende des Tisches Platz genommen hatte, setzten sich auch alle anderen. Unsere beiden neuen Freunde übersetzten die Fragen und Bemerkungen für uns ins Deutsche. Hie und da brachte jemand einen Toast aus. Wir wußten zwar nicht weshalb, aber wir erhoben trotzdem unsere Gläser und stießen mit allen an. Ich bemerkte nichts Ungewöhnliches, bis alles zu spät war – Alkohol waren wir einfach nicht gewohnt. Noch vor dem ersten Gang sanken die Köpfe von Yaakow und Akiva auf den Tisch. Ich versuchte krampfhaft, die Augen offenzuhalten, aber alles um mich herum begann sich wie in einem schnellen Karussell zu drehen, und ich kippte weg. Als ich wieder erwachte, war es bereits Morgen. Ich lag in einem großen Gebäude auf Stroh und war mit einer Armeedecke zugedeckt. Neben mir lagen meine beiden Jungs. Wir teilten unser Lager außerdem mit einigen schlafenden französischen Soldaten.

Ich verließ das Haus und fragte einen vorbeikommenden Soldaten, wo unsere Dolmetscherfreunde, die beiden Franzosen, seien. Er schien es nicht zu wissen. Ich schaute mich nun selbst um, doch ich konnte sie nicht entdecken. Die beiden ehemaligen Kriegsgefangenen schienen verschwunden zu sein. Dann erkundigte ich mich, wo mein Auto stünde, aber das schien auch niemand zu wissen. Schließlich ging ich in das Büro. Ein Soldat führte deswegen einige Telefongespräche, und was er mir dann berichtete, klang unglaublich. „Die beiden Ex-Häftlinge haben während ihrer Internierung mit den Deutschen kollaboriert", sagte er. „Sie stehen unter Arrest." Wir durften uns nicht einmal von ihnen verabschieden.

Wir brauchten länger als eine Stunde, bis wir unser Auto fanden, dessen Tank jetzt fast leer war. „Sie müssen in den amerikanischen Sektor zurückkehren und dort ein Visum beantragen, bevor Sie nach Frankreich einreisen können", sagte ein Soldat. Ich bat ihn dringend, uns doch wenigstens nach Straßburg zu lassen, um dort eine Aufenthaltsgenehmigung zu beantragen. „In Deutschland gibt es keine französischen Konsulate", sagte ich. Seine Erwiderung war, daß er dann auch nichts weiter tun könne. Er stellte unwiderruflich klar, daß wir umkehren mußten, und schließlich fügten wir uns.

Ich mußte also meine Pläne ändern. Die gleiche Straße, auf der wir gekommen waren, fuhren wir nun wieder zurück und waren noch einmal in den majestätischen Alpen. Die Zukunft der beiden Jungen machte mir Sorgen; sie brauchten ein Zuhause und eine Ausbildung – beides Dinge, die ich ihnen nicht geben konnte. Als ich zum ersten Mal mit ihnen darüber sprach, wollten sie nichts davon hören, da ihnen dieses Zigeunerleben sehr gefiel. Sie wollten einfach mit mir herumreisen. In München hörte ich von einer jüdisch-amerikanischen Organisation namens HIAS (Hebrew Immigration Aid Society), die ihren Sitz in Frankfurt a. M. hatte. Bei einer Rast auf unserem Weg nach Frankfurt versuchte ich wieder einmal, vernünftig mit den beiden zu sprechen, doch sie ließen mich einfach sitzen und verschwanden im Wald. Als ich sie endlich fand, bekannte Yaakow schüchtern, sie hätten zu Gott gebetet, daß ich meine Meinung ändere.

In Frankfurt hatten die Überlebenden einen neuen Namen bekommen, DPs (displaced persons), und wurden im Hotel Olympia neben dem Hauptbahnhof beherbergt. Das Hotel war von Bomben der Alliierten stark beschädigt, und nur die beiden unteren Stockwerke konnten benutzt werden, der Treppenaufgang war eine Geröllhalde. Wir fanden eine Ecke im zweiten Stockwerk und ließen uns dort nieder. Am nächsten Tag kam Isidor Cohen, ein Rabbi und ein U.S.-Armeeseelsorger aus New York, in das Hotel.

Rabbi Cohen war kräftig, grauhaarig und ein warmherziger, mitfühlender Mann. Er sah die beiden Jungen und bat mich, sie zu ihm an den Flughafen zu bringen. Als wir am nächsten Tag in sein Büro kamen, war noch ein weiterer Hauptmann, ebenfalls ein Armeeseelsorger, anwesend. Sie sprachen ein seltsam klingendes amerikanisches Jiddisch, durchsetzt von englischen Wörtern, so daß ich nichts von ihrer Unterhaltung verstand. Dann kam noch eine Frau dazu; sie war mittleren Alters und trug eine grüne Uniform mit einem Abzeichen auf einem Ärmel, auf dem „UNRRA“ stand. Die drei berieten nun über das Schicksal der Jungen. Dann drehte sich die Frau zu mir um und sagte fest: „Überlassen Sie die Jungen uns. Sobald wir ein Visum für sie bekommen, schicken wir sie in die Staaten.“

Ich erkannte ganz klar, daß dies das Beste für die Jungen wäre, und doch fiel mir der Gedanke schwer, sie zu verlieren. Sie waren mir so vertraut geworden, daß wir zu einer Familie zusammengewachsen waren. Akiva und Yaakow schauten mich mit einem Blick an, in dem deutlich die Anklage zu lesen stand, daß ich sie nun im Stich lassen würde. Der Rabbi spürte, wie die Gefühle der Jungen bei mir ankamen. „Sie müssen sich keine Sorgen machen. Es wird gut für sie gesorgt werden“, sagte er. Ich fragte den Rabbi, ob ich nicht ebenfalls bleiben könnte, doch er lehnte ab, da ich in meinem Alter einen Bürgen brauchte, gab mir aber den Rat, mich bei der UNRRA (United Nations Relief and Rehabilitation Administration) registrieren zu lassen. Weil ich ein Auto hatte – es war tatsächlich das einzige im ganzen Hotel Olympia –, schlug der Rabbi vor, daß ich jeden Tag zur

Armeeküche kommen sollte, um Essen für die DPs im Hotel zu holen. Bald brachte mein flexibler Adler täglich reichlich Essen ins Hotel, und ich konnte meine beiden Jungen besuchen. Eines Tages jedoch wurde mir gesagt, daß sie auf dem Weg nach Amerika seien. Das war das letzte Mal, daß ich etwas von Akiva und Yaakow hörte.

Immer mehr DPs kamen in das Hotel, das bald den Spitznamen „Flüchtlingshotel" erhielt. Das Olympia war in der Tat der zentrale Treffpunkt für Flüchtlinge, die in Frankfurt ankamen. Viele Namen wurden an die Wände gekritzelt, wenn die Menschen Freunde und Verwandte suchten, und manche fanden sich auf diese Weise. Langsam kamen auch Anhänger von Partisanengruppen aus ihren Verstecken. Die Mädchen trugen wieder hübschere Kleider und die Jungen begannen, ihnen den Hof zu machen. Manche lernten wieder Lachen, Spaß und Unbeschwertheit, und bald heirateten einige. Weitere Überlebende kamen von Osten, und das Olympia war zum Bersten voll mit Menschen. Wir räumten den Schutt der beiden anderen Stockwerk weg, säuberten die Räume, und hatten immer noch nicht genug Platz geschaffen. Die Menschen schliefen im Flur und im Treppenhaus. Und immer noch kamen weitere DPs an.

Eines Tages kam Rabbi Cohen in Begleitung eines hochrangigen amerikanischen Armeeoffiziers und kündigte an, daß wir das Olympia verlassen müßten. Das Hotel wurde für amerikanische Armeeangehörige renoviert, und unsere neue Unterkunft lag nun 40 km von Frankfurt entfernt in Salzheim, einem Ort, von dem wir noch nie gehört hatten. Einige von uns wollten das vorher sehen, und wir fanden ein Lager mit völlig identisch aussehenden kleinen, in einer Reihe aufgestellten Hütten, was mich an die Baracken im Konzentrationslager erinnerte. Als wir in das Olympia zurückkehrten, packte ich meine paar Habseligkeiten und ging.

Es war ein schöner Nachmittag im Sommer. Ich fuhr die Mainzer Landstraße entlang, und hatte noch keine Entscheidung getroffen, wohin, als mich zwei Mädchen anhielten und fragten, ob ich sie in ihr Hotel fahren würde. Ich sagte natürlich ja. Beide kamen aus Rußland, waren ungefähr in meinem Alter und sehr hübsch. Da sie in deutschen Haushalten gearbeitet hatten, sprachen sie ein sehr gutes Deutsch. Als sie hörten, daß ich noch keine Bleibe hatte, boten sie mir das Sofa in ihrem Hotelzimmer an. Ich nahm für diese eine Nacht an, aber mein Aufenthalt wurde dann doch mehr als nur eine kurze Stippvisite. Ich vergaß meine Einsamkeit in einer Liebesaffäre. Eines Tages kamen zwei Angehörige des sowjetischen Geheimdienstes und zwangen die beiden Mädchen, nach Rußland zurückzukehren. Das war der Beginn einer allgemeinen Rückführung aller Russen aus Deutschland, und beide Mädchen mußten gehen. Da beschloß ich, nach Lüdenscheid zurückzukehren.

Mit Hilfe eines Herstellers von elektrischen Geräten hatte Srulek Lipschitz ein Elektrogeschäft eröffnet, und mein Bruder hatte ebenfalls einen Laden, in dem er Schönheitsmittel, Parfums und Kosmetika verkaufte. Die Westfälische Zahnärztekammer und die Deutsche Zahnärztekammer erlaubten mir, zeitlich begrenzt als Zahnarzt in Deutschland zu arbeiten. Ich begann, in Menden/Westfalen in einem Lager für polnische Überlebende zu praktizieren. Als dieses Lager geschlossen wurde, gründete ich die Westfälische Zahnwaren Großhandlung, eine Firma für zahnärztlichen Bedarf, die auch dann noch gedieh, als ich Deutschland bereits verlassen hatte.

Mein ständiger Gedanke war, Zosia zu finden. Ich unternahm jede nur erdenkliche Anstrengung, aber es war alles vergeblich. Ihr letzter bekannter Aufenthaltsort lag irgendwo in Deutschland, wo sie als Zwangsarbeiterin verpflichtet worden war.

Eines Tages hörte ich den Namen Harry Spitz im Nordwestdeutschen Rundfunk, der ersten deutschen Radiostation mit Sitz in Hamburg nach dem Krieg. Ich rief ihn an, und er lud mich ein, ihn in Hamburg zu besuchen. Das Gebäude des Senders in der Oberstraße war im Vergleich zu anderen Häusern in dieser Straße in einem guten Zustand. An der Vorderseite des Hauses war eine Menora[15] angebracht, und im Inneren hing der Judenstern im Treppenaufgang. Dies fand ich doch recht ungewöhnlich für einen Radiosender.

Der Empfangsdame nannte ich meinen Namen und erklärte ihr, wen ich besuchen wollte. „Haben Sie einen Termin mit dem Musikdirektor?“, fragte sie. Ich verneinte, bestand aber darauf, daß Sie Herrn Spitz meinen Namen nannte. „Herr Spitz, ein Mann namens Bronek Jakubowicz möchte Sie sprechen.“

Harry stürzte die Treppe herunter und fiel mir in die Arme. Unablässig wiederholte er den Satz: „Dieser junge Mann hat mir in Auschwitz das Leben gerettet.“ Dann führte er mich durch das Haus. Es war zu Beginn des 18. Jahrhunderts gebaut worden und diente zunächst tatsächlich als Synagoge. Geräumige Studios, eines von der Größe eines Amphitheaters, waren hier untergebracht. Das Gebäude hatte all den schweren Bombardierungen der Alliierten getrotzt. Wir blieben den ganzen Tag zusammen und kramten in unseren Erinnerungen.

Deutschland erstaunte mich immer wieder. In einer Weise waren die Deutschen weniger antisemitisch eingestellt als die anderen Europäer, aber wo hatte Hitler dann all die Kriminellen gefunden, die diese wahnsinnigen Verbrechen an den Juden begingen?

Für die Deutschen begann das Leben langsam wieder seinen gewohnten Gang zu nehmen. Aber bei uns saß der Schock zu tief, als daß wir nun friedlich mit ihnen

---

[15] Siebenarmiger Leuchter der jüdischen Liturgie (Anm. d. Übers.).

hätten leben können. In Deutschland gingen wir auf den gleichen Straßen, wir aßen das gleiche Essen und atmeten die gleiche Luft wie die Deutschen auch. Plötzlich waren die Sünder Heilige, die Schuldigen bloße Mitläufer. Aus leicht verständlichen Gründen leugneten selbst die bekanntesten Nazis ihre Mittäterschaft am Holocaust ab. Wir mußten vorsichtig sein in dem, was wir sagten und wem wir vertrauten. All dies gab uns Rätsel auf. Doch es galt, höflich zu sein, und oft mußten wir uns auf die Zunge beißen, um nicht zu sagen, was wir wirklich dachten und fühlten. In diesen vier Jahren, die ich nach dem Krieg in Deutschland verbrachte, habe ich viel über das Gute und auch das Schlechte im Menschen gelernt. Ich habe in- und außerhalb von Krankenhäusern nach ärztlicher Hilfe für meine Magenschmerzen gesucht, die mich immer noch quälten.

Die Neuigkeiten aus Polen wurden immer schlimmer, der Antisemitismus tobte dort immer noch. Der Geist von Hitlers Lehren war weiterhin am Leben und wohlauf. Daß er Polen zu unserem Grab erkoren hatte, war kein Zufall, die polnischen Juden waren das Hauptziel der Nazis. Viele Juden, die es wagten, Ansprüche auf ihr ehemaliges Eigentum vorzubringen, wurden von denen getötet, die sich nach dem Abzug der Deutschen diesen Besitz bereits angeeignet hatten. Obwohl mein Bruder und ich in Polen noch Ansprüche auf Landbesitz hatten, wollten wir nichts davon.

Josek, Srulek und ich waren die einzigen Juden in Lüdenscheid. In all den Jahren eines verwahrlosten Lebens, in Dunkelheit und weit weg von meinem religiösen Erbe, war mein Glaube verschwommen geworden und auch jetzt noch vage. Und trotzdem: Gott ganz aufzugeben hätte geheißen, gegen mein Gewissen zu handeln. Irgendwie mußte ich meinen Glauben stärken. Als wir deshalb hörten, daß eine Rosch ha-Schanah-Feier[16] in einem jüdischen Wohnhaus nahe der Stadt Hagen gehalten wurde – die Synagogen in Deutschland waren alle zerstört –, wurde mein Bedürfnis, Frieden mit meinem religiösen Erbe zu schließen, unwiderstehlich. Ich wußte, die Zeit war für mich gekommen, vor das Angesicht Gottes zu treten und Abbitte zu leisten. Als wir in das Haus kamen, waren dort bereits ungefähr dreißig Menschen versammelt. Als die Gebete Oshamnah und Agadnah – Gott, ich habe vor dir gesündigt, ich habe deine Gebote übertreten – gesprochen wurden, begannen alle zu singen und den Oberkörper im Rhythmus zu beugen. Auch ich betete und bat den Allmächtigen um Vergebung. An diesem Ort und in diesem Moment schloß ich meinen Frieden mit Gott.

Als die Feier zu Ende war, schüttelte Morris Teichmann, der Mann, der die Gebete geleitet hatte, ein freundlicher, geachteter Geschäftsmann mittleren Alters,

---

[16] Rosch ha-Schanah: jüdisches Neujahrsfest (Anm. d. Übers.)

uns allen die Hände und wünschte uns Lashonah Tovah, ein gutes neues Jahr. Dann lud uns Herr Teichmann zum Kiddush-Gebet[17] zu sich nach Hause ein, wo wir seine Familie kennenlernten. Glücklicherweise hatten sie alle den Krieg überlebt, aber ihre Erinnerungen daran waren nicht weniger schmerzlich als meine.

Herr Teichmann emigrierte 1923 von Polen nach Deutschland und ließ sich in Westfalen nieder. Hier heiratete er eine christliche Frau, Herta Steinfort, die zum Judentum konvertierte. 1938 wurde er festgenommen und bei einer Massendeportation polnischer Juden nach Polen zurückgeschickt. Herta wurde vor die Wahl gestellt, mit ihren drei Kindern – Else, 13 Jahre; Clara, 10 Jahre und Gerhard 8 Jahre – in Deutschland zu bleiben oder mit ihm zu gehen. Sie und die Kinder folgten ihm. Doch als die Deutschen Polen besetzten, mußte Herr Teichmann in ein Arbeitslager, und Herta wurde mit Inhaftierung und Lager gedroht, wenn sie sich nicht scheiden lasse. Zunächst blieb sie standhaft, doch schließlich beugte sie sich dem Druck, da es die einzige Möglichkeit war, die Kinder zu retten. In den Papieren der Kinder stand: „Jüdischer Vater und deutsche Mutter".

Else machte in ihren Papieren die Worte „jüdischer Vater" unkenntlich. Um nicht als Jüdin entdeckt zu werden, führte sie ein Nomadenleben und wechselte häufig die Arbeitsstelle. Sie hielt dieses Versteckspiel durch und erlebte das Kriegsende in Prag, doch die Sowjets, die die Stadt besetzten, glaubten ihr die wahre Identität nicht, und Else mußte ins Gefängnis. Ihre Familie hatte schon fast die Hoffnung aufgegeben, sie jemals wiederzusehen. Trotzdem konnte sie eines Tages nach Deutschland zurückkehren. Herr und Frau Teichmann wurden mir zu zweiten Eltern, und Else wurde meine Verlobte.

Eines unserer Ziele war damals, in die Vereinigten Staaten zu kommen. Aber das restriktive McCarron-Gesetz hielt uns davon ab. Dann wurde es 1948 vom gerechteren Flüchtlingsgesetz abgelöst. Else und ich wollten heiraten, aber da wir verschiedene Anträge laufen hatten, hätten wir unsere Listenplätze eingebüßt und einen neuen Antrag stellen müssen. 1949 kamen mein Bruder und ich an die Reihe. Wir gingen nach Boston, wo unser Bürge, Großonkel Mordechai Baily, lebte. Am ersten Tag in Amerika änderten wir unseren Familiennamen Jakubowicz in Jacobs. Der Name meines Bruders lautete nun Joseph Jacobs und ich hieß Benjamin Jacobs. Wenige Wochen später brach Srulek zu seinem Bürgen nach Oregon auf.

Ich erinnere mich wieder an den 22. August 1949. Langsam zogen die Schlepper den Truppentransporter, die USS Fletcher, durch einen Schleier von dichtem Nebel in den New Yorker Hafen. Und auf einmal tauchten die Hand und die Fackel

[17] Das Kiddush-Gebet leitet den Sabbat ein (Anm. d. Übers.)

der Freiheitsstatue auf. Das Gefühl, nach all diesen Jahren eines solchen Überlebenskampfes amerikanischen Boden zu betreten, kann nicht einmal annähernd beschrieben werden. Es schien, als ob wir in ein anderes Zeitalter eintauchen würden. Wir fühlten eine große Dankbarkeit für die amerikanischen Menschen, die uns Herz und Hand geöffnet hatten.

Ein halbes Jahr später kehrte ich nach Europa zurück. Else und ich heirateten. Der Stadtrat ehrte uns, indem er an einem Sonntag unsere Hochzeit ausrichtete. Danach kehrten wir beide nach Boston zurück. In einem neuen Land lag ein neues gemeinsames Leben vor uns.

Nachtrag

Das Überleben als ehemaliger Nazihäftling war ein harter und bitterer Kampf. Angesichts der bedeutenden Freiheiten in Amerika war es noch schwieriger, unsere Verfolgung den Amerikanern zu erklären. Es schmerzte, es schmerzte sehr tief, und doch mußte man dieses Gefühl unterdrücken. Ich beneidete alles und jeden, der dieses schreckliche Schicksal nicht teilen mußte. 1949 hatten die Menschen in Amerika bereits genug von Hitler und seinen Taten gehört und waren nicht bereit, noch mehr davon zu hören. Erst spätere Generationen wollten wissen, was man den Juden in Europa angetan hatte. Zu dieser Zeit war ein neuer Begriff geprägt worden, der den Massenmord und die Folter der Nazis an den Millionen europäischer Juden umriß: Holocaust[18].

Natürlich war es zunächst mein Wunsch, als Zahnarzt zu arbeiten. Ich lernte Englisch und bewarb mich um die Zulassung zur Tufts Dental School. Der dortige Dekan, Dr. Joseph Volker, hörte sich meine Kenntnisse in der Zahnmedizin an und sagte mir dann mit Bedauern, daß eine Akte des Kongresses, die sogenannte GI-Akte, zunächst die zurückkehrenden Soldaten berücksichtigen würde, und daß es deshalb einige Jahre dauern könnte, bevor meine Bewerbung auf der Liste stünde. So lange konnte ich nicht warten, da es mein Wunsch war, daß meine Verlobte – bald meine Ehefrau – so schnell wie möglich in die Vereinigten Staaten nachkommen sollte.

Eines Tages saß ich wegen meiner Magenschmerzen, die mich immer noch quälten, im Wartezimmer eines Bostoner Krankenhauses, als mir vom Rechnungsprüfer einer Elektronikfirma eine Stelle als Verkäufer angeboten wurde. Diesen Beruf habe ich zwei Jahre lang ausgeübt, dann eröffnete ich meine eigene Firma mit

[18] In diesem Buch ist meine Person nicht weiter von Bedeutung. Es ist die Erinnerung an diese schrecklichen Ereignisse, die über uns hereinbrachen, die erhalten werden muß.

Hilfe meines Bruders, meines Schwiegervaters und meiner Frau. 1953, zur Zeit des Koreakrieges, kam von der Tufts Dental School das Angebot, mich erneut um die Zulassung zu bewerben. Doch meine Firma wuchs beständig und war erfolgreich, so blieb ich bis 1987 Geschäftsmann. Leider starb mein Bruder 1965, im Alter von 51 Jahren.

1972 begleitete ich Else nach Hamburg, wo sie als Zeugin in einem Naziprozeß geladen war. Zu diesem Zeitpunkt hatte Deutschland verschiedene Stadien im Umgang mit der Schuld durchlebt. Nach vielem Leugnen war jetzt ein langsames Annehmen zu spüren. Die hoffnungsvollsten Zeichen kamen 1960, als Westdeutschland seine Verpflichtungen wahrnahm und begann, die jüdischen Überlebenden und den entstehenden israelischen Staat zu unterstützen. Die Haltung änderte sich, aber nicht immer zum Guten. Einige Deutsche blieben den nationalsozialistischen undemokratischen Prinzipien verhaftet und favorisierten die Idee von „genug ist genug". Damit meine ich nicht die Neonazis, deren Drohungen am beunruhigendsten sind. Aber es wäre sicher ungerecht, nicht all die vielen Menschen zu erwähnen, die die Vergangenheit wachhielten und eine wahre Demokratie unterstützen.

Nachdem Else ihre Zeugenaussage gemacht hatte, nahmen wir uns einen Leihwagen und fuhren von Hamburg nach Neustadt; ich wollte den genauen Platz sehen, an dem sich die Katastrophe der Cap Arcona ereignet hatte. Hier hatte sich viel verändert, und jemand führte uns zu einem kleinen Hügel im nahegelegenen Timmendorf. Wir gingen die Küste entlang und bald darauf sahen wir vor ein paar Stufen ein Schild, das nach oben wies. Dort lag versteckt ein überwachsener und vernachlässigter Friedhof mit einem einzigen großen Grab für die Opfer, die an die Küste gespült worden waren. Eine Tafel führte lediglich ihre Nationalitäten an. Dann fanden wir einen weiteren Friedhof, in dem die Gedenktafeln Namen aus aller Welt verzeichneten. Ein Informationstafel erzählte die Tragödie der Schiffe, eine weitere Tafel führte die Nationalitäten aller Opfer an. Die ganze Fläche war von Unkraut überwuchert. In Anbetracht des Verbrechens, das dieser Friedhof umschloß, war es sehr niederdrückend. Die Tragödie vieler vergangener Jahre schaute uns ins Gesicht. Ich war verwirrt und bestürzt. Jene, die hier lagen, waren nicht nur Gefangene: es waren zähe, mutige und unbeugsame Kämpfer, die mit standhaftem Herzen all das überlebt hatten, was die Nazis ihnen aufgezwungen hatten. Sie mußten an der Schwelle zur Freiheit sterben.

Später hielten wir an einem kleinen Haus an, das eine Poststelle zu sein schien. Ich ging hinein und sah ein kleines Fenster und einen älteren Mann dahinter. Außer ihm war niemand da. Ich dachte, er müßte sich eigentlich erinnern können. Ich fragte ihn, wie lange er hier schon lebte und seine Antwort lautete: „Mein ganzes Leben."

Ich beschloß, nicht zu sagen, wer ich war; ich wollte nur allgemein Interesse zeigen, wie es jeder andere Tourist auch tun würde. Also sagte ich zu ihm: „Ich habe oben auf dem Hügel einen Friedhof gesehen; anscheinend sind hier sehr viele Menschen umgekommen?“

Er ging vom Schalter weg und kam zu mir. Er führte mich zur Türe, zeigte hinaus zur Bucht und sagte: „Drei Schiffe sind hier gesunken, und Tausende von Menschen ertranken. Ich war nicht da, als es passierte, aber noch nach vier Jahren wurden Knochen ans Land gespült. Vor vielen Jahren fand ich selbst noch welche am Strand.“ Ich befand mich hier auf einer Pilgerfahrt, um all die Geheimnisse zu entdecken, die er bereitwillig ausgeplaudert hätte. Aber dann kam eine ältere Frau herein und der Mann begrüßte sie. Ich wußte, unsere Unterhaltung war nun vorbei, und dies war alles, was ich von ihm erfahren würde. Schweren Herzens und aufgewühlt von schmerzhaften Erinnerungen ging ich hinaus. Ich war einem Alptraum wieder begegnet.

Im Juli 1985 schloß ich mich einer Gruppe jüdischer Männer und Frauen aus den Vereinigten Staaten an, die im Rahmen einer Untersuchungskommission nach Osteuropa reiste. Wir fuhren nach Polen. Jede Stelle hier rief in mir bittere Erinnerungen wach. Hier begann alles. In Auschwitz, einst das Ende der Zivilisation, hatten die Zeit und das Wetter die Strukturen und Wachtürme des Lagers verrotten lassen. Jetzt spielten hier Kinder, die kein Wissen davon hatten, daß an dieser Stelle einst Tausende jüdischer Kinder ihre letzten Schritte getan hatten. Einst war die Landschaft hier karg und unbewohnt; jetzt waren hier Häuser und Rasenflächen zu sehen. In Birkenau lag das schändliche Krematorium in Trümmern. Das obszöne und beleidigende Schild über dem Tor „Arbeit macht frei“ war immer noch da. Viele Touristen lasen auf einem Plakat, daß hier vier Millionen Menschen getötet worden waren. Es erzählte nicht die eigentliche Geschichte.

Am bittersten war es, den Block Smierci, den Todesblock, den Schaukasten der Unmenschlichkeit zu sehen: Stapel von Kleidern, Schuhe in allen Größen – große, kleine und sogar Babyschuhe –, Koffer, an denen noch die Namen standen, Berge von menschlichem Haar, Brillen, Stöcke, Zähne und andere persönliche Dinge. Ich hatte dies nie zuvor gesehen. Der Schmerz in mir wurde so groß, daß ich ihn nicht mehr ertragen konnte.

Wie festgenagelt stand ich vor dem Block und schaute in den Himmel. Wo sind die Seelen der Millionen von Menschen, die zu Asche wurden? Jetzt, so dachte ich, kommen die Schuldigen wieder zu Wohlstand, gründen Familien und sind gute Väter und Großväter.

Ich ging ins Archiv des Museums. Als ich dem Archivleiter, Tadeusz Iwaszko, meinen Namen nannte, sagte er zu mir: „Wir wissen, wer Sie sind. Sie waren damals der Zahnarzt von Auschwitz III, Fürstengrube“. Dann streckte er die Hand aus und zog ein Buch mit dem Titel ‘Hefte von Auschwitz’ aus dem Regal. „Schauen Sie hinein“, sagte er, „Sie werden hier Ihren eigenen Namen und Ihre Nummer, aber auch die von Ihrem Vater und Ihrem Bruder finden.“ Mit glasigen Augen las ich meinen Namen, Bronek Jakubowicz, Nummer 141129, und die Nummern meines Vaters und meines Bruders. Ein weiterer Eintrag gab meine Position als Zahnarzt in Fürstengrube an.

Um mir noch einen geheimen Wunsch zu erfüllen, ging ich zu meinem früheren Zuhause, in das kleine Dorf Dobra, wo ich geboren wurde und beinahe 22 Jahre gelebt hatte. Als ich 1941 deportiert wurde, verließ ich diesen Ort mit vielen Erinnerungen. Nach dem Krieg kehrte nicht ein einziger Jude nach Dobra zurück, obwohl hier seit 500 Jahren Juden gelebt hatten. Mit den Grabsteinen des jüdischen Friedhofes hatte man die Gehsteige des Dorfes gepflastert. Lange saß ich schweigend in meinem Schmerz da. Dann begann ich zu weinen.

Als ich den Kopf hob, schaute mich eine alte Frau mit wettergegerbtem Gesicht an. „Ich lebe nur ein paar Häuser von Ihrem entfernt. Ich habe Ihre Mutter sehr gut gekannt, bevor sie und Ihre Schwester Pola deportiert wurden. Ester sagte zu mir: ‘Milka! Wenn wir uns einst wiedersehen, wird es in einer anderen Welt sein!’.“ Auf einmal bemerkte ich die Ironie: Dobra bedeutet „gut“ auf Polnisch.

Ich fuhr die Straße nach Chełmno, auf der meine Schwester und meine Mutter einst weggebracht wurden. Plötzlich fiel mir wieder das Bekenntnis von Dr. Schatz ein: Hier also, auf dieser Straße erstickten Mama und Pola, hier starben sie.

Trotz des sonnigen Tages wirkte Chełmno öde und trist, es war ein schmerzlich trostloser und unwirtlicher Ort. Vierhunderttausend Juden waren hier umgebracht worden und dazu noch zweihundert christliche Kinder aus Lidice in der Tschechoslowakei als Vergeltung für das Attentat auf SS-Obergruppenführer Reinhard Heydrich Mitte 1942. Eine Mahntafel zeigte die verzerrten Gesichter der Opfer. Bis in das Innerste aufgewühlt und empört las ich, was darunter stand; Worte, von einigen Juden geschrieben, die hier lebten und die täglich ankommenden Leichen für das Krematorium in Empfang nahmen: „Wir schreiben dies mit unserem Blut, um die Welt wissen zu lassen, daß dies unsere letzten Tage sind. Hier werden wir erschossen oder vergast, unsere Körper werden verbrannt, unsere Asche im Wald verstreut!“ Darüber stand ein einziges beeindruckendes Wort: Pamietamy (Erinnert euch)! Ich werde mich für immer an die Bilder dieses Tages erinnern.

Das Krematorium in Chełmno konnte täglich 5000 Körper in Asche verwandeln, las ich weiter; das war mehr als in Auschwitz, dessen maximale Auslastung 4600 betrug. Hier waren die Seelen meiner Mutter und meiner Schwester.

Der Besuch in Chełmno war für mich schlimmer als der in Auschwitz. Einige deutsche Studenten standen vor der Mahntafel und waren offensichtlich erschüttert. Ich fragte mich, wie ihre Väter und Großväter ihnen das erklären wollten.
Ich verließ das Land, in dem meine Familie und meine Vorfahren jahrelang gelebt hatten. Hier wollte ich nicht leben. Ich schnitt die letzten Fäden zwischen mir und meiner Heimat entzwei. Mit frischem Mut und dem Gefühl, nach Hause zu kommen, kehrte ich nach Boston zurück.

Ich kann immer noch nicht glauben, daß dies alles mit mir geschah – in einem einzigen Leben. Ich habe nicht viel Zeit verbracht mit der Suche nach Antworten auf die immer noch offenen Fragen: Wer hatte die Schuld an all dem? Hätte man es verhindern können? Wenn ja, warum hat man es dann nicht verhindert? Diese und viele andere verbleibende Fragen sind für die Zukunft bestimmt. Vielleicht ist mehr Licht nötig, um diese furchtbare Zeit in der Geschichte unseres jüdischen Volkes zu erklären.

Anhang A: Der Untergang der Cap Arcona

Die Cap Arcona, am 14. Mai 1927 vom Stapel gelassen, war eines der luxuriösesten Schiffe auf der Hamburg-Südafrika-Route bis zum Zweiten Weltkrieg. Im April 1945 nahm die Cap Arcona – sie lag zusammen mit weiteren Schiffen in der Bucht von Travemünde – 6.000 Häftlinge aus Konzentrationslagern an Bord. Am 3. Mai 1945 wurde sie von britischen Bombern angegriffen. Einige der Schiffe sanken, darunter die beiden größten, die Deutschland und die Cap Arcona. Einschließlich der Häftlinge, Aufseher und Besatzung hatte sie zu diesem Zeitpunkt über 6.000 Menschen an Bord. Schwer beschädigt und durch die Bomben in Brand gesetzt, kenterte die Cap Arcona schließlich, und die entsetzliche Totenglocke läutete für 5.000 Menschen. Das Wrack des verkohlten und verbogenen Stahlpanzers der Cap Arcona blieb fast fünf Jahre lang liegen. 1949 wurde es aufgebrochen und das Eisen verschrottet.
[Vgl. Günther Schwarberg: Angriffsziel „Cap Arcona", Göttingen 1998.]

Anhang B: Für die Nachwelt

SS-Unterscharführer Karol Baga: Baga war Sanitätsdienstgefreiter in Auschwitz I und in Fürstengrube zwischen Mai 1944 und Januar 1945. Angesichts seiner Bereitwilligkeit zu einer Zusammenarbeit mit den polnischen Untersuchungsbehörden mußte er nur eine kurze Strafe im Krakauer Gefängnis verbüßen.

SS-Unterscharführer Günther Hinze: Sein Name taucht in den Zahnarztberichten von Fürstengrube auf, in denen er als Sanitätsdienstgefreiter bezeichnet wird, ferner in den Berichten des SS-Hygiene-Instituts.

SS-Mann Koch: Gegen den ehemaligen Küchenchef in Fürstengrube, Koch, wurde in Abwesenheit verhandelt und das Verfahren eingestellt, da es keine bestimmten Anklagepunkte gab.

SS-Hauptscharführer Otto Moll: Moll wurde 1945 inhaftiert; gegen ihn wurde in Krakau verhandelt. Er wurde schrecklicher Vergehen für schuldig befunden. Er wurde zum Tode verurteilt und noch im gleichen Jahr gehenkt.

SS-Mann Ohlschläger: Er war Aufseher in Auschwitz I und Fürstengrube. Gegen ihn wurde in Abwesenheit verhandelt, aber da keine speziellen kriminellen Handlungen gefunden wurden, stellte man das Verfahren gegen ihn.

SS-Unterscharführer Pfeiffer: Er war Rapportführer in Fürstengrube; Pfeiffers Unterschrift wurde auf vielen Lagerberichten gefunden. Aber da keine Anklage gegen ihn vorlag, wurde das Verfahren eingestellt.

SS-Unterscharführer Erich Adolf Voigt: Gemäß den Berichten der Zahnstation war Voigt seit Mai 1943 Sanitätsdienstgefreiter in Fürstengrube und 1945 in Dora-Mittelbau. Es wurde keine Anklage erhoben. Das Verfahren wurde eingestellt.

Viele Verbrechen der SS-Männer in Fürstengrube sind nicht dokumentiert, vor allem weil die wenigen jüdischen Überlebenden nach dem Krieg nach Polen zurückkehrten.
[Für weitere Berichte über die SS-Mannschaft in Auschwitz siehe Tadeusz Iwaszko: Das Nebenlager „Fürstengrube", in: Hefte von Auschwitz 16 (1978), S. 5–92.]

Adolf Eichmann: Nach dem Krieg entkam Eichmann nach Südamerika und ließ sich schließlich in Buenos Aires nieder. Im Mai 1960 wurde er von israelischen Agenten gefangengenommen. Das Verfahren wurde vor einem Gericht in Jerusalem geführt, das ihn für Vergehen gegen die Menschlichkeit für schuldig erklärte. Er wurde zum Tode verurteilt und am 31. Mai 1962 gehenkt.

Dr. Josef Mengele: Ein langerwarteter Bericht der US-Regierung zum Fall des Nazikriegsverbrechers Mengele bestätigt, daß der „Todesengel" von Auschwitz, gesucht wegen Mordes an 400.000 unschuldigen Opfern, tatsächlich von amerikanischen Behörden bereits 1945 in zwei (Prisoners of War-)P.O.W.-Lagern interniert war, dann aber wieder entlassen wurde, da seine wahre Identität unbekannt war. Mengele floh nach 1949 nach Südamerika und fand dort Asyl in verschiedenen Staaten, u.a. in Paraguay, Uruguay, Brasilien und Argentinien. Am 7. Februar 1979 wurde er am Strand in der Nähe von São Paulo tot aufgefunden.
[Vgl. Gerald L. Posner und John Ware: Mengele. Die Jagd auf den Todesengel. Aus dem Engl. von Manfred Schmitz, Berlin 1998]

Walter Rauff: Rauff organisierte die Entwicklung und Produktion der mobilen Vergasungsanlagen, mit denen etwa 97.000 Juden und Russen umgebracht wurden. Er starb im Mai 1983 in Santiago, Chile, an Lungenkrebs, nachdem verschiedene Versuche, seine Auslieferung zu bewirken, fehlgeschlagen waren.
[Vgl. Gerald L. Posner und John Ware: Mengele. Die Jagd auf den Todesengel. Aus dem Engl. von Manfred Schmitz, Berlin 1998]

Hauptscharführer Max Hans Peter Schmidt: geboren am 11. April 1920 in Steinfeld/Schleswig; 1933 wurde er Mitglied der Hitlerjugend (HJ), 1939 der Leibstandarte SS Adolf Hitler; im 2. Weltkrieg als Soldat in Frankreich, Jugoslawien, Albanien, Griechenland und in der Sowjetunion; nach einer Verwundung 1941 Versetzung nach Auschwitz im Rang eines SS-Rottenführers; Beförderung 1942 zum SS-Unterscharführer, 1943 zum SS-Oberscharführer; Einsatz im Bewachungsdienst des Lagers und als Ausbilder; April 1944: Übernahme der Führung des Nebenlagers Fürstengrube; in der Nacht vom 18. zum 19. Januar 1945 Räumung des Lagers Fürstengrube; Schmidt begleitete als Transportführer die Häftlinge auf ihrem Todesmarsch nach Gleiwitz, er nahm an der Fahrt in den Harz in das KZ Dora-Mittelbau teil; erhielt dort den Befehl, das Nebenlager Turmalin einzurichten; dazu rief er die Überlebenden aus Fürstengrube zusammen; am 6. April 1945: Räumung auch dieses Lagers; erneuter Todesmarsch, mit Schmidt als Transportführer, nach Magdeburg, mit einem Elbkahn nach Lübeck; Weitermarsch nach Ahrensbök; nach Kriegsende tauchte Schmidt zunächst unter, dann ab 1946 bis 1952 Bergmann in Ibbenbühren (Ruhrgebiet) unter dem falschen Namen Max Hinz; ab 1. November 1952 Rückkehr nach Neuglasau, Übernahme des väterlichen Hofes; verheiratet ab 1953 mit Gerda Reichmann, 4 Kinder (eine Tochter, drei Söhne); Ermittlungsverfahren gegen Schmidt wegen Verdachts des

Mordes bzw. der Beihilfe zum Mord 1964 beim Landgericht Kiel eröffnet, 1973 wieder eingestellt, ohne daß es zum Prozeß kommt; 18. April 1979: Landgericht Kiel setzt den Beschuldigten Schmidt außer Verfolgung; Schmidt verstarb am 13. April 2001 in Gran Canaria (Spanien).
[Vgl.: Gerhard Hoch: Von Auschwitz nach Holstein. Der Leidensweg der 1200 jüdischen Häftlinge von Fürstengrube, Hamburg 1990, Neuaufl. 1998; Jörg Wollenberg: Ahrensbök. Eine Kleinstadt im Nationalsozialismus, Bremen o.J. (2001), S. 218–234]
Der Fall des Kommandanten Schmidt ist weit schwieriger zu beurteilen als das Verhalten von anderen Amtsträgern in Fürstengrube. Aus den Zeugenaussagen, die den Untersuchungsbehörden von Deutschland, den Vereinigten Staaten und Israel zur Verfügung gestellt wurden, gehen folgende Fakten hervor: daß nämlich Schmidt 1. erschöpfte Häftlinge erschoß, 2. einen Häftling umbrachte, der vom Arbeitskommando „Humboldt-Deutz“ zurückkam, 3. einen jüdischen Rechtsanwalt aus der Tschechoslowakei erschoß, 4. zwanzig Häftlinge erschoß, die einen Wagen, beladen mit Verpflegung, zogen und nicht mehr weiter konnten, 5. Häftlinge erschoß, die sich nicht mehr aufrecht halten konnten, 6. den Befehl gab, Häftlinge zu erschießen, die sich in einer Scheune versteckt hatten, und 7. Zeuge bei der Erschießung von Häftlingen während der Märsche war, einschließlich des Marsches nach Dora-Mittelbau.
Zum Urteilsspruch des Landgerichts Kiel vom 18. April 1979 in der Sache Max Schmidt bemerkt der Autor, Benjamin Jacobs: „Drei Überlebende, einschließlich der Autor, die bezeugten, Schmidt bei der Ermordung von Häftlingen gesehen zu haben, waren bei dieser Verhandlung nicht anwesend. Keine der Zeugenaussagen tauchte bei Gericht auf. Vielleicht war das Urteil vorauszusehen. Die Entlastung Schmidts von all diesen Verbrechen war unverständlich und empörend.“

Harry Hermann Spitz, Leiter der Kapelle Fürstengrube: „Spitz wurde am 7. März 1899 in Brünn geboren. er nahm nach dem Notabitur als Kriegsfreiwilliger am 1. Weltkrieg teil. Ausgebildet durch die Wiener Akademie für Musik und darstellende Kunst wurde Spitz Mitglied der Wiener Philharmoniker. 1923 gründete er als Bratschist das bald berühmte ‘Guarnerie-Quartett’ in Berlin. Eine schwere Erkrankung beeinträchtigte 1928 seine musikalische Solokarriere. Er leitete fortan die Konzert- und Schallplattenabteilung der Westdeutschen Rundfunkgesellschaft und gründete die ‘Harry-Head-Band’, ein Jazz-Orchester. Der Jude Spitz wurde nach der NS-Machtergreifung fristlos entlassen, konnte aber in Neapel und Wien als Kapellmeister wirken – bis zu seiner Verhaftung im Jahre 1937 und der Einweisung in das KZ Dachau.“
[Jörg Wollenberg, a.a.O., S. 173]

Nach seiner Entlassung ging Spitz nach Frankreich; Herbst 1941 Verhaftung als Jude in Nizza, Abtransport nach Auschwitz; bis März 1944 im Lager Auschwitz-Birkenau; danach 2 Monate in Monowitz, ab dem 11. Juni 1944 in Fürstengrube; dort Kapellmeister der Musikkapelle; Teilnahme am Todesmarsch von Fürstengrube über Dora nach Ahrensbök [vgl. oben zu Max Schmidt]; mit Hilfe des Internationalen Roten Kreuzes am 1. Mai 1945 Rettung per Schiff nach Trelleborg/Schweden; 1947 Rückkehr nach Hamburg, Leitung der Musikabteilung im Funkhaus Hamburg (Vorgänger des NDR/NWDR); Gründung eines später sehr bekannten Unterhaltungsorchesters; Spitz starb am 10. Juni 1961.
[nach Jörg Wollenberg, a.a.O., S. 173, 176f., und Gerhard Hoch, a.a.O., S. 158–164].

Anhang C: Der Bericht über den Häftling 141129

„6. Mai 1986
IV-8521/2150/1282/86
Staatliches Museum, Auschwitz-Birkenau

Sehr geehrter Herr Jacobs!
Das Staatliche Museum von Auschwitz bestätigt den Eingang Ihrer Anfrage und teilt Ihnen freundlichst mit, daß die Dokumentation über Bronek Jakubowicz, als Häftling Nummer 141129 im früheren Konzentrationslager Auschwitz, nicht mehr vollständig erhalten ist.
Aufgrund vorliegender Berichte kann das Museum jedoch bestätigen, daß ein Häftling mit der obengenannten Nummer 141129, Name unbekannt, am 26. August 1943 in das Konzentrationslager Auschwitz eingeliefert wurde mit einem Transport, der aus einem Lager in der Nähe von Posen kam. Es ist weiter festgehalten, daß am 25. Oktober 1944 der genannte Gefangene nach Auschwitz III, Fürstengrube, überführt wurde. Andere Angaben stehen dem Museum nicht zur Verfügung.

Kazimierz Smolen, Direktor“

Nachwort

Auschwitz – Die Perversion des hippokratischen Eides

Von Wilhelm Schulz

Kein anderer Name steht so sehr als Synonym für das brutalste Verbrechen gegen die Menschlichkeit wie Auschwitz. Dieses Konzentrationslager – das größte seiner Art im Machtbereich des nationalsozialistischen Deutschlands – wurde zum Schicksal einer ungezählten Anzahl von Menschen; so unvorstellbar wie die Zahl von einer Million ermordeter Juden, „Zigeuner“, Russen , Polen usw.; unvorstellbar sind auch die Qualen, denen die Häftlinge dieses und aller anderer Lager ausgesetzt waren.

Das Konzentrationslager Auschwitz war im Juni 1940 zunächst als vermeintliches Durchgangs- und Quarantänelager auf dem Gelände einer ehemaligen polnischen Artillerie-Kaserne errichtet worden. Es befand sich im Gegensatz zu anderen Lagern nicht in der Nähe von Industriegebieten, so daß sich dort zunächst keine Möglichkeit bot, Häftlinge in größerem Maße zu beschäftigen. Dies und die besonders verkehrsgünstige Lage gaben Anlaß zu der Vermutung, daß es sich eben nur um ein Durchgangslager handelte, von dem aus Gefangene aus Schlesien und dem Generalgouvernement (das ist der von den Deutschen besetzte Teil Polens, der nicht dem Großdeutschen Reich einverleibt worden war) in andere Lager innerhalb Deutschland geschickt werden sollten. Die ersten eintreffenden Häftlinge (am 14. Juni 1940 trafen 728 polnische Häftlinge ein) waren hauptsächlich damit befaßt, das Lager auszubauen und die benötigte Infrastruktur herzustellen und zu unterhalten. Bedingt durch die rasch fortschreitende Vergrößerung des Lagers sowie durch die Errichtung von Außen- und Nebenlagern waren in den ersten Monaten des Bestehens des Konzentrationslagers Auschwitz nahezu sämtliche Häftlinge mit derartigen Tätigkeiten beschäftigt. Um die Notwendigkeit des weiteren Ausbaus des Lagers zu erläutern, sollen hier kurz die Aufgaben und die Zielsetzung des Systems der Konzentrationslager während der Zeit des Nationalsozialismus dargelegt werden.

1. Das System der Konzentrationslager

1.1. Die Konzentrationslager von 1933 bis 1939

Bereits kurz nach der Machtübernahme Hitlers im Januar 1933 errichtete Heinrich Himmler, der als „Reichsführer SS“ seit 1929 die Befehlsgewalt über die gesamte SS innehatte, am 22. März 1933 in Dachau das erste Konzentrationslager (zuvor waren nur einige kleine, sogenannte „wilde" Lager errichtet worden, die aber nur vorübergehend Bestand hatten). Dieses Lager diente zukünftig als Vorbild für alle später gegründeten Konzentrationslager. Seine innere Gliederung läßt sich auf alle übrigen Lager übertragen. Selbst die Namen der dort eingesetzten SS-Angehörigen tauchen im Laufe der folgenden 12 Jahre zumeist in herausgehobenen Positionen in anderen Konzentrationslagern des Dritten Reiches oder in entsprechenden Dienststellen der SS in Berlin wieder auf. So war der zweite Kommandant des KL Dachau (die Abkürzung KZ wurde erst später – vermutlich des schärferen Klanges wegen – im allgemeinen Sprachgebrauch verwendet) SS-Oberführer Theodor Eicke, der nach dieser Verwendung Inspekteur aller Konzentrationslager wurde. Formal war die SS in der Anfangszeit noch der SA und deren „Stabschef" Ernst Röhm unterstellt. Dies bedeutet zwar nicht, daß die Zustände in den Konzentrationslagern humaner gewesen sind; allerdings konnte die SS in ihrem Machtbereich nicht schrankenlos nach eigenem Gutdünken schalten und walten. Dies änderte sich erst nach dem sog. „Röhm-Putsch", der am 30. Juni 1934 zur Entmachtung der SA und somit zur völligen Loslösung der SS von dem bisherigen Unterstellungsverhältnis führte. Himmler konnte nun seine Vorstellungen von den Konzentrationslagern als Bezirke „eigenen Rechts" endgültig und ohne Rücksichtnahme durchsetzen. Die Lager sollten nicht den staatlichen Strafgesetzen unterstehen und der ordentlichen Strafjustiz gänzlich entzogen sein. In den Jahren 1933/34 waren überwiegend politische Gegner des nationalsozialistischen Regimes als Schutzhaftgefangene in die KL eingeliefert worden. In den Jahren 1934 bis 1937 wurden in zunehmendem Maße sog. „volksschädliche Elemente" eingewiesen, worunter man in der NS-Terminologie Asoziale, Homosexuelle, Gewohnheitsverbrecher, Bettler, „Zigeuner" und Arbeitsscheue verstand. Der Willkür stand nichts mehr im Wege. Ab 1938 änderte sich der Charakter der KL wesentlich: Sie dienten als Abeitskräftepotential. Die SS gründete Firmen, deren Niederlassungen sich in der Regel in unmittelbarer Nähe der Konzentrationslager befanden bzw. bei denen Außenlager der KL eingerichtet wurden. Reinhard Heydrich, einer der Stellvertreter Himmlers und Chef des Gestapa („Geheimes Staatspolizeiamt"), brachte in einem Befehl vom 1. Juni 1938 zum Ausdruck, daß der Bedarf an Arbeitskräften für die errichteten Produktionsstätten ein wesentlicher Gesichtspunkt für die Verhängung von Schutzhaft und die Einweisung in Konzentrationslager sei. In der einleitenden Begründung des Erlasses wurde als Zweck der in dem Erlaß angeordneten Aktion gegen „Asoziale" im Reichsgebiet die „Ausschaltung von Personen, die der Gemeinschaft zur Last fallen", zwar genannt, aber auch darauf hingewiesen, daß die straffe Durchführung des Vierjahresplanes den Einsatz aller arbeitsfähigen Kräfte es nicht zulasse, daß asoziale Menschen sich der Arbeit entzögen. Auffällig wurde auch im Jahre 1938 die Aktion gegen sog. Kriminelle und Asoziale forciert, wobei in den die Verhaftungsaktionen auslösenden Erlassen ausdrücklich angeordnet wurde, daß nur arbeitsfähige männliche und weibliche Personen festzunehmen seien. Ein starkes Ansteigen der Häftlingszahlen im Jahre 1938 war außerdem zurückzuführen auf die Expansion des Dritten Reiches (Österreich, Sudetenland) sowie auf die Folgen der sog. „Reichskristallnacht" am 9. November 1938, nach der etwa 20.000 bis 30.000 Juden in die Lager eingewiesen wurden. Allerdings wurden zum damaligen Zeitpunkt die meisten Juden nach kurzer Zeit wieder aus den KL entlassen, wenn sie sich verpflichteten, aus Deutschland auszuwandern. Das Jahr 1939 war bis zum Beginn des Krieges von rückläufigen Häftlingszahlen gekennzeichnet, wenn auch die Expansion des Reiches (Böhmen und Mähren wurden nach der Zerschlagung der Tschechoslowakei zum Reichsprotektorat) fortschritt. Bis 1937 gab es praktisch nur drei Hauptlager der SS, womit der Verbund von Konzentrationslager, SS-Kaserne und SS-Siedlung gemeint ist: Sachsenhausen in Norddeutschland (SS-Totenkopfstandarte Brandenburg), Buchenwald in Mitteldeutschland (SS-Totenkopfstandarte Thüringen) und Dachau in Süddeutschland (SS-Totenkopfstandarte Oberbayern). Nach der Annexion Österreichs kam Mauthausen (SS-Totenkopfstandarte Ostmark) hinzu. Diese Lager wurden die großen Stammlager der SS, denen man dann Außenkommandos angegliederte. Zwar wurden bis September 1939 noch weitere KL in Deutschland eingerichtet, doch erlangten diese nie die Bedeutung der später in den besetzten polnischen Gebieten errichteten sog. „Vernichtungslager".

1.2. Die Konzentrationslager von 1939 bis 1945

In den oben aufgeführten Haupt- und Nebenlagern saßen zu Beginn des Krieges etwa 20.000 Häftlinge, meist Kriminelle, ein. Im Laufe des Krieges erhöhte sich die Anzahl dieser Lager auf 394 Männer- und 17 Frauenlager mit ca. 540.000 Häftlingen (im August 1944). Neben anderen Gründen beruhte diese enorme Zunahme auf dem bereits 1938 beginnenden, sich mit Beginn des Krieges verschärfenden Arbeitskräftemangel. Von wesentlicher Bedeutung ist auch, daß die Häftlingsarbeit – neben dem ihr zugedachten „erzieherischen Charakter" – zu einer wichtigen Erwerbsquelle der SS wurde: Beispielhaft sei hier der von der SS gegründete Betrieb „Deutsche Erd- und Steinwerke GmbH" (DEST) angeführt, der massenweise Häftlinge aus Konzentrationslagern in den ihm unterstellten Steinbrüchen, Ziegeleien und Kiesgruben beschäftigte. Gerade in den letzten Wochen und Monaten ist diese verbrecherische Ausbeutung von Konzentrationslagerhäftlingen und Zwangsarbeitern Gegenstand vieler öffentlicher Erörterungen und somit tagesaktuell geworden: Es geht um die Entschädigung von Zwangsarbeitern im Zweiten Weltkrieg durch deutsche Firmen sowie durch die Bundesrepublik Deutschland. Ein Ende dieses Streits ist nun abzusehen; die staatliche Verantwortung liegt auf der Hand, zumal die SS, für deren Handlungen die Bundesrepublik Deutschland als Rechtsnachfolgerin des Deutschen Reiches einzustehen hat, nicht nur aktiv die Ausbeutung der Häftlinge durchführte, sondern Konzentrationslagerinsassen auch an andere Firmen gegen einen täglichen Lohn von 2 bis 8 RM „verlieh".

Diese Phase in der Geschichte der KL, in der die vornehmliche Aufgabe der Lager in der Ausbeutung der Arbeitskraft der Häftlinge für SS-eigene Interessen bestand, dauerte bis etwa Ende 1941. Ab diesem Zeitpunkt (die Offensive der deutschen Wehrmacht vor Moskau war zum Erliegen gekommen) war klar, daß der Krieg gegen die Sowjetunion nicht wie die vorangegangenen Feldzüge zu einem raschen Ende geführt werden könne. Die aus dieser Einsicht resultierende Erkenntnis der Notwendigkeit einer vollständigen wirtschaftlichen Mobilisation aller Ressourcen schloß auch die Arbeitskraft der Häftlinge und Kriegsgefangenen ein. Augenfälliger Beweis für diese neue Aufgabenstellung der Konzentrationslager war im März 1942 die Eingliederung des Amtes des Inspekteurs der KL in das neugegründete SS-Wirtschafts-Verwaltungshauptamt (SS-WVHA), dessen Leiter bis zum Ende des Krieges Oswald Pohl war (das Amt „Inspekteur der KL" war zuvor Teil des SS-Hauptamtes, wobei hier nicht auf die allfälligen Umgliederungen und Umbenennungen der SS-Hauptämter eingegangen werden kann). Das SS-WVHA bzw. das diesem als Amtsgruppe D eingegliederte Amt des Inspekteurs der KL war mit seinen vier Unterabteilungen zuständig für sämtliche Konzentrationslager, ohne allerdings selbst für die Einweisung der Häftlinge, d.h. die Verhängung der Schutzhaft, zuständig gewesen zu sein. Für die vorliegende Thematik wichtig ist das Amt D III „Sanitätswesen und Lagerhygiene" unter Leitung von SS-Standartenführer Dr. Enno Lolling. Das Amt befaßte sich mit der ärztlichen und zahnärztlichen Versorgung der SS-Angehörigen und der Häftlinge sowie mit den hygienischen und sanitären Maßnahmen in den KL. Dr. Lolling, dessen Bezeichnung „Leitender Arzt KL" lautete, war somit Vorgesetzter aller in den Konzentrationslagern eingesetzten SS-Ärzte, die sich ihrerseits in immer größer werdendem Maße der Häftlingsärzte bedienten. Hierauf gehe ich weiter unten noch ein.

Neben dem SS-WVHA entwickelte sich insbesondere nach der Wannsee-Konferenz Anfang 1942, in der die „Endlösung der Judenfrage" beschlossen worden war, ein weiteres SS-Hauptamt zu einer zentralen Institution, die direkten Einfluß auf die Konzentrationslager nahm: das Reichsicherheitshauptamt (SS-RSHA).

Dessen Leiter war bis zu seinem Tod Reinhard Heydrich, anschließend übernahm dieses Amt Ernst Kaltenbrunner. Heydrich war der Initiator der reinen Vernichtungslager wie Belzec, Sobibor und Treblinka. Hierbei handelte es sich um Lager, in denen nicht die Arbeitskraft der Häftlinge ausgebeutet werden sollte, sondern in denen die direkte physische Vernichtung der eingewiesenen Menschen betrieben wurde. Das RSHA, das auch die wesentlichen Aufgaben der Geheimen Staatspolizei durchführte, war außerdem zuständig für die Ausstellung der Schutzhaftbefehle und die Einweisungen und Entlassungen der Konzentrationslagergefangenen. In jedem Lager gab es eine politische Abteilung, die direkt dem RSHA unterstand, also vom WVHA losgelöst war. Somit konnte das RSHA direkt in die Konzentrationslager hinein agieren. Hierzu sei Rudolf Höß, der erste Kommandant des KL Auschwitz, zitiert:

„Das RSHA erhob die schwersten Bedenken, als der RFSS (Reichsführer SS, Heinrich Himmler, d. Verf.) auf Pohls Vorschlag die Aussortierung der Arbeitsfähigen befahl. Das RSHA war immer für die restlose Beseitigung aller Juden, sah in jedem neuen Arbeitslager, in jedem Tausend Arbeitsfähiger die Gefahr der Befreiung, das am Lebenbleiben durch irgendwelche Umstände. Keine Dienststelle hatte wohl mehr Interesse am Steigen der Todesziffern als das RSHA, das Judenreferat. Dagegen hatte Pohl den Auftrag des RFSS, möglichst viele Häftlinge zum Rüstungseinsatz zu bringen. ... RSHA und WVHA waren also genau entgegengesetzter Auffassung. ... Die Konzentrationslager standen zwischen RSHA und WVHA."

Die Konzentrationslager lassen sich somit in drei Kategorien unterteilen:

1. Die dem WVHA unterstellten Lager, die in erster Linie der Ausbeutung der Arbeitskraft und somit der Aufrechterhaltung kriegswichtiger Produktion dienten.
2. Die dem RSHA unterstellten Vernichtungslager Belzec, Sobibor, Treblinka und Kulmhof (Chełmno). In letzterem wurde im Dezember 1941 erstmals die Massentötung von Juden mit Giftgas, also Zyklon B, durchgeführt.
3. Die Konzentrationslager Majdanek und Auschwitz, die sowohl als Arbeitslager als auch als Vernichtungslager dienten. Gerade in diesen beiden war das Spannungsverhältnis zwischen WVHA und RSHA besonders evident, was auch aus der Hößschen Beschreibung hervorgeht.

Einen Sonderfall der Konzentrationslager stellte Theresienstadt in Böhmen dar: Es unterstand zwar dem RSHA, war aber kein Vernichtungs- oder Konzentrationslager im herkömmlichen Sinne. Es sollte ein Aushängeschild sein, das den Inspekteuren des Internationalen Roten Kreuzes oder ausländischen Besuchern vorgezeigt wurde. Offiziell sprach man von einem Getto für „alte und bevorzugte" Juden. Tatsächlich aber waren die Menschen auch in diesem Lager der

Vernichtung preisgegeben. Von den insgesamt 150.000 Juden, die in das Getto Theresienstadt verbracht wurden, starben 35.000 innerhalb von vier Jahren in Theresienstadt selbst, 80.000 wurden in die Vernichtungslager im Osten gebracht (vor allem nach Auschwitz), so daß nur etwa 35.000 Insassen überlebten.

2. Das Konzentrations- und Vernichtungslager Auschwitz

2.1. Das Stammlager Auschwitz

Das bereits eingangs beschriebene Konzentrationslager Auschwitz ist das eigentliche Stammlager. Es bestand aus dem Schutzhaftlager, dies war ein umzäuntes Areal mit 28 Steingebäuden (sog. Blocks) und dem Kommandanturbereich, der sich außerhalb der Einfriedung befand. In 5 Blocks des Schutzhaftlagers war der Häftlingskrankenbau (HKB) untergebracht; die übrigen 23 Blocks waren zeitweise mit bis zu 700 Häftlingen je Gebäude belegt. Im Laufe der Zeit wurden die Steingebäude erweitert und aufgestockt. Die durchschnittliche Belegungsstärke des Stammlagers lag bei 18.000 Häftlingen. Außerhalb des Stacheldrahts befanden sich das Kommandanturgebäude, das Verwaltungsgebäude und das SS-Reviergebäude, in dem neben der Apotheke, der Dienststelle des Standortarztes und dem SS-Revier auch die SS-Zahnstation und ein zahnärztliches Laboratorium untergebracht waren. Dieses als Auschwitz I bezeichnete Lager bildete sowohl in militärischer Hinsicht (mit Rudolf Höß als Lagerkommandant an der Spitze) als auch in Bezug auf die medizinische Versorgung der SS-Angehörigen und der Häftlinge (mit dem Standortarzt Dr. Eduard Wirths als Leitendem Arzt und, diesem direkt unterstellt, Dr. Willy Frank als Leitendem Lagerzahnarzt) die Oberinstanz aller in Auschwitz existierenden Neben- und Außenlager, auch wenn diese die Größe des Stammlagers teilweise um ein mehrfaches überschritten.

2.2. Das Lager Auschwitz-Birkenau

Das Lager Birkenau, auch als Auschwitz II bezeichnet, umfaßte eine Fläche von 170 Hektar und ist als das eigentliche Vernichtungslager anzusehen. Mit den Bauarbeiten, die praktisch nie beendet worden sind, wurde im Oktober 1941 begonnen. Die Einteilung des Lagers erfolgte, den Bauabschnitten entsprechend, in B I bis B III. Der letzte Bauabschnitt B III wurde nicht mehr fertiggestellt. Im Jahre 1943 waren im gesamten Lager etwa 100.000 Menschen untergebracht; es war geplant, eine Kapazität von 200.000 Häftlingen zu erreichen. Um das Lager herum befand sich wie beim Stammlager ein Stacheldrahtzaun und tagsüber in etwas größerer Entfernung eine geschlossene Postenkette aus SS-Angehörigen, die eventuelle Fluchtversuche von Häftlingen während der Arbeit zu verhindern hatte. Das Gebiet innerhalb dieser großen Postenkette galt als Sperrgebiet und durfte nur mit einem besonderen Passierschein betreten werden. Zwischen den Lagern B I und B II befand sich eine Rampe mit drei Schienensträngen, die ungefähr 500 Meter lang war und auf der die ankommenden Häftlinge „selektiert“ wurden. Außerdem gehörten zum Lager Birkenau zwei Bauernhäuser, die 1942 zu Vergasungsanstalten umgebaut worden waren. Ferner gehörten zum Lager die 1943 errichteten vier Krematorien mit Gaskammern, die die totale Vernichtung der menschlichen Überreste der vergasten Häftlinge ermöglichten. Birkenau war das größte und, wenn man im Zusammenhang mit Konzentrationslagern überhaupt Superlative verwenden will, grausamste der Lager im Bereich der Standortkommandantur Auschwitz.

2.3. Das Lager Monowitz

Im Jahre 1942 wurden aufgrund der bereits beschriebenen Notwendigkeit, die Arbeitskraft der Häftlinge in den Dienst der Rüstungsindustrie bzw. deren Zulieferer zu stellen, mehrere Nebenlager auf dem Gelände bzw. in der Nähe schon bestehender Industrieanlagen errichtet. Das bedeutendste dieser Nebenlager wurde das Nebenlager Buna, das in dem etwas außerhalb von Auschwitz gelegenen Ort Monowitz gelegen war. Ab November 1943 erhielt dieses Lager einen eigenen Lagerkommandanten und die Bezeichnung KL Auschwitz III. Fortan waren diesem Lager alle Nebenlager des KL Auschwitz unterstellt. In den Jahren 1942 bis 1944 entstanden in Oberschlesien bei Hütten, Bergwerken und anderen Industrieunternehmen insgesamt 26 Nebenlager. Eines dieser Nebenlager war das Lager „Fürstengrube“, welches gemeinsam mit dem Nebenlager „Janinagrube“ Häftlinge für die Aktiengesellschaft Fürstengrube GmbH zu stellen hatte. Die Fürstengrube GmbH gehörte mehrheitlich zum IG-Farben-Konzern und hatte die Aufgabe, Kohle als Rohstoff zur Produktion von synthetischem Kautschuk und Benzin an das ebenfalls IG-Farben-eigene chemische Kombinat in Auschwitz zu liefern. Beide Nebenlager zusammen zählten 1943 etwa 1.150 Häftlinge, 1944 etwa 2.200.

An der Spitze jedes Nebenlagers stand ein vom Kommandanten des KL Auschwitz III ernannter Lagerführer. Dieser war verantwortlich für die Ordnung der Unterkünfte, der Objekte und Lagereinrichtungen, die Verpflegung der Häftlinge, ihre entsprechende Beschäftigung, ihre Arbeitseffektivität sowie eine gewisse Aufsicht über sie. Dem Lagerführer zur Seite stand ein Rapportführer, der verantwortlich war für die Durchführung der Appelle und den Zahlenstand der Häftlinge sowie die Organisation der Blockführer. Hinter dem Rapportführer rangierte in der SS-Hierarchie der Arbeitsdienstführer, wobei diese Funktion allerdings häufig auch von einem Rapport- oder Blockführer ausgeübt wurde. Weitere

SS-Angehörige waren der Leiter der Küche sowie ein „Sanitätsdienstgrad" (SDG), dem die Überwachung des Häftlingskrankenbaus (HKB) oblag. SS-Ärzte gab es in keinem der Nebenlager; diese führten nur in mehr oder weniger regelmäßigen Abständen Visiten im HKB durch, wobei es im allgemeinen nur darum ging, die wenig arbeitsfähigen Kranken zu „selektieren", d.h. diese entweder in den HKB im KL Auschwitz III oder direkt ins Lager Auschwitz II, also nach Birkenau, zu überstellen, was dem sofortigen Tode gleichkam.

3. Die Struktur der zahnärztlichen Versorgung in den Konzentrationslagern

3.1. Der zahnmedizinische Dienst im WVHA

Vorgesetzter aller in den Konzentrationslagern eingesetzten SS-Zahnärzte war der „Leitende Zahnarzt KL", der dem „Leitenden Arzt KL" als Berater zur Seite gestellt war. Diese Amtsgruppe D III hatte – im Gegensatz zu den übrigen Ämtern des WVHA, die in Berlin untergebracht waren – ihren Sitz in Oranienburg in unmittelbarer Nähe zum KL Sachsenhausen. In den Jahren 1942 und 1943 bekleidete die Funktion des Leitenden Zahnarztes Dr. Paul Reutter, vormals Lagerzahnarzt in Dachau. Aus dieser Zeit beruhte auch die Bekanntschaft mit Dr. Lolling, dem Leitenden Arzt KL und vormals SS-Standortarzt in Dachau. Abgelöst wurde Dr. Reutter von Dr. Hermann Pook, der diese Amtsstellung bis Kriegsende bekleidete. Die Aufgaben des Leitenden Zahnarztes bestanden neben der Behandlung von SS-Mitgliedern und deren Familienangehörigen in der Zusammenfassung der allmonatlich von den Konzentrationslagern abzuliefernden Monatsmeldungen der jeweiligen SS-Standortärzte; in diesen nach stereotypem Schema abgefaßten Berichten bezog sich jeweils ein Unterpunkt auf die zahnärztliche Behandlung der SS-Angehörigen und der Häftlinge. Außerdem wurde monatlich gemeldet, wie viel Zahngold in den einzelnen Lagern angefallen war. Eine weitere Aufgabe des Leitenden Zahnarztes im Amt D III bestand darin, den Leitenden Arzt KL bei dessen Inspektionsreisen in die verschiedenen Lager zu begleiten. Dies soll nach Angaben Dr. Reutters sogar dann erfolgt sein, wenn in dem besuchten Lager gar keine Zahnstation vorhanden gewesen sei.
Um den Rahmen vorliegender Thematik nicht zu sprengen, soll hier nur am Rande auf eine weitere Einrichtung des zahnmedizinischen Dienstes innerhalb der SS eingegangen werden: Auch im SS-Führungshauptamt (FHA), welches analog dem Oberkommando der Wehrmacht in erster Linie vorgesetzte Dienststelle für die an der Front kämpfenden Einheiten der Waffen-SS war, gab es eine Amtsgruppe D (Sanitätswesen der Waffen-SS). Innerhalb dieser Amtsgruppe D

war das Amt XIV (Zahnärztlicher Dienst) zuständig für die Verwaltung des zahnmedizinischen Dienstes der gesamten SS; dieses Amt war u.a. verantwortlich für die Ausrüstung der Zahnstationen der Waffen-SS mit zahnärztlichen Instrumenten und Materialien sowie für die Versorgung der SS-Divisionen. Leiter des Amtes XIV war der ehemalige SS-Lagerzahnarzt des KL Buchenwald, Dr. Helmut Johannsen. Dieser Zahnärztliche Dienst im FHA war wesentlich mehr in die verbrecherischen Machenschaften der SS-Zahnärzte in den Konzentrationslagern involviert, als dies auf den ersten Blick scheinen mag und von den Beteiligten versucht wird, glaubhaft gemacht zu werden: So war das Amt XIV zuständig für alle Versetzungen von SS-Zahnärzten in Konzentrationslager, d.h. es hatte einen genauen Überblick über die personelle Ausstattung der Lager. Außerdem war es unmittelbar zuständig für die Weiterverwertung des Zahngoldes der verstorbenen (ermordeten) Häftlinge, sei es für SS-eigene Zwecke, also die Versorgung von SS-Angehörigen mit Kronen oder Brücken, oder sei es für die Weiterleitung des Goldes an die Reichsbank, die dieses dann ihrerseits in aller Regel zusammen mit anderen Wertgegenständen, die aus dem Nachlaß der in den Konzentrationslagern umgebrachten Menschen („Aktion Reinhard") stammten, zur Beschaffung von Devisen oder Rohstoffen (meist über die Schweiz) einsetzten.

3.2. Zahnärztliche Aufgaben im KL Auschwitz

3.2.1. Die Behandlung von SS-Angehörigen

Die grundsätzliche Aufgabe der in Auschwitz wie auch in allen anderen Konzentrationslagern eingesetzten SS-Zahnärzte bestand in der zahnärztlichen Behandlung des SS-Personals, wobei besonders in den Anfangsjahren von diesen auch Häftlingsbehandlungen durchgeführt wurden. Disziplinarisch unterstanden die SS-Zahnärzte (wie auch die SS-Truppenärzte, SS-Lagerärzte und die SS-Lagerapotheker) dem jeweiligen SS-Standortarzt, konnten aber auch direkt Befehle vom Leitenden Zahnarzt KL erhalten. Ab einer bestimmten Lagergröße (und dies war in Auschwitz der Fall) unterstand dem „Leitenden SS-Lagerzahnarzt" noch ein „2. SS-Lagerzahnarzt". Zur Zeit der Inhaftierung von Benjamin Jacobs in Auschwitz war der 1. SS-Lagerzahnarzt SS-Hauptsturmführer Dr. Willy Frank, die Position des 2. SS-Lagerzahnarztes wurde von SS-Sturmführer Dr. Willy Schatz bekleidet. Die Aufgabe Franks bestand neben der Verantwortung für die gesamte zahnmedizinische Versorgung des Lagers und der Sammlung des Goldes in der Leitung der Kommandanturzahnstation und des dazugehörigen zahntechnischen Laboratoriums. In dieser Zahnstation wurden die im KL Auschwitz eingesetzten SS-Führer und Mannschaften sowie deren Familienangehörige behandelt. Zahntechniker aus den Reihen der SS gab es hier nicht; für diese Aufgabe wurden ausschließlich Häftlingszahntechniker eingesetzt. Der 2. SS-Lagerzahnarzt hatte in erster Linie die SS-Wachmannschaften und die deutschen Zivilisten zu behandeln. Die Aufgabenverteilung unter den beiden SS-Zahnärzten verdeutlicht die unterschiedliche Stellung des SS-Personals, das unmittelbar im Lager seinen Dienst versah (z.B. in der Schutzhaftlagerführung, als Block- oder Rapportführer oder in der Verwaltung bzw. der Kommandantur) und der SS-Wachmannschaften, die in der Regel nicht berechtigt waren, das Schutzhaftlager zu betreten.

3.2.2. Die Behandlung der Lagerinsassen

Im Gegensatz zu anderen Lagern war Auschwitz neben seiner Funktion als Konzentrationslager eben auch Vernichtungslager. Dies hatte verschiedene Konsequenzen: So mußte die Arbeitsfähigkeit der Häftlinge, die insbesondere in den Nebenlagern eingesetzt wurden, erhalten werden. Hierzu bedurfte es einer großen Anzahl von Zahnstationen, die in den Häftlingskrankenbauten der Neben- und Außenlager eingerichtet worden waren. Um diese Zahnstationen, von denen es nach Angaben Franks etwa 40 im Gebiet von Auschwitz gegeben haben soll, materiell und personell ausreichend auszustatten, bediente man sich der ankommenden Transporte in das Vernichtungslager Birkenau. Welch ungeheure Ressourcen dort angeschwemmt wurden, wird deutlich, wenn man bedenkt, daß beispielsweise auf dem Höhepunkt der Vernichtungsaktionen – etwa im Sommer 1944 – täglich Transporte mit mehreren Tausend Juden (meist aus Ungarn) in Birkenau ankamen und dort „sonderbehandelt" oder „durchgeschleust", d.h. getötet, wurden. Die eintreffenden Menschen führten, da ihnen vor ihrer Deportation gesagt wurde, sie würden in den Osten umgesiedelt, alle erdenklichen Utensilien, die sie für die Ausübung ihres jeweiligen Berufes benötigten, mit sich. So verwundert es nicht, daß komplette zahnärztliche Behandlungseinheiten sowie eine große Anzahl von Materialien und Medikamenten in diesem Vernichtungslager eintrafen. Die SS-Zahnärzte hatten die Aufgabe, die Häftlingstransporte direkt bei deren Ankunft auf der Rampe in Birkenau danach zu untersuchen. So gab Frank an, er habe „... Zahnärzte und Zahntechniker heraus(gesucht) zwecks Einstellung auf die [sic!] Häftlingszahnstationen. Auch stellten wir zahnärztliche Instrumente und Medikamente für die Häftlingszahnstation sicher." Gleiches teilte auch Schatz mit: „Ich habe am Rampendienst lediglich als Ersatzmann teilgenommen. Meine Aufgabe bestand nur darin, den bei den Transporten eintreffenden jüdischen Zahnärzten ihre zahnärztliche Ausrüstung für die Häftlingszahnstationen abzunehmen." Unter „Rampendienst" verstand man die Durchführung der „Selektion" der ankommenden Häftlinge, d.h. die Aussortierung der Arbeitsfähigen, die dann ins Quarantänelager und anschließend ins Arbeitslager verbracht wurden, von denjenigen, die zur sofortigen Tötung bestimmt waren. Hierzu waren auch des öfteren die SS-Zahnärzte eingeteilt worden. Aus obigem ist ersichtlich, daß sowohl personell als auch materiell ein ausreichendes Reservoir für die zahnärztliche Behandlung der Häftlinge vorhanden war, woraus freilich nicht geschlossen werden darf, daß dies auch den Häftlingen immer zugute kam: Die Willkür war allgegenwärtig, und oft stellte es schon ein unüberwindbares Hindernis dar, die Erlaubnis zum Aufsuchen der Zahnstation zu erhalten. Verantwortlich hierfür waren neben den SS-Angehörigen die Kapos, d.h. die Häftlingsvorarbeiter, die häufig selbst Ursache für die Notwendigkeit einer Zahnbehandlung waren, da sie die Häftlinge nicht selten brutaler und unbarmherziger drangsalierten und schlugen als es selbst die SS-Aufseher taten.

3.2.3. Die Entnahme und Sicherstellung von Zahngold

Ein Befehl Himmlers vom 23. September 1940 bildete die Grundlage für die Entnahme von Zahngold bei verstorbenen Häftlingen. Anfragen von Angehörigen verstorbener Lagerinsassen nach der Herausgabe von Zahngold der Ermordeten sollten folgendermaßen beantwortet werden: „... ist im hiesigen Lager verstorben, die Leiche wurde am ... eingeäschert, daher ist die Herausgabe von Zahngold nicht möglich." Gerade in Auschwitz fielen beträchtliche Mengen an Zahngold an. In monatlichen Meldungen an das WVHA in Berlin wurde die genaue Menge genannt, worüber der damalige Schreiber des SS-Standortarztes in Auschwitz, Hermann Langbein, berichtet: „Einmal im Monat diktierte mir der leitende SS-Zahnarzt regelmäßig einen Bericht. Der Text war feststehend und ganz kurz. Der ganze Bericht ging auf einen Halbbogen. Der Zahnarzt gab mir lediglich Monat für Monat die Zahl an, wie viel Gramm Zahngold nach Berlin abgeliefert worden war. Ich erinnere mich, daß einmal eine Monatsmeldung mehr als 18 Kilo schwer war. In keinem Monat ist sie nach meiner Erinnerung unter zehn Kilo gesunken. Man muß dabei berücksichtigen, daß vor der Ablieferung sicherlich von der SS viel Gold gestohlen worden ist, da ja praktisch keine Kontrollmöglichkeit bestand." Im Gegensatz zu den kleineren Lagern ist in Auschwitz das Gold an Ort und Stelle zu Goldbarren geschmolzen worden und als solche an das SS-FHA abgeführt worden. Natürlich konnten aufgrund der vorhandenen Infrastruktur auch in den einzelnen Zahnstationen aus den Altgoldbeständen neue Kronen und Brücken hergestellt werden, die dann sofort den SS-Angehörigen eingegliedert wurden. Dieses Gold wurde mengenmäßig nicht erfaßt. Ebenso nicht registriert wurde das Gold, das zu Ringen oder ähnlichen Schmuckstücken verarbeitet wurde: Ein Lagerführer als Herr über Leben und Tod konnte praktisch schrankenlos solche Arbeiten in Auftrag geben; die Gefahr des Entdecktwerdens war

minimal, und selbst im Falle des Aufdeckens derartiger Machenschaften wäre, wenn überhaupt, nur mit einer geringen Bestrafung zu rechnen gewesen.
Die SS-Zahnärzte selbst befaßten sich nicht direkt mit der Entnahme des Zahngoldes bei verstorbenen Häftlingen. In den „normalen" Konzentrationslagern, wie beispielsweise in Dachau, wurde diese Tätigkeit von den als Zahntechniker eingesetzten Häftlingen durchgeführt. Hierzu Dr. Reutter, der ehemalige Leitende Zahnarzt KL, gegenüber dem Verfasser: „... Ich weiß, daß in der Zeit, in der ich in Dachau in der Zahnstation war, dieser Befehl kam, das Gold der Toten rauszunehmen. Das hab ich nicht gemacht, das haben die beiden Techniker gemacht. Da sind beispielsweise einmal 3 g Zahngold angefallen, ein andermal eine ähnliche Menge usw., also ganz wenig. Die Häftlinge hatten keine Einwände gegen das Herausnehmen von Gold vorgebracht, die haben gemacht, was sie gesagt bekamen." Diese Aussage Reutters gilt auch für Buchenwald, Sachsenhausen usw., wobei ausweislich der Monatsmeldungen jeweils „nur" mehrere hundert Gramm ans FHA in Berlin übersandt wurden. Es darf natürlich nicht übersehen werden, daß in diesen Lagern keine „fabrikmäßige" Massenvernichtung stattfand. Bei den dort verstorbenen Menschen handelte es sich also entweder um bei Einzelaktionen erschossene oder erhängte Häftlinge oder um Häftlinge, die an Unterernährung oder an den verschiedenen Krankheiten, wie etwa Typhus, zugrunde gegangen oder die an den Folgen der Mißhandlungen, die in den Lagern an der Tagesordnung gewesen sind, verstorben waren. Außerdem muß bedacht werden, daß eine einzelne Vollgußkrone in aller Regel nur 1,5 bis 2 g wiegt, so daß auch bei einigen hundert Gramm Zahngold eine nicht unerhebliche Anzahl von Verstorbenen vorhanden sein mußte; hinzu kommt, daß natürlich nicht jeder Konzentrationslagerhäftling Kronen oder Brücken im Munde hatte.
In den Vernichtungslagern wurden zum Zwecke der Entfernung von Zahngold, aber auch zur Sicherstellung anderer Edelmetalle (und diese nicht nur aus der Mundhöhle) eigene Häftlingskommandos gebildet. In Birkenau bestanden diese Kommandos aus Häftlingszahnärzten, -dentisten oder -zahntechnikern. Den SS-Zahnärzten kamen lediglich Überwachungsaufgaben zu; oft wurden auch diese Aufgaben nicht von ihnen selbst, sondern von SS-Unterführern durchgeführt. Es gab die Anordnung, daß, „... wenn immer Gefangene zur Entfernung von Zahngold herangezogen werden, (...) sie von einem Mitglied der SS, mindestens im Range eines Scharführers, beaufsichtigt werden (müssen)." Dann bestand die Aufgabe der SS-Zahnärzte nur noch in der Sammlung und Versendung des Zahngoldes. Die in den Krematorien tätigen Häftlinge, die den Leichen die Goldzähne entfernen mußten, wurden auch „Einäscherungsdentisten" genannt. So berichtet Adalbert Rückerl in seinem Buch 'Nationalsozialistische Vernichtungslager im

Spiegel deutscher Strafprozesse'[19] von dem Vernichtungslager Belzec; er zitiert einen ehemaligen SS-Mann: „Die Leichen wurden aus den Kammern herausgezogen und von einem Zahnarzt sogleich untersucht. Der Zahnarzt entfernte Fingerringe und zog etwa vorhandene Goldzähne heraus. Die auf diese Weise anfallenden Wertgegenstände wurden von ihm in einen bereitstehenden Karton geworfen. Nach dieser Prozedur wurden die Leichen in die vorhandenen großen Gräber geworfen." Über das Lager Treblinka berichtet Rückerl im gleichen Zusammenhang. „Eine besonders wichtige Gruppe (...) waren die sogenannten Dentisten. Ihre Aufgabe war es, die aus den Gaskammern herausgeholten Leichen während des Transportes zur Grube bzw. zur Feuerstelle darauf zu untersuchen, ob sie noch Wertgegenstände bei sich hatten und insbesondere Gebisse mit Goldzähnen trugen. Stellten sie dies fest, so mußten die Leichenjuden mit ihrer Fracht zur Seite treten, damit die Dentisten mit Hilfe größerer Zangen den Toten die Goldzähne ausbrechen konnten. Die Ausbeute aus dieser Tätigkeit wurde dann später von den Dentisten gesäubert und in gewissen Zeitabständen der Sammelstelle für die Weitererfassung zugeführt. Häufiger geschah es auch, daß die Leichen nicht nur auf Zahngold untersucht wurden, sondern daß man auch namentlich bei Frauen die unteren Körperöffnungen daraufhin inspizierte, ob dort etwa weitere Wertsachen verborgen waren." Und für Sobibor gibt Rückerl an: „... Ein anderer vorher abgesonderter Teil der Arbeiter wurde in das Lager III geführt und dort mit äußerstem Zwang veranlaßt, die Leichen aus den Gaszellen zu räumen und in den Gruben des Lagers III zu stapeln. Zuvor hatten diese Häftlinge die Körperhöhlen der meist kotig beschmutzten Leichen auf versteckte Wertsachen zu untersuchen und den Leichen eventuelle Goldzähne und goldene Brücken aus den Gebissen zu brechen. Das gewonnene Gold wurde in einer Tonne gesammelt (...). Nach Abschluß dieser Arbeiten wurden als letzte die herausgenommenen Arbeitshäftlinge an den Gruben des Lagers III erschossen und ebenfalls darin verscharrt."

Das Sortieren und teilweise auch die Weiterverarbeitung des Zahngoldes wurde von Häftlingen durchgeführt, die von Beruf Goldschmied oder Juwelier waren oder sich zumindest mit derlei Tätigkeiten auskannten.

4. Zusammenfassung

Dieser Überblick über die zahnmedizinische Versorgung in den Konzentrationslagern kann nur lückenhaft und unvollständig sein. Viele Abschnitte hätten einer ausführlicheren Behandlung und Würdigung bedurft. Der Medizinhistoriker ist

[19] München 1977 (= dtv, Nr. 2904).

gezwungen, in der gebotenen Kürze den vorhandenen Rahmen nicht zu sprengen. Viele Auslassungen sind für den Verfasser schmerzlich; so ist die weltanschauliche Dimension des Völkermordes an den Juden überhaupt nicht besprochen worden. Die Einrichtung von Konzentrationslagern wäre nicht in dem Maße, die Installierung von Vernichtungslagern wäre wahrscheinlich überhaupt nicht erfolgt, hätte es nicht den, wie Robert Jay Lifton es nennt, „Eliminatorischen Antisemitismus“ gegeben. Und zur Durchsetzung der ideologischen Ziele bedurfte es ausführender Organe, also Menschen, die aufgrund ihres Berufes in aller erster Linie Menschenleben retten, nicht durch Selektion geradewegs menschliches Dasein auslöschen sollten. Es gibt mittlerweile eine große Anzahl von Veröffentlichungen, die sich mit der Rolle der Ärzte im Dritten Reich befassen. Hier sind zu erwähnen die Mitwirkung der Mediziner bei der Euthanasie, die Menschenversuche in Dachau (Rascher) und Auschwitz (Mengele) oder auch die Selektionen an der Rampe in Birkenau (Wirths).
Für diese „ärztlichen“ Tätigkeiten war bei allen Beteiligten die prinzipielle Übereinstimmung mit der Nazi-Ideologie unabdingbare Voraussetzung. So ist beispielsweise die grundsätzliche Akzeptanz des „Judenproblems“, welches einer endgültigen Lösung zugeführt werden muß, der erste Schritt zur aktiven Teilnahme an der „Endlösung“, d.h. der physischen Vernichtung der jüdischen Menschen. Diese Grundübereinstimmung mit nationalsozialistischen Wertvorstellungen ist nicht nur für Humanmediziner, sondern auch für die Zahnärzte, die im Bereich der Konzentrationslager ihren Dienst versahen, nachgewiesen. So war der Leitende Zahnarzt in Auschwitz, Dr. Frank, schon Teilnehmer am „Marsch zur Feldherrenhalle“ am 9. November 1923, somit also „Alter Kämpfer“. Dessen Vertrautheit und Übereinstimmung mit dem Programm der NSDAP ist auch aufgrund seines frühen Eintritts in Partei und SS zu belegen. Gleiches gilt für alle anderen hauptamtlich in den Konzentrationslagern oder deren vorgesetzten Dienststellen in Berlin tätigen Zahnärzte. Den Zahnarzt, der ohne eigenes Zutun, zumindest aber ohne ausdrückliche Zustimmung in ein Konzentrationslager versetzt worden ist, gibt es nicht. In diesem Zusammenhang sprechen die Personalakten Bände.
Die in den Konzentrationslagern tätigen Häftlingszahnärzte – wie Berek Jakubowicz – hatten Glück im Unglück. Nur weil sie, um den Apparat am Laufen zu halten, für die SS nützlich waren, entgingen sie der Vernichtung. Welches andere Schicksal hätte Jakubowicz zu erwarten gehabt, der als polnischer Jude in den Augen der SS nur auf der untersten Daseinsstufe stand, der nicht zur menschlichen Gesellschaft gehörte? Er wäre im Nebenlager Fürstengrube wie viele seiner Leidensgenossen der „Vernichtung durch Arbeit“ ausgeliefert gewesen. Nur seine

rudimentären Kenntnisse der Zahnheilkunde und die vorausschauende Fürsorge seiner Mutter, die ihm zahnärztliche Instrumente mitgab, ermöglichten ihm, zu überleben.

Für uns Nachkommende bleibt die beschämende Einsicht, daß man als Jude, der dem Zugriff des nationalsozialistischen Deutschlands ausgeliefert war, nicht etwa wie heute selbstverständlich ein Recht auf Leben und körperliche Unversehrtheit hatte, sondern allenfalls die Aussicht auf „Glück". Wie viel Glück bedurfte es, um Auschwitz zu überleben, um den Todesmarsch zu überstehen und selbst die Versenkung der Cap Arcona unversehrt zu überwinden?

Die Erinnerung an das dunkelste Kapitel der deutschen Geschichte muß wachgehalten werden, gerade heute, wo viele versuchen, diese wegzuwischen. Der Holocaust steht immer noch auf der Tagesordnung; nicht, weil es noch Überlebende (sowohl Opfer als auch Täter) gibt, sondern vielmehr, weil er in anderer Kostümierung immer wieder in allen Teilen der Welt auftritt! Wir als Deutsche haben die Pflicht, andere vor den Irrungen, denen unsere Väter erlegen sind, zu warnen. Wir haben aber auch die Pflicht, aus unseren Fehlern zu lernen; wir müssen die Stimme von sechs Millionen ermordeter Juden sein, die selbst nicht mehr anklagen können. Wir tragen, ohne selbst schuldig zu sein, die Schuld unserer Vorfahren; die Bekenntnis zu dieser Schuld ist jenseits aller materiellen Ansprüche der wichtigste Schritt zur heute vielbemühten „Wiedergutmachung". Unsere Aufgabe ist es, andere am Schuldigwerden zu hindern.

Personen- und Ortsregister